Najem Wali

BAGDAD

Erinnerungen an eine Weltstadt

Aus dem Arabischen
von Hartmut Fähndrich

Carl Hanser Verlag

Die arabische Originalausgabe erschien 2015 unter dem Titel
Baghdâd. Sîrat Madîna bei Dar al Saqi, Beirut.

Das Motto Johann Wolfgang v. Goethe, *West-östlicher Divan*, wird zitiert nach Goethe, *Sämtliche Werke nach Epochen seines Schaffens. Münchner Ausgabe*, Bd. 11.1.2: *West-östlicher Divan*, hg. v. Karl Richter in Zusammenarbeit mit Katharina Mommsen und Peter Ludwig, Carl Hanser Verlag, München 1998, S. 80.

Das Motto aus John Dos Passos, *Orient Express*, wird zitiert in der Übersetzung von Matthias Fienbork, Nagel & Kimche, Zürich 2013, S. 105.

1 2 3 4 5 19 18 17 16 15

ISBN 978-3-446-24922-6

Satz: Satz für Satz. Barbara Reischmann, Wangen im Allgäu
Druck und Bindung: CPI books GmbH, Leck
Printed in Germany

Wenn Bagdad und seine Bewohner nach mir fragen,
dann frage auch ich nach den anderen Hauptstadtbewohnern.

Abu l'Alâ al-Ma'arri im 11. Jahrhundert

Für Liebende ist Bagdad nicht weit.

Johann Wolfgang v. Goethe, *West-östlicher Divan* (Buch Suleika), Anfang des 19. Jahrhunderts

Namen der Städte, die ich alle nicht gesehen hatte, summten wie Mücken um die Ohren – Kabul, Herat, Chorasan, Isfahan, Schiras. Bagdad kann das nicht aufwiegen. Es hatte auch so einen deutschen Klang …

John Dos Passos, *Orient Express*, Anfang des 20. Jahrhunderts

Für den Dichter Kamâl Sabti, meinen Freund,
der in eine andere Welt aufbrach auf der Suche
nach seiner heiligen Stadt … Bagdad

Inhalt

1

Der andere Najem

Ich gehe an der Hand meines Vaters. Er beugt sich zu mir herunter, wenn ich ihm etwas zuflüstere. Wie getragen von zwei kleinen Flügeln spaziere ich mit ihm durch die Straßen und Gassen von Bagdad. Speziell an solchen Tagen, an denen er sich wieder einmal auf die Reise machte, drängte ich, entgegen meiner sonstigen Gewohnheit, meine Mutter, mich schon früh zu Bett zu bringen, und dann betrachtete ich in den langen Winternächten die Zimmerdecke und begann, mich mit meinem Vater zu unterhalten. Ich bat ihn, wir sollten herumgehen und herumgehen. Dabei half mir die Architektur des Hauses, dieses sogenannten englischen Hauses mit seiner besonderen Bauweise mit dem Giebeldach, mit Ecken und Winkeln und allerlei Pfosten, auf denen die Decke ruhte. Die starrte ich immer wieder an und lief um sie herum. Ich wanderte über imaginäre Landkarten, die ich unerbittlich prüfte, wie jemand, der ein Geheimnis entdecken will. In den Sommernächten übernahm – weil wir auf dem weiten Hof des Hauses schliefen – der Himmel die Rolle der Decke. Ich blickte lange auf die unzähligen Sterne am Himmel, den ich mir als Leinwand vorstellte. So zeichnete ich mir meine eigene Karte von Bagdad. Eine kleine Karte im Spazierradius des Jungen, der ich damals war. Wie lange diese Phantasiereise dauerte, weiß ich nicht, denn meistens überließ ich mich rasch dem Schlaf. Meine Augen ermüdeten, während sie winters kreuz und quer und hin und her über die Decke wanderten, sommers weit oben von Stern zu Stern.

Am Morgen, noch bevor die Sonne ihre Reise über die Erde angetreten hatte, fragte mich meine Mutter, die mich manchmal ohne Scheu aus dem Schlaf riss, wenn sie mich dahinschweben sah: »Na, wie war deine Nachtreise?«, um dann, die Augen in die Ferne gerichtet, mit einem tiefen Seufzer hinzuzufügen: »Eines Tages wirst du Bagdad mit eigenen Augen sehen.«

Wie nahe meine Phantasiestadt der Stadt kam, in die ich bis zu jenem Augenblick nie einen Fuß gesetzt hatte, weiß ich nicht. Nur das weiß ich von jenen Nächten noch, die inzwischen so fern sind wie Bagdad, dass ich wie ein Architekt Luftstraßen im freien Raum anlegte, und dass die Geschichten über Bagdad, die ich in meiner Umgebung hörte, meine Reisen mit neuen Phantasmen nährten. Nun lebe ich schon lange in Berlin, und heute, da Bagdad in aller Munde ist, weiß ich, dass alle die Geschichten, die man über diese Stadt erzählte, Ausgeburten der Phantasie waren, ohne Beziehung zu einer wirklichen Stadt namens Bagdad. Vielleicht glaubte ich, Bagdad existiere überhaupt nur in jenen Geschichten, da jede einen Aspekt der Stadt enthielt, den die nächste nicht kannte. Warum habe ich damals, mit fünf oder sechs Jahren, nicht darüber nachgedacht? Begreift ein Kind in diesem Alter noch nichts von Geografie, von Distanz und Grenzen? Weiß es noch nicht, was die Architektur von Häusern bedeutet?

Aber ist das nicht eine allgemein menschliche Gewohnheit? Die Phantasie schafft Topografie, wenn aber dann der wirkliche Ort auftaucht, heißt es: Sachte, sachte! Das ist doch nicht der Ort, den wir uns vorgestellt haben? Ganz sicher war das bei mir nicht anders als bei den Älteren, den Erwachsenen, die sich ebenfalls ihr Bagdadbild schufen – wie sollten sie auch nicht, bei einer Stadt, die aufs

Najem Wali (NW) als Baby mit etwa sechs Monaten, auf einer Teekiste sitzend. Foto: Studio Mizil, Amâra

engste mit dem Namen »Tausendundeine Nacht« verbunden ist! Alle Fremden, die davon träumten, Bagdad zu besuchen – darunter nicht zuletzt Militärs, Offiziere und einfache Soldaten, Briten und andere, die schon zu Beginn des 20. Jahrhunderts in die Stadt eingedrungen waren, nämlich am 17. Juni 1914, und Amerikaner mit ihren Verbündeten aus anderen Nationen, etwa hundert Jahre später, nämlich am 9. April 2003 –, sie alle, die in die Stadt eindrangen (und hier reden wir noch gar nicht von jenen, die, wie Napoleon Bonaparte, ihren Traum, die Stadt zu betreten, nicht verwirklichen konnten), ergänzten sich ihr Bild der Stadt mit Bildern, die das Geschichtengewebe Schehresâds im 8. Jahrhundert n. Chr. formte, und wenn sie die Stadt betraten, gingen sie durch die Straßen und meinten, sie schritten in längst vergangenen Zeiten. Die wirkliche Stadt mit ihren Menschen und ihren Häusern wurde von der imaginierten Stadt überlagert, die das innere Auge ihrer Phantasie sah. All denen, die so in die Stadt kamen, blieb sie fremd, und je länger sie darin wohnten, desto fremder wurde sie ihnen, desto abweisender empfanden sie sie.

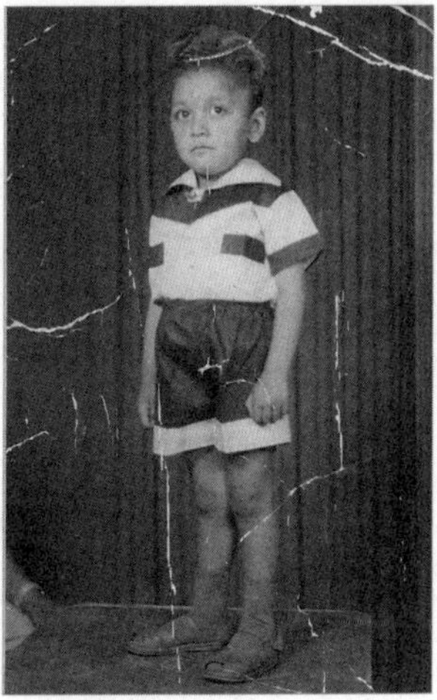

NW im Marineanzug, ca. drei Jahre alt, auf einer Teekiste stehend.
Foto: Studio Mizil, Amâra

Natürlich war das bei mir anders. Ich erzähle von einem fünf- bis sechsjährigen Jungen, der dank seiner Mutter schon lesen und schreiben konnte, bevor er zur Schule kam, einem kleinen Jungen, dessen Welt ein Bilderreich war und der anfangs meinte, er könne sich seine Welt nach Belieben schaffen, und erst, älter geworden, das Instrumentarium entdeckte, das ihm bei der Erzeugung dieses Bilderreichs half. Mein Vater erzählte mir, ich hätte von klein auf daran gedacht, nach Deutschland zu gehen, ja nach Berlin. Ich weiß nicht, ob das stimmt, obwohl ich von ihm später erfuhr, warum ich an Berlin dachte. Ich erinnere mich aber genau, dass aus dem Album mit den Bildern, die ich damals vor Augen hatte, das von Bagdad besonders herausragte. Die Bilder der anderen Orte verblichen daneben; sie waren erreichbar. Die Sehnsucht nach Basra zum Beispiel, der Heimat meiner Mutter, wo ich meine ersten Monate verbracht hatte, wurde immer in den Frühjahrs- und Sommerferien durch einen Besuch gestillt – obwohl Basra brutal heiß war und das Wasser dort widerlich salzig, eigentlich ungenießbar. Bagdad dagegen? Dieses Bagdad, von dem meine Mutter ständig erzählte, ebenso meine Großmutter und mein Großvater, alle unsere Nachbarn, Verwandten und Bekannten, von dem alle redeten, die mich nach meinem abwesenden Vater fragten, von dem auch die Freunde meines Vaters sprachen, die mich vor unserem Haus spielen sahen und sich erkundigten, ob er schon aus Bagdad zurück sei, dieses Bagdad schien mir weit, weit weg. Aber nicht nur mir ging es so, sondern allen. Es war, als läge dieses Bagdad auf einem fernen Planeten, in einem anderen Land. Es war geheimnisvoll wie die Städte in den Geschichten, die uns meine Großmutter erzählte, Städte, zu deren Toren nur Abenteurer und Elende die Schlüssel erhielten. Mein Vater war einer von ihnen. Als Einziger in Amâra besaß er einen Schlüssel, um Bagdad zu betreten. Allein dieser Gedanke erfüllte mich mit Stolz, und obwohl ich mich ständig nach ihm sehnte, mich um ihn sorgte und fürchtete, er könnte einmal nicht mehr zurückkommen, und mich über seine Rückkehr freute, auch weil mit ihm eine heitere Stimmung bei uns einkehrte und alle fröhlich und lebhaft wurden – seine Leibspeisen wurden gekocht, alle scherzten und lachten, besonders meine Mutter, die unablässig selig lächelte –, trotz alledem, muss ich gestehen, wünschte ich mir häufig schon zwei oder drei Tage nach seiner Rückkehr, er solle wieder nach Bagdad aufbrechen, damit ich mir die Stadt wieder nach Gutdünken erfinden könnte.

2

Im Chevrolet nach Bagdad

Mein Vater war noch jung, als er meiner Erinnerung nach einen weißen Chevrolet, Modell 1951, erwarb. Es war das einzige Modell mit einer Klimaanlage, was in einem Land, in dem die Temperaturen im Sommer schon einmal 50 Grad Celsius übersteigen, nicht unwichtig ist. Mein Vater kaufte das Auto beim amerikanischen Konsulat in Bagdad. Er war von dem Wunsch, Bagdad zu besuchen, so besessen, dass er seine Arbeit als Mechaniker in einer Automobilwerkstatt aufgab. Er hatte viele Geschichten über Bagdad gehört, und eigentlich wollte er in die Hauptstadt Bagdad umziehen und mit uns dort wohnen. Wer hätte nicht gern in der Hauptstadt gelebt? Einmal hörte ich ihn zu meiner Mutter sagen: »Amâra ist für einen jungen Mann wie mich, der Musik mag und gern Schallplatten kauft, eine enge, erstickende, eine tödliche Stadt.« Sie war von der Idee, nach Bagdad umzuziehen, nicht weniger begeistert als er, obwohl sie dann weit weg von ihrer Familie in Basra wäre. Basra war von Amâra nur 182 Kilometer entfernt, Bagdad immerhin 365 Kilometer. Für ihren Vater, meinen Großvater Faradsch Jûssuf, der in Basra lebte und arbeitete, wäre es schwieriger, uns nach Belieben zu besuchen, am Wochenende, Donnerstag und Freitag, an Festen oder zu anderen Gelegenheiten. »Von Basra nach Amâra ist es nur ein Katzensprung«, hörte ich meinen Großvater sagen.

Mein Vater gab sich nicht mit dem Traum vom Umzug nach Bagdad zufrieden. Seit man immer öfter von den dortigen Konzerten mit arabischen und irakischen Sängern und Sängerinnen hörte, suchte er nach einem Weg dorthin.

Im Frühjahr 1958 (drei Monate vor dem Militärputsch gegen die königliche Familie) kaufte er ein Auto und fuhr damit Sammeltaxi zwischen Amâra und Bagdad. Man müsse mit einem kleinen anfangen, erklärte er. Gab es damals ein besseres als den Chevrolet, Modell 1951? Drei Jahre später wurde ihm die Vergeblichkeit seines Tuns bewusst: Was die Fahrerei einbrachte, gab er sofort wieder für Benzin, fürs Hotel oder fürs Essen aus, wenn er, wie es mitunter geschah, zwei Tage oder länger in Bagdad bleiben musste, manchmal, weil er seinen Wagen nicht voll brachte – besonders nach dem 14. Juli 1958, als mit dem Bau der »Revolutionsstadt«, die heute Sadr City heißt, begonnen wurde, deren Bewohner meist aus den ländlichen Gebieten um Amâra stammten, und die Zahl der Sammeltaxis in die Höhe schnellte –, manchmal blieb er aber auch in Bagdad, um ein Konzert zu besuchen. Wie er mir Jahre später erzählte, stand er mit seinem Auto bei Sadda und wartete auf Kundschaft. All seine Fahrgäste kamen aus Bauernfamilien und wollten ihre Verwandten besuchen, die sie in den Dörfern um Amâra zurückgelassen hatten. Fünf setzten sich auf die Ladefläche, drei ins Fahrerhaus. Hinten kostete es pro Person einen, vorne eineinviertel Dinar. Er quetschte seine Fahrgäste in sein Auto, aber niemand protestierte. Um die Kontrollen der Verkehrspolizei auf der Schnellstraße, die sich auf zwei Bereiche konzentrierten – auf die Gegend von Asisîja und auf die Einfahrt zur Stadt Kût –, zu umgehen, bog er vor Asisîja ab und versuchte sein Fahrerglück auf einer Straße östlich von Asisîja durch die sogenannte Dschasîra, eine weite, öde Region, die sich von dort bis an die iranische Grenze erstreckt. So machte er einen Bogen um die Stadt und fuhr erst in der Gegend von Scheich Saad wieder auf die Schnellstraße Richtung Amâra.

Wenn mein Vater darüber heute spricht, lacht er, aber ich

NW im Alter von etwa sieben Jahren mit seinem Vater (sitzend auf der rechten Seite des Fotos) in einem Café in Amâra

stelle ihn mir vor, wie er am Steuer seines Wagens mit ängstlicher Miene die Dschasîra durchquert, hoch konzentriert, um nicht von der Straße in die Grenzregionen Irans abzukommen, die Region von Badra und Dschissân. Er musste einem Weg folgen, den überhaupt nur wenige Fahrer kannten, Leute wie er, die den Verkehrskontrollen auswichen, weil sie in ihr Kleintaxi mehr als die fünf zulässigen Personen gestopft hatten. Ich stelle mir auch die acht eingepferchten Fahrgäste vor. (»Andere Fahrer haben zehn Leute reingepackt«, erzählte mein Vater.) Sie fragen ihn nach einem Café oder einer Raststätte unterwegs, und er beruhigt sie: Auf halbem Weg durch die Dschasîra gebe es in einer Gegend namens Glât ein Café. Heute lacht mein Vater, wenn er über dieses Café spricht. Der Inhaber, der in einem Dorf ganz in der Nähe wohnte, hatte neben einem kleinen, zugewachsenen Wasserlauf zwei Sitzbänke aus Lehm gebaut und darauf Sitzteppiche gelegt. Der Teekocher stand auf der blanken Erde. Manchmal war der Mann nicht da, und es blieb einem nichts anderes übrig, als weiterzufahren.

Nach etwa drei Jahren, 1961, fand mein Vater also heraus, dass diese Arbeit nutzlos war. Er konnte sich nicht einmal mehr Schallplatten leisten wie zuvor. Er kaufte sich wieder einen Chevrolet, einen grünen Pick-up, Modell 1960. Ein Freund namens Chalîl Basna beteiligte sich daran. Diesmal brachten sie Fahrgäste von Amâra nach Basra – ein Jahr lang. Dann ertrug er die Trennung von Bagdad nicht mehr, verkaufte seinem Teilhaber seinen Anteil und erwarb selbst ein großes Auto. Er wollte es erneut mit dem Personentransport zwischen Amâra und Bagdad probieren – dieses Mal mit einem gelben Chevrolet, Modell 1960. Dieses Modell mit einem Chassis aus Holz – der »Nadschaf-Köter«, wie es damals hieß, oder die »Sechziger-Karre«, wie wir sie auf der Straße und zu Hause nannten – sah ich später, dem Kino sei Dank, in Lateinamerika, in Asien und in Afrika zur Beförderung von Personen eingesetzt. Zu jener Zeit waren die Straßen im Irak noch nicht asphaltiert, und so verwandelte sich zum Beispiel die Straße zwischen Amâra und Bagdad im Winter und bei Regen in eine Ansammlung aus Wasser- und Schlammpfützen. Dort mit größeren Autos zu fahren, war ein gefährliches Unterfangen, nicht zu vergleichen mit dem Fahren eines kleinen Taxis. Die Straße war staubig, und wenn die saisonalen Stürme, die Sumûm-Winde, wie die Leute sie nannten, bliesen, sah man wenig oder nichts. Im Winter schwollen sogar die im Sommer ausgetrockneten Flüsse an und konnten durchaus über die Ufer treten. Man nannte die Bäche, die die Straße überquerten, die »Abschneider«, und einen Fluss, den Gibâb, der im Sommer völlig austrocknete, bezeichnete man wegen der viele Fische, die er bei Hochwasser zu beiden Seiten der Straße anspülte, als »Fischpapa«.

Heute dürfte die Fahrt von Bagdad nach Amâra zwischen vier und fünf Stunden dauern, und zwar trotz der Kontrollposten, die wie Pilze aus dem Boden schießen, und trotz der permanent prekären Sicherheitslage im Land. Damals jedoch dauerte die Fahrt einen halben Tag, und wenn das Auto Schwierigkeiten machte oder wenn es regnete, konnte man schon einmal die Nacht auf der Straße verbringen, sofern das Auto die verschlammte Straße überhaupt bewältigte. Dazu mussten im Winter Ketten aufgezogen werden. Auch Räuber gefährdeten die Reise. Draußen irgendwo übernachten zu müssen, hieß, sich Risiken auszusetzen, und dabei

Chevrolet vor der US Embassy Sahat Al Tath Bab al-Muadham, 1950er Jahre

spielte es keine Rolle, ob es Sommer oder Winter war. Autos, die von angeschwollenen Bächen oder vom Regen überrascht wurden, blieben im Morast stecken und mussten auf das nächste Fahrzeug warten, das ihnen weiterhelfen konnte, oder darauf, dass nach Sonnenaufgang der Schlamm trocknete. Und je länger sich die Weiterfahrt verzögerte, desto gefährlicher wurde es, erst recht weil die Räuber der Stämme, die entlang der Straße lebten, genau wussten, wann sie angreifen mussten.

All das wusste ich schon, bevor ich meinen Vater zum ersten Mal nach Bagdad begleitete, denn nach jeder Reise erzählte mein Vater ausführlich von seinen Erlebnissen, nicht nur von der Fahrt auf der Schnellstraße, sondern auch von seinem Aufenthalt in Bagdad – und das immer hochdramatisch, wie manche eben dazu neigen, im ganz Natürlichen Dramatisches zu sehen. Deshalb fällt es mir heute noch schwer zu entscheiden, ob die Geschichten, die er erzählte, wirklich passiert sind oder ob er sie erfunden hat und ihn in erster Linie die Reaktion meiner Mutter interessierte. Diese Geschichten trug er gern stückchen- oder schubweise vor, meist beim Frühstück, wenn er seinen Tee trank. Ein Schluck aus dem Glas, eine kurze Pause, dann ein Stück der Geschichte. Und so immer weiter. Aber bei jedem Stückchen der Geschichte, bei jedem Schluck Tee sah ich ihn verstohlen auf meine Mutter schielen, um die Wirkung von ihrem Gesicht ablesen zu können. So machte er es bei allen Geschichten, die er nach seiner Rückkehr erzählte. Und wenn die Fahrt mit dem Auto auf der Straße Bagdad–Amâra schon ein solches Abenteuer war, die Geschichten, die sich um seine Suche nach einem Hotelzimmer oder einem Restaurant drehten, verstand ich nie alle. Auch sie waren abenteuerlich bis an die Grenzen des Dramatischen. Sogar die Art, wie er an die Postkarten kam, die er meiner Mutter aus Bagdad schicken musste – darauf legte sie großen Wert –, gab eine Geschichte her. Entweder musste er einen halben Tag lang durch alle Läden rennen, bis er eine passende Postkarte fand, oder die Schalter hatten, als er auf die Post kam, gerade geschlossen. Alle Bagdad-Geschichten meines Vaters waren atemberaubend abenteuerlich.

Meine Mutter glaubte sie ihm wohl, vielleicht aber auch nicht. Jedenfalls forderte sie mich bei jeder Reise meines Vaters nach Bagdad auf, an ihn zu denken und vor dem Einschlafen sowie nach dem Aufwachen zu beten, dass er gesund und wohlbehalten zurückkäme. Dann erinnerte sie mich an die Karten, die er schicken, und an die Geschenke, die er mitbringen würde. Und genauso, wie ich mich auf die versprochenen Geschenke und die Karten aus Bagdad freute, die meine Mutter mir schenkte und die ich in ein Heft klebte, das sie mir eigens zu diesem Zweck gekauft hatte, sorgte ich mich um ihn. Ein Leben ohne ihn konnte ich mir überhaupt nicht vorstellen. Mein Vater war damals noch ein junger Mann, Ende zwanzig, und je länger er weg war, desto größere Sorgen machte ich mir. Als könnte ich ihn so beschützen, begleitete ich ihn im Geist auf seinen Fahrten. Und wenn wir in meiner Phantasie nach Bagdad kamen, plädierte ich dafür, dort ein oder zwei Tage zu bleiben, zur Erholung von den Strapazen des Weges. Ich kann mich nicht erinnern, dass er meine Bitte je abgeschlagen hätte. Im Gegenteil, er ließ sich von mir durch Bagdad chauffieren.

Für mich waren das wirklich die erquicklichsten Augenblicke. Die Stadt schien mir im ersten Moment rätselhaft. Ich musste den Zauber brechen, weil ich nicht wieder dieselben Routen nehmen wollte wie bei den vorangegangenen Fahrten meines Vaters. Ich ließ meine Phantasie frei schweifen, sie war meine Waffe im Kampf gegen die Unklarheit, ja sogar bei der Überwindung der Furcht. Damit mein Vater mit mir als Begleiter heil zurückkam, musste ich für ihn eine »Idealstadt« erfinden, eine vollkommene Stadt. Damals als kleiner Lausbub strengte ich mich an, sie weitläufig zu errichten, mit Platz für die Freiheit und die Träume, um die sich mein Vater mühte, eine

Stadt, in der er alles fand, was ihm Freude machte, die ihm das Gefühl gab, Mensch zu sein. Eine Stadt voller Kinos, die er liebte, eine Stadt voller Konzertsäle und Plattenläden sollte es sein, denn seit ich denken kann, hatte er gern das Grammophon angestellt und dann andächtig den Liedern von Sajjid Darwîsch, Umm Kulthûm, Salîma Murâd, Nâsim al-Ghasâli und Muhammad Abdalwahhâb gelauscht. Eine Stadt voller Cafés und Kasinos, damit er dort mit meiner Mutter sitzen konnte. Eine Stadt voller Fotostudios, damit er sich mit meiner Mutter aufnehmen lassen konnte wie am Tag ihrer Hochzeit: er im weißen Anzug mit dünnem Schnurrbärtchen und sauber gescheiteltem Haar, sie im modischen Kostüm, das ihre hellbraunen Schultern und ein wenig von ihrer Brust sehen ließ, die Lippen geschminkt, die Augen dunkel nachgezogen und das krause Haar frisiert wie Scarlett O'Hara und Rhett Butler in »Vom Winde verweht«. Eine Stadt voller Kinder wie ich, die himmelhoch schaukelten, mit ihren Eltern durch die Läden streiften oder, etwas älter, zur Schule gingen, wo sie ohne Mühe und Kummer lernten. Eine Stadt voller Schulen und Buchläden – das vergaß ich nie, sonst hätte ich meinen Vater verraten und seine Wünsche nicht ernst genommen. Eine Stadt voller kleiner, alter Autos, Marke Chevrolet, wie jener weiße, Jahrgang 1951, das erste jener farbigen Modelle, die Chevrolet baute, um sich von den tristen 1940er Jahren mit ihren schwarzen Autos zu verabschieden.

Wie falsch ich doch damals lag! Ich glaubte, die Hauptstadt Bagdad, in der mein Vater wohnen wollte, ganz nach meinem Geschmack zu entwerfen und machte mir nicht klar, dass das Material, auf das ich mich dabei stützte, die schwarz-weißen Postkarten, die Bilder und Zeitschriften waren, die mein Vater uns und seinen Freunden aus Bagdad mitbrachte, alle diese Schallplatten, denen ich im Hof unseres Hauses lauschte, all diese Geschichten, die ich von ihm und anderen hörte.

Und schließlich unternahm ich mit meinem Vater tatsächlich eine erste Fahrt nach Bagdad. Diese Fahrt hat das Bild der Stadt nicht völlig verwischt, die ich zuvor gebaut hatte, sondern im Gegenteil mich angespornt, unermüdlich an meiner Phantasiestadt weiterzubauen, meiner Traumstadt, die realistischer war als das Bagdad, das ich als Kind mit eigenen Augen sah. Als ob ich damit selbst den Weg wählte, den ich weitergehen sollte. Als ob ich mich darauf vorbereitete, was ich später tun sollte, als ich Schriftsteller wurde und bei anderen Städten den beim Bau von Bagdad erprobten Phantasieentwurf einsetzte: Um eine Stadt zu bauen, braucht man keine Pfeiler, sondern Ereignisse. Ereignis auf Ereignis, so erhebt sich das Bauwerk. Das ist meine ureigene Art zu bauen. Nichts Phantastisches ohne ein Ereignis, auf dem man aufbauen kann. So bringe ich Leben in die Stadt zurück. Es ist, als ob die Phantasievorstellung und der Bau von Bagdad nach eigenem Geschmack der Grundstein war, auf dem meine Städte sich erheben sollten, wo immer ich haltmachte auf meiner Fahrt kreuz und quer über die Erde. Die Phantasie ist das Mittel, sich am Leben zu erhalten. Vielleicht ist die Phantasie das Leben.

3

Die fremde Stadt am fremden Ort

Im Gegensatz zu Mossul, Basra und Erbîl, den drei anderen bekannten Städten im Irak, die bevölkerungsmäßig an Bagdad aber nicht heranreichen, fehlt Bagdad die Beziehung zur alten Geschichte des Zweistromlandes oder Mesopotamiens, wie der heutige Irak früher einmal hieß, oder der Sawâd-Region (so die spätere Bezeichnung), in der Bagdad entstanden ist. Offenbar wollte die Stadt eine ihr völlig eigene Zivilisation schaffen, eine Zivilisation, die aus keiner alten Geschichte schöpft, sondern eine eigene Geschichte begründet, eine Entwicklung vom Punkt null. Mossul zum Beispiel, das antike Ninive, die zweite Stadt des Iraks, etwa 400 Kilometer von Bagdad entfernt, ist ein Ort mit einer altehrwürdigen Geschichte, die ins 5. vorchristliche Jahrtausend zurückreicht. Es war ein Bauerndorf, schon bewohnt, bevor die Assyrer im 11. Jahrhundert v. Chr. große Teile des Zweistromlandes besiedelten und Ninive zu ihrer Hauptstadt machten, was es bis zum Jahr 611 v. Chr. blieb, dem Jahr, als das »gewaltige« Ninive den Chaldäern in die Hand fiel, die auf dem Gipfel ihrer Macht waren. Bis heute zeigen uns die archäologischen Funde die zivilisatorische Hinterlassenschaft der Assyrer. Man muss nur an die Bibliothek des assyrischen Königs Aschurbanipal erinnern, um den zivilisatorischen Entwicklungsstand zu erkennen, den Ninive damals erreicht hatte. Und wir sollten auch nicht vergessen, dass die Assyrer, obwohl Heiden, eine wesentliche Rolle bei der Ausbreitung der christlichen Religion in jener

Region gespielt haben. Ninive wurde durch die Gelehrten und Forscher aus anderen Teilen des Zweistromlandes und aus den umliegenden Ländern, die dorthin strömten, zu einer Stadt der Mönche und der religiösen Studien. Mar Ishâk al-Niniwi und Mar Michaîl sind die bekanntesten Heiligen, die die Stadt hervorgebracht hat. Unter der jahrhundertelangen Besatzung durch die persischen Sassaniden verarmte die Stadt, ihrer assyrischen Identität beraubt, und die Bewohner wurden zur Emigration auf die andere Tigrisseite gedrängt, wo sie eine besser befestigbare Lokalität vorfanden: einen Ort, auf einer Anhöhe gelegen und von einem Fluss umgeben, der zunächst Uburija (vielleicht von *ubûr* oder *abr*, Überquerung, abgeleitet) hieß, später, unter der Kontrolle der muslimischen Araber von der Arabischen Halbinsel, Mossul genannt wurde. Das war zur Zeit des zweiten »rechtgeleiteten« Kalifen, Umar Ibn al-Chattâb. Damals erhielt die Stadt Ninive den Namen Mossul, »Ankunftsort«, wegen ihrer Rolle als Etappenstation zwischen Syrien/al-Schâm und Churistân (dem »Land der Sonne« auf Kurdisch). Noch einen anderen Namen gab man der Stadt, al-Hadbâ, »die Geneigte«, wegen eines schiefen Minaretts der großen Moschee oder wegen des gewundenen Verlaufs des Tigris. Mitunter hieß die Stadt auch »Mutter der beiden Frühlinge«, weil im ganzen Irak nur sie sich jedes Jahr zweier Frühlinge erfreut. Der Herbst ist dort wegen seines berühmt milden Windes wie ein zweiter Frühling.

Basra, rund 550 Kilometer von der Hauptstadt Bagdad entfernt und nach Größe und Bevölkerungszahl hinter Mossul rangierend, war ursprünglich eine ländliche Region, die im irakischen Aramäisch Basrijâtha oder Basrijâfa heißt, die Gegend von Sarâjif/Bâsarîfi, wobei *sarîfa* das irakische Lehmhaus bezeichnet, das Vorbild für den bis heute im südlichen Irak vorherrschenden Haustyp (so ausnahmslos in der Gegend von Ahwâr, außerdem in ärmlichen städtischen Vierteln und Gebieten). Erst nach dem Eindringen der muslimisch-arabischen Heere, die von der Arabischen Halbinsel heranrückten und die Kontrolle der Siedlung übernahmen, wurde Basra zu einer blühenden Stadt – das war zu Beginn der Ausbreitung der Araber oder zu Beginn dessen, was die islamische Geschichtsschreibung als »Auftuungskriege« bezeichnet. Utba Ibn Ghaswân, einer der Gefährten des Propheten Muhammad, führte die entscheidende Schlacht um Basra. Er war es, der im Jahre 636 n.Chr. (14 n.H.) die Gründung der Stadt befahl. So wurde Basra zur ersten Stadtgründung in islamischer Zeit. Es wurde die Stadt der Sprache, des islamischen Rechts und des Sufis Hassan al-Basri, des Gründers einer eigenen Schule, der »liberalen« Schule von Basra, im Gegensatz zur »strengen« Schule von Kufa. Basra, das den größten sunnitischen Friedhof des Iraks besitzt, wo Hassan al-Basri und der Traumdeuter Ibn Sirîn ihre letzte Ruhestätte haben, wuchs in jener Zeit rasch an und blieb, bis Bagdads Stern aufging, ein Zentrum von Wissenschaft und Wirtschaft. Es gab den Mirbad von Basra, ein »Literaturfestival«, bei dem Gedichte vor den großen Dichtern, Sprachgelehrten und Poesiesachverständigen vorgetragen wurden. Es hieß: Der Irak ist das Auge der Welt, Basra ist das Auge des Iraks und der Mirbad ist das Auge Basras. Doch war die Stadt, wie alle großen Metropolen in früherer Zeit, im Lauf seiner Geschichte zahlreichen Angriffen ausgesetzt und erlebte viele Revolutionen. Einige von ihnen dokumentierten Ausnahmegeschichte – nicht nur für den Irak, sondern auch für die umliegende Golfregion: beispielsweise die Revolution der Sandsch oder diejenige der Karmaten, bevor die Mongolen auf ihrem Weg nach Bagdad in die Stadt kamen. Und als der türkische Sultan Sulaimân der Prächtige, al-Kanûni, im Jahre 1534 Bagdad besetzte, beließ er Basra unter der Regentschaft der muslimischen Araber, die die Mongolen verjagt hatten. Bis zur Ankunft der britischen Streitkräfte, die im Jahre 1914 die Türken vertrieben, war Basra neben Bagdad und Mossul einer der drei Verwaltungsbezirke, in die der Irak aufgeteilt war.

Basra, das man auch den »lächelnden Mund des Iraks« nannte, verlor durch all die Kriege und all die Mühsale, die es im 20. Jahrhundert erlebte, viel von seiner Schönheit: der Hafen wurde vernachlässigt, die Wasserversorgung verfiel; die Palmen, für die die unzähligen Gärten und Haine in und um die Stadt bis an die Grenzen Irans berühmt waren, verbrannten oder wurden vernachlässigt und vertrockneten. Neun Millionen Palmbäume fielen den Kriegen des Diktators Saddâm Hussain zum Opfer.

Die viertgrößte Stadt im Irak, Erbîl, wurde von den Sumerern gegründet, die um 2300 v. Chr. aus dem Süden Mesopotamiens kamen, und hat über Jahrhunderte eine wichtige Rolle gespielt. Der Name geht auf den assyrischen Namen der Stadt, Erbiluwâw, das heißt »vier Gottheiten«, zurück – ein Hinweis auf die wichtigen assyrischen Tempel in der Stadt. Erbîl galt den Assyrern als heilig und war eines ihrer Zentren der Ischtâr-Verehrung. Ihre Könige pilgerten vor jeder militärischen Unternehmung dorthin. Im 3. Jahrhundert n. Chr. wurde die Stadt christianisiert, hieß seitdem Arâmi Hidschâb und wurde eines der wichtigsten nestorianischen Zentren im Irak. Bedeutende Könige und Militärführer zogen durch die Stadt: Alexander der Große zum Beispiel oder Saladin, der Ajjubide. Die muslimischen Araber kamen im Jahre 653 n. Chr. unter dem Kalifen Umar Ibn al-Chattâb. Erbîl ist heute die administrative und politische Hauptstadt irakisch Kurdistans, und wird noch immer von unterschiedlichen christlichen Gruppen bewohnt. Das chaldäische Madînat Ankâwa ist Zeuge alter syrisch-aramäischer Kultur, und die Zitadelle und die alten Klöster in der Umgebung erinnern an das historische Erbîl.

Bagdad besitzt keine vergleichbare alte Geschichte. Diese Stadt wurde im Jahr 762 n. Chr. auf Geheiß des zweiten Abbassidenkalifen Abu Dschaafar al-Mansûr gegründet. Alles, was über sie aus der Zeit vor ihrer Gründung erzählt wird, entstammt dem Reich der Phantasie. So soll der Ort ursprünglich ein persisches

Dorf mit Namen Bâgh Dâd gewesen sein; oder sein Name soll früher Bâbeli gewesen sein, was von den Göttern stamme. Ich glaube, dass diese Phantasien sich in nichts von den Phantastereien des kleinen Jungen unterscheiden, der ich damals war. Es sind nichts als Versuche seitens der Liebhaber von Bagdad, ihre Stadt, über die sie eifersüchtig wachten, zur bedeutendsten Stadt im Zweistromland zu erklären, wichtiger als Mossul, Basra und Erbîl, als Ninive, Basrajâtha und Erbilwâw.

Die Lage dreier großer Städte war bekannt: Basra südlich, die beiden anderen, Mossul und Erbîl, nördlich von Bagdad. Aber Abu Dschaafar al-Mansûr (754–775) wollte einen völlig neuen Ort für seine Residenz suchen, ja er dachte nicht einmal über eine andere geeignete Stelle nach, nur sechzig Kilometer südlich von Bagdad, die aber am Euphrat lag, nicht am Tigris wie Bagdad. Ich meine die Stadt Babel, die eindeutig älter ist als die anderen drei. Es gibt nur zwei Städte in Mesopotamien, die älter sind als Babel, beide sumerisch: Uruk (al-Warkâ') und Ur. Ich weiß nicht, welchen Weg die Truppen der Abbassiden gegen die Umajjaden genommen haben, deren Staat sie stürzten. Sicher war die Stelle, auf der Abu Dschaafar al-Mansûr seine neue Hauptstadt zu errichten beschloss, nicht die einzig mögliche. Sein sechs Jahre jüngerer Bruder, Abu l-Abbâs al-Saffâch, der erste Kalif des Abbassidenreichs, den man Schlächter nannte, weil er viel Blut vergoss und viele Menschen töten ließ, wählte für sich einen anderen Ort als Hauptstadt, an einer völlig anderen Stelle, und nannte diese Haschimîja. Das war, unmittelbar östlich an das Jordantal anschließend, dort, wo früher einmal die Stadt Fâra stand, ein Ort, der auf römische Zeit zurückging. Abu Dschaafar al-Mansûr beschloss, seine neue Hauptstadt aus einem Guss zu bauen, etwa 800 Kilometer entfernt von der Stadt seines Bruders. Das muss auf den ersten Blick wirklich seltsam erscheinen. Doch wenn man überlegt, was der Kalif wollte und plante, ist es überhaupt nicht abwegig.

Alle Chroniken sind sich einig, dass Bagdad auf Wunsch des Kalifen Abu Dschaafar al-Mansûr gebaut wurde, und zwar weit weg von Städten wie Basra und Kufa, in denen es dauernd Unruhen gegen den Herrscher gab. Ein hübsch gelegener Ort mit einem gemäßigten Klima sollte es sein. Darum wählte er, so heißt es, für Bagdad jene Stelle am Ufer des Tigris und legte im Jahre 762 n. Chr. mit eigener Hand den Grundstein. Er hatte eine Anzahl Architekten ausgewählt, die den Bau beaufsichtigen sollten. Ihnen standen zahlreiche exzellente Baumeister und Handwerker zur Seite. Es verwundert nicht, dass die Stadt, gemessen an den technischen Möglichkeiten jener Epoche, in Rekordzeit entstand. Nur vier Jahre nach der Grundsteinlegung war der Bau abgeschlossen und die Stadt bereit für den Einzug des Kalifen samt seinem Hof und den staatlichen Ämtern. Damit war Bagdad zur Hauptstadt des Abbassidenreichs geworden. Al-Mansûr begnügte sich aber nicht mit der Stadtgründung auf dem westlichen Tigrisufer, dem heutigen Karch, sondern wirkte schon zwei Jahre später, im Jahre 768 n. Chr., darauf hin, sie durch die Errichtung einer weiteren Stadt auf dem Ostufer zu erweitern, die er Russâfa nannte. Diese Stadt machte er zum Sitz seines Sohnes und Thronfolgers al-Mahdi und ließ sie mit Wall und Graben, mit einer Moschee und einem Palast versehen. Sehr bald schon florierte Russâfa, dehnte sich aus und wurde zum gesuchten Wohnort. Dies führte zu einer Zweiteilung: Karch war der Sitz des Kalifenpalasts (heute Palast der Republik und Grüne Zone), Russâfa war Sitz der meisten staatlichen Ämter. Unter al-Mansûrs Enkel Harûn al-Raschîd, den man durch die Geschichten aus *Tausendundeine Nacht* und durch seine Kontakte zu Kaiser Karl dem Großen kennt, wurde Bagdad zur weltweit größten Stadt, in der Kultur und Wissenschaft blühten wie nirgendwo sonst.

Bagdads Geschichte ist mit der Geschichte des Abbassidenkalifats, wenn nicht sogar mit der Geschichte der islamisch-arabischen Welt aufs engste verknüpft – und zwar von 762 n. Chr. bis 1258 n. Chr., dem Jahr, als die Stadt in die Hand der Mongolen unter Hülägü (um 1217–1265) fiel. 1258 war das Jahr, in dem Bagdad als »Hauptstadt der Welt«, wie sie zur Zeit des Kalifen Harûn al-Raschîd und seines Sohnes al-Maamûn genannt wurde, unterging. Diese Stadt war auch durch ihre Anlage als Rundstadt einzigartig gewesen. Die Mehrzahl der islamischen Städte war dagegen rechteckig wie Fustât oder quadratisch wie Kairo oder oval wie Sanaa. Der Grund dafür lag möglicherweise darin, dass diese Städte neben Erhebungen entstanden, die eine Rundform verhinderten. Mit Bagdad entstand eine neue Richtung in der islamischen Architektur. Andere von den Abbassiden errichteten Städte folgten diesem Beispiel, Samarra etwa mit seinen prächtigen Moscheen und Palästen. Neben der baulichen Gestaltung gab es die Dekoration, die man als die Sprache der islamischen Kunst bezeichnet. Sie findet sich an Moscheen, Palästen, Kuppeln in geometrischen und floralen Ziermustern und ruft beim Betrachter Ruhe, Entspannung und Entzücken hervor. Im Westen nennt man diese Art islamischer Kunst Arabesken.

Auch wenn die Chroniken darüber schweigen, al-Mansûr hatte die Wahl des Ortes für den Bau Bagdads mit Sicherheit nicht dem Zufall überlassen. Zweifellos bestärkten ihn das ausgewogene Klima und die Stelle, auf der der Kalif die Stadt und seinen Palast errichten ließ. Meiner Meinung nach war der Hauptgrund für seine Entscheidung ein anderer – und der stand im Zusammenhang mit einem Problem, das den Abbassidenstaat von Anfang an begleitete. Ich meine, dass die Abbassiden ohne persische Hilfe weder imstande waren, die Umajjadendynastie zu stürzen, noch später einen starken Staat zu errichten, besonders im Bereich der Verwaltungs-, Steuer- und Heeresordnung. Es waren die unter dem Befehl des Persers Abu Muslim al-Chorasâni kämpfenden Soldaten, die die Umajjaden besiegten und Abu l-Abbâs, den Schlächter, als ersten Kalifen auf dem

Abbassidenthron einsetzten. Es war dann die Familie der Barmakiden, die den Staat zur Zeit des Kalifen Harûn al-Raschîd führte und einen so großen Einfluss ausübte, dass während der Regierungszeit Harûn al-Raschîds nichts im Staat – kein Projekt, kein Handel und kein Geschäft – ohne die Vermittlung eines Mitglieds dieser Barmakiden getätigt werden konnte.

Abu Dschaafar al-Mansûr hätte sich durchaus in Haschimîja einrichten können, der Stadt, die sein Bruder Abu l-Abbâs zur Hauptstadt erkoren hatte: Haschimîja lag in einer Gegend mit erträglichem Klima, umgeben von Bergen und nach Westen hin auf das fruchtbare Jordantal geöffnet. Doch das wollte er nicht. Er brauchte ein neues Symbol, ein sichtbares und kräftiges Symbol, nicht allzu weit von der Provinz Chorasân entfernt, von wo aus die Abbassiden gegen die Umajjaden zu Felde gezogen waren, einen Ort, der in der Nähe des mächtigsten persischen Palasts lag, jenes Zeugen ihrer Kultur und ihres Reichs, das jahrhundertelang über das Zweistromland geherrscht hatte. Vor Abu Muslim al-Chorasâni und dem Einfluss seiner Gefolgschaft auf die Abbassiden hatten in Mesopotamien lange Zeit die Sassaniden geherrscht. Kaiser Chosroe residierte in der Stadt Madâïn, dem heutigen Salmânbey. Diese Hauptstadt der Sassaniden unter Chosroe besaß noch immer gewaltige Macht. Madâïn, »Chosroes Halsband«, nur etwa zwanzig bis dreißig Kilometer südöstlich des heutigen Bagdad gelegen, war ganz sicher eine veritable Herausforderung für Abu Dschaafar al-Mansûr. Vielleicht hätte er die Stadt gern zerstört, war dazu aber nicht in der Lage. Warum also nicht eine Stadt bauen, die die andere in jeder Hinsicht an Pracht übertraf? Warum nicht eine Stadt gründen, die zum neuen kulturellen Zentrum der Welt würde, bedeutender als die sassanidische Kultur?

Bagdad wurde nicht zufällig gegründet. Vielleicht dachte Abu Dschaafar al-Mansûr, die Entstehung einer neuen Dynastie erfordere auch den Bau einer neuen Stadt, und schuf so im Irak eine Tradition: Alle Familien und Geschlechter, die künftig in Bagdad herrschten, Personen aus anderen Völkern und Reichen oder doch aus anderen Städten, sollten Fremdlinge in der Stadt bleiben (bis heute haben diejenigen, die im Palast der Republik oder in der Grünen Zone in Bagdad sitzen, keinerlei Bezug zur Stadt). Fremde aufzunehmen scheint Bagdads unabänderliches Schicksal zu sein. Und diese Fremden haben mit wenigen Ausnahmen mit großem Eifer Zerstörung gesät und Vernichtung verbreitet. Araber oder Nichtaraber, Muslime, Buddhisten, Christen oder Heiden, Mongolen oder Sassaniden, Türken oder Saudis, Beduinen oder Räuber, Dörfler oder Turbanträger. Das Ausmaß der Zerstörung, das diese Stadt erlebte, übertrifft bei weitem alles, was die drei anderen Städte des Zweistromlands im Lauf ihrer langen Geschichte erlitten haben.

All das wusste ich noch nicht, als ich die Postkarten sammelte, die mein Vater uns aus Bagdad schickte. Doch wenn ich sie mir jetzt anschaue, wird mir klar, dass sie Dokumente der Zerstörung sind. Sie zeigen markante Gebäude der Stadt, die, soweit sie nicht schon damals verschwunden waren, in den 1960er Jahren verschwanden oder im Lauf der folgenden Zeit zerstört wurden. Jenes Bagdad hatte mit der Zivilisation, die ihm zugrunde lag, zu existieren aufgehört. Das abbassidische Bagdad gehörte einer längst vergangenen Zeit an, einer endgültig verschwundenen Epoche. Bagdad starb am 10. Februar 1258, als Hülägü in die Stadt einbrach, über zwei Millionen Menschen umbrachte und nur Spuren der Verwüstung und Zerstörung hinterließ. Die Wasser des Tigris sollen vom Blut rot gefärbt gewesen sein. Moscheen und Paläste, Bibliotheken und Krankenhäuser wurden gebrandschatzt. Tausende wertvoller Bücher über Medizin, Astronomie, Wissenschaft und Literatur im »Haus der Weisheit« verbrannte Hülägüs Soldateska. Die großen Gebäude, an denen Generationen gearbeitet haben, wurden geplündert, verbrannt und dann dem Erdboden gleichgemacht. Hülägü war gezwungen, wegen des Verwesungsgestanks, der von der Stadt ausging, sein Heerlager auf die dem Wind abgewandte Seite der Stadt zu verlegen. Das war Bagdad, die Verwüstete.

Um die Stadt zu neuem Leben zu erwecken, brauchte es jemanden, der ihr neuen Geist einhauchte, nicht notwendigerweise den Geist seines Gründers, sondern einen Geist, den die Stadt für sich selbst suchte: Bagdad war es leid, die Rolle zu spielen, die die Großen ihm zuwiesen. Diesmal wollte die Stadt nur in den Augen der Kinder leben. Wie der syrische Dichter Nisâr Kabbâni über sie sagte: »Deine Augen, o Bagdad, seit meiner Kindheit sind sie zwei Sonnen, schlafend unter meinen Wimpern.« Die Stadt lebt nur durch den Besuch Najems, und so bin ich wie die Stadt selbst, die auf zwei Seiten, zwei »Sonnen«, aufgeteilte Stadt, die nicht voneinander zu trennen sind: Karch und Russâfa. Auch ich bin zweigeteilt: ein Najem, der in Bagdad lebt, und ein anderer, der weit weg lebt. Und nur auf diese Art existieren wir beide.

4

Die Grußpostkarten

Auf jeder Postkarte meines Vaters, die ich aufhob und sauber chronologisch geordnet in mein hübsches Heft klebte, sah ich eine Stadt, die zu Amâra, der Stadt, in der ich lebte, keinerlei Bezug hatte, nicht nur weil Bagdad die Hauptstadt des Iraks war und alle ständig über die Hauptstadt redeten, sondern mehr noch weil sie neben alten Bauwerken und alten Gassen auch moderne Straßen und Gebäude enthielt. Die Menschen, die ich auf diesen Karten sah, kamen mir vor wie aus anderen Zeiten. Mag sein, dass dafür die Geschichten verantwortlich sind, die meine Mutter mir beim Eintreffen jeder neuen Karte erzählte, oder die Kraft der Bilder, die jeden Betrachter ahnen lassen, dass dies eine Stadt mit einer ureigenen Geschichte ist – entstanden aus vielen Dynastien, die sie beherrscht, vielen Zivilisationen, die auf sie gewirkt haben. Als Kind wusste ich nicht, dass die Schönheit Bagdads, die ich auf jeder Postkarte bewunderte – später auch auf Schwarz-Weiß-Bildern, auf Karten und auf Gemälden –, ihren Ursprung darin hatte, dass die Stadt fremd in ihrer Umgebung war. Sie war wie eine von allen geliebte, hinreißende Kreatur, begehrt von Liebhabern aus aller Welt: manche näherten sich ihr mit Freundlichkeit, andere mit Barschheit. Und wer ihre Liebe nicht zu gewinnen vermochte, den spie sie aus und sann auf ihre Zerstörung – meist Schritt für Schritt, in Ausnahmefällen auf einen Schlag. Der Karten sammelnde Junge wusste nicht, dass Bagdad, diese schöne Frau, dort als Fremde geboren war. Er stellte sich die Stadt vor, mit jeder neuen

Geschichte aus dem Mund der Mutter um ein weiteres Bild bereichert. Bild um Bild, Geschichte um Geschichte. So formte sich Bagdad für ihn nach und nach.

365 Kilometer liegt Bagdad von Amâra entfernt, aber mit jeder Geschichte, die meine Mutter erzählte, kam mir die Stadt einen Schritt näher, und jeder Tag, an dem ich eine Ansichtskarte erhielt, war ein Freudentag, nicht nur für mich, auch für meine Mutter, die sich sichtbar veränderte: Sie lachte laut, wenn sie sich mit unseren Nachbarn oder mit ihren Freundinnen unterhielt, im Sommer auf dem Hof, im Winter im Salon. Ich verzieh es ihr, wenn sie ihnen die Karten zeigte, sobald der Postbote, unser Nachbar Atwân, sie gebracht hatte. »Schaut nur, wie wunderschön Bagdad ist!«, sagte meine Mutter, und für eine Weile drängten alle sich gestikulierend um sie. Beim Gott wohlgefälligen Abbâs, lass mich auch einen Blick darauf werfen!

Ich weiß nicht genau, welchen Berufen die Ehemänner der Freundinnen meiner Mutter nachgingen. Nur von einigen habe ich es erfahren. Da war Dâghi zum Beispiel, Umm Kâssim, die Frau von Hadsch Mutaschar, dem Freund meines Vaters, eine schweigsame, ruhige Frau, gleichzeitig die schönste unter den Freundinnen meiner Mutter, dann Marâm, unsere Nachbarin, die im Gegensatz zu Dâghi eine lockere Zunge besaß und ständig von ihrem Mann, Abu Malak, mit seinen enormen sexuellen Fähigkeiten redete. Wenn er eine Viertelflasche Arrak geleert habe, lasse er sie die ganze Nacht nicht schlafen. »Er kommt dauernd rein«, sagte sie und meinte seinen, wie sie es formulierte, die ganze Nacht über steifen Schwanz. Dann kommentierte meine Großmutter: »Er kann's nicht besser.« Dâghis Mann besaß wie mein Vater zwei Transportautos auf der Bagdad-Amâra-Route. Der Mann der zweiten, Umm Malak, war Automechaniker und hatte einen Dodge. Es war, daran erinnere ich mich noch immer, der Einzige im Viertel. Die beruflichen Tätigkeiten der anderen Ehemänner habe ich nie erfahren oder sie inzwischen wieder vergessen. Aber sogar Dâghi, deren Mann ebenfalls nach Bagdad fuhr, bat meine Mutter, die Postkarten ansehen zu dürfen, wenn sie uns besuchen kam. Meine Mutter zeigte die Karten voller Stolz herum, obwohl mein Vater auf die Rückseite nichts als unsere Adresse schrieb: Amâra, Machmudîja-Viertel, Abdalrachîm-al-Muchtâr-Gebäude, Wohnung von Abdallah Wâli. Unter der Adresse stand höchstens noch ein kurzer Satz wie »Meine Grüße an die ganze Familie«. Atwân sagte immer, wenn er meiner Mutter die Karte aushändigte, es brauche gar nicht die genaue Adresse, einfach Amâra, das genüge schon, damit die Karte im Postamt ankäme. Wenn man die Postsäcke leere und diese Art Karten sehe, sage er zu seinen Kollegen, den Postboten in anderen Vierteln, sie bräuchten sie gar nicht erst umzudrehen und die Adresse zu lesen, sie könnten sie gleich ihm überlassen. Es gebe nur einen, der so hübsche Ansichtskarten von Bagdad schicke, und das sei Abdallah. Auch die Frauen wussten das. Sie waren hingerissen und unterhielten sich lautstark darüber, während die Karte von Hand zu Hand wanderte. Manchmal gab eine sie nicht weiter, sondern legte sie mitten in den Frauenkreis, wo alle sie neugierig betrachteten. Es gab immer Kommentare und Geschichten. Meine Mutter war freudig erregt, weshalb ich ihr sogar verzieh, wenn sie die Postkarte ihren Freundinnen zeigte, bevor ich sie sehen durfte. Ich rannte auch nie zu meiner Mutter, um die Karte zu stibitzen. Ich betrachtete einfach das Geschehen, in freudiger Erwartung, dass dieses Bild, das die Freundinnen meiner Mutter in Erstaunen versetzte, schließlich in meinem hübschen Heft enden würde, neben den anderen Bildern, in Vorfreude auf die Geschichte, die meine Mutter mir später erzählen würde, wenn wir allein mit der Postkarte wären, entweder auf dem Hof oder im Salon, gleich wenn die Frauen gegangen wären, oder später am Abend, wenn wir zu Bett gingen. Bis zur Geburt meiner Schwester Nawâl durfte ich nämlich, wenn mein Vater in Bagdad war, neben ihr schlafen. Dann hielt sie die Karte in die Höhe und begann die Geschichte zu erzählen. Sie erzählte und erzählte, als wollte sie ihr Wissen, das sie aus dem Erdkunde- oder Geschichtsunterricht mitgebracht hatte, auf die Bilder anwenden. Wenn sie sich danach zu mir drehte, um zu sehen, welchen Eindruck ihre Erzählung auf mich gemacht hatte, stellte sie fest, dass ich eingeschlafen war. Dann gab sie mir einen Kuss, schob die Postkarte unters Kopfkissen und sagte: »Bis zur nächsten Karte und einer neuen Geschichte.« Das war ihr Ritual. Es waren viele Geschichten, die mir meine Mutter so erzählte. Einige davon gingen gemeinsam mit den Karten verloren, andere blieben mir im Gedächtnis, mit Bagdad verknüpft, überwiegend aber mit meiner Mutter. Bei meinen letzten Besuchen bei ihr erinnerte ich sie an diese Geschichten, oder sie erinnerte mich an jene, die ich vergessen hatte. »Hättest du nicht immer gedrängt, hätte mich vielleicht keine Phantasie zum Erzählen dieser Geschichten beflügelt«, meinte sie lachend. »Wie wahr!«, antwortete ich.

Natürlich hatte meine Mutter recht. Manchmal musste sie einfach erzählen, selbst wenn sie wegen der Hausarbeit, wegen der Gastgeberinnenpflichten ihren Freundinnen gegenüber oder aus anderen Gründen müde war. Nicht dass sie auf diesen Postkarten etwas gab, das sie bewegte, und wäre es nur ein Zeichen der Zuneigung von Seiten meines Vaters gewesen. Doch vielleicht fand sie darin einen Ersatz für ihren Traum, nach Bagdad zu gehen. Diesen Traum hat meine Mutter nie aufgegeben. Sie träumte immer davon, in Bagdad zu leben, in der Hauptstadt. Ich frage mich, ob es damit zu tun hatte, dass sie ihre Kindheit in der Stadt Kût verbrachte, von wo es nach Bagdad nur noch 161 Kilometer sind. Ihr Vater arbeitete damals in Kût als Fleischer, später zog er um und war bis zu seinem Tod als Inspektor für die irakische Dattelgesellschaft am Bahnhof in Basra tätig, damals Makal genannt. In Kût, das unter der Diktatur den Namen Wâssit erhalten sollte, ging meine Mutter zur

Schule und hatte immer ausgezeichnete Noten. Als sie später auf das Lehrerinnenseminar in Bagdad wechseln wollte, entschied mein Großvater, ihr das zu verbieten: »Meine Tochter geht nicht nach Bagdad auf die Schule.« Und damit blieb ihr nichts anderes übrig, als zu heiraten. Mein Vater war das genaue Gegenteil von ihr, er hatte nicht einmal die Grundschule abgeschlossen. Der Direktor verwies ihn von der Schule, weil er mit einem Projektionsapparat hantierte, den er Kino nannte. Die Schüler standen rauchend in den Toiletten der Schule und betrachteten die Bilder, die mein Großvater von einem Mister Charles bekam, einem englischen Inspektor, der viermal im Jahr kam, um die Arbeit im englischen Friedhof in Augenschein zu nehmen und den Gärtnern, deren Boss mein Großvater war, ihren Lohn auszuzahlen. Aber vielleicht war es nicht nur das, was den Blick meiner Mutter auf meinen Vater lenkte, sein Verhältnis zum Kino und zu den Künsten im Allgemeinen. Mein Vater war auch ihr Cousin – der Sohn der Schwester ihres Vaters –, und bei seinen Besuchen im Haus meiner Großmutter in Amâra verliebte sie sich in ihn. Er war einer von wenigen in der Stadt, die damals ein Grammophon besaßen, und dadurch sehr attraktiv. Welches Mädchen würde sich nicht angezogen fühlen und sich verlieben beim Klang der Musik von Muhammad Abdalwahhâb und den Liedern von Umm Kulthûm? Und nicht nur das, immer wenn meine Mutter meinen Vater zu Schallplatten befragte, die sie zum ersten Mal bei ihm sah, erklärte er ihr, er habe sie aus Bagdad mitgebracht. Bagdad, der Traum meiner Mutter vom Studium am Lehrerinnenseminar, ihr fixer Traum, erreichte sie damals in Form von Schallplatten, später von Postkarten.

Der Dichter Badr Schâkir al-Sajjâb, der aus Basra stammte, saß einmal in einem Café in Kuwait, nur etwa dreißig Kilometer von Basra entfernt, und hörte auf einem Grammophon ein irakisches Lied. Da packte ihn das Heimweh, und er schrieb: »Gestern kamst du zu mir, mein Irak, auf einer Schallplatte.« Meine Mutter hätte dasselbe sagen können, zunächst vor ihrer Heirat: »Gestern kamst du, mein Bagdad, als eine Schallplatte.« Später, nach ihrer Heirat: »Gestern kamst du, mein Bagdad, in Form einer Ansichtskarte.« Und weil das Grammophon aus dem Haus verschwunden ist, mein Vater hat es verkauft und durch ein großes Philips-Radio ersetzt, blieb ihr am Ende nur das Bagdad der Ansichtskarten.

5

Eine Stadt zwischen Kleiderschrank und Kopfkissen

Einige dieser Postkarten hat meine Mutter viele Tage behalten – zufällig oder absichtlich. Sie hat sie vor mir versteckt, aber ich habe sie gefunden. Bei denjenigen, die sie unter dem Kissen »vergessen« hatte, war das nicht schwer. Aber diejenigen, die sie – außerhalb meiner Reichweite, wie sie meinte – in ihre Handtasche oder anderswohin gesteckt hatte, fielen mir oft erst nach Tagen in die Hände, meistens zufällig. Doch im Lauf der Zeit fand ich praktisch alle ihre »geheimen« Orte heraus: im Kleiderschrank, im Nachttisch oder in der Außentasche des großen Reisekoffers, unterm Bett, sogar hinter dem großen Philips-Radio. Natürlich habe ich sie damals nicht gefragt, warum sie gerade diese oder jene Postkarte versteckte. Im Allgemeinen schob sie die Ansichtskarte, über die sie mir erzählte, unters Kopfkissen, dort fand ich sie am nächsten Morgen. Kaum wach, zog ich sie hocherfreut hervor und klebte sie, oft noch vor dem Frühstück, in mein Heft. Manchmal aber fand ich zu meiner Überraschung am folgenden Morgen keine Karte am gewohnten Ort. Wenn ich meine Mutter umarmte und danach fragte, lachte sie: »Gestern Abend? Postkarte? Du hast wohl geträumt!« Da all mein Betteln nichts nützte, fügte ich mich und glaubte ihr. Nachdem sich solche Vorfälle wiederholten und ich danach manche dieser Karten zufällig fand, nahm ich an, meine Mutter verstecke und verleugne sie, um mit mir zu spielen, und weil mir das Spiel gefiel, verriet ich nie, dass ich die versteckten Karten gefunden hatte. Ich klebte sie in mein Heft, ohne ihr davon zu erzählen. Auch sie stellte keine Fragen, auch sie schien Gefallen an der Sache zu finden. Denn ich hielt dieses Heft weder vor ihr noch vor sonst jemandem geheim. Später zeigte ich es sogar meiner Schwester. Und ganz sicher hat meine Mutter dann die eingeklebten Postkarten gesehen. Natürlich wusste ich damals nicht, warum sie die eine und nicht die andere Karte für ihr Versteckspiel mit mir auswählte.

Auf einer dieser Karten war, wie ich mich erinnere, das Grab von Prinzessin Subaida, genannt Sumurrud Chatûn, abgebildet, eines der markanten Gräber auf dem Schunisîja-Friedhof, dem alten Klostertor-Friedhof in Karch. Es ist eines der auf einem weiten Gürtel Land um die Moschee des Sufischeichs Maarûf gelegenen archäologischen und historischen Monumente. Natürlich war meine Mutter begierig, die Geschichte der Prinzessin Subaida zu erzählen. Dabei verriet ihre Stimme Bewegung und Kummer. Sie erzählte von dieser Frau, als ob es sich um eine ihrer Freundinnen handelte, mit denen sie noch vor kurzem im Salon zusammengesessen hatte – es war Herbst und etwas kühl, ein Hauch von Melancholie lag über allem, wie überall auf der Welt im Herbst. Erst später entdeckte ich, dass sie nicht die Einzige war, die so leidenschaftlich von Subaida oder eben Sajjida Sumurrud Chatûn sprach, dabei aber eine andere Subaida meinte. An jenem Herbsttag erzählte meine Mutter Subaidas Geschichte und scheute keine Mühe, sie durch Zusätze hier und dort als ihre eigene erscheinen zu lassen. Ich glaube nicht, dass Authentizität oder Wahrheitsgehalt der Geschichte sie in gleicher Weise beschäftigten wie die von ihr beabsichtigte Verbindung: Erstens ging es ihr um ihre eigene Beziehung zu Bagdad. Schau nur, was es in Bagdad für Frauen gibt! Und was für Friedhöfe! Zweitens ging es um ihren Groll, weil sie ihre Ausbildung nicht am Lehrerinnenseminar in Bagdad fortsetzen und danach mit meinem Vater in der Hauptstadt leben durfte. Sie hatte nämlich, wie ich erfuhr, schon früher ein Auge auf meinen Vater geworfen, und wenn sie über einen Ehemann nachdachte, zog sie nie einen anderen Mann in Erwägung. »Wenn ich Lehrerin geworden wäre, würden wir in Bagdad leben«, hat sie immer wieder bekümmert erzählt, besonders in Augenblicken, wenn sie sich an zwei Freundinnen erinnerte, die das Seminar besucht hatten und beide in Bagdad wohnten. Ihr Verlust wurde zu ihrem Traum: Bagdad. Da sie ihre Ausbildung nicht hatte fortsetzen dürfen, suchte sie nach starken weiblichen Vorbildern, die ihre eigene Überzeugung stützten, dass Frauen das Recht hätten zu arbeiten, genau wie der Mann.

Von klein auf, lange bevor sie mir die Geschichte erzählte, mahnte mich meine Mutter zu Achtsamkeit. Später würde ich vieles hören, was nichts anderes zum Ziel hätte, als die Frau als Mensch herabzusetzen. Dabei seien die Leistungen der Frau an sich bekannt und greifbar, die Geschichte belege es, jeder wisse das. Aber die Menschen verdrehten die Tatsachen. »Tausende von Frauen sind im Schatten geblieben, obwohl sie der Menschheit Dienste erwiesen haben«, erzählte sie mir. »Prinzessin Subaida, die Frau des Abbassidenkalifen Harûn al-Raschîd, war eine der Heldinnen islamischer Geschichte, die Initiantin des ersten großen Wasserbauprojekts der Geschichte. Weißt du, warum ihr Großvater, der Kalif Abu Dschaafar al-Mansûr, sie Subaida nennen ließ? Ich will es dir sagen: Sie war hellhäutig und wunderschön, und ihr Name ist die Verkleinerung von *subda*, Rahm. Ihr Großvater gab ihr diesen Namen als Kosenamen wegen ihrer rahmhellen, weichen Haut. Verstehst du?« Natürlich verstand ich, aber mehr als die Schönheit der Prinzessin gab mir der Rahm zu denken, der offenbar früher einmal weiß war, nicht gelb, wie der, den Mutter am Morgen bei den Frauen aus der Umgebung der Stadt kaufte und den wir normalerweise als Häubchen auf der Sauermilch *(rauba)* hatten, die wir am Abend aßen. Meine Mutter unterbrach meine Überlegungen, holte mich aus meiner Gedankenwelt zurück und erzählte weiter, dass sich Subaida trotz ihrer Schönheit und ihres Feingefühls einer scharfen Intelligenz erfreute, außerdem sei sie mutig gewesen und habe auch zahlreiche kreative Werke hinterlassen.

Seltsam fand ich, dass Schönheit und Feingefühl im Gegensatz zu Intelligenz und Mut stehen sollten. Als ich meine Mutter danach fragte, meinte sie, um die Antwort zu finden, müsse ich die Geschichte hören:

»Es war einmal in alter Zeit eine Prinzessin, die war ein Inbegriff an Schönheit und Jugendfrische. Sie hieß Subaida. An einem dieser für immer denkwürdigen Tage zog sie mit Harûn al-Raschîd, der ihr Ehemann und der Kalif der Muslime war, an der Spitze einer großen Karawane aus Bagdad hinaus, um die Pilgerfahrt ins ehrwürdige Mekka zu unternehmen. Während sie nun unterwegs waren, entging ihr nicht, dass die Pilger Wasser benötigten und auf der beschwerlichen Reise keines fanden. Da dachte sie: Warum sollte ich nicht ein Projekt in die Wege leiten, das den Pilgern dient: ein flussgleicher Wasserlauf mit Schöpfstellen entlang dem Weg der Pilger vom Irak bis ins ehrwürdige Mekka? Als sie diese Idee ihrer Umgebung mitteilte, erschien sie allen unrealistisch, ja ein Phantasieprodukt. Doch nachdem Subaida die Zeremonien der Pilgerfahrt absolviert hatte, fasste sie ihren Entschluss. Sie versammelte Architekten, Bauleute und Heerführer um sich und befahl ihnen, Brunnen zu graben, ganz gleich was es koste. ›Und wenn ich bei diesem Projekt für jeden Spatenstich einen Dinar bezahlen müsste, ich werde es durchziehen‹, versprach sie. Aufgrund von Landvermessungen, die sie höchstpersönlich durchführte, wurde klar, dass man zwischen Bagdad und Mekka zwanzig Brunnen benötigte. Sie befahl, diese zu graben. Für dieses Projekt gab sie eine Million siebenhunderttausend Goldmithqâl aus. Alle wiegten bedenklich den Kopf und fragten sich, wie denn die Brunnen miteinander verbunden werden sollten. So grub man Kanäle, bis das Wasser von Brunnen zu Brunnen floss. Und jeder Brunnen war in beide Richtungen mit dem Wasserlauf zwischen Bagdad und Mekka verbunden. Dann kam die Frage auf, wie man das Wasser kühl halten konnte. Die Ingenieure schlugen vor, den Kanal abzudecken und nur einige Öffnungen zu lassen, durch die sich die Pilger auf ihrem langen Weg des Wassers zur rituellen Reinigung und zum Trinken bedienen konnten. Außerdem versuchten die Bauverantwortlichen so, das Wasser vor den Fluten und gegen Witterungseinflüsse zu schützen. Wenn die Flut kam, konnte sie den Damm nicht zerstören. Das Gesamtbauwerk nannte man ›Subaidas Quelle‹.

Das Hübsche daran ist, mein Junge«, fuhr meine Mutter lächelnd fort, »dass Frau Subaida nach Beendigung des Projekts die Ingenieure und alle Bauspezialisten und Arbeiter mit ihren Kladden zur Abrechnung zusammenrief. Sie nahm sie aber, so wird überliefert, und warf sie bei Bagdad in den Tigris. Danach hob sie ihre Hände zum Himmel und rief: ›Die Abrechnung erfolgt am Tag der Abrechnung. Wir wollen hier nicht abrechnen. Ich will nur das Gefühl haben, dass alles, was ich ausgegeben habe, für Gott ist. Von ihm stammen die Dirhams, und ihm sind sie ein Almosen.‹

Subaidas Quelle gehört zu den wichtigsten historischen Bauwerken auf der Arabischen Halbinsel, im heutigen Königreich Saudi-Arabien, mein Junge«, fuhr meine Mutter fort, als wäre sie dort gewesen oder hätte von ihrem Wasser getrunken, dabei hatte sie damals noch nicht einmal die Pilgerfahrt nach Mekka unternommen. »Gewisse Reste davon haben sich über Jahrtausende bis heute erhalten. Sie haben die Geschichte dieser großartigen Frau unauslöschlich gemacht, deren Ziel es war, den Durst der Pilger zu löschen.«

Meine Mutter schwieg eine Weile. Wahrscheinlich musste sie

lange über ihren nächsten Satz nachdenken. Dann erklärte sie, und es klang wie ein Resümee, wie eine Lektion, die ich aus dieser Geschichte lernen sollte, die sie mir mit auf den Weg geben wollte: »Bemerkenswert daran ist, mein Kind, dass ihr Mann, der Kalif Harûn al-Raschîd, ihr diese Idee nicht auszureden versuchte. Er war nicht das größte Hindernis für die Erfüllung ihres Traums, wie es heute bei Frauen der Fall ist, die auf verschiedenen Gebieten Herausragendes leisten. Er lachte sie nicht aus und versuchte nicht, ihr Vorhaben zu verhindern, obwohl es zunächst nichts als ein Hirngespinst war. Er sagte nicht: ›Wie sollte eine Frau wie du ein solch enormes Projekt schultern?‹«

Mausoleum von Sajjida Sumurrud Chatûn in Bagdad

Was meine Mutter damals nicht wusste oder vielleicht auch wusste, aber nicht erzählte: Diese Prinzessin Subaida, deren Geschichte sie erzählte, die allerdings keinerlei Verbindung zu Subaida bzw. Sajjida Sumurrud Chatûn hatte, deren Grab auf der Postkarte abgebildet war, bezahlte für ihren Traum mit ihrem Leben, und zwar wegen der religiösen Verbohrtheit und Blindheit, deren Gespenst bis heute im Irak und den umliegenden Ländern umgeht. Es nützte ihr nichts, dass sie eine großartige zivilisatorische Leistung erbracht hatte: das erste Wasserbauprojekt dieser Dimension in der Geschichte, wofür sie eigentlich ein Denkmal in Bagdad oder in Mekka verdient hätte, nicht die Tilgung der Erinnerung an sie. Aber was ist daran überraschend? Der Kalif selbst, ihr Ehemann Harûn al-Raschîd, der sie bei ihrem Projekt unterstützt hatte und der für seine Förderung von Wissenschaften und Übersetzungen bekannt ist, ebenso für seine Weltoffenheit – dieser Ehemann trennte sich von ihr in dem Augenblick, als ihre schiitischen

Wurzeln bekannt wurden. Harûn al-Raschîd war wie jedweder Kalif, Herrscher, Machthaber, König oder Kaiser zu jenen Zeiten in erster Linie auf seinen eigenen Vorteil bedacht, und wenn eine Ehe dem Ansehen schadete, ließ man sich scheiden. Ein Grund musste nicht angegeben werden. Die Bekanntmachung der konfessionellen Zugehörigkeit seiner Frau, Subaida, der in der Folge entstehende Brand und die Belagerung von Bagdad waren die ersten Anzeichen für den Niedergang des Abbassidenreichs, das einer fremden Soldateska von Seldschuken, Buwaihiden, Mamluken überlassen wurde, und schließlich durch das Mongolenheer unter Führung von Hülägü unterging.

Muhammad al-Amîn, der jüngere Sohn Harûn al-Raschîds, dessen Mutter ebenjene »schiitische« Sajjida Subaida war, und sein Bruder Abdallah al-Maamûn kämpften nach dem Tod ihres Vaters um die Macht. Abdallah al-Maamûns Mutter war zwar ebenfalls eine Schiitin – ihre Familie ging auf die persischen Barmakiden zurück –, aber sie starb bei der Geburt des Sohnes, weshalb dieser bei abbassidischen Gouvernanten aufwuchs. Um seine Thronfolgerstellung gebracht, floh al-Maamûn nach Chorassân, wo er die Perser um Unterstützung im Krieg gegen seinen Bruder bat. Zwölf Monate lang belagerte er Bagdad und ließ es mit Steinschleudern (das wären heutzutage Raketen) beschießen, bis er die Stadt stark beschädigt, die Mauern zerstört und die Märkte verbrannt hatte. Schließlich wurde al-Amîn ermordet und sein Kopf zu al-Maamûn nach Chorassân gebracht. Seit jener Zeit verschärfte sich die Auseinandersetzung zwischen den beiden großen Konfessionen, der Sunna und der Schia, weil manche hinter der Übernahme des Kalifats durch Muhammad al-Amîn, der drei Jahre jünger war als sein Bruder al-Maamûn, eine Machenschaft Subaidas sahen, die bei der Pilgerfahrt der Eheleute nach Mekka eingefädelt worden sei. Dort habe Harûn das Dokument der Thronfolge unterzeichnet, das er erst nach der Scheidung von Subaida wieder rückgängig machen konnte.

Als al-Amîn das Kalifenamt übernahm, ließ er das Dokument, »die beiden Bücher«, wie man es nannte, stehlen, um es anschließend in Bagdad zu verbrennen. Die Auseinandersetzung zwischen den zwei Brüdern bildet den Hintergrund einer großen Konfrontation zwischen Sunniten und Schiiten, die in Bagdad zur Zeit des Abbassidenkalifen al-Kâïm bi-amrillah (1031–1075 n. Chr.) im Jahre 1052 n. Chr. (443 d. H.) voll zum Ausbruch kam und Tausende von Menschenleben forderte. Und unter allem Zerstörten und Verwüsteten war auch Sajjida Subaidas Grab. Das brachte meine Mutter und alle anderen Iraker, die die auf der Postkarte abgebildete hübsche und mit einer konischen Sakkûra verzierte Grabstätte besuchten, auf den Gedanken, es handle sich um das Grab der Prinzessin Subaida, der Frau des Kalifen Harûn al-Raschîd, und nicht um das Grab einer anderen Subaida, deren Name in Wahrheit Sajjida Sumurrud Chatûn war, der Mutter des Abbassidenkalifen al-Nâssir li-dîn Allâh, der von 1180 bis 1225 n. Chr. in Bagdad regierte, nur dreiunddreißig Jahre bevor die Stadt von den Mongolen erobert wurde.

6

Das Datum einer Postkarte

Viele Jahre sind vergangen seit dem Beginn meines Studiums der deutschen Literatur an der Abteilung für europäische Sprachen der Literaturfakultät der Universität von Bagdad. Diese Studienwahl war eher ein Zufall, weil ich an diese Abteilung der Literaturfakultät wegen meines Notendurchschnitts beim Abschluss der Oberschule kam. Aber mein Vater sah sich bestätigt. Schon als kleiner Junge, sagte er, hätte ich immer wieder den Namen Deutschland im Munde geführt, und Freunde, Arbeitskollegen, Nachbarn oder Verwandte hätten, wenn sie uns besuchten, häufig scherzend gefragt: »Wo willst du denn hingehen, wenn du einmal groß bist?«, und dann gelacht, wenn ich antwortete: »Nach Deutschland.« Ich erinnere mich, dass mir in unserem kleinen Buchladen im Block namens »Die zeitgenössische Buchhandlung«, der Buchhandlung von Abdalrachmân Rachmâni, die heute noch existiert, die *Duineser Elegien* von Rainer Maria Rilke in die Hand fielen, außerdem kannte ich das Theater von Peter Weiss, dessen Stück *Gesang vom Lusitanischen Popanz* wir in der Schule aufführten. Aber ich fand keine »logische« Erklärung für die Behauptung meines Vaters. Mich faszinierten neben der deutschen Literatur auch all die anderen schönen Literaturen: die russische, die französische, die englische oder später die spanische, die 1977 als Studienfächer eingerichtet wurden und deren Klassen zwei Jahre später alle Räume in ersten Stock der Literaturfakultät besetzten. Doch Interesse an Literatur und deren Lektüre waren nicht ausschlaggebend, unser Universitätsstudium wurde durch andere Notwendigkeiten bestimmt. Und ähnlich wie bei uns die Eheschließung »Geschick und Los« ist und man nur in Ausnahmefällen aus Liebe heiratet, hatte auch die Wahl des universitären Studienfachs nichts mit persönlichen Wünschen zu tun. Es war eine Sache der zentralen Zuweisungsstelle, es ging um den Notendurchschnitt und um das Verhältnis zum politischen Regime. Trotzdem hatte mein Vater vielleicht teilweise doch recht mit meiner »deutschen Neigung«, und mein Studium der deutschen Literatur war nicht völliger Zufall.

Wir ahnten nicht, dass das alles auch mit Bagdad und mit einer jener Ansichtskarten zusammenhing. Möglicherweise war es die erste Postkarte die uns aus Bagdad erreichte. Jedenfalls muss es eine mir besonders teure Postkarte gewesen sein, eine der wenigen, die die Zeit überdauert haben. Wie schon gesagt, klebte ich damals mit großem Eifer die Ansichtskarten von Bagdad in mein hübsches kleines Heft. Doch ein paar Jahre später, als Sport mein liebstes Hobby wurde und ich mit Leidenschaft Sportlerbilder zu sammeln begann, mussten Dutzende dieser alten Postkarten weichen, und ich weiß nicht, was mit ihnen geschah. Meine Mutter behauptete, sie habe sie noch jahrelang aufbewahrt. Erst als nach dem Aufstand im Frühjahr 1991, der auf die Niederlage des damaligen Diktators im Kuwait-Krieg folgte, die Streitkräfte der Republikanischen Garde in die Stadt kamen – sie drangen in die Häuser im Süden des Landes ein und suchten nach Waffen und Propagandamaterial, nach allem Verdächtigen –, verbrannte meine Mutter einen großen Packen alter Papiere: das gesamte Archiv, das sie für mich hatte aufbewahren wollen. Darunter waren Dutzende dieser alten Karten. Sie habe geweint, fügte sie noch hinzu, als sie zugeschaut habe, wie das Feuer im Lehmbackofen diesen »Schatz« verschlungen habe, den sie so gern für mich gerettet hätte. Sie wusste, eines

Tages würde ich aus meinem Exil zurückkehren, und »sobald der Abwesende wie ein Vogel zurückkehrt, sucht er nach jedem Strohhalm des alten Nests«, davon war sie überzeugt. Mein altes Nest war verbrannt. Das schmerzte sie sehr. Doch dann gab es eine Überraschung: Nach dem Tod meiner Großmutter väterlicherseits, Faradscha, fand meine Mutter in einer kleinen Truhe ihrer Schwiegermutter einige der alten Ansichtskarten, mit einem violetten Band zusammengebunden, als hätte jemand sie sorgfältig ausgewählt, um sie aufzuheben. Es war ausgeschlossen, dass meine Großmutter das getan hatte. Welchen Grund hätte sie gehabt, gerade diese Karten auszuwählen? Es musste jemand anderes gewesen sein. Aber meine Mutter wusste nicht, wer. Sie konnte sich nicht erinnern, es selbst getan zu haben, und mein Vater versicherte, er habe von der Existenz dieser Karten keine Ahnung gehabt. Es müsse Najem gewesen sein, meinte er. Doch das sei jetzt nicht mehr wichtig, sagte meine Mutter und konnte es kaum fassen, diese Karten wiedergefunden zu haben, mit denen sie so viele schöne Erinnerungen verband. »Ein kleines Erinnerungspäckchen«, mit diesen Worten überreichte sie es mir bei meinem ersten Besuch nach dem 9. April 2003, nach dreiundzwanzig Jahren in der Fremde.

Zwölf Ansichtskarten von Bagdad, alle schwarz-weiß, die einige der Monumente in verschiedenen Jahren zeigten, manche davon stammten vom Beginn des vergangenen Jahrhunderts. Natürlich waren sie verblichen, einzig das Band, mit dem sie zusammengehalten wurden, hatte sein kräftiges Violett behalten. Ein sorgfältig geschnürtes Päckchen, als sei es eben erst zusammengebunden worden. Sogar die Reihenfolge der Karten war chronologisch, wie ich feststellte, als ich das Band öffnete. Ich konnte mich nicht erinnern, dies getan zu haben. Und wenn ich es getan hätte, so hieße das, dass ich schon in jener Zeit ordentlich, eben »deutsch« oder »englisch«, war.

Al-Chulafâ, ältestes Minarett in Bagdad. Foto eines deutschen Fotografen, Anfang des 20. Jahrhunderts

Die erste Karte zeigte ein Minarett in Bagdad, ein altes abbassidisches Minarett, von dem ich damals nicht wusste, ob es sich um ein Original handelte oder ob es abgerissen und neu aufgebaut worden war – eine Methode, die die Machthaber bei vielen alten Bauwerken im Land praktizierten: Sie wurden neu gebaut, und in jeden Stein oder Ziegel wurde der Name des Diktators eingeritzt. Wenn es sich so bei der Paradestraße und dem angeblichen Aschtâr-Tor in Babel (das Original befindet sich im Pergamon-Museum in Berlin) verhielt, warum nicht auch bei diesem alten, besonderen Minarett, das schlank und grazil aufragte, obwohl sein Fundament und sein Oberteil zerstört waren, so dass es aussah wie eine hohe Palme. Es war umgeben von Häusern, einige davon aus Ziegeln, andere, besonders eines rechts davon, aus Rohr und mit einem Dach, wie es die Hütten im Süden haben. Erst auf den zweiten Blick, als ich den Hintergrund genauer betrachtete, sah ich, dass es sich um das Minarett im Sûk al-Ghasl (Spinnereimarkt) neben der Kalifenmoschee handelte, das älteste Minarett Bagdads. Doch auch dieses stammte nicht aus dem frühen Bagdad. Das ursprünglich von den Abbassiden errichtete Minarett war, wie ich erfuhr, bei der Eroberung Bagdads durch die Mongolen zerstört worden. Das auf der Karte abgebildete Minarett hatte Abaka, ein Sohn Hülägüs, im 13. Jahrhundert v. Chr. auf den Trümmern des von seinem Vater zerstörten Minaretts errichten lassen. Es war ein ganz besonderes Bauwerk: Auch wenn es von den älteren Minaretten einige Charakteristika übernommen hatte, unterschied es sich von diesen durch seine Schlankheit. Diese Besonderheit muss wohl den Blick des

Fotografen angezogen haben, der, wie auf der Rückseite vermerkt war, während eines Besuchs im Irak im Jahre 1911 die Aufnahme machte, und auch meinen Blick, so dass ich die Karte aufbewahrte. Es gab in Amâra damals kein vergleichbares Minarett, weshalb es mir seltsam erschien, fremd, von Bagdad, wie von einem fernen Stern. Zu meiner Überraschung stellte sich heraus, dass der Fotograf ein Deutscher war.

Al-Chulafâ, dasselbe Minarett, 1990er Jahre

Hatte ich das damals so wahrgenommen? Erschien mir dieses Minarett so besonders, weil es keinem mir bekannten Minarett in unserer Stadt glich und weil ich vielleicht dachte, es hätte einen Bezug zu Deutschland? Ich weiß es nicht. Doch ich bezweifle nicht, dass die Postkarte oder das Bild darauf mich an Deutschland denken ließen. Und dass ich diese Karte zusammen mit den anderen aufhob, sollte sicherstellen, dass ich eines Tages zu ihr zurückkehren würde.

Seltsam, dass Entscheidungen, die wir als Kinder treffen, wie Hirngespinste aussehen und keiner Logik zu folgen scheinen, doch wenn wir, Jahre später, als Erwachsene zurückblicken, erkennen wir die Weisheit, die sich dahinter verbirgt. Die Beziehung zu Deutschland entwickelte sich mit meinem Studium der deutschen Literatur an der Universität Bagdad weiter und führte mich sechs Jahre später in die Bundesrepublik Deutschland, zunächst über Berlin nach Hamburg, dann zurück nach Berlin, wo ich mich niederließ.

Im zweiten Jahr meines Studiums freundete ich mich mit Atâ Issa an, der französische Literatur studierte und später drei Jahre vor mir ins Exil ging. Wie ich war er in finanziellen Schwierigkeiten. Unsere Familien konnten nicht für die Studienkosten an der Universität aufkommen. Bei mir war die Situation noch gravierender, da ich meinen Lebensunterhalt in Bagdad selbst bestreiten musste, während Atâ bei seiner Familie in der »Revolutionsstadt« in Bagdad wohnte. Nachdem ich zweimal meine Arbeit verloren hatte, einmal in der Kulturabteilung von Radio Bagdad, ein andermal bei einer Rundfunk-und-TV-Zeitschrift, wurde mir klar, dass ich mich, wenn ich freier Schriftsteller werden wollte, ganz auf eigene Beine stellen und unabhängige Arbeit suchen musste, jedenfalls keine Stelle bei einer offiziellen Kultureinrichtung, die dem herrschenden Regime im Irak gehörte, notfalls irgendeine Arbeit, ganz gleich, was es war. Atâ schlug mir und zwei weiteren Kommilitonen (einer war mein Freund Tâlib Hassan, der Maler, der arabische Literatur studierte, den die Umstände noch vor mir nach Berlin führten) vor, wir sollten als Nachtwächter arbeiten. Ein Verwandter, der bei einer Arbeitsvermittlung arbeite, habe ihm erzählt, einige Ministerien suchten Nachtwächter. Diese Gelegenheit sollten wir uns nicht entgehen lassen. Also begaben wir uns ins Büro der Arbeitsvermittlung in der Nähe des Muadham-Tores. Mir, einem bohemistischen oder existentialistischen Studenten – jedenfalls in den Augen der baathistischen und kommunistischen Kommilitonen –, wurde als Objekt eine gemischte Schule für Jungen und Mädchen in Mahallat al-Kischla im Sûk al-Schûrdscha zugeteilt. Und auf dem Weg von meiner Wohnung, einem Zimmer in Haidarchâna, dorthin kam ich am Minarett von Sûk al-Ghasl, dem Minarett der Kalifenmoschee, vorbei. Was für ein Zufall! Oder gab es doch eine rätselhafte Verquickung zwischen meiner Studienwahl, der Moschee, ihrem Fotografen und Deutschland, meinem späteren Exil? Die historischen Quellen berichten, dass die Moschee und das Minarett unter dem Abbassidenkalifen Ali al-Muktafi billâh (902–908), dem Enkel Harûn al-Raschîds, östlich vom Hassani-Palast erbaut wurde. Damals hieß sie »Palast-Moschee«. Später erhielt sie den Namen »Kalifen-Moschee« (im Singular), die »Moschee des Kalifen«. Auch dieser Name musste, gegen Ende der ersten Epoche im Leben Bagdads, weichen, kurz bevor die Stadt den Mongolen in die Hände fiel. Ihr neuer Name lautete »Kalifen-Moschee« (im Plural), die »Moschee der Kalifen«, ein Name, den die Moschee nahezu sechs Jahrhunderte lang behielt, bevor sich ihr heutiger Name einbürgerte, »Sûk-al-Ghasl-Moschee« oder »-Minarett«.

Es gibt in Bagdad für kein einziges Monument einen festen, bleibenden Namen, so dass wir eigentlich nicht über Straßen, Viertel oder Brücken reden können. Hätten diese historischen Zeugen eine Seele oder eine Zunge, würden sie wohl schreien: »Lasst mich, wie ich bin! Damit ich nicht mit dem Verlust des Himmels mich selbst verliere.« Aber es ist nun eben einmal Brauch bei den Sultanen und Herrschern von Bagdad, sich auf diese Weise zu verewigen. Jeder glaubt, ihm werde nie geschehen, was seinen Vorgängern geschah, dass Erben und neue Henker folgen und die Erinnerung an ihn tilgen – durch die Zerstörung der von ihm errichteten Gebäude oder durch ihre Umbenennung.

Sûk al-Schûrdscha,
Markt in Bagdad, 1940er Jahre

Al-Dschumhurîja-Straße beim Eingang zum Sûk al-Schûrdscha

Ali al-Muktafi billâh war ein schwacher, machtloser Kalif, ein Spielzeug seiner türkischen Söldnergarde. Seine Vorfahren hatten Völkerschaften kolonisiert und Reiche zu Fall gebracht, sie hatten Städte und Residenzen errichtet, Dämme und Brücken gebaut, Wissenschaft und Philosophie gefördert und das goldene Zeitalter islamischer Kultur (um 840 n. Chr.) eingeleitet. Kalif Abu Dschaafar al-Mansûr (754–775) hatte im Kalifenpalast in Bagdad das »Haus der Weisheit« gegründet, die erste Universität der Geschichte, die zu einem Zentrum der Übersetzung ins Arabische wurde und das goldene Zeitalter islamischer Kultur einleitete. Unter Kalif Harûn al-Raschîd (786–809) hatte diese Universität ihre Wirkung entfaltet. Die Eroberung Heraklions und mancher byzantinischer Gebiete hatte eine große Menge Bücher geliefert, und Juhanna Massawaih war mit der Übersetzung beauftragt worden. Das »Haus der Weisheit« hatte eine Übersetzungsabteilung erhalten: Kopisten und Magaziner, die die Bücher ordneten und banden, und andere Arbeiter. Während der Herrschaft al-Maamûns (813–833) hatte es seinen Höhepunkt erreicht, aus Zypern war ein Schatz griechischer Bücher herangeschafft worden, Werke über Medizin, Baukunst, Arithmetik, Astronomie und Philosophie. Doch diese Einrichtung bestand zur Zeit Ali al-Muktafi billâhs nicht mehr wie einst. Unruhen hatten ihre Spuren hinterlassen. Die Wissensdurstigen kamen nicht mehr von überall her. Bagdad hatte aufgehört, die Kulturhauptstadt der Welt zu sein, Córdoba und Granada übernahmen diese Rolle. Auch Kalif Ali al-Muktafi billâh wollte etwas hinterlassen, das ihn überdauerte. Er verfiel darauf, eine Moschee bauen lassen, die zur offiziellen Moschee des Abbassidenreichs werden würde.

Zerstört wurde sie später, im Jahr 1258, binnen eines einzigen Tages durch die Mongolen unter der Führung von Hülägü, die über Bagdad hereinbrachen. Niemand weiß, warum Hülägüs Sohn Abâka schon im Jahr 1279 n.Chr. auf die Idee kam, alles wieder aufzubauen, was sein Vater zerstört hatte, auch das Minarett, und es wieder so herzustellen, wie es auf der Ansichtskarte zu sehen ist. Hätten wir nicht die Beschreibung der Moschee durch den maghrebinischen Reisenden Ibn Battûta, der Bagdad im Jahr 1327 n. Chr. besucht hat, wüssten wir nicht, dass dieses Minarett fast sieben Jahrhunderte überdauert hat. Erst zur Zeit der osmanischen Besatzung drohte es aufgrund von Vernachlässigung und mangelnder Instandhaltung einzustürzen, bis der osmanische Gouverneur Sulaimân der Große (1779–1802) seine Wiederherstellung befahl und ihm den Namen Sûk-al-Ghasl-Minarett gab. Später, zur Zeit der britischen Besatzung, sollte das Minarett gesprengt werden – unter dem Vorwand, es sei einsturzgefährdet. Dieser Versuch scheiterte am Widerstand der irakischen Altertümerverwaltung. Doch 1957 wurde das Minarett abgerissen – samt der Moschee Sulaimâns des Großen. Die Mächte hatten den Abriss befohlen, um Platz für die Dschumhurîja-Straße, die Straße der Republik, zu schaffen, die den Sûk al-Schûrdscha durchquerte. Niemand würde einen solchen Abriss heute noch wagen. Zwei Jahre später errichtete man an der Stelle des alten Minaretts ein neues, und die Moschee wurde im Stil der einstigen Abbassiden-Moschee wieder aufgebaut.

Merkwürdigerweise erkannte ich 2004, bei meinem ersten Besuch dieser neuerbauten Moschee, das alte Minarett nicht wieder. Nicht weil es nach seiner Restaurierung zu neu ausgesehen hätte, sondern wegen der neuen Moschee, die daneben

Al-Dschumhurîja-Straße, der arabische Sûk in den 1980er Jahren

erbaut und mit einem Eisenzaun umgeben worden war, einem Zaun, der für sich allein schon ein Kunstwerk ist, herrlich gestaltet, das Eisen in eine wundervolle Form gebracht. Geschaffen hat den Zaun Abdalamîr Haddâd, den man den Scheich der Schmiede nennt. Er besteht aus Texten in Diwâni-Schrift – dabei konnte Abdalamîr weder lesen noch schreiben.

Was der Kalifenmoschee widerfuhr, ist das Schicksal nahezu aller Monumente und Bauwerke von Bagdad. Sie wurden eingerissen und beseitigt, man stellte auf die Trümmer ein neues Gebäude, das in keiner Weise dem alten Architekturstil entsprach oder etwa der Qualität der alten Ziegel und den alten Deckenstützen. Nach dem Bau des Sûk al-Ghasl durch Sulaimân den Großen verband sich das Schicksal von Minarett und Markt: Einerseits wurde das Minarett Sûk-al-Ghasl-Minarett genannt, andererseits wurde dieser in Bagdad wohlbekannte Markt, direkt neben der Kalifenmoschee in al-Schûrdscha gelegen, allmählich wichtiger als die Kalifenmoschee. Ursprünglich ein kleiner Markt, auf dem in winzigen Läden teils Trockenfrüchte, Gemüse und Kräuter, teils zahme, manchmal auch seltene wilde Vögel verkauft wurden, beispielsweise Falken und Pfauen, außerdem seltene Hunde und Zierfische, wandelte er sich mit der steigenden Nachfrage infolge der Zunahme der Stadtbevölkerung. Dagegen nahm das Interesse für die Kalifenmoschee ab; die Zeit hinterließ an ihr ihre Spuren. Ähnlich verknüpfte sich das Schicksal des Klosters der Karmeliter, das für die Freitagssitzung von Pater Anastasius bekannt war, der viele arabische Sprachgelehrte beiwohnten, unter anderem der Imam der Kalifenmoschee, Scheich Dschalâl al-Hanafi, mit demjenigen des Sûks.

Ich erinnere mich, dass ich an einem kalten Januartag 2004 sprachlos vor dem heutigen Minarett des Kalifenpalasts stand. Nicht weil ich mich an das schöne alte Minarett erinnerte, an dem ich während meiner Arbeit als Nachtwächter immer vorbeikam. Wirklich schockiert hat mich der Zustand, in dem sich das gewaltigste und höchste Minarett von Bagdad befand. Ich musste ein wenig die Augen schließen, um mich genau an sein ehemaliges Aussehen zu erinnern. Dabei half mir auch meine Lektüre darüber. Es ist das höchste Minarett Bagdads, zweiunddreißig Meter hoch, mit einem Sockelumfang von 20,64 und einem Rumpfumfang von 16,20 Meter. Der gerippte Sockel ist zwölfeckig und acht Meter hoch, im Gegensatz zu den Sockeln der Minarette von Samarra, von al-Hadbâ und von al-Nûri, die quadratisch sind. Als Besonderheit besaß das Minarett zwei Plattformen, die eine war direkt auf den Sockel gebaut, von dort aus führten Treppen zur höhergelegenen Plattform, die den konischen Turmkörper krönte und aus deren Mitte ein weiterer kleinerer Turm erwuchs, den eine zwiebelförmige Kuppel krönte.

Wer vor der Moschee steht, kann kaum umhin, die Schönheit des Minaretts zu bewundern und den Blick auf die gewaltige architektonische Leistung, auf die Ziegelornamentik und die außergewöhnlichen Stalaktiten zu richten, die die beiden

Galerien stützen. Sicher war es diese architektonische Leistung, die den deutschen Fotografen fasziniert hatte. Seine Architektur glich arabischer Ornamentik, der Arabeske. Es war die gleiche Art, wie am Grabmal von Sumurrud Chatûn, am Abbassidenpalast, am Mustansirîja-Krankenhaus und an der Mardschanîja-Schule in Bagdad. Ich meine diese Stalaktiten, die sich über die beiden Plattformen ziehen. Die erste Plattform ruht auf vierstufig angeordneten Bogenreihen. Die zweite dagegen ruht auf sechs solchen Bogenreihen und darin eingearbeiteten Mukarnaswölbungen. Diese gleichen den Mukarnasanordnungen der anderen Plattform, sind aber frei von ornamentaler und historischer Füllung.

Wer das alte Minarett gekannt hat, und sei es nur von einer Postkarte, muss betrübt sein. Seltsam, diese Erinnerung. Es war dieses alte Bild, das mich zögern ließ, die Augen zu öffnen. Denn Realität ist: Was sich da vor mir erhebt, hat nichts mit dem alten Minarett zu tun, das ich eben beschrieben habe. Weder seine Geschichte noch die ehrwürdige Architektur schützte den Ort. Die gesamte Umgebung war voller Unrat und Abfall der fliegenden Händler. Ein trister Anblick. – Und selbst das gibt es heute nicht mehr. Denn was sich nach dem Krieg in Bagdad abspielte, hat Tod und Zerstörung über das ganze Land und besonders über Bagdad selbst gebracht.

Seit der amerikanischen Besetzung des Iraks im Jahr 2003 war der Sûk al-Ghasl zahlreichen Attacken ausgesetzt. Die Marines promenierten in Bagdad. Trotz der schlechten Sicherheitslage wurde die Arbeit dort an Freitagen nicht, wie sonst üblich, beendet. Sogar mich hielten die Warnungen, die ich hörte, nicht davon ab, den Sûk aufzusuchen, durch die Läden zu schlendern, zum Beispiel bei den Christen in der Nähe des heutigen Sûk al-Arab. Auch die Kalifenmoschee besuchte ich.

Im Juni 2006 erlebte der Sûk die erste Explosion, als zwei in Tüten verpackte Sprengladungen detonierten. Vier Personen wurden bei diesem ersten terroristischen Anschlag getötet, fünf weitere folgten: Im Dezember 2006 kamen beim Einschlag einer Hawn-Granate drei Menschen ums Leben; am 26. Januar 2007 fielen einer in einem Vogelkäfig deponierten Bombe fünfzehn Personen zum Opfer; am 23. Dezember kamen bei einem bewaffneten Überfall dreizehn Menschen um; und am 1. Februar 2008 wurden durch einen Sprengsatz siebenundvierzig Personen getötet und achtzig weitere verletzt. Schließlich erfasste den Sûk al-Ghasl auch noch der schreckliche Brand, der am 6. November 2011 im benachbarten Sûk al-Schûrdscha ausbrach, vier Tage wütete und Dutzende von Toten und Verletzten forderte. Zu den geschädigten Gebäuden gehörte auch das Minarett der Sûk-al-Ghasl-Moschee, also der Kalifenmoschee.

Deshalb war es mir ein Bedürfnis, dem Sûk al-Ghasl und dem Minarett der Kalifenmoschee neues Leben einzuhauchen, ihre Geschichte neu zu erfinden.

7

Die britischen Soldaten und die Pfadfinder von Bagdad

Auf einer der Postkarten, die ich aufgehoben habe, werden fünfzehn britische Soldaten mit Gewehren am Tigrisufer in Bagdad gezeigt. Einige tragen sie über die Schulter, andere stützen sich darauf, alle sind in militärischer Bereitschaft. Vielleicht warten sie auf ein Boot oder ein Schiff, das sie zum anderen Ufer bringen soll. Vielleicht warten sie auch nur darauf, einen Befehl auszuführen. Ihr Anführer, im Hintergrund zu sehen, steht etwas erhöht, was ihm erlaubt, die Szene zu überblicken. Rechts von ihm ein Begleiter oder Führer. Einen Fotografennamen trägt das Bild nicht, aber eine Jahreszahl: 1941. Dass ich dieses Bild zusammen mit einigen anderen aufgehoben habe, bedeutet einerseits, dass es mir wichtig war, andererseits, dass ich es im Jahr 1961 oder 1962 erhielt. Was mir auf diesem Bild besonders gefiel, war – neben der »poetischen« Ruhe, die über der Szene lag, dieser Ruhe, die von den folgenden »tatsächlichen« Kriegen gründlich vertrieben wurde – die saubere Uniform der Männer. Mir kamen sie gar nicht wie Soldaten vor, und sogar ihre Gewehre schienen auf dem Bild zweitrangig, sie verschwanden hinter der Gesamtszenerie. Im Vordergrund standen die Männer, ihre ordentliche Haltung, ihre saubere Kleidung, der Anblick des abendlichen Flusses vor ihnen. Mir kam die Szene außergewöhnlich vor, sie gefiel mir und weckte meine Neugier. Als ich die Pfadfinderkluft des Sportlehrers sah, der die versammelten

Schüler fragte, wer den Pfadfindern beitreten wolle, schlug mein Herz schneller: vielleicht weil ich mich an die Uniform der Soldaten auf dem Bild erinnerte, die mich so beeindruckt hatten. Deshalb hob ich an jenem Morgen die Hand und rief begeistert: »Ich, Herr Lehrer, ich möchte gern den Pfadfindern beitreten.«

Für mich gab es damals keinen Zusammenhang zwischen jenen Soldaten und ihren Gewehren einerseits und ihrer militärischen Aufgabe andererseits. Das verstand ich noch nicht. Oder ich wusste einfach noch nicht, dass jenes Jahr, 1941, für Bagdad ein blutiges Jahr gewesen war und dass jene Soldaten Teil der britischen Einheiten waren, die am 2. Mai 1941 zuerst einen Luftangriff gegen die irakische Hafenstadt Basra, danach einen weiteren gegen die Luftwaffenbasis in der Gegend von Habanîja im Westen des Iraks flogen, um danach ihren Vormarsch gegen die Hauptstadt Bagdad fortzusetzen, wo sie am 2. Juni 1941 einrückten und den Militärputsch unterdrückten, den Oberst Raschîd Âli al-Gailâni am 1. April 1941 mit nazideutscher Unterstützung unternommen hatte. Zu jener Zeit standen deutsche Streitkräfte im benachbarten Syrien, dem ehemaligen französischen Protektorat, das mit dem Fall von Paris automatisch an Hitlerdeutschland gefallen war. Ich wusste auch noch nicht, dass die britischen Truppen vor ihrem Einmarsch in Bagdad noch zwei Tage zögerten und dass das Vakuum, das die Flucht der Putschregierung hinterließ, und die verspätete Rückkehr des königlichen Vormunds Abdalilâhi (Onkel mütterlicherseits König Faissals II.) den Mob ermutigte, sich plündernd und mordend an der jüdischen Bevölkerung der Hauptstadt zu vergreifen. Das war am 1. Juni 1941, während des jüdischen Wochenfests. Diese Vorfälle, die unter dem Namen Farhûd bekannt wurden und die mit dem Einmarsch der Briten am folgenden Tag endeten, nachdem 175 Juden getötet und etwa tausend verletzt, außerdem gegen neunhundert Gebäude zerstört worden waren, diese Vorfälle, die tiefe Spuren bei den irakischen Juden hinterließen und im Jahr 1951 mehr als 80 Prozent von ihnen zur Emigration nach Israel veranlasste, war der Anfang vom Ende jüdischen Lebens im Irak, das es seit über 2600 Jahren gegeben hatte, seit Nebukadnezar die Juden in die babylonische Gefangenschaft geführt hatte. Die Putschregierung unter Raschîd Âli al-Gailâni und zuvor König Ghâsi I., der 1939 bei einem Autounfall in Bagdad ums Leben kam, pflegten bekanntermaßen Beziehungen zu Nazideutschland, was bei der Hetze gegen die Juden durchaus eine Rolle spielte. Das silberne Mercedes-Coupé, das Adolf Hitler 1936 König Ghâsi, dem zweiten König des Iraks, schenkte, befindet sich noch immer in dem der königlichen Familie gewidmeten Museum, die von 1921 bis 1958 von Bagdad aus über das Land herrschte.

Die Entfachung der Gefühle gegen die Juden, die für den britischen Einmarsch in Bagdad verantwortlich sein sollten, war eine der Karten, die die Regierung damals spielte. Parallel dazu verbreitete das irakische Radio militärische Verlautbarungen, ergänzt durch die ersten faschistischen Gesänge, die im Irak zu hören waren, in Auftrag gegeben von König Ghâsi, als er nach dem Muster faschistischer Organisationen die Jugendorganisation ins Leben rief. Da gab es zum Beispiel den Gesang: »Zwi-

schen Hügeln blitzen unsrer Lanzen Spitzen« oder »Wir sind die Jugend, uns gehört das Morgen« oder »O Heimaterde, du ewiger Ort, du bist und bleibst uns sicherer Hort«.

All das wusste ich zu jener Zeit noch nicht. Ich musste erst älter werden, um zu erfahren, dass die erwähnten Gesänge, die wir in der Grundschule allmorgendlich zum Hissen der Nationalflagge schmettern mussten, Relikte der kurzen faschistischen Ära waren und dass die späteren Regierungen nichts Neues brachten, sondern auf ausgetretenen Wegen nationalistischer Gehirnwäsche für die Kinder weitergingen. Weder die Zahl der Opfer der Farhûd-Vorgänge noch derjenigen, die als Folge des Luftkampfs zwischen der britischen Luftwaffe und der irakischen Luftabwehr zu beklagen waren, kannte ich. Nicht einmal von der deutschen Luftunterstützung für die Putschisten hätte ich erfahren, hätte ich nicht Jahre nachdem ich in den Besitz dieser Postkarte mit den britischen Soldaten gelangt war, auf dem rechten Tigrisufer, auf der Karch-Seite, die Trümmer einer von den Engländern abgeschossenen deutschen Fokker-Maschine gesehen. Diese Flugzeugtrümmer lagen auch noch dort, als ich am 28. Oktober 1980 Bagdad verließ und ins Exil ging. All das erfuhr ich erst später.

Damals interessierten mich nur die Männer auf dem Bild: ihre Kleidung, ihre Haltung, ihre Sauberkeit. In erster Linie faszinierte mich ihre Uniform: die khakifarbenen kurzen Hosen, die die Soldatenbeine sehen ließen. Als die britischen Truppen 1914 in Basra und später in Bagdad einrückten, sollen die Leute vom Anblick der britischen Soldaten sehr befremdet gewesen sein. Männer in kurzen Hosen! Die Beine sichtbar! Das war für die Bevölkerung ein bis dahin nie gesehener Anblick. Die osmanischen Soldaten trugen lange Hosen. Wer die Soldaten nicht – wie die Buben – mit Steinen bewarf und wer nicht behauptete, die Welt stehe auf dem Kopf und der Jüngste Tag bevor – wie manche Männer der Religion –, glaubte einfach, die britischen

e englische Armee
ırschiert durch Bagdad, 1917
ɔn der Seite des östlichen Tors,
Bab al-Scharki)

Soldaten seien übergeschnappt. Wie könnten sie sonst im Sommer kurze Hosen anziehen? Hatten sie denn keine Angst vor den Wanzen und der schrecklichen Hitze? »Wir haben doch immer gesagt, die Briten sind ein skurriles Volk, völlig verrückt!«, bemerkte mein Großvater einmal zu diesen Ereignissen.

Aber das war im Jahr 1914, als die Briten zum ersten Mal im Irak auftauchten. Nach und nach gewöhnten sich die Leute an diese Soldaten, ja, sie begannen sie nachzuahmen, und lange Zeit war die kurze Hose sehr verbreitet, jedenfalls bei der Bagdader Oberschicht, außerdem bei den Pfadfindern. Und so kamen sie mir mit dieser Uniform ganz normal und unauffällig vor. Damals dachte ich nicht daran, dass sie gerade eine militärische Operation hinter sich gebracht haben könnten; es war immerhin der Augenblick, als Bagdad wiederum in die Hände der Briten fiel. Nein, mich interessierte nur die Khakifarbe ihrer Kleidung. Irgendeine Beziehung zum Militärischen kam mir nicht in den Sinn – als Verhalten oder als Begriff. Das Fernsehen, das mir hätte zeigen können, wozu das Militär in verschiedenen Gegenden der Welt fähig ist, war noch nicht in unser Haus gelangt. Und solche Soldaten hatte ich noch nie gesehen. Die irakischen Soldaten in der Stadt sahen völlig anders aus: Ihre Uniform war nicht schick, sondern schäbig und schlampig. Wenn man zufällig auf dem Markt oder auf der Straße einem von ihnen begegnete, war er immer in Eile und blickte traurig in die Welt. Ich erinnere mich an einen Mann aus unserer Straße, der im Rekrutierungsbüro im Stadtzentrum arbeitete. Er hetzte jeden Tag nach Dienstschluss, ohne je aufzuschauen, die Straße entlang, als schämte er sich für seine Uniform und hoffte nur, nach Hause zu kommen, um seine Militärkleidung aus- und Zivilkleidung anzuziehen. Ganz anders diese britischen Soldaten, die in jeder Hinsicht anders waren: Ihr Anblick, wie sie da etwas erhöht am Fluss standen, ihre Kopfbedeckungen, die hochgekrempelten Ärmel und dieser breite Fluss, der Tigris, dessen

Wasser ruhig vor ihnen vorbeizog – all das ließ sie aussehen, als wären sie auf einem Spaziergang, ja, mehr noch, als wären sie auf einer Entdeckungsreise. Darauf schien besonders das Fernglas zu deuten, das ich in der Hand ihres Führers zu erkennen glaubte, der etwas höher stand als die anderen. Es war also nicht überraschend, dass ich nicht lange zögerte, der Pfadfindergruppe in der Schule beizutreten. Die kurzen Hosen, die denjenigen des britischen Heeres glichen, das saubere, khakifarbene Hemd, das Schiffchen und das bunte, sorgfältig um den Hals geschlungene Tuch – all das lockte mich. Es war, als wollte ich den britischen Soldaten auf der Postkarte nacheifern. Beginnt nicht jede Bindung im Kindesalter mit einem Gefühl? Wir wollen den Erwachsenen nacheifern, ohne uns Gedanken über das zu machen, was wir sehen, oder über die Konsequenzen. Dieses instinktive Gefühl prägt unsere spätere Erfahrung und führt uns zu dieser oder jener Haltung. Und glücklich, wer später nichts bereuen muss, wenn er als Erwachsener entdeckt, dass das, was er einst tat, im Grunde nur schlecht oder dumm war.

Mein Vater sah in meinem Beitritt zu den Pfadfindern durchaus etwas Positives. Auch er wäre in seiner Kindheit gern Pfadfinder geworden, doch damals, während seiner ersten Schuljahre, war ein solcher Schritt nicht einfach. Die Pfadfinder waren etwas für die Kinder der besseren Leute, bei ihrer Gründung waren sie sogar auf die Schulen von Bagdad beschränkt. Die meisten Mitglieder entstammten nicht nur der Oberschicht aus Bagdad, sondern rekrutierten sich sogar in erster Linie aus der königlichen Familie und den Söhnen von Ministern und Staatssekretären. Dass ich den Pfadfindern beitrat, erinnerte ihn nicht nur an seine eigenen Kindheitsträume, sondern zeigte ihm auch, wie sich die Zeiten verändert hatten. Um mir das zu verdeutlichen, brachte er mir von einer seiner Reisen eine Nummer der alten Zeitschrift *Der irakische Pfadfinder* mit, die er, wie schon die Postkarten, in einer alten Buchhandlung im Sûk al-Sarâj fand. Die erste Nummer dieser Zeitschrift war am 15. Juni 1924 erschienen; Herausgeber war Machmûd Nadîm, einer der Pioniere und frühen Organisatoren der irakischen Pfadfinderbewegung. Es war eine Zeitschrift mit wissenschaftlichem, erzieherischem und praktischem Anspruch und dem Ziel, die Pfadfinderbewegung und die Arbeit für die Nahda, die Renaissance, im Irak zu propagieren. Später erfuhr ich, dass es sich um eine Halbmonatszeitschrift handelte, von der aber leider zunächst nur wenige Nummern erschienen und deren Publikation nach einem zweiten Anlauf im Jahr 1926 definitiv eingestellt wurde. Der Schwerpunkt der Zeitschrift lag auf Unterweisungen und Aktivitäten der Pfadfinderschaft im Irak und weltweit. Es gab Beiträge über die Grundlagen der Gruppenbildung bei den Pfadfindern; die Errichtung von Zelten; den Aufbau von Pfadfinderlagern; Pfadfinderspiele; Sportübungen; Erste Hilfe. Dann über sekundäre Themen wie: nationale Pfadfindernachrichten oder Berichte von Lesern. Um mir die Veränderung des Pfadfinderwesens zu verdeutlichen, schlug mein Vater die Zeitschrift vor mir auf. »Schau mal«, sagte er und zeigte auf die Bilder im Innern der Zeitschrift. Unter einem stand: *Eure Hoheit, erhabener und geliebter Prinz, Thronfolger des Iraks.* Auf der folgenden Seite hieß es: *Eure Hoheit, glorreicher Prinz, Ihr seid zu einer Volksgemeinschaft gekommen und habt sie Euch zur Heimat gemacht. Der Irak ist stolz auf Euch, und die irakische Pfadfinderschaft entbietet Euch loyale und aufrichtige Grüße.* Dann kam der Satz: *Der Irak möchte dem Stolz seiner Pfadfinderschaft auf Eure Hoheit ebenso Ausdruck verleihen wie dem Stolz auf den Prince of Wales, der der Pfadfinderschaft seines Volkes seine ganze Aufmerksamkeit schenkt.* Damit sei König Ghâsi gemeint, erklärte mein Vater.

العلم شعور الامة ورمز الاستقلال والرفعة

نشيد العلم

لحضرة الشاعر الكبير الاستاذ
معروف افندي الرصافي (نظمه
خصيصاً للكشاف العراقي)

يا علم الامة إنا معك   حتم علينا لك ان نرفعك
مرنا بما شئت فتاريخنا   يكفل منا لك ان نسمعك
وسر الى ما رمت من سؤدد   فالواجب الاقدس ان نتبعك
فيك شيات اربع لم تزل   توضح للناس بها منزعك
تعترف الناس لنا بالعلى   اذا رأت اعينهم اربعك
هن رموز لعصور مضت   بالعز للشعب الذي ابدعك

يا علم العرب وسمت العلى
ما اضيق الدهر وما اوسعك
اودعك الخالق تاريخنا
فاخفق على الارض بما اودعك

Magazin der irakischen Pfadfinder

Danach erzählte er mir die Geschichte des Königs mit den Pfadfindern, etwas, das sieben Jahre vor seiner eigenen Geburt geschehen war: Als der im Jahr 1912 geborene Prinz Ghâsi 1921 nach Bagdad gekommen war, spürte sein Vater, König Faissal I., dass er die für einen Thronfolger erforderlichen intellektuellen und physischen Fähigkeiten seines Sohnes entwickeln musste. Deshalb verordnete er ihm eine Reihe praktischer und sportlicher Übungen. Dazu gehörte auch der Beitritt zur königlichen Pfadfindergruppe, die eigentlich in der Absicht gegründet worden war, ihn bei der Entwicklung seiner sportlichen und allgemeinen körperlichen Fähigkeiten zu unterstützen. Nachdem nämlich die für die Erziehung des Prinzen Verantwortlichen festgestellt hatten, dass ihr Zögling Umgang und körperliche Ertüchtigung brauchte, wurde die Bildung einer Pfadfindergruppe aus den hervorragendsten Pfadfindern der Bagdader Schulen verordnet, alle etwa so alt wie Prinz Ghâsi. Zu diesem Zweck publizierte die Pfadfinderzentrale in Bagdad eine Verlautbarung folgenden Inhalts: *Unter dem Namen »Königliche Eliteschar« wird eine spezielle Pfadfindergruppe gebildet. Diese untersteht direkt der Zentrale und ist keiner Schulgruppe angegliedert. Die Mitglieder werden aus Pfadfindern aller Gruppen rekrutiert, sofern sie die Note »Drei« (Bestnote) haben. Es ist nicht ausgeschlossen, dass Seine Hoheit, Prinz Ghâsi, dieser Gruppe beitreten wird.* Die so im Jahr 1925 aus den hervorragenden Söhnen von Ministern und Staatssekretären zusammengestellte Elitegruppe wurde danach in den Palast geladen. Dort wurden sie von König Faissal I. empfangen, dem diese Angelegenheit sehr am Herzen lag und der die Schüler aufforderte, unermüdlich an sich zu arbeiten: Pfadfinderspiele zu lernen und seinen Sohn als Pfadfinder, nicht als Prinzen zu behandeln. »Prinz Ghâsi war genauso schwächlich wie du«, scherzte mein Vater. Er soll von der ganzen Gruppe am meisten Mühe gehabt haben, körperliche Strapazen zu ertragen und das Pfadfindervokabular zu lernen. Ja, beim Training, das zweimal pro Woche stattfand, war er offenbar sehr schüchtern und nicht imstande, wie die anderen Gruppenmitglieder zwischen Achtung- und Rührt-euch-Stellung zu unterscheiden. Oft war er schon nach der geringsten Anstrengung erschöpft. »Vielleicht interessiert dich ja«, sagte mein Vater, »warum für Ghâsis körperliche Ertüchtigung gerade die Pfadfinder ausersehen wurden und er nicht zu anderen sportlichen Aktivitäten angeregt wurde. Weißt du, zahlreiche Spiele waren damals im Irak, besonders in Bagdad, noch gar nicht bekannt. Auch Sportplätze, -hallen oder -vereine gab es nicht. Und so waren die Pfadfinder das Beste, was dem Regime zur Verfügung stand zur Stärkung der Beziehung zwischen dem Einzelnen und seiner Gruppe oder seiner Gesellschaft. Außerdem waren sie für König Faissal I. das geeignete Mittel, seinem Sohn eine körperliche und gesellschaftliche Ausbildung angedeihen zu lassen und ihn mit der Wirklichkeit im Bagdad seiner Zeit bekannt zu machen. Deshalb wählte man für diese spezielle Gruppe eine Anzahl intelligenter Burschen aus der Bagdader Pfadfinderschaft aus. Sie zogen am 1. Januar 1926 unter Beteiligung von dreiundzwanzig Pfadfindergruppen, etwa dreitausend Burschen, los, als Mitglieder der königlichen Gruppe. Du, mein Sohn, hast von heute an nichts mehr zu befürchten, du weißt nicht, welchen Nutzen dir die Pfadfinderschaft noch bringen kann.«

Mir dagegen fällt nichts Gutes ein, wenn ich mich an meine Mitgliedschaft bei den Pfadfindern erinnere. Immer ging es um den Versuch, die Jugend zu Pflichterfüllung und Gehorsam zu erziehen. Ich weiß aber auch, dass damit Abenteuerlust und Neugier angesprochen wurden und die Fähigkeit entwickelt wurde,

NW zwischen zwei Pfadfinderjungen (Tachsîn Ali Jûssuf, Kais Murâd), 6. Klasse in Amâra, 1968

auf sich selbst zu vertrauen und sich auf sich selbst zu verlassen. Deshalb wollte ich den Pfadfindern beitreten – abgesehen von der schicken Kluft natürlich.

Meine gute Freundin, die in Paris lebende Dichterin und Romanautorin Salwa al-Neimi, widmete mir 1998 ihre Erzählsammlung: »Für Najem, den Wanderer zwischen Horizonten und Worten«. Ich weiß nicht, ob ich der Wanderer zwischen Worten geworden wäre, ohne vorher der Wanderer zwischen Horizonten gewesen zu sein, also ohne meine Mitgliedschaft bei den Pfadfindern und dann in der Wandergruppe.

Ich weiß nicht mehr, wie viele Wanderungen wir damals unternommen haben, es waren unzählige. Mit den Pfadfindern haben wir nur die Dörfer und Landgebiete um Bagdad herum erwandert: den Maschtal (eine Naturschutzgegend) auf dem Weg nach Kachlâ oder Massîda, die Haine von Kalaat-Sâlich, die Hauptgegend, wenn nicht die Hauptstadt der mandäischen Sabier, die Stauseen von Amâra, den Stausee von Suhain in der Gegend von Maimûna, heute im Regierungsbezirk Maimûna, den Stausee von Tawîl in der Gegend von Salâm, wo ein Pfadfinder mich gerade noch vor dem Ertrinken gerettet hatte. Viele andere Namen sind mir nicht mehr präsent, alle im Distrikt Amâra, dem heutigen Verwaltungsbezirk Missân. Wir unternahmen Ausflüge in nahegelegene Städte, nach Basra, nach Kût und in Distrikte und Gegenden in deren Umgebung. Da ist zum Beispiel der Ausflug in die Gegend von Tîb oder derjenige in die Gegend von Dschasîra, andere in die ausgedehnten trockenen Steppen im Grenzgebiet zwischen Iran und dem Irak. Dort konnte man kreuz und quer umherstreifen und sogar im Kreis laufen, ohne es zu merken. Auch uns ist das einmal passiert, und ich weiß nicht, warum der Kompass von Herrn Mâdschid, unserem Führer, der, eigentlich Englischlehrer, als stellvertretender Turnlehrer fungierte, falsche Angaben gemacht haben sollte. Vielleicht hatte er ja, eingebildet und arrogant, wie man ihn kannte, gar keinen Kompass dabei. Jedenfalls irrten wir umher, und irgendwann wussten wir nicht mehr, ob wir uns auf irakischem oder iranischem Boden befanden. »Ihr seid im Iran, antwortete der Schafhirte, den wir fragten, in seinem Ahwâs-Arabisch und wies uns den Weg zurück Richtung Amâra. Das Gesicht des Lehrers ist mir unvergesslich. Es war schreckensbleich geworden, alles Blut war daraus gewichen, als er erfuhr, dass wir uns in Iran befanden. Doch das Skurrilste an der ganzen Situation war die Bitte des Hirten an uns, den Präsidenten der Republik von ihm zu grüßen, Abdalkarîm Kâssim. Seltsam, aber auch hübsch. Jawohl, Abdalkarîm Kâssim. Wir befanden uns im Jahr 1970, und zu dem Hirten war offenbar noch nicht vorgedrungen, dass der von ihm geliebte Präsident und Führer Abdalkarîm Kâssim beim blutigen Putsch der Baathisten am 8. Februar 1963 getötet worden war. Heute beneide ich diesen Hirten zutiefst um seine Unwissenheit. Später konnten sich die Hirten dort nicht mehr so frei bewegen. Der irakisch-iranische Krieg, der am 22. September 1980 ausbrach, überraschte sie. Seit damals gibt es dort keinen Raum mehr für Hirten und Herden. Die erdölreichen Regionen von Tîb oder Dschasîra, die sich während des Krieges in den 1980er Jahren zum kollektiven Soldatenfriedhof verwandelt haben, sind heute ein riesiges Minenfeld. Noch immer können die Bewohner von Amâra nach heftigen Regenfällen von den reißenden Bächen angeschwemmte Minen finden.

Bei meinem ersten Besuch im Irak im Januar 2004 stand ich dort mit einem Freund aus Kindertagen, der gemeinsam mit mir bei der Wandergruppe gewesen war. Wir tranken auf die Erinnerung an vergangene Zeiten, die Erinnerung an ein anderes Tîb, eine Zeit, als uns der Horizont noch offenstand, als er uns noch näher als der Himmel war. Wir tranken und wir weinten, aber wir lachten auch und verfluchten diese Welt. Wo waren unsere Kameraden, feiner als der Morgentau, süßer als gekochte Datteln? Sie alle waren verschwunden: einige hatte der Krieg dahingerafft, Kais Murâd zum Beispiel, andere waren mit Beruf oder Kindererziehung beschäftigt, Tachsîn Ali Jûssuf und Dschâssib Badr zum Beispiel, meine beiden lieben Freunde aus der Burschenzeit. An jenem Tag schien ich dort in der Gegend von Tîb, mit meinem Freund auf einer kleinen Anhöhe stehend, unwissentlich das Postkartenbild mit den Soldaten nachzustellen, die genau dreiundsiebzig Jahre zuvor fotografiert worden waren. Wir hatten keinen Tigris vor uns, auch sonst keinen Fluss, nur den Horizont irgendwo in der Ferne. Es war unglaublich ruhig. Einzig der Wind regte sich, während wir beide regungslos in der Steppe standen. Möglich, dass wir uns ein- oder zweimal umschauten, um sicherzugehen, dass wir allein waren. Die Soldaten auf der Postkarte schienen etwas zu erwarten, was kommen sollte. Hatten wir einen Kampf hinter uns gebracht, dem nur wir entronnen waren?

8

Pferdedroschken, Bahnhöfe, Kirchen und Kinos

Ich glaube, dass mir die Vielfalt der Postkarten, die ich aufbewahrte, die Vorstellung einer Welt erlaubte, die größer war als diejenige, die mich umgab. Ohne diese Postkartenbilder wäre es mir nicht vergönnt gewesen, meine ersten Überlegungen über die Welt anzustellen. Auf jedem Bild fand ich irgendetwas Neues, das ich zu mir in Beziehung setzen konnte. Dabei war es unerheblich, dass ich das selten oder nie richtig verstand. Mein fehlendes Wissen zerstörte weder die Freude noch die Neugier. Im Gegenteil, mit jedem Bild entstanden neue Bilder, die sich im Kopf drängten. Und mit diesen Bildern im Kopf begann mein Gang durchs Leben. Von meinem kleinen Ort aus, von unserem Häuschen im Machmudîja-Viertel aus, wo ich mir mit meinen Großeltern ein kleines Zimmer teilen musste, bis meine Schwestern zur Welt kamen und mit mir in ebenjenem Zimmer schliefen, von meiner einfachen und begrenzten Kindheit aus, halfen mir die Bilder, mir meinen Weg zu bahnen, zunächst mit Hilfe meiner Phantasie, dann, als ich zu schreiben begann – und dies dank der Bilder und der ihnen innewohnenden Kraft. Wenn wir ein Bild sehen, sind es eigentlich immer zwei: eines, das vor uns liegt, ein anderes, das sein wird, eine Fortführung des ersten, zunächst in die Tiefe dieses Bildes, das sich dann seinen Weg bahnt und im Kopf ein und aus geht. Ein Bild gebiert das nächste. Jedes Phantasiebild schafft ein weiteres. Eine Stadt gebiert die nächste. Genau das geschah mir. Zunächst als Kind, dann später, als ich, älter geworden, beschloss, Schriftsteller zu werden.

Nicht nur mein Leben, meine Aktivität, meine Hobbys, nein, auch die Geschichten, die ich als kleiner Junge mündlich erzählte und die Dinge, die ich später schrieb, wären nicht ohne diese Bilder von Bagdad entstanden. Meine Phantasie brauchte offenbar einen Ausgangspunkt. Und so funktioniert doch das Schreiben eines Romans oder das Erzählen einer Geschichte. Zunächst kommt das Thema, das Ereignis, von dem die Geschichte ihren Ausgang nimmt und auf dem sie aufbaut. Alles, was danach kommt, hängt von der Phantasie ab. Je solider gestaltet dieser Ausgangspunkt ist, desto eher wächst die Geschichte über ihn hinaus. Genau das geschah mir mit den Ansichtskarten von Bagdad. Die Bilder waren die Grundlage, auf denen meine Stadt, diese Stadt, die ich mir sorgfältig ausdachte, aufbaute; und ebenso sorgfältig, wie ich später, einmal Schriftsteller geworden, die Themen meiner Geschichten auswählte, wählte ich schon damals meine Bilder, als ob diese mir allein gehörten. Betrachten wir zum Beispiel die Schwarz-Weiß-Postkarten. Da ist diejenige mit einem Bild von Bagdad im Jahr 1930: Kutschen oder Pferdekarren, allein auf der Straße. Dann taucht ein altes schwarzes Auto auf, ein Modell aus jener Zeit. Sicher ein amerikanisches. Aber der Grund meiner Schwäche für diese Postkarten war nicht die Kutsche. Auch in Amâra gab es solche Wagen, und zwar die schönsten. Ich habe sie sicher vor allem wegen des dargestellten Gebäudes aufgehoben: der weiße Palast. Ein vornehmes Gebäude, das mich faszinierte. Wie ein Märchenschloss kam es mir

Pferdewagen (Fiaker) vor dem »Weißen Palast« in Bagdad, 1930er Jahre

vor. Wie konnte dieser weiße Palast mit all seiner Pracht auch Haltestelle für Pferdetramwagen sein? In Amâra waren die Halteplätze für Droschken auf drei Stellen verteilt: Der Hauptplatz war beim Eingang zum Gedeckten Markt, auf der Flussseite der Tigrisstraße. Die anderen beiden Halteplätze wurden nur zu bestimmten Zeiten bedient: in den Abendstunden vor dem Kino »Omar Chajjâm«, das sommers wie winters in Betrieb war, und vor dem Kino »Die Revolution«, das nur im Sommer bespielt wurde. Dort warteten die Wagen auf die Familien, die nach der abendlichen Filmvorführung das Kino verließen. Dann gibt es, wie ich weiß, in Amâra die gehobene Gegend »Sieben Paläste«, wo ich aber nie einen Halteplatz für Droschken gesehen habe. Okay, hin und wieder brachten Wagen Fahrgäste vom Stadtzentrum oder von den Kinos dorthin, ein Ersatz für das Taxi, das damals noch nicht sehr verbreitet war. Eine Kleinstadt wie Amâra hatte man in höchstens einer halben Stunde zu Fuß durchquert. Da brauchte man kein Taxi, nur Pferdewagen, besonders da wohlhabendere Bewohner eigene Autos besaßen. Und wenn sie auf deren Benutzung verzichteten, so nur aus Eitelkeit. Eine Fahrt in der Pferdedroschke galt vielen als Vergnügen. Sich einen solchen Wagen zu leisten, hieß, Geld zu haben. Ich weiß nicht, ob das in Bagdad ebenso war. Doch die Fahrgäste des Wagens auf dem Bild sagten mir, dass sie nicht besonders reich waren. Ich habe aber meine Mutter nicht gefragt. Warum auch? Die Frage beschäftigte mich eigentlich nicht. Was mich aber wirklich beschäftigte, war der Anblick des weißen Palasts und der Kutschen, die davor standen. Die ganze Szenerie war mir unklar, irgendwie rätselhaft und schwer verständlich. Doch offenbar habe ich sie gerade deshalb durchschaut. Sie stand in einer Beziehung zu einer mir fernen Welt, einer Welt außerhalb meiner Reichweite. Nicht weil ich bis zu jenem Augenblick noch nie eine Kutsche bestiegen hatte, sondern weil mir jene von Pferden gezogenen Kutschen wie diese Wagen vorkamen, die in manchen Geschichten mit unbezähmbaren Pferden durch die Luft flogen, deren Gewieher sich mit dem Knirschen der Räder mischte und die mich, rhythmisch schwebend, in die Ferne, an geheimnisschwere Orte mitnahmen. Diese beiden Dinge, Paläste und Kutschen, waren in den Geschichten meiner Großmutter doch immer miteinander verbunden.

Eine ähnliche Wirkung wie diese Postkarte hatte auch eine andere: Darauf war der internationale Bahnhof abgebildet. Zwar nicht in seiner ursprünglichen Gestalt, wie er zu Beginn des Baus der Orientbahn vorgesehen war, die Berlin mit Bagdad und Basra verbinden und vielleicht sogar noch über Basra hinaus bis nach Kuwait führen sollte, das damals zur Provinz Basra gehörte. Sie zeigte ihn vielmehr in seiner endgültigen Gestalt nach Bauabschluss im Jahr 1952. Das ursprüngliche Projekt, das auf einen Vorschlag zurückgeht, den der deutsche Kaiser Friedrich Wilhelm II. im Jahr 1888 dem osmanischen Sultan Abdülhamit II. unterbreitete, um die Sympathie der Osmanen zu gewinnen, wurde am 27. Juli 1912 von Bagdad aus als Breitspurbahn Richtung Norden in Angriff genommen. Als dann der Erste Weltkrieg ausbrach, waren die Arbeiten noch nicht über Samarra hinausgelangt, 145 Kilometer von Bagdad entfernt. So blieb das erste Gebäude nur ein Entwurf, ein Plan, eine Legende, an die man sich bis heute hin und wieder erinnert, wie an einen unerreichbaren Mythos, an einen unerfüllbaren Traum. Es spielt keine Rolle, dass der britische Bahnhof auf den Trümmern des anderen entstand, der Bahnhof also, der auf der Karte abgebildet war, zu seiner Zeit ein prächtiges Bauwerk und bis heute trotz des bösen Wirkens der Zeit und trotz aller Ereignisse und Schicksalsschläge, die über ihn hereingebrochen sind, noch immer ein Bahnhof ist. Das war er für meine Mutter: »Ein Bahnhof.« So lautete ihre knappe Antwort. Weil es aber auf dem Bild keinen Zug gab und weil es in Amâra keine Züge gab, musste ich mir den Zug und die Bahnhöfe, die er passierte, hinzudenken.

Dabei halfen mir Lieder, die ich aus dem Radio kannte. Der Ägypter Muhammad Abdalwahhâb sang: »O Ofen, sag mir, wo fährst du hin!« Mit Ofen bezeichnet man in Ägypten den Zug, der von einer Dampflok gezogen wird. »Der Zug entließ mich in die Nacht«, sang der irakische Sänger Chuddairi Abu Asîs. Der Zug und die Reise. Allein die Vorstellung eines Zuges ließ mir sofort Phantasieflügel wachsen. Die Fremde. Bei uns handelten populäre Gedichte, zumal in den 1970er Jahren, immer wieder von Bahnhöfen, Zügen und Verliebten, deren Sehnsucht sich mit Warten und kreischenden Rädern verband, obwohl viele irakische Städte über gar keinen Bahnhof verfügten. Andere hatten zwar einen, der jedoch in Vergessenheit geraten war. Amâra zum Beispiel besaß eine Eisenbahnlinie als Verbindung mit dem Hafen von Basra. Aber den Engländern, denen das Verdienst gebührt, die Linie gebaut zu haben, gebührt ebenfalls das Verdienst, sie aufgelassen zu haben. Sie bevorzugten den Flusstransport oder wollten die Wasserschifffahrt für den Transport fortführen, damit sie der Seetransportgesellschaft Long als Monopol erhalten blieb. Vielleicht wollten sie auch den Transport zwischen den Städten des Südens erschweren, um Widerstandsbewegungen zu behindern.

Es war also nur natürlich, dass der Bahnhof meine Aufmerksamkeit erregte, nicht nur weil meine Mutter ihn so ganz speziell aussprach – sie dehnte das Wort, dass es wie »Bahnhoooof« klang und schloss es mit einem Seufzer aus den Tiefen ihres Herzens ab –, sondern auch weil allein der Name »Internationaler Bahnhof« meine Phantasie anregte, obwohl ich damals noch keine Ahnung von ihm hatte. Ich wusste nicht, dass dieser Bahnhof auf der Karch-Seite der Stadt, dessen Grundstein

Internationale Bahnstation in Bagdad, 1960

1948 gelegt und der »Internationaler Bahnhof« genannt wurde, weil der ursprüngliche Gedanke war, ihn zum Knotenpunkt zwischen Ost und West, also Iran im Osten und Syrien und Türkei im Westen, zu machen, dass dieser Bahnhof eines jener Gebäude in Bagdad ist, die der britische Architekt James M. Wilson (1887–1965) entworfen hat, der die irakische Architektur nach Beginn des vergangenen Jahrhundert prägte. Ebenso wenig wusste ich, dass der Stil des Bahnhofsgebäudes mit seiner Einzigartigkeit, seiner Modernität, seiner Neuartigkeit bei einem Jungen wie mir rätselhafte Phantasien aufstören musste und dass sich dieser architektonische Stil den Phantasien eines britischen Architekten verdankte. Bevor Wilson 1918 die Gelegenheit erhielt, bei den britischen Streitkräften im Irak zu arbeiten, war er schon ein angesehener Architekt, ein Mann, der lange in Irland, in der Hauptstadt London und im damaligen Britisch-Indien Erfahrungen gesammelt hatte. So konnte er einen Bahnhof entwerfen, der zwei anderen von ihm verantworteten Bahnhöfen ähnelte, einem in Indien, einem anderen in London. Allein die beiden Türme daran bestätigen diesen Einfluss. Sie enthalten zwei Uhren, die eine mit indisch-arabischen Ziffern, die andere mit englischen Ziffern. Der Schlag dieser Uhren am Internationalen Bahnhof in Bagdad ist derjenige des berühmten Big Ben in London. Diese beiden Uhren waren, wie das gesamte Gebäude, nach der Brandschatzung von 2003 beschädigt, doch glücklicherweise konnten sie wieder zum Leben erweckt werden, nachdem Ersatzteile aus Großbritannien organisiert worden waren. Heute funktionieren sie tadellos, und ihr Schlag erklingt am Himmel von Bagdad.

Wilson (und sein späterer Kompagnon Harold Mason) fand nach dem Ersten Weltkrieg in Bagdad offenbar eine Gelegenheit, am Aufbau eines zivilen Staats mitzuwirken, und zwar mit der Umsetzung seines Architekturprojekts und seiner ästhetischen Vision in der Form, wie er sich die neue, zivile Architektur vorstellte. 1920, im Gründungsjahr des irakischen Staates, präsidierte Wilson die Abteilung für Bauten, danach Abteilung für Arbeiten genannt, noch später Amt für Arbeiten. Was dieser Architekt und sein Büro danach gebaut haben – von der Âl-al-Bait-Universität in Aasamîja auf der Russâfa-Seite von Bagdad über die anglikanische St.-George-Gedächtniskirche in Karâdat Marjam in Bagdad im Jahr 1936, die »Gedächtniskirche« heißt, weil sie zur Erinnerung an die während des Ersten Weltkriegs im Kampf gegen das osmanisch-türkische Heer im Irak gefallenen britischen Soldaten gedacht war, bis hin zum Internationalen Bahnhof von Bagdad zwischen 1948 und 1952; dazu weitere Entwürfe für Häuser, Villen, Flughäfen und Ämter –, darf mit Fug und Recht als die Begründung einer neuen Architektur gelten, die seit Anfang des 20. Jahrhunderts das alte Architekturerbe mit einem modernen, den Erfordernissen der Zeit entsprechenden Stil verband. Wilson besuchte eifrig die archäologischen Stätten in Babel, die abbassidischen Baudenkmäler in Samarra, die bekannten Tore Bagdads, die damals noch existierten (zum Beispiel das Wasatâni- und das Muadham-Tor). Er schaute sich die Reste der Hadschâdsch-Moschee in Wâssit (161 Kilometer südlich von Bagdad) an, die Taisifûn-Moschee in Salmân-Bey, den gegenwärtigen Madâïn (etwa vierzig Kilometer südöstlich von Bagdad) und das gewundene Minarett in Samarra (125 Kilometer nördlich von Bagdad). Außerdem besichtigte er die Überreste von Kasr al-Maaschûk, dem »Palast des Geliebten« (fünfzehn Kilometer nördlich von Samarra). Die Konstruktion des Dachs faszinierte ihn besonders, und er beschäftigte sich intensiv mit seiner Statik, den Stabilisierungselementen und der Einpassung in die Umgebung. Seine umgesetzten und nicht umgesetzten Entwürfe deuten auf ein ausgeprägtes Interesse für Kuppeln und Bögen hin. Sie waren für ihn ein wesentliches Thema und Konstruktionselement – eine architektonische Lösung aus dem Erfahrungsschatz altirakischer Architektur. Wesentlich ist, dass all das spätere Kenntnisse waren, alle diese Vorgänge aus der Geschichte des Bahnhofs. Deren wichtigster ist die Geschichte mit dem Todeszug im Sommer 1963, dem Jahr des ersten blutigen baathistischen Putsches im Irak. Dieser Zug fuhr, vollgestopft mit Kommunisten und anderen Oppositionellen, vom Bahnhof Richtung Samâwa ab, von wo es weiter ins Wüstenlager Nakarat al-Salmân gehen sollte. Die Häftlinge waren in abgeschlossenen Güterwagen zusammengepfercht – ohne Wasser und ohne Luft. Als der Lokführer, ein Mann namens Abdabbâs Mafradschi aus Bagdad, von jemandem, der ihn am Bahnhof von Hilla erwartete, erfuhr, dass er nicht Güter, sondern lebendige Menschen geladen hatte, wurde ihm klar, dass es nur einen Weg gab, all diese Menschen vor dem sicheren Erstickungstod in den verschlossenen Waggons zu retten: viel schneller zu fahren als damals üblich, um vor dem Tod dieser Menschen in Samâwa anzukommen. Er schaffte es. Der Ruhm des Abdabbâs Mafradschi erreichte später den ganzen Irak: »Lokführer des Todeszugs« wurde er genannt, wahrlich ein Beiname wie ein Mythos, der ihm aber auch zum Verhängnis wurde: Nach dem Vorfall mit dem Zug wurde er festgenommen und entlassen, und erst 1964 ließ man ihn frei und stellte ihn wieder ein. Doch nach der baathistischen Machtergreifung im Jahr 1968 wurde er mehrmals inhaftiert. Zuletzt bestellte man ihn wegen der politischen Aktivitäten seiner Söhne mit dreiundsiebzig Jahren zum Allgemeinen Sicherheitsdienst in Bagdad ein; am frühen Morgen tauchte plötzlich ein Offizier bei ihm auf, um den schwachen alten Mann abzuholen. Erst am Abend ließ man ihn wieder gehen, doch unmittelbar nach seiner Rückkehr starb er, der noch nie zuvor über irgendein Leiden geklagt hatte. Seine beiden Söhne sollten später meine Freunde werden: der ältere, Musahhar, lebte lange in London im Exil, bis er nach seiner Rückkehr nach Bagdad nach dem Sturz von Saddâm Hussain einem Herzschlag erlag; der jüngere, Alâ Mafradschi, wirkte als Kulturredakteur bei der Zeitung *al-Mada*, für die ich seit Jahren eine wöchentliche Kolumne schreibe.

All das hatte nichts mit dem Bahnhof zu tun, den ich auf der Postkarte sah. Ich musste mir den Bahnhof, meinen Bahnhof, erst erfinden. Zu jener Zeit genügte das, was mir meine Mutter über den Zug erzählte. Sie ahmte sein Zischen und Pfeifen nach; damals ging es noch um Meterspur-Dampflokomotiven (erst Jahre später wurde die Spurweite auf 1,40 Meter umgestellt). Mir genügte es, Hudairi Abu Asîs zu hören, der »Der Zug entließ mich in die Nacht« sang, oder Muhammad Abdalwahhâb, der sang »O Ofen, sag mir, wo fährst du hin«. Drei weitere Postkarten weckten die Phantasie des kleinen Najem.

Die Theresia Latin Catholic Church in al-Sinag, Bagdad

Da war erstens die Postkarte, auf der die sogenannte lateinische Kirche dargestellt war, eine der ältesten und ehrwürdigsten Kirchen im Irak, vielleicht die großartigste. In Bagdad fanden sich siebzig Kirchen, Klöster und Kathedralen. Ganz anders Amâra, wo es nur eine einzige Kirche gab, die Kirche der Schmerzensmutter, ursprünglich das Gotteshaus der Armenier. Es war eine einfache Kirche, nicht prächtig wie die lateinische Kirche in Bagdad, auch nicht so alt wie diese. Die lateinische Kirche oder die Kirche der Heiligen Jungfrau, wie sie auch genannt wurde, lag neben der Kalifenmoschee in Schûrdscha. Ihre Baugeschichte geht in die osmanische Zeit, ins Jahr 1871 zurück. Während des Ersten Weltkriegs wurde sie in ein Lazarett umgewandelt, und bei seinem Abzug aus Bagdad legte das osmanische Heer dort noch Feuer. 1956 ging sie in Staatsbesitz über und blieb von 1966 bis 1976 geschlossen. Aber als die Zahl der ägyptischen Arbeiter zunahm, ins Land gebracht von der irakischen Regierung, um den Arbeitskräftemangel zu beheben, der durch die allgemeine Rekrutierung von Männern während des irakisch-iranischen Kriegs entstanden war, wurden die Karmeliterpatres, denen die Kirche als Sitz diente, des Landes verwiesen, und die orthodoxen ägyptischen Kopten übernahmen sie. Zu Beginn der Diktatur Saddâm Hussains wurden zahlreiche ihrer Annexgebäude zerstört und Teile davon dem Schûrdscha-Markt eingegliedert, besonders nachdem die ägyptischen Arbeiter das Land verlassen hatten. Aber zumindest etwas von der Vergangenheit wurde bewahrt: das gesamte Kirchengebäude, ein Kloster, die Schule des heiligen Joseph, das Grab des karmelitischen Gelehrten Anastasius, die Gräber der Karmeliterpatres, auch die letzten Ruhestätten der Dominikanerschwestern, die man »Nonnen der Darbringung« nannte, und einige Statuen von lateinischen Priestern.

Bei meinem letzten Besuch in Bagdad schlenderte ich nach meinem Gang durch die Kalifenmoschee auch dort umher, stieß aber überall auf Trümmer und Geröll. Das Holz war angefressen, und die Feuchtigkeit war im alten Kloster die Wände hinaufgekrochen. In der Schule des heiligen Joseph waren Fußboden und die Gräber der Nonnen der Darbringung von Grund- und Abwasser überflutet. Ein deprimierender Anblick, der wütend machte und zu dem sich noch ein widerlicher Gestank gesellte. Doch erfreulicherweise gab es, trotz des blamablen Zustands der Anlage, Besucher, Christen und Muslime, die den Ort aufsuchten, um die Heilige Jungfrau anzuflehen und für die Seelen der dort Begrabenen eine Kerze zu entzünden. Sie besuche die Kirche ständig, erzählte mir eine Muslimin. Ihre Mutter habe immer von der historischen Bedeutung der Kirche gesprochen, von den Schätzen und von den Gräbern gottesfürchtiger Menschen dort. Ich habe dieser Frau nicht verraten, dass mich das Bild dieser Kirche Tag und Nacht begleitete, habe ihr nicht erzählt, wie ich mir ihren kräftigen Glockenschlag vorstellte, wie ich mit jedem Schlag ihrem Ruf wegzugehen folge. Das Läuten von Glocken und das Getöse von Zügen sind bei mir immer mit Aufbruch und Abschied verbunden. Eine Art unstillbarer Nostalgie.

Modeschau im Volkssaal, Bagdad 1956

Da war zweitens die Postkarte, die eine Modeschau in Bagdad im Jahr 1956 zeigte, dem Jahr meiner Geburt. Diese Karte habe ich meiner Mutter gestohlen, was sie erst 2004 erfuhr, als sie auf das Päckchen mit den Postkarten in der Truhe meiner Großmutter stieß. Die Modeschau hat meiner Mutter, die so auf Eleganz bedacht war, sicher sehr gefallen, deshalb hat sie gerade diese Postkarte aufgehoben. Sie holte sie nie hervor, wie die anderen Postkarten, die sie nur allzu gern ihren Freundinnen zeigte. Ihr Modegeschmack tendierte eher zu Modellen, die sie in der deutschen Zeitschrift *Burda Moden* fand (ich komme darauf noch zu sprechen). Sicher war ihr auch klar, dass ein Kleid der Art, wie es das Mannequin auf dem Laufsteg trug, nur in eine Stadt wie Bagdad passte. Das konnte sie nicht ihren Freundinnen zeigen, nicht einmal Umm Badî, der Schneiderin, die meines Wissens die Einzige war, bei der meine Mutter nähte. Das war der Grund, diese Postkarte nicht an einem der üblichen beiden Orte unterzubringen, wo sie Postkarten vor mir versteckte: unter dem Kopfkissen im Bett oder in dem kleinen Kommödchen mit dem Glasservice, nicht aber in der Schublade, in der sie ihre Make-up-Utensilien aufbewahrte. Eigentlich suchte ich nach den Postkarten, aber diese Postkarte schien nach mir zu suchen. Dass ich sie entdeckte, war ein seltsamer Zufall.

Als ich an jenem Tag die Schublade aufzog, geschah das nicht in der Absicht, eine Postkarte zu finden, ich wollte vielmehr ein paar der Make-up-Gerätschaften meiner Mutter holen. Wirklich eine alberne Geschichte, ein Zeitvertreib, nicht mehr. Meine Mutter war weggegangen, um Nachbarinnen zu besuchen. Daadîja, die Frau von Jûssuf, dem Sohn unseres Nachbarn Haschûsch, hatte ein Kind bekommen, und Mutter wollte ihr gratulieren. Ich weiß nicht, was mich auf die Idee brachte, mit Mutters Make-up herumzuspielen: Brauen zu zupfen, Puder aufzutragen und Lippenstift zu gebrauchen. Doch sobald ich das Bild sah, hatte ich die Sache mit dem Make-up vergessen. Es war, als wäre ich auf einen gewaltigen Schatz gestoßen. Und danach war ich es, der das Bild vor meiner Mutter versteckte. Ich legte es in das Heft, das sie mir gerade für mein erstes Schuljahr gekauft hatte. Ich weiß nicht, warum sie nicht auf die Idee kam, ich könnte das Bild aus der Schublade genommen haben. Zwei Wochen später, als sie sein Verschwinden bemerkte, hörte ich sie sagen: »Das hat sicher Malakîja mitgehen lassen. Sie hat es schon immer haben wollen.« Gemeint war meine Tante Malakîja, ihre jüngste Schwester. Die war in Basra verheiratet und hatte uns eine Woche zuvor besucht. Meine Tante war ganz verrückt nach dem Bild, was sie meiner Mutter nie verhehlt hatte. Immer wieder hatte sie darum gebeten. Auch meine Tante hoffte immer, irgendwann einmal in Bagdad zu leben und solche Kleider anziehen zu können. »Die Arme«, sagte meine Mutter und meinte ihre Schwester, was sie mir nicht zu sagen brauchte. Denn am Ende bekam meine Tante nicht die Gelegenheit, in Bagdad zu leben, ja, ich weiß nicht einmal, ob sie je die Gelegenheit erhielt, die Hauptstadt zu besuchen. Sie musste ihr Leben mit ihrem Ehemann verbringen, dem Chef des Friedhofs von Subair mit all seinen Toten. Sie versuchte, ihr Schicksal klaglos hinzunehmen, aber immer wieder sah ich Tränen in ihren Augen.

Ich hätte sie gern getröstet und ihr erzählt, was mit dem Saal geschehen war, auf dessen Laufsteg sich die Mannequins bewegten. Dieser Saal, zu einer eigentlichen »Volkshalle« geworden, in dem es Konzerte gab, diente nach dem Militärputsch und dem Sturz des Königs am 14. Juli 1958 als Sitzungsraum des Mahdâwi-Gerichts, dessen Vorsitzender der Cousin des damaligen Präsidenten der Republik, Abdalkarîm Kâssim, war. Offiziell hieß das Gericht »Volksgericht«, da es zunächst die Minister und die hohen Beamten der Monarchie aburteilte, danach, im Jahr 1959, die Männer der Schawâf-Bewegung und den früheren Präsidenten Abdalsalâm Ârif, einschließlich aller Personen, die sich gegen die republikanische Ordnung verschworen hatten. Dieselben Offiziere, die Abdalkarîm Kâssim bei seinem Putsch gegen die Monarchie beigestanden und die irakische Republik gegründet hatten, beispielsweise sein Mitstreiter und Freund Abdalsalâm Ârif, erhoben sich 1961 gegen ihn in einem weiteren Putsch und versuchten, ihn zu ermorden. Durch den Modeschausaal, in dem einst das Rascheln der Kleider zu hören war, dröhnte die Stimme von Oberst Fâdil Abbâs Mahdâwi, wenn er die Angeklagten anschrie, vom 15. August 1958 bis zum Putsch des Baath am 8. Februar 1963. Wie sollte ich meiner Mutter erzählen, dass dieser Saal, der beim Muadham-Tor in der Nähe des Verteidigungsministeriums liegt, sich nur hin und wieder kurzer Vitalitätsschübe erfreute? Zunächst in den 1970er Jahren, als dort das nationale Volkstanzensemble auftrat oder das nationale Symphonieorchester Beethoven, Tschaikowski und Mozart spielte. Wie konnte er nur Ende der 70er Jahre zu einer völlig sterilen Lokalität werden? Als ich im Februar 1980 mit sechs weiteren Soldaten in Zellen des gleich daran anschließenden Verteidigungsministeriums gebracht wurde, hörte ich von Zeit zu Zeit durch ein kleines Fenster, eigentlich nur eine Luke ganz oben in der Zelle, weit über den Köpfen der Gefangenen, dort wo die Wand an die Decke stieß, das nationale Volkstanzensemble bei der Probe. Wie sollte ich meiner Mutter erzählen, dass sich der Klang von Flöten, Trommeln, Pauken und Tamburinen mit dem Geschrei aus den Folterkellern und mit dem Ruf des Muezzins von der kleinen Moschee mischte, die man dort gebaut hatte, um das Gefängnis zu kaschieren? Ich weiß, dass Geschichten dieser Art vielleicht den Schmerz darüber lindern, dass die schöne Zeit vorüber ist, aber sicher würden sie auch bei ihr die Pein der späteren Zeiten verstärken, genau wie es mir geschehen wäre, hätte ich mich in meiner Zelle an die Postkarte erinnert.

»Al-Zawrâ«-Kino in Bagdad, 1960

Da war drittens die Postkarte mit dem Bild des Kinos »Al-Zawrâ«. Längst bevor mein Vater begann, mich ins Kino mitzunehmen, habe ich lange Nächte davon geträumt, in dieses Kino zu gehen. Natürlich hatte ich das Wort Kino schon gehört, hatte davon reden hören, besonders auf der Postkarte mit dem Bild des Bagdader Kinos »Al-Zawrâ«. Aber es war eine rätselhafte Welt, außerhalb meiner Reichweite. Das Bild davon, das mein Vater aufgehoben hatte, stammte aus dem Jahr 1944. Der englische Kommissar, Sahib genannt, hatte es ihm zusammen mit anderen Bildern aus Bagdad mitgebracht und ganz leidenschaftlich davon erzählt. Das ging so weit, dass er sagte: »Wenn du je daran denken solltest, ein Kino zu eröffnen, dann muss es sein wie das Kino ›Al-Zawrâ‹ an der Raschîd-Straße in der Murabbaa-Gegend in Bagdad.« Er hatte recht, auch wenn es wie eine Übertreibung klang. Denn dieses Kino war ein in der Geschichte Bagdads außergewöhnliches Lichtspielhaus. Seinen Ruf hatte es nicht erworben, weil es das einzige

Kino war, in dem Filme für die Briten gezeigt wurden, oder weil es eines der ersten Lichtspielhäuser im Irak war, oder weil es erstklassige Spionagefilme zeigte, deren berühmtester »British Intelligence« mit Boris Karloff war. Nein, noch bekannter war es wegen seines einzigartigen Baustils. Nur zwei weitere Kinos konnten es mit ihm in dieser Hinsicht aufnehmen: das Kino »Central« und das Kino »Raschîd«. Ersteres ließ ein Bagdader Kaufmann im Jahr 1920 in der Gegend von Hâfis al-Kâdi in der Raschîd-Straße errichten. Es wurde später umbenannt in Kino »Mesopotamien«. Dieses Haus, dessen Schönheit alle Welt pries und das als einziges lange Jahre hindurch Vorstellungen für Frauen kannte, wurde später ein Raub der Flammen. Das andere, gegründet in den 1930er Jahren, war ein gewaltiges, eindrucksvoll dekoriertes Gebäude mit Statuen innerhalb und außerhalb des Saals, einer Treppe, die in einen kleinen Erholungsraum und zur Galerie hinaufführte, und langen Stiegen an der Seite, über die man zu den hinteren Logen und in die Projektionskabine gelangte; dazu noch das Untergeschoss, wo es eine »Groschengalerie« gab. Außer diesen beiden Kinos, die beide nicht überleben sollten – das erste brannte unter undurchsichtigen Umständen aus, das zweite wurde in den 1980er Jahren abgerissen, um einem Parkhaus Platz zu machen –, mit Ausnahme dieser beiden also konnte es kein Kino in Bagdad mit dem »Al-Zawrâ« aufnehmen, und seit ich die Postkarte gesehen habe, konnte ich mir unter Kino nur noch eines vorstellen: das Kino »Al-Zawrâ«. Darum ist es nicht befremdlich, dass ich meinen Vater bei unserem ersten gemeinsamen Besuch in Bagdad bat, mit mir ins Kino »Al-Zawrâ« gehen.

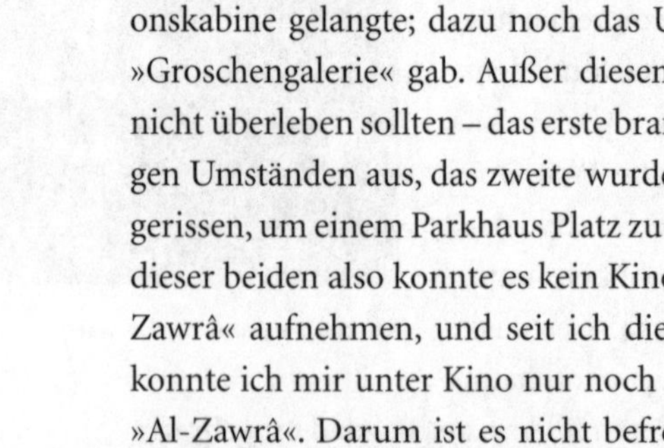

»Royal Cinema« 1945, über dem Eingang die Ankündigung des Films Die drei Musketiere *in Englisch und Arabisch*

9

Das also ist Bagdad?

Meine erste direkte Begegnung mit Bagdad entsprach derjenigen von Personen, die sich durch Kontaktanzeigen kennenlernen. Diese Anzeigen wurden damals populär. Man fand sie in Zeitschriften und Kinderzeitschriften, die aus der Hauptstadt zu uns kamen – zum Beispiel die Zeitschrift *Sundûk al-dunja*, die Weltentruhe –, sogar über Radio Bagdad konnte man Beziehungen knüpfen. Die begannen erst einmal mit einem Briefwechsel, beladen mit allem möglichen sentimentalen Vokabular. Dann kam es zur Begegnung, und all die Gefühle, die auf dem Papier ausgebreitet waren, lagen auf dem Prüfstand. Das Ergebnis erahnt man.

So etwa ließ sich mein erster Besuch in Bagdad an. Während der ganzen Fahrt trichterte mir mein Vater Warnungen ein. »In Bagdad musst du dich anständig benehmen.« Ich reagierte darauf nur mit einem Kopfnicken als Zeichen meiner Zustimmung. Eine andere Antwort hatte ich nicht parat, ich wusste nicht, was ich sagen sollte, weil mir sein beharrliches Drängen unverständlich war. Was denn anständig sei, hätte ich ihn gern gefragt. Wahrscheinlich scherzte er, das war die einzige Erklärung, die mir in diesem Augenblick einfiel, und sie auch nur als nebliges Gefühl. Darum lächelte ich, besonders wenn ich keine Lust mehr hatte zu nicken oder wenn ich den Eindruck bekam, es sei nutzlos, ein weiteres Mal zuzustimmen. Als er sein Mantra nochmals wiederholte und dann seinen Freund, Hadsch Hanûn, der rechts von mir saß, um Zustimmung bat – »Ist's nicht so,

Hadsch Hanûn?« nickte der ruhig mit dem Kopf und sagte: »Aber Najem wird's schon recht machen.« Woher er diese Gewissheit nahm, weiß ich nicht.

Ich weiß auch nicht, ob Hadsch Hanûn recht hatte. Denn je mehr ich darüber nachdenke, desto mehr habe ich den Eindruck, dass Bagdad es war, die Stadt, die es recht machte. Es war nicht wichtig, was ich empfand, als wir in die Stadt einfuhren und Hadsch Hanûn sagte: »Jetzt überqueren wir den Kanal.« Er meinte den Heereskanal, der unter Oberst Abdalkarîm Kâssim angelegt worden war, um den Süden der Stadt mit Wasser zu versorgen. Ich war damals nämlich auch nur ich selbst.

»Jetzt wirst du Bagdad sehen«, sagte mein Vater. Ich trug ja lediglich das Bild in mir, das ich mir von der Stadt gemacht hatte. Tatsächlich ging unsere Fahrt nicht nach Bagdad. Ziel der Reise waren Samarra, Kadhimîja, Nadschaf, Kûfa und Kerbela. Dazu aber musste man zweimal, einmal auf der Hin- und einmal auf der Rückfahrt, Bagdad durchqueren und dort übernachten. Jedes Jahr in der Mitte des Aschura-Monats, wenn die Schiiten sich an die Ermordung Imam Hussains und seiner Familie erinnern, jene bekannte Schlacht von al-Tiff, in der Nähe der Stadt Kerbela, ist die Zeit für den Besuch der Hussain-Heiligtümer oder die Vierzig-Tage-Feiern des Imam Hussain, wie man das nennt. Dann nahm mein Vater eine Anzahl Pilger in seinen Wagen und machte die Fahrt. Die Vierzig-Tage-Feier beschränkte sich damals nicht auf den Besuch der drei nebeneinanderliegenden Städte Kerbela, wo die Gräber von Imam Hussain und seinem Halbbruder al-Abbâs liegen, Nadschaf, wo Hussains Vater, Imam Ali und vierter »rechtgeleiteter« Kalif, begraben ist, der dort etwa zwei Jahrzehnte vor seinem Sohn den Tod gefunden hatte, und Kufa, wo der Cousin, Muslim ibn Akîl, ruht, der mit ihm in der Schlacht von al-Tiff fiel. Das Programm war umfassender. Auch Samarra gehörte dazu, mit dem Grab des Imam Hassan al-Askari und dem Gewölbe, in dem der Imam al-Mahdi entschwunden ist, für die Schiiten der »Herr der Zeit«, der einst wiederkehren und den Tag der Auferstehung ankündigen wird. Auch ein Besuch des Kâdhim-Viertels in Bagdad, mit den Gräbern von Imam Mûssa al-Kâdhim und seinem Enkelsohn Imam Muhammad al-Dschawâd, gehörte zum Programm, und dort übernachtete man auf der Hin- und auf der Rückfahrt.

Ein Junge in meinem Alter konnte sich nur schwer die Distanzen vorstellen, die diese Städte voneinander trennen, oder ahnen, wie lange die Fahrt dauern würde. Es war auch schwierig für ihn, die Dauer der gesamten Reise abzuschätzen. Außerdem verstand er nicht, warum Menschen die Mühsal einer solchen Fahrt auf sich nahmen, die Strapazen des Weges, und das angesichts der Tatsache, dass die Straßen in jener Zeit nicht asphaltiert waren und sich deswegen im Winter und bei heftigen Regenfällen in Matschpisten verwandelten. Damals hatte der religiöse Glaube noch nicht das Niveau von blindem Fanatismus erreicht wie heute. Fanatismus, Extremismus, Terrorismus, den anderen wegen seiner Identität oder seiner religiösen Zugehörigkeit umzubringen, das sind Tendenzen und Verhaltensweisen, die mit der Verwurzelung des politischen Islams entstanden, der sich nach dem Einfall des sowjetischen Heeres in Afghanistan am 25. Dezember 1979 ausbreitete. Die Mudschahidin, die Taliban und al-Kâïda wurden zum Idealbild des religiösen Extremismus, dieser Verkörperung der wahhabitisch-sunnitischen Ideologie, die auf die gewaltsame Unterwerfung der islamischen Welt abzielt. Vergessen wir nicht, dass der Wahhabismus, das Fundament des saudischen Staates, im Verlauf seiner Geschichte immer wieder, jedoch nur begrenzt erfolgreich, versuchte, die anderen islamischen Richtungen zu vernichten, und zwar unter dem Vorwand, götzendienerische Neuerungen zu bekämpfen, und das lange bevor Ussâma bin Lâdin sein Banner übernahm. Im Jahr 1926 zum Beispiel, zur Zeit von König Abdalasîs Ibn Saûd, als die saudischen Autoritäten im Bakî-

Friedhof in Medina die Gräber der Schiiten zerstörten, oder später, in den 1960er Jahren, als sie die Scheiche im Jemen gegen die entstehende republikanische Herrschaft unterstützten. Aber nach dem Einmarsch der Russen in der afghanischen Hauptstadt Kabul und der erfolgreichen iranischen Revolution unter der Führung des schiitischen Ajatollah Chumaini konnte der Wahhabismus die Zähne fletschen. Entsprechend, und zwar im Gleichschritt mit dem wahhabitisch-sunnitischen Extremismus, sahen wir einen Extremismus chumainisch-schiitischer Prägung. Heute verkörpert sich dieser Kampf in seiner höchsten Ausgestaltung im Irak. Doch damals in den 60er Jahren gab es weder für sunnitischen noch für schiitischen Extremismus Raum, besonders nicht im Irak. Der herrschende Islam war ein Volksislam. Meine Großeltern waren in dieser Hinsicht liberaler als alle Liberalen heute. Deswegen hatten auch die Besuche beim Grab Hussains keinerlei gewalttätigen Charakter, wie sie ihn inzwischen angenommen haben. Sie waren Brauch wie dieser Religionstourismus, den es auch im Westen gibt. Natürlich hatten sie ihren religiösen Aspekt bewahrt und trugen auch Andachtscharakter, mit dem sich ein ökonomischer Effekt verband. Dadurch wurden diese religiösen Orte auch Wirtschaftszentren. In Kerbela, Nadschaf, Kufa und Kadhimîja wuchs eine Schicht wohlhabender Schiiten heran, während sich in Samarra parallel zur Entstehung der reichen Schiitenschicht auch eine Schicht wohlhabender Sunniten entwickelte, ja, im Lauf der Zeit sogar auch eine Gruppe reicher Juden, wenigstens bis 1951, als der größte Teil der irakischen Juden das Land verließ.

Je mehr ich in diese Zeit mit ihren Gepflogenheiten zurückkehre und sie mit heutigen vergleiche, desto deutlicher wird mir die Kluft, die sich zwischen den beiden Epochen auftut. Die Hussain-Prozessionen, die man Sabajât nannte, begannen in Amâra am südlichen Ende der Hauptstraße, der Bagdad-Straße, und endeten mit der Auflösung bei der Hussainîja-Moschee, der

Hauptmoschee, in der Hadsch Abdalghaffâr wirkte. Jedes Viertel hatte seine Prozession, jede Prozession ihren eigenen Poeten oder Rezitator. Die Prozession wurde angeführt von Geißlern, die in zwei parallelen Reihen mit etwa sechs Meter Abstand marschierten. In ihrer Mitte gingen auch die Kesselpauken- und Trommelschläger und Zymbelspieler sowie die Obersten des Viertels, während die kleinen Kinder, auf die man ein Gelöbnis abgelegt hatte, in den Aschura-Tagen mitten in der Prozession mitliefen, unter den aufmerksamen Augen von Vätern oder Verwandten. Das Geißeln war monoton und langsam, im Rhythmus der Schlegel, wie bei einem Soldatenbegräbnis. Den Geißlern folgte eine Schar Kasteier mit nacktem Oberkörper, die sich beim Gehen kein bisschen an den Trommelrhythmus hielten, sondern sich jeweils als Doppeltrupps zusammenfanden, so dass es zwei, vier, sechs Trupps gab, von denen jede aus vier Gruppen besteht. Jeder Trupp beginnt mit dem ersten Viertel eines Doppelzeilers, im Allgemeinen ein Gedicht. Der zweite Trupp setzt das fort. Und so immer weiter. Es gab noch keine Rasiermesser, die an den Geißeln hingen, und keine Selbstverletzungen auf der Brust mit scharfen Instrumenten, wie es heutzutage Mode ist. Ja, es gab Schnitte mit dem Beil, doch nur wenige schlugen sich mit der Machete auf den Kopf. Die meisten berührten den Kopf nur symbolisch, um ein Gelübde zu erfüllen, das ihre Mutter abgelegt hatte. All das passierte gleich in den ersten Morgenstunden, außerhalb der Stadt, also nicht wie heute, wo es dafür weder einen festen Ort noch einen festen Moment gibt. Ja, die Ignoranz und die Verantwortungslosigkeit haben ein solches Ausmaß erreicht, dass manche Mütter ihre Babys schon in Windeln schicken, um Schnittwunden zu erhalten. Es gab da eine Einfachheit in der Anordnung und beim Gang der Prozessionen, beim Geißeln oder auch bei der Kasteiung. Der Weg, den eine Prozession nahm, war gesäumt von vielen Menschen, Männern und Frauen, die sich unter den Arkaden der Bagdad-Straße drängten. Junge

Mädchen und junge Burschen schubsten sich. Meistens stand da ein Mädchen in schwarzer Abâja und hinter oder neben ihr ein Bursche, nicht notwendig in schwarzem Hemd. Ähnliches sah ich auch in Kadhimîja, ja sogar in Kerbela, in Nadschaf und in Kufa. Erst Ende der 1960er Jahre begann die Trennung von Männern und Frauen, und den einen wie den anderen wurde ein eigenes Trottoir zugewiesen. Nun standen sie einander gegenüber und flirteten miteinander. Die vorbeiziehenden Prozessionen waren lediglich ein Vorwand, dort zu stehen.

Diese Hussain-Prozessionen sind den Osterprozessionen in den katholischen Ländern Europas – in Spanien, Italien und Portugal – nicht unähnlich, vergleichbar auch mit den Menschenscharen, die den Vatikan besuchen, oder mit den Karnevalsumzügen. Der Fußmarsch über viele Kilometer bis zu den heiligen Grabstätten, der mehrere Tage und Nächte dauern kann, ähnelt der Pilgerreise zur Fatima in Zentralportugal oder der uralten traditionellen katholischen Pilgerfahrt auf dem Jakobsweg. Der entscheidende Unterschied: Im Irak ist kein Alkohol erlaubt! Ganz anders die Vermischung der Geschlechter: diese gab es nicht nur unter den Zuschauern der Prozessionen, sondern auch in den Schlafquartieren in den heiligen Städten. Denn die Besucher, die von überall her auf großen Lastwagen kamen, schliefen einfach, wo sie anhielten. Die meisten Chauffeure wählten als Übernachtungsplatz die großen Chane, eine Art Motel an der Autobahn. In Kadhimîja beispielsweise gab es eine solche Einrichtung, »Der schnelle Chan«, wo Autos und Reisende unterkamen. Es war zu Beginn des Frühlings, im Mai, ich erinnere mich daran, weil Hadsch Hanûn mir Aprikosen kaufte, die süßesten Aprikosen meines Lebens. Hadsch Hanûn erzählte, im heiligen Kadhimîja, einer Gegend von Bagdad, gebe es zahlreiche altehrwürdige Stadtteile, einer davon heiße »Umm al-Nûmi«, und zwar weil er voller Nûmi-Früchte sei, wie man in der Volkssprache die Limetten nennt. Im Lauf langer Jahre ist er aber bebaut worden und der Hain verschwunden. Nun stehen dort lauter Häuser, die sich vom Rand des Platzes vor der Kadhimîja-Moschee bis ans Tigrisufer ziehen. Außerdem überblickt man von dort die beiden Viertel Tell und Bahîja. Einer der uralten »Marksteine« dort, sagte Hadsch Hanûn, sei »Der schnelle Chan«, in dem wir uns befänden. Hadsch Hanûn war mein erster Führer in Bagdad, wenn auch nur im Stadtteil Kadhimîja. Er sprach mit anrührender Ruhe, Wärme und Bedächtigkeit, wie ein Großvater, der seinen Enkeln am Abend eine Geschichte erzählt, die sie nie vergessen sollten.

Bab al-Murâd im Vorort Kadhimîja, 1955

In jenem Chan schliefen wir, genauer: mein Vater und ich mussten auf dem Dach des Autos schlafen, weil die Fahrgäste, unter anderem auch Hadsch Hanûn, auf dem Hof schliefen, wo sie ihre Decken ausgebreitet hatten. Man konnte ihre Gespräche in der heißen mondhellen irakischen Frühlingsnacht bis in die frühen Morgenstunden hören. Als es vollständig dunkel geworden war und die Körper auf die einfachen mitgebrachten Unterlagen sanken, Decken, Laken, Matten, konnte man nicht mehr recht sehen, wer genau wo schlief, und nicht mehr unterscheiden zwischen dem Geflüster derer, die, obwohl sie längst schlafen sollten, um rechtzeitig aufstehen zu können, unentwegt weiterplauderten, und derer, die geheim halten wollten, was sie da im Schutze der Nacht unter ihren Tüchern trieben. Doch das Bild von Freiheit, das der Ort bot, ließ nur einen Schluss zu: dass die Menschen glücklich über ihren Besuch in der Stadt waren. Endlich waren sie auf dem Weg zu ihren reinen Imamen. Morgen schon, am Ziel ihrer Reise angelangt, würden sie das Grab von Imam al-Kâdhim oder dasjenige von Imam Abu l-Dschawadain umkreisen. Danach könnten sie durch die Kâdhim-Märkte schlendern und essen, was ihnen schmeckte. Der Markt war voller Restaurants und bot den Reisenden alles Wohlschmeckende. Ingwersaft würden sie trinken, für den der Ort bekannt war. Und in den Nachmittagsstunden würden diejenigen, die noch nicht heimgegangen waren, den Goldmarkt aufsuchen, besonders Frauen und frisch Verlobte. Der Markt war berühmt für sein Gold, so heißt es, und für ausnehmend schöne persische und indische Handwerksarbeit. Danach werden sie hier eine weitere Nacht verbringen, um am Morgen nach Samarra weiterzufahren, dann nach Nadschaf und nach Kerbela. Das war der religiöse Sinn der Reise, und das machte sie glücklich. Wie viele Stunden sie schliefen, war nicht wichtig. Wessen Herz rein ist, der fühlt Glückseligkeit und Heiterkeit und ist ohne Müdigkeit, Trauer und Schlaf. Das ist es, was ihre Litaneien und Rezitationen sagen wollten. Das ist es, was die Gespräche und das Lachen bedeuteten, die die gesamte Reise begleiteten. Sie waren fröhlich auf dem Weg zur Verwirklichung ihres Traums. Wie oft hatten sie von der Reise zu ihren Imamen geträumt? Und ich? War ich nicht auch froh, mein Ziel zum ersten Mal in meinem Leben erreicht zu haben? Durch meine Reise in die Stadt meines Traums: Bagdad?

Mein Vater erinnert sich noch immer an diese Reise. Er hatte zuvor schon viele Reisen unternommen, aber diese blieb ihm in Erinnerung. Oder er wollte sich danach an keine andere mehr erinnern. Bei dieser Fahrt schien Bagdad sich ihm in einer anderen Gestalt gezeigt zu haben. Nicht weil es meine erste und seine letzte als Fahrer war, sondern weil auch er sich später sein Bagdad bauen musste, das nach und nach seine Seele verlor. Ich baute mir meine Phantasiestadt, inspiriert von jenen Bildern, die mein Vater aus Bagdad mitbrachte. Er dagegen trug noch Elemente der gegenwärtigen Stadt bei sich, jener Stadt, die allmählich zu verschwinden begann. Seit jenem Tag, als er Hadsch Hanûn mit den anderen Fahrgästen und dem Auto unmittelbar nach unserer Ankunft zurückgelassen und mich zu einem Rundgang durch Bagdad mitgenommen hatte, war es schwierig für ihn geworden, wie er mir sagte, ohne Nostalgie über Bagdad zu reden. Er habe seither immer an uns beide denken müssen, wie wir gemeinsam losmarschierten, genauso wie ich es mir immer vorgestellt und gewünscht hatte, wenn ich an meiner Stadt Bagdad weiterbaute mit jeder Postkarte, die meine Sammlung vergrößerte. Genauso wie ich es mir jeden Abend beim Zubettgehen erträumt hatte. Wir beide zogen los wie zwei Freunde: er knapp dreißig, trotz der Anstrengungen und der Strapazen der Reise elegant, mit feinem schwarzen Schnurrbart und sorgfältig gescheiteltem Haar. Daneben ich, sechs Jahre alt und neugierig, die Stadt meiner Träume zu sehen. Er war mein Touristenführer, der sich mit mir die Stadt vornahm, ihr Zentrum, ihr Herz, wie er sich mir gegenüber ausdrückte. Sein energischer Gang, seine Bereitschaft, mir rasch auf jede meiner Fragen zu antworten oder beim Gehen meine Aufmerksamkeit auf Dinge zu lenken, die ich übersehen hatte, dieser Eifer war mir neu. Ich erinnere mich an die Eile, mit der er schon bei unserer Ankunft zu Hadsch Hanûn sagte, er müsse jetzt gleich ins Zentrum, es dränge ihn, Najem die Stadt zu zeigen. »Er muss Bagdad kennenlernen«, sagte mein Vater zu seinem Freund. Vielleicht verstand Hadsch Hanûn, der keine Kinder hatte, das, vielleicht auch nicht. Aber die Art, wie mein Vater diesen Satz sagte, schien ihn zu überzeugen. Er müsse sofort gehen, fügte er hinzu, um jede Minute zu nutzen. »Jawohl, Najem muss Bagdad sehen«, sagte er, als ob auch er verstanden hätte, dass der kleine Junge, um zu wachsen, um ins Gelobte Land zu kommen, das »Mekka« des Iraks sehen musste: Bagdad.

Dieser Gang durch Bagdad war für mich ein erster Schritt zur Eroberung der Welt. Napoleon Bonaparte führte seine großen Armeen, um die Welt zu erobern. Auch ich wurde an diesem Tag zu einem gewaltigen Eroberer, zu einem neuen »Alexander«. Ich eroberte Bagdad an der Seite meines Vaters. Ich war zwar noch etwas zu jung, um alle Geheimnisse Bagdads zu entdecken, aber das Privileg, das die Stadt mir gewährte, war nicht in Jahren aufzurechnen. Es waren gar nicht so sehr die kleinen Entdeckungen, die mein Leben veränderten, etwa das Geschäft, in dem mein Vater seine Schallplatten kaufte, oder der Ladens, in dem wir einige Nummern der deutschen Zeitschrift *Burda Moden* kauften, oder das Fotostudio, wo mein Vater seine schönsten Porträtaufnahmen machen ließ. All das entwickelte sich als ein Gegenentwurf zu den Bildern auf den Postkarten. Mein großes Privileg, um das ich nach dieser Reise beneidet werden sollte, war, dass ich wissender geworden war als die anderen Schüler. Bis zu jenem Tag konnte ich mich rühmen, mehr Dattelsorten aufzählen zu können als alle anderen. Dies verdankte ich meinem Großvater Faradsch, der als Inspektor bei der nationalen Dattelkompanie in Basra arbeitete. Er lehrte mich die angeblich 624 verschiedenen Dattelsorten. In der Schule gewann ich jeden Wettkampf im Aufzählen von Dattelsorten. Aber nach meinem Besuch in Bagdad konnte mich keiner mehr fragen, was ich eigentlich außer dem Aufzählen von Dattelsorten noch könnte. Jetzt konnte ich ihm sagen: Ich kenne Bagdad.

10

Erste Bekanntschaft mit der Raschîd-Straße

Kein Gespräch über Bagdad ohne Erwähnung der Raschîd-Straße. Nicht weil sie älter ist als der irakische Staat oder weil sie ihren Name dem legendären Kalifen verdankt, den die ganze Welt aus *Tausendundeine Nacht* kennt, sondern weil das moderne Bagdad mit der Geburt dieser Straße verbunden ist, ja mit ihr geboren wurde. Der osmanische Heerführer und Gouverneur, Chalîl Pascha, zwischen 1915 und 1917 Herrscher über Bagdad, legte den Grundstein für jenen Bereich, der später das pulsierende Herz der Stadt werden sollte, das Symbol der Modernisierung: Im Mai 1916 ließ er zunächst die Raschîd-Straße anlegen. Nun ist der Zufall eine seltsame Angelegenheit, und er kann Geschichte machen. An sich brauchte Bagdad gar keine neue Straße. Die Corniche, zu der die Raschîd-Straße dann parallel verlaufen sollte, genügte vollkommen. Aber Chalîl Pascha, völlig berauscht von seinem Sieg über die Briten im Kampf um Kût, wollte – wie üblich unter den osmanischen Gouverneuren, die alle die Welle der Modernisierung ritten und sich irgendwo verewigt sehen wollten – seinen Namen mittels einer neuen Straße in unmittelbarer Nähe, wenn nicht direkt neben der Corniche, in Erinnerung halten, auch wenn eine solche Straße eigentlich nicht gebraucht wurde. Doch diese Straße sollte die Geschichte der Stadt ebenso gestalten wie umgekehrt. Mehr noch, dieser Vorgang ist ein weiterer Zeuge für die Nutzlosigkeit all der Fremden, die nach Bagdad kamen, auch wenn das

Ergebnis in diesem Fall in eine andere Richtung ging als die vom Osmanengouverneur gewünschte. Das verdeutlicht eine Geschichte, die der erste Chronist Bagdads, Abbâs Baghdâdi, erzählt: Chalîl Pascha, Regent von Bagdad und osmanischer Oberkommandierender, hatte, als er die Erweiterung und Verbesserung der Hauptstraße zwischen dem Bab al-Scharki (Osttor) und dem Muadham-Tor vornahm – er wollte sie »Chalîl-Pascha-Allee« nennen –, weder eine Karte von Bagdad noch Architekten dabei, denen er hätte befehlen können, eine Straße nach korrekten geometrischen Berechnungen anzulegen. Diese Allee war ursprünglich für die Wagen ausländischer Konsuln gedacht, die am Osttor in Villen mit Blick auf den Tigris wohnten, außerdem für die besseren Leute aus Mahallat Bab al-Schaich, wenn sie, was häufig geschah, zum Regierungspalast fuhren.

Das Büro der amerikanischen Filmproduktionsfirma Metro-Goldwyn-Mayer in der Raschîd-Straße in Bagdad, 1940er Jahre

Alles was Chalîl Pascha zu Beginn wollte, war die Verbreiterung, Verbesserung und, soweit möglich, Begradigung der Straße, und zwar aus militärischen Gründen: Das osmanische Militär sollte sich mitsamt seinen Fahrzeugen leichter bewegen können. Dafür wurden hastige und spontane Arbeiten an der Straße vorgenommen, die oft auf den Widerstand der Gelehrten und der Männer der Religion stießen, wenn zum Beispiel eine Moschee in die Straße ragte und ein Hindernis darstellte. So geschehen mit der schiefen Mauer der Mirdschân-Moschee gegenüber der jetzigen Zentralbank. Sie wurde mit der Begründung, sie sei baufällig, abgerissen und ein paar Meter nach hinten versetzt wieder aufgebaut, wodurch die Straße erweitert werden konnte. Oder als die Verlängerung der Straße mit dem Besitz von Großkopfeten und Ausländern, die unter dem Schutz der Ausländerkapitulationen standen, kollidierten. Weil nicht genügend Geld zur Verfügung stand, um bei Enteignungen Entschädigungen zu leisten, musste die Straße diesen Hindernissen ausweichen. Aber dem Eigentum ärmerer oder einflussloser Personen gegenüber kannte Chalîl Pascha keine Scheu. Da ließ er für seine Allee abreißen und konfiszieren. Die Metalltafel, die die »Chalîl-Pascha-Allee« anzeigte, hing bis in die 1950er Jahre an der Sultan-Moschee. Dabei nannte die Bevölkerung von Bagdad die Straße zunächst »Hauptallee«, dann »Hauptstraße«, und als schließlich die Kommission für Straßen und Stadtteilnamen gebildet wurde, eine historisch-literarische Kommission, erhielt die Chalîl-Pascha-Allee den Namen Raschîd-Straße, ein Umbenennungsschicksal, das nicht das einzige blieb. Verschiedene Alleen hießen hinfort Straßen.

Zu Beginn ihrer Existenz war die Raschîd-Straße bis auf einige wenige Meter unasphaltiert und uneben. Nur in der Nähe des Maidân-Platzes gab es Pflasterung mit Ziegelsteinen. Außerdem wies sie an einigen Stellen Vertiefungen auf, besonders am Maidân-Platz, vor dem Markt der Kupferschmiede, vor der Mirdschân-Moschee und in Raas al-Karja. Deshalb mussten, wie Abbâs Baghdâdi schrieb, an Regentagen Lastenträger häufig Personen auf dem Rücken über die Straße tragen. Laut der Dokumentation des Bagdader Chronisten begann die Pflasterung der Raschîd-Straße in der zweiten Hälfte der 50er Jahre. Kaum waren sie abgeschlossen, wurde die Raschîd-Straße zur beliebtesten Promenade der Bevölkerung von Bagdad, besonders derjenigen von der anderen Seite der Stadt, aus Karch. Glücklich, wer am Nachmittag in einem der Cafés einen freien Platz fand und die Passanten beobachten konnte. Kein Wunder also, dass wir, mein Vater und ich, an jenem Tag die Straße entlangschlenderten. Sie schien ihre Aufgabe noch immer zu erfüllen: Ort der Erholung und Eingangstor ins Herz der Stadt.

Auch wenn mein erster Besuch dort, als kleiner Junge in Begleitung meines Vaters, nicht länger als ein paar wenige Stunden dauerte, blieben die Orte, die ich kennenlernte, meiner Erinnerung auf immer aufgeprägt wie ein unlösbares Siegel. Jene Orte, deren Licht verblassen wird oder von denen einige im Lauf der Zeit verschwinden werden, habe ich nicht vergessen, weder bei meinen Besuchen, die kommen sollten, noch bei meinem späteren Aufenthalt in Bagdad. So wurde ich – hatte es mein Vater darauf angelegt? – Zeuge einer Zeit des Wandels, der die ganze Straße erfasste. Einige Orte wurden getilgt, wie andere Orte, die die Karte dieser historischen Straße bildeten. Ihre Tilgung war Teil der Tilgung der Straße, ein Kapitel aus der Chronik der Straße, die so eng mit der Stadt verbunden war wie die Stadt mit ihr. Eine Verbindung, die so eng war, dass manche Leute Bagdad als die Stadt der einen Straße bezeichneten, andere die Straße das pulsierende Herz der Stadt nannten. Doch auch abgesehen von all diesen Bezeichnungen, niemand konnte sagen, er habe Bagdad besucht, ohne auf der Raschîd-Straße gewesen zu sein, und sei es nur auf einem kurzen Stück, wenn es ihm nicht möglich war, die ganze Straße entlangzugehen, vom Anfang beim Muadham-Tor-Platz bis zum Ende beim Bab-al-Scharki-Platz, wo sie, unter der Brücke der Republik hindurchgeführt, in die Abu-Nuwâs-Straße übergeht.

Bei meiner ersten Reise, an jenem Maitag 1962, sagte mein Vater zu seinem Freund Hadsch Hanûn: »Najem muss Bagdad sehen«, und er meinte die Raschîd-Straße. »Um groß und wichtig zu werden, muss er unbedingt die Hauptstadt Bagdad kennen.« Er nannte zweimal den Namen Bagdad, und, auffallender noch, er stellte eine Verbindung her zwischen mir als »wichtig«, was ich nicht begriff, und der Kenntnis der Stadt. Er sagte das völlig spontan, es kam direkt aus seinem Herzen, ohne Vorbereitung, und mit dem Einfühlungsvermögen des kleinen Jungen, der ich war, verstand ich irgendwie die Botschaft. Ich stellte keine Fragen wie »Aber wir sind doch schon in Bagdad? Ist denn Kadhimîja nicht auch Bagdad?« oder »Was meinst du mit Bagdad?« Auch noch als ich hörte, wie er den Taxifahrer bat, uns zur Raschîd-Straße zu bringen, fragte ich nicht: »Aber hast du nicht gesagt: Najem muss Bagdad sehen?« Offenbar begann ich zu glauben, wie alle anderen Iraker, dass Raschîd-Straße ein Synonym für Bagdad ist – und das, bevor ich die Straße kennengelernt hatte. Diese Selbstverständlichkeit, die ich schon als Junge lernte, sollte mich durch mein ganzes Leben begleiten. Wenn beispielsweise jemand aus Bagdad zurückkommt, frage ich: »Warst du in der Raschîd-Straße?« Und wenn die Antwort negativ ist, sage ich: »Dann warst du auch nicht in Bagdad.« Meine Großmutter fand das höchst amüsant. Einmal kamen wir nämlich von einer Fahrt zurück, diesmal mit meinem Vater und meinem Großvater, der an Rheumatismus litt und einen Volksdoktor aufsuchte, einen »Araber-Doc«, wie man diese Art Heiler nannte, der im Stadtteil Sadda wohnte. Dort lebte auch ein Cousin von ihm, Abdallah Dischar, ein Bauer, der Ende der 1950er Jahre von Amâra nach Bagdad umgesiedelt war, wie viele Bauern, die ihre Dörfer in den ländlichen Gebieten im Süden des Iraks verließen, um den repressiven feudalen Verhältnissen zu entkommen, und sich in der Region zwischen Camp al-Arman, dem dortigen Friedhof und dem Bab al-Schaich (Scheichtor) ansiedelten, in der Nähe von Hadsch Munschid (oder Schutait, eine Verkleinerungsform von Schatt, Fluss, der die Bewohner des Stadtteils al-Kâhira mit Wasser versorgte). Obwohl nun diese Gegend, Sadda, im Herzen von Bagdad liegt, hatte ich nicht den Eindruck, dass wir Bagdad besucht hatten. Dieses Argument ließ meine Großmutter lachen. Auch meinen Onkel, der sich später in Bagdad ansiedelte, und auch noch wo?! Im Bezirk Ras al-Hawâsch in Aadhamîja, einer altehrwürdigen Gegend, eben in Bagdad, wo die letzte Ruhestätte des Imams al-Aadham oder des Abu Hanîfa liegt, getrennt vom Stadtteil Kadhimîja durch eine Brücke. Er musste sich von mir Protest gegen seine Behauptung gefallen lassen, er lebe in Bagdad. Denn für mich war klar: Wer nicht in der Raschîd-Straße wohnte, wohnte eigentlich nicht in Bagdad. Natürlich waren das alles Übertreibungen eines kleinen Jungen. Schließlich hatte ich bei diesem ersten Besuch von der Raschîd-Straße nur vier Punkte gesehen, aber diese genügten einem kleinen Jungen wie mir, darin Bagdad zu sehen. Nicht weil jede von ihnen einen Teil der Identität der Raschîd-Straße und damit einen Teil der Identität Bagdads repräsentierte, auch nicht weil die Vernichtung jedes einzelnen von ihnen Zeugnis von der Zerstörung einer Stadt, der Tilgung einer Elite, dem Zusammenbruch einer Gesellschaft und dem Verlust ethischer Werte ablegte, sondern weil diese Punkte mit all ihrer Weite, ihrer Vielfalt und ihrer Schönheit vor dem Kind, das ich war, eine ferne, unerreichbare Welt bildeten. Ihr näherzukommen, verlangt große Anstrengung und viel Unternehmungsgeist. Versuchen wir, den Spaziergang zu diesen vier Punkten nochmals nachzuvollziehen, da ich anders nicht in der Lage bin, die Abfolge der Veränderungen der historischen Raschîd-Straße oder der Stadt Bagdad darzustellen.

Der erste Punkt war das Plattengeschäft Dschakmadschi. In diesem Laden direkt am Bab-al-Scharki-Platz am Ende der Raschîd-Straße, bevor sie unter der Brücke der Republik hindurchführt und in die Abu-Nuwâs-Straße mündet, genau an der Haltestelle öffentlicher roter Doppelstockbusse englischer

Die Raschîd-Straße, 1959

Bauart, kaufte mein Vater neue Schallplatten seiner Lieblingssänger und -sängerinnen: die neuesten Lieder des ägyptischen Musikers Muhammad Abdalwahhâb, der ägyptischen Sängerin Umm Kulthûm, der syrischen Sängerin Asmahân, die in Ägypten lebte, der irakischen Sängerin Afîfa Iskandar und des irakischen Sängers Nâdhim Ghasâli und seiner Frau, der berühmten Sängerin jüdischer Herkunft Salîma Murâd und vieler anderer. Mein Vater war glücklich über jede Schallplatte. Als er auf der Basra-Linie fuhr, kaufte er sie, wie er mir selbst erzählte, im Laden von Adîb Chalaf in Aschâr in Basra. Doch seit er auf der Strecke nach Bagdad zu arbeiten begonnen hatte, verging kein Monat, ohne dass er in Dschakmadschis Laden neue Platten erwarb. »Dschakmadschi ist eine andere Welt«, sagte er und meinte damit natürlich die große Auswahl. In dieses Geschäft kam keine einzige neue Schallplatte, ohne dass er davon erfuhr. Eine neue Schallplatte zu erwerben, die noch nicht lange auf dem Markt war, war für ihn der höchste Triumph. Außerdem hatten die Schallplatten, die aus Bagdad stammten, eine spezielle Wirkung auf ihn, den Musik- und Plattenliebhaber. Ich weiß noch genau, wie die Platten direkt nach der Berührung durch die Nadel erst die Produktionsfirma ansagten: entweder Dschakmadschi oder Baidaphon oder Odeon; diese drei Firmen waren damals die bekanntesten, und ihre Namen aus dem Trichter zu hören, hatte bei mir schon immer den Wunsch geweckt, mir eine ferne Welt vorzustellen. Und diese Welt füllte jetzt in Bagdad die Regale des Schallplattenladens: das Geschäft des Dschakmadschi, ein langes Gewölbe, in dem sich die Melodien drängten.

Der zweite Punkt war der Laden der Gebrüder Hissu. In diesem Geschäft, gleich beim Hâfis-al-Kâdi-Platz, der bis zum 14. Juli 1958 Faissal-II.-Platz hieß und dessen Inhaber ein alter Bagdader Christ war, sah ich ein Grammophon ausgestellt, das aussah wie das meines Vaters. »Siehst du's?«, fragte er, bevor wir eintraten, und zeigte auf das Gerät im Schaufenster. Es kostete sechs Dinar. Mein Vater war stolz darauf, das seine für drei Dinar unserer Nachbarin Saîma Bint Schinîn abgekauft zu haben, wenn auch gebraucht beziehungsweise »antik«, wie mein Vater sagte. Eine schöne Überraschung. Außer dem Grammophon bei uns zu Hause hatte ich noch nie eines gesehen, und ich war überzeugt, dass wir als Einzige in der Stadt so etwas besaßen.

Bei Hissu sah ich zum ersten Mal einen Fernsehapparat. Die ersten Modelle, schwarz-weiß, stammten von der deutschen Firma Grundig, die Lieblingsmarke meines Großvaters, wie er meinem Vater verriet, als der einen Fernseher anschaffen wollte. »Kauf ja einen Grundig.« Der Name wurde praktisch zum Synonym für Fernsehapparat. Die Leute sagten: »Ich kauf mir einen Grundig«, und meinten eigentlich, dass sie einen Fernseher kaufen wollten. »Sollen wir einen Fernseher kaufen?«, fragte mein Vater. Ich verstand nicht, was er meinte. Wie sollten wir uns so weit weg von zu Hause einen Fernseher kaufen? Ich konnte ja nicht wissen, dass das problemlos ging. Ich war auch zum ersten Mal in einem Kaufhaus, in dem elektrische Haushaltsgeräte,

Kleider, Kinderspielzeug und anderes angeboten wurde. Dass man auch noch Dienstleistungen nach dem Kauf anbot, wusste ich nicht: Instandhaltung und Reparaturen der elektrischen Geräte, teilweise auch die Lieferung der Ware. Ich erinnere mich, wie wir einen Angestellten nach dem Kauf des Fernsehers zu dem Auto, einem englischen Anglia, begleiteten, mit dem er, wie er uns erzählte, umherfuhr, um Geräte zu überprüfen und zu reinigen oder bei Röhrenapparaten auch mal eine Röhre auszuwechseln. Mein Vater beauftragte ihn, den Fernseher zum Schnellen Chân in Kadhimîja zu bringen und ihn dort beim Auto der Besucher aus Amâra, einem gelben Chevrolet 60, für ihn abzugeben.

Der dritte Punkt war das Fotostudio Arschâks, eines im Irak bekannten christlichen Fotografen, auch er mit der Raschîd-Straße verbunden, wie diese mit ihm. »Wie könnten wir in Bagdad sein, ohne bei Arschâk ein Erinnerungsfoto machen zu lassen?«, sagte mein Vater und führte mich aus der Hâfis-al-Kâdi-Gegend auf die andere Seite der Raschîd-Straße, wo wir den Abbûd-Sûk betraten und von dort in eine Gasse bogen, die zum Haus von al-Siibak, al-Bâdschidschi und dem Fotografen Arschâk führte. Ich erinnere mich an ein riesiges Gebäude. Das sei Orosdi-Back, ein weiteres Kaufhaus, und wenn wir mehr Zeit hätten, gingen wir auch dort noch hinein. Aber wir müssten ein Bild aufnehmen und dann noch die Zeitschriften für meine Mutter besorgen. Er meinte das deutsche *Burda-Moden*-Heft. Wir gingen in das Studio, mein Vater elegant wie immer, mit weißem Anzug und Krawatte, ich neben ihm mit gestreiftem Hemd und Hosen und in der Pose des amerikanischen Schauspielers James Dean als Don Juan. Diese Art zu stehen, die ihn im Film »Jenseits von Eden« berühmt gemacht hatte, schien passend für jenen Tag. Schließlich war ich doch auf Besuch in meinem Eden: in Bagdad.

Der vierte Punkt war die Buchhandlung Mackenzie, etwa in der Mitte der Raschîd-Straße, ein Laden, der, ähnlich wie

Arschâks Studio, dauernd gegen das Verschwinden kämpfte, während sich Dschakmadschis Plattenladen und der Laden der Gebrüder Hissu gegen Ende der 1960er Jahre aus der Stadt verabschiedeten. Gegründet hatte die Buchhandlung 1880 Kenneth Mackenzie, ein Schotte mit sozialistischen Neigungen, den es nach Bagdad verschlagen hat. Es war das erste Mal in meinem Leben, dass ich eine Buchhandlung betrat (eine Bibliothek kannte ich schon: diejenige in Amâra mit einem Lesezimmer, das ich bereits ein Jahr zuvor aufgesucht hatte). Diese kleine Buchhandlung, in der englische Bücher, Zeitschriften und Zeitungen verkauft wurden, hatte eine ganz besondere Geschichte. Nicht weil sie zu einem meiner Lieblingsorte in Bagdad werden und ich eine ganz besondere Beziehung zu ihr entwickeln sollte; auch nicht weil sie sich lange unerschütterlich dem eigenen Untergang widersetzte (schließlich wurde sie doch geschlossen) – erst starb ihr Gründer, Kenneth Mackenzie, der 1928 einem Herzschlag erlag, dann verließ Donald Mackenzie, der Schwager des Gründers und Erbe der Buchhandlung, das Land und übergab den Laden seinem inzwischen auch verstorbenen Assistenten Dschawâd Karîm, der die Buchhandlung bis zu seinem Tod leitete und bei Freunden und Kunden als Karîm Mackenzie bekannt war. Das Besondere an diesem Buchladen war, dass er sich im einzigen Gebäude in der Straße befand, das seinen ausländischen Namen nie geändert hat und auch nicht das Schild über dem Eingang, auf dem auf Englisch »Bookshop« stand. Dies, obwohl es zur Zeit Saddâm Hussains Verordnungen der Stadtverwaltung von Bagdad gab, wonach ausländische Namen durch »echt« arabische ersetzt werden mussten. Dabei hätte schon der Hinweis genügt, dass ein Teil davon einmal das Geschäft eines Juden namens Mister Justin war, eines Händlers, der ausländische, besonders englische Schuhe verkaufte. Er stammte aus Bagdad und war mütterlicherseits mit Doktor Albert Elias verwandt, der Anfang der 1950er Jahre expatriiert wurde und seine

Staatsbürgerschaft verlor. In dieser oppositionellen Buchhandlung, von der ich erst später erfuhr, dass sie ursprünglich ein Laden war, der zu dem riesigen Gebäude der Firma Long gehörte, die in der Flussschifffahrt tätig war und berühmte Wasserpumpen importierte, ein Laden, den Herr Mackenzie von dieser Firma mietete, kauften wir ein paar Nummern des deutschen Modehefts *Burda*, wie uns meine Mutter aufgetragen hatte. Später sollte ich hier alle Bücher, die ich brauchte, in der Originalsprache kaufen. Mackenzie war auch der Erste, der *Das Kapital* von Karl Marx besorgte.

Vier Punkte, vier Orte also nur, doch ihre Geschichte war Zeugnis für die Geschichte der gesamten Straße. Jeder von ihnen enthielt eine Geschichte, die Geschichte einer Stadt. Dabei spielte es keine Rolle, ob es um den jeweiligen Ort an sich und sein Verhältnis zu ihn umgebenden Orten ging oder um die Menschen, seine Inhaber. Nehmen wir den Fotografen Arschâk. Er hätte sicherlich nicht diese Lokalität für sein Studio gewählt, wenn nicht am Eingang der Gasse, die zu ihm hinführte, dort, wo der Abbûd-Markt entstand, das Kino »Central« gestanden hätte. Dort fand auch der legendäre Kampf zwischen Herrn Krämer, dem Helden im griechisch-römischen Ringen, einem Deutschen, der in Bagdad leben wollte, und dem irakischen Ringer Hadsch Abbâs al-Dîk statt. Kampfrichter war damals Akram Fahmi, eine problematische Figur in der irakischen Sportgeschichte. Er war es, der Herrn Krämer, den er bei den Olympischen Spielen in Berlin im August 1936 kennengelernt hatte,

Die Raschîd-Straße an einem heißen Tag

zunächst nach Bagdad einlud. Den Iraker Hadsch Abbâs al-Dîk, der den Kampf für sich entschied, sah ich einmal, Mitte der 1960er Jahre, in Amâra in der Nibras-Schule im Sarâj-Viertel im schwarzen T-Shirt, wie er große Blechtabletts zerriss. Herrn Krämer zu treffen, hatte ich Mitte der 1970er Jahre, wenn auch nur kurz, die Ehre und das Vergnügen.

Das feine Publikum des alten »Central« ging dann häufig bei Arschâk vorbei, um sich aufnehmen zu lassen. »Die Erinnerung ist eine Glocke, die im Tal des Vergessens schlägt«, stand auf einem Schild im Schaufenster. Sollte das Beispiel von Arschâks Studio nicht genügen, ist hier noch dasjenige von der Buchhandlung Mackenzie. Wer sie aufsucht, muss sich nach dem Schicksal fragen, das Herrn Mackenzie ereilte, oder nach den Geschichten, die sich um den kleinen Schuhladen ranken. Welche Verschwörung heckten die Politiker aus? Welche menschlichen Schicksale wurden da bestimmt? Mister Justin und sein Onkel, Doktor Albert Elias, was ist mit ihnen geschehen? Über das Ende von Mister Justin weiß niemand etwas. Aber Doktor Elias, ist er nicht schließlich nach Israel ausgewandert? Und welches Leben erwartete ihn dort? Und was ist mit dem berühmten Beiruter Schneider Ali Rida passiert, der sein Geschäft rechts von der Buchhandlung hatte? Alle Politiker und die gesamte Oberschicht ließen bei ihm ihre Anzüge anfertigen. Wo leben seine Kinder, seine Enkel heute? Und was geschah mit dem Kloster des Sajjid Badawi samt seinem Garten? Was ist noch von dem Kasino »Scharîf & Haddâd« übrig, dessen Inhaber, Abdallah Scharîf und Ismaîl Haddâd, Angestellte beim Bagdader Zollamt waren und gemeinsam das Kasino betrieben? Dieses wurde später zur Bar »Scharîf & Haddâd«, in der wir weiß Gott wie häufig zu Mittag saßen, wenn sich die Kundschaft drängte, die meisten Beamte aus den umliegenden Ämtern. Dort saß ich zum ersten Mal mit Achmad Chalaf und Dschuma Lâmi. Es war noch ziemlich am Anfang meines Studiums an der Universität von

Bagdad, als ich für kurze Zeit in der Kulturabteilung von Radio Bagdad tätig war. Dort arbeitete auch Achmad, während Dschuma an einer anderen Abteilung angestellt war. Achmad hatte damals gerade in der Zeitschrift *Alif Bâ* »Ein Pfeil in einem Wald« publiziert, eine Kurzgeschichte, in der es nach Wald roch und in der das besondere Licht des Waldes sichtbar wurde, außerdem Marhún, der Held, der auf seinem Pferd pfeilschnell den Wald durchquert. In der Bar sprach man von der Geschichte. »Scharîf & Haddâd« war auch der letzte Pavillon, von dem ich Abschied nahm, bevor ich Bagdad im Herbst 1980 verließ, bevor ich über die Wathba-Brücke oder die Brücke der Freien auf die andere Seite von Bagdad hinüberwechselte, wo in Salihîja sowohl das Radio- und Fernsehgebäude als auch die Station lag, in der ich den Bus ins Exil bestieg, dessen erste Etappe Istanbul hieß. »Scharîf & Haddâd« war der erste Ort, den ich sehen sollte, als ich dreiundzwanzig Jahre später bei meiner Rückkehr nach Bagdad über die, jetzt stark beschädigte, Brücke ging. »Scharîf & Haddâd« war der Schock, das erste Zeichen der Zerstörung, die das Land und seine Menschen heimgesucht hatte.

Die Erinnerung ist eine Glocke, die im Tal des Vergessens schlägt. Was war aus dem eleganten Gebäude geworden, das einst dort stand, als Bagdad sich noch gegen eine Jugend zur Wehr setzte, die nicht aufhören wollte zu protestieren? Das Gebäude, das neben »Scharîf & Haddâd« an derselben Straße stand, Hotel »Maude«, unter der Leitung des verstorbenen Machmûd Nuumâni mit seinem italienischen Koch Costa. Ein Mittagessen von Costas Herd hatte nicht seinesgleichen. Warum hätte es sonst auch Agatha Christie in ihrem grandiosen Krimi *Sie kamen nach Bagdad* verewigen sollen? Nun gut, das Hotel »Maude« war nach Karch verlegt worden, und an seiner Stelle und auf den umliegenden Grundstücken waren Läden und Geschäfte entstanden, zum Beispiel das Fotostudio »Eldorado«. Daran schloss sich ein weitläufiges Grundstück, das eine Garage und eine

Autoreparaturwerkstatt beherbergte, bevor darauf das Orosdi-Back-Firmengebäude entstand, für dessen Besuch wir nicht mehr genügend Zeit hatten. Auch keine Zeit blieb für einen Spaziergang am Tigrisufer, zu dem man bei der Scheich-Sultan-Ali-Moschee gelangt, einst Zentrum des Rifaîja-Ordens (Gibt es von diesem heute wohl noch jemanden? Oder haben die Milizen die Organisation vernichtet oder die Immobilienhaie das Gebäude verschlungen?): Wer könnte je diese berühmte Anlegestelle vergessen, die Scharîa, den rechten Weg, wie es die Bewohner nannten, die Scharîa von Sajjid Sultân Ali, die bedeutendste Anlegestelle von Bagdad nach Ausmaß und Besuchern. Dann das Geschäft der Dschanâbis und an der Raschîd-Straße der Laden des iranischen Bahâîs, der die besten Pistazien, Haselnüsse, Mandeln und Ähnliches hatte. Diesem folgten die Geschäfte der Armenier, die Trockenfleisch, Gebäck und Sauermilch verkauften. Dann kam das große Haus, das auf Sarkissijân zurückgeht, einen bekannten alten Bagdader Armenier, der einen Nachtklub für Tanz und Trunk betrieben hatte. In diesem Haus soll die berühmte Künstlerin Sabîha Kusra eine andere Künstlerin aus Eifersucht ermordet haben, indem sie sie vom Dach stieß. So lautete die Anklage, aber das Gericht sprach sie frei. Sie, die man Umm Akram nannte, war bekannt für ihre Dreistigkeit, ihre Ausbrüche und ihre Schönheit. Es folgte, direkt am Fluss, die große Villa der Nakîbs, die später das Musikkonservatorium aufnahm, dann das Haus des britischen Residenten, das als Zollamt von Bagdad diente. Dessen englischer Chef war Mister Monk, der sich einen Namen machte durch eine Aktion, bei der die Zollbeamten in Booten aus dem Haus geschleust wurden. Die meisten von ihnen waren bei Geldverleihern verschuldet und mussten, wenn sie ihr Gehalt bezogen, bezahlen. Als sich die Geldverleiher nun einmal, und dies gerade am Fest des Fastenbrechens, bei Dienstschluss am Tor des Amtes versammelten, um die verschuldeten Beamten abzupassen und ihre Kredite einzufordern, fiel das Mister Monk auf. Als er den Grund erfuhr, telefonierte er mit den verantwortlichen Autoritäten und bat um Hilfe. Man schickte ihm zwei Motorboote von der Scharîa des Sajjid Sultân Ali. In diese hieß er die Beamten einsteigen und ließ sie vor Ende der Arbeitszeit nach Hause gehen; außerdem verbot er den Gläubigern, in jenem Monat ihre Schulden einzutreiben. Es folgte die Villa, in der der britische Konsul wohnte, dann der Oberbefehlshaber der britischen Streitkräfte. Zwei Kanonen und die Stange mit der gehissten britischen Fahne blieben dort bis in die 30er Jahre des letzten Jahrhunderts, dann wurde das Gebäude für lange Zeit Sitz des Wirtschaftsministeriums. Ihm folgten Villen, die auf Abdalkâdir Chudari und Hadschi Jassîn Chudari zurückgingen. Daneben steht die Villa des Badschidschi. Sie bildet den Abschluss der Raschîd-Straße bei der anglikanischen Kirche, die ich schon von einer Postkarte kannte.

Die Erinnerung ist eine Glocke, die im Tal des Vergessens schlägt. Glaubt ihr nicht auch wie ich, es sind vier Punkte, vier Orte, doch jetzt scheinen sie mir wie der Nabel der Welt, um die die anderen Orte der Straße kreisten, samt ihren Geheimnissen und Geschichten, ihren Torheiten und ihren Schicksalen. Vier Punkte, die verschwunden sind. Mit ihnen ging eine Welt dahin, die jetzt eher in der Phantasie existiert. Vier Punkte, die Geschichten von Zerstörung erzählen, von gegenwärtiger und von vergangener. Zerstörung, die kommt, und solche, die anklopft. Zerstörung in Zerstörung. Wer könnte also leugnen, dass die Raschîd-Straße Bagdad an sich ist? Wie recht der Junge also hatte! Bagdad ist eine einzige Straße. Die Stadt ist die Straße, die Straße ist die Stadt. Wenn die Stadt floriert, floriert auch die Straße. Wenn die Stadt leidet, leidet auch die Straße. Eine uralte Solidarität. Das Einzige, worin sich die beiden unterscheiden: Die Stadt hat, sogar über die Zerstörungsphase hinweg, die der mongolischen Eroberung folgte, ihren Namen behalten. Die Namen der Straße dagegen wechselten mit dem Wind politischen und machtpolitischen Wechsels, wie das bei vielen Städten, Straßen und Plätzen der Fall ist. Sogar der Name des Landes änderte sich einmal unter dem letzten Diktator, von »irakische Republik« zu »Republikanischer Irak«, von feminin zu maskulin. Die Fahnen und Nationalhymnen blieben Ausdruck der Wünsche des Herrschers. Jede Herrschaft hat ihre Flagge und ihre Nationalhymne. Wenn es nicht anders geht, bleibt man, wie im Augenblick, ohne Flagge und ohne Hymne. Auch die Raschîd-Straße hat sich Dutzende von Malen verändert. Seit die Osmanen sie im Jahre 1916 anlegen ließen (die Arbeiten daran waren Anfang 1917 abgeschlossen), hieß sie Chalîl-Pascha-Straße beziehungsweise Chalîl-Pascha-Allee, Hindenburg-Straße, Siegesstraße, Neue Straße, schließlich Raschîd-Straße. Hübsch daran ist, dass der Engländer Edmund Cathedler, der mit den britischen Besatzungstruppen 1917 nach Bagdad kam, sagte: »Wir zogen die Chalîl-Pascha-Straße entlang, die einzige breite Straße in der Stadt, die anlässlich des Falls der Stadt Kût in Hindenburg-Straße umbenannt worden war. Es ist keine schöne oder attraktive Straße. Es ist lange her, dass sie angelegt und renoviert wurde.« Diese Straße, auf die die Engländer ungnädig blickten, weil ihr Name sie an den deutschen General Hindenburg erinnerte, der das osmanische Heer bei der Belagerung der britischen Streitkräfte in Kût (dem Kût von Amâra) anführte, die am 7. Januar 1915 begann und mit der Kapitulation des britischen Heeres am 29. April 1916 endete; diese Straße, die den Namen des deutschen Generals ebenso vergessen sollte wie alle anderen Namen, die man ihr aufzwang; diese Straße, die zumindest den Versuch machte, Widerstand zu leisten – um attraktiv und außergewöhnlich zu sein, hatte sie nur die Möglichkeit, an dem Namen festzuhalten, den sie allen anderen vorzog: Raschîd-Straße, mit dem ganzen Mythos, den sie besaß, und eine verlorene Welt, wie die Stadt, die sie beherbergte: Bagdad, die auch Raschîds Hauptstadt genannt wird.

11

Die Bagdad-Enzyklopädie

Wenn Ibn Ijâs und Dschabarti Quellen sind, derer sich bedienen muss, wer sich mit der Geschichte Kairos und Ägyptens in den letzten drei Jahrhunderten beschäftigen möchte, oder wenn al-Badîri und Hallâk al-Schâmi Quellen sind, die eine wichtige Epoche in der Entwicklung Großsyriens im 18. Jahrhundert festhalten, so ist und bleibt Abbâs Baghdâdi die wichtigste Figur, auf die zurückgreifen muss, wer etwas über die Geschichte und die Charakteristika der Stadt Bagdad erfahren will, besonders über das tägliche Leben der Menschen in jener entscheidenden Epoche in der Geschichte der Stadt, den 1920er Jahren, Jahren radikaler Veränderung im Land und seiner Hauptstadt. Denn wie das 21. Jahrhundert mit der Ankunft der Marines in Bagdad am 9. April 2003 und der daraus resultierenden Veränderung der Verhältnisse und des täglichen Lebens der Menschen begann, so erlebte die irakische und besonders die Bagdader Bevölkerung zu Beginn des 20. Jahrhunderts, genauer gesagt vom Ausbruch des Ersten Weltkriegs im Jahr 1914 bis zur Besetzung Bagdads durch die britischen Streitkräfte am 11. März 1917, wesentliche Umwälzungen. Vielleicht hätte ja der Krieg, der in Europa wütete, nicht eine solche Auswirkung auf den Irak gehabt, wäre das Land nicht Teil des Osmanenreichs gewesen, des »Kranken Mannes am Bosporus«, um dessen Erbteilung die Kolonialländer stritten. Der Irak, der wie eine reife Frucht in den Korb der britischen Krone fiel, war Schauplatz der Auseinandersetzung zwischen Großbritannien auf der einen und der Türkei und Deutschland auf der anderen Seite. Deutschland, bis zum Ende des 19. Jahrhunderts mit den inneren Kämpfen um seine Vereinigung beschäftigt, war erst spät auf den schon fahrenden Zug der Beuteteilung aufgesprungen. Sein Projekt einer Bahnstrecke zwischen Berlin und Bagdad, eine Großinvestition als Lockvogel für den Osmanensultan Abdülhamit, hatte keine andere Konsequenz, als die Entfachung des Ersten Weltkriegs zu beschleunigen. Denn wie hätte Großbritannien, das frei in seiner unweit des Iraks gelegenen Kolonie Indien schaltete und waltete, es zulassen können, dass Deutschland sich mit einer Eisenbahnlinie, die von Berlin bis nach Bagdad reichte und sicher einmal bis Basra am Golf weitergeführt würde, seinen Grenzen näherte?

Abbâs Baghdâdi, geboren im Jahre 1913, dem sogenannten Seferbirlik-Jahr, im Ata-Moschee-Viertel in Bagdad, ist ein exemplarischer Zeuge jener Zeit, die die Iraker gebrandmarkt hat. Man könnte ihn als lebendige Erinnerung der Stadt Bagdad bezeichnen, Erinnerung, die jene Zeit trotz ihrer Widersprüche und ihrer Katastrophen zum Beginn einer neuen Ära machte. Viele haben über Bagdad zur einen oder anderen Zeit geschrieben, über irgendeine historische Epoche, über gewisse Etappen, die die Stadt durchlaufen hat. Und ich meine mit diesen Vielen nicht die Orientalisten, denn deren Blick auf die Stadt war und ist aus verschiedenen Gründen anders, ich meine seine Bagdader Historikerkollegen, Landsleute und Zeitgenossen, von denen er sich aber unterscheidet. Denn im Gegensatz zu allen anderen hat Abbâs Baghdâdi über seine Stadt nicht als Akademiker oder als Historiker geschrieben, große Historiker wie Amîn Mumajjis oder Dschalâl Hanafi und andere, deren Namen man auflisten könnte.

Mumajjis, 1909 in Bagdad geboren und 1997 gestorben, war zugegebenermaßen ein enzyklopädischer Forscher und Historiker von Bagdad, und seine Bücher sind wichtige, ja unverzichtbare Quellen, besonders das bekannteste, *Bagdad, wie ich es kannte*. Doch er war im diplomatischen Dienst und verbrachte in den 1930er Jahren die meiste Zeit in anderen Ländern, besonders viel in Saudi-Arabien und in Amerika.

Dschalâl Hanafi oder Scheich Dschalâl Hanafi Baghdâdi, wie man ihn nannte, geboren 1914 in Bagdad und gestorben ebenda 2006, war durch seinen Lebenslauf, seine Begabungen und sein volksnahes Naturell (es werden allerhand Anekdoten über seine Eskapaden erzählt) ein einmaliges Phänomen; auch war er aufgrund seines langen Lebens Zeuge verschiedener Epochen während des 20. Jahrhunderts und in der Lage, viele Gedanken und Informationen in enzyklopädischen Büchern und Studien festzuhalten, Bücher, die, Zeugnisse des Mannes, der Epoche und des irakischen Bewusstseins, ihren Stempel hinterließen. Er blieb Wissenschaftler, der sich mit vielerlei beschäftigte: neben islamischer Jurisprudenz kannte er auch Historie und arabische Verslehre, außerdem verfügte er über Expertenkenntnisse in Lokalgeschichte und der irakischen Musiklehre. Mit diesen letzteren beiden wurde er identifiziert, außerdem mit der Kalifenmoschee, der ältesten und baulich schönsten Moschee von Bagdad – dies aufgrund der langen Zeit, die er dort als Lehrer, Imam und Prediger zubrachte. Ja, er wirkte in dieser altehrwürdigen, historischen Moschee sogar als Wächter und als Moscheediener, weil er sie so ins Herz geschlossen hatte, eine Liebe, der nur seine Liebe zu Bagdad gleichkam, das in seinem Blute und nicht nur in seinem Verstand lebte. Noch jung, in seinen Zwanzigern, genauer im Jahr 1933, gab ihm der große Sprachwissenschaftler und Karmeliterpater Anastasius den Namen »Wissensscheich«, doch die Bezeichnung »Scheich und Liebender Bagdads« blieb sein bekanntester Beiname. Diesen hatte er nach seiner Rückkehr aus Kairo erhalten, wo er ein Jahr an der Ashar-Universität studierte, von wo ihn jedoch seine Liebe zu Bagdad zurücktrieb. Dschalâl Hanafi wurde auch berühmt durch die Vielfalt und die

Fülle seiner Publikationen: *Die Bedeutungen des Korans*, *Poetische Relikte*, *Islamische Gesetzgebung: Geschichte und Philosophie*, *Die Gewerbe*, *Die Bagdader Aussprache*, *Sprichwörter aus Bagdad*, *Wörterbuch des Dialekts*, *Wörterbuch des kuwaitischen, tunesischen und jemenitischen Dialekts*, *Das ersehnte Basra*, *Die Verslehre*, *Die irakische Musiklehre*, *Der Dichter Russâfi, seine Höhen und seine Tiefen* und viele andere.

Im Gegensatz zu diesen beiden außerordentlichen Historikern von enzyklopädischem Format schrieb Abbâs Baghdâdi über Bagdad nicht aus akademischer Perspektive oder aus dem Wunsch heraus, ein historisches, gesellschaftswissenschaftliches oder literarisches Buch zu publizieren, wie andere es taten, beispielsweise der berühmte Bagdader Dichter Molla Abbûd Karchi oder der Journalist Sâdik Asdi oder die beiden großartigen Romanautoren Ghâïb Tuuma Firmân und Fuâd Takarli oder der Sozialwissenschaftler Ali Wardi oder, last not least, die beiden schon Genannten, der Diplomat Amîn Mumajjis und Dschalâl Hanafi. Die Liste derer, die über Bagdad schrieben, ist lang. Nein, Abbâs Baghdadi schrieb aus persönlichem Erleben. Seine Erinnerung ist wie die Stadt selbst: sie wuchs, sie entwickelte sich, sie speicherte Einzelheiten. Und das Buch *Bagdad in den zwanziger Jahren*, das 1999 in Beirut erschien, blieb sein einziges, aber grandioses Werk, an dem er die letzten Jahre seines Lebens arbeitete, weil er festhalten wollte, was er selbst seit jener Zeit erlebt hatte. Bagdad war seine Stadt, deshalb schrieb er nieder, was sonst niemand niederschrieb, »aber nichts über Politik, Moscheen, Schulen und Militär«. Ideologie, Religion, Militarismus und Geschichtsklitterung bedrohten nach seiner Meinung den Geist der Stadt, deswegen hatten sie in seiner Darstellung nichts zu suchen.

Wer seine Geschichte liest, wird von ihr gefangen. Kein Wunder: Abbâs Baghdâdi lebte, und die Stadt mit ihm. Bevor er starb, war das noch seine Botschaft: »Da habt ihr diese Stadt!

Lernt ihre Lektion, damit ihr bleibt, wer ihr seid. Um ehrlich mit euch selbst zu sein, müsst ihr leben wie sie.« Wer sein Buch liest, ist von seiner Aufrichtigkeit fasziniert, von seiner wachen Erinnerung bis in seine letzten Jahre. Vielleicht beneidet er ihn auch um seine Einfachheit, die am Tag seiner Geburt begann. Es gebe kein genaues Datum seiner Geburt, sagte Abbâs Baghdâdi. Man kennt in Bagdad die Jahre der Geburt nur durch außergewöhnliche Ereignisse. Es gab das Jahr des Schnees oder des Stein-und-Bein, das heißt »das Jahr der schrecklichen Kälte«, es gab das Jahr der Heuschrecken, das Jahr des Knochentrocknens, also »der Dürre«, das Jahr der Schifferei, also »der Überschwemmung«, das Jahr des Kotzens, das heißt: »der Cholera«, oder der Pest und so weiter. Ihm sagte man: »Du bist ein Jahr vor dem Jahr des Seferber geboren.« Mit diesem Wort, das »abgereist ohne Wiederkehr« bedeutet, wird das osmanische Gesetz der Aushebung benannt, das nach Ausbruch des Ersten Weltkriegs mit aller Strenge auf die Untertanen des Osmanischen Reichs angewendet wurde. Damals kehrte ein aufgebotener Soldat, der an einer Militäraktion teilnahm, sehr selten zu den Seinen zurück. Und da der Erste Weltkrieg im Jahr 1914 ausbrach, muss Abbâs Baghdâdi im Jahr 1913 geboren sein.

Der große Seferber, das heißt der große Abschied, ein im Arabischen gebrauchtes türkisches Wort, durch den viele irakische Familien an fernen Fronten ihre Söhne verloren haben, gehört in das Jahr 1914. Der irakische Staat wurde 1921 gegründet, als der Junge gerade acht Jahre alt war. Er sah vor seinen Augen, was sich abspielte, zumal Jungen zu jener Zeit so manches ertragen mussten. Schon früh war er gezwungen zu arbeiten, um die Familie zu unterstützen, was ihn aber nicht hinderte, seine Ausbildung fortzusetzen bis zum Abschluss an der Rechtsfakultät in Bagdad. Doch der häufige Wechsel von einer Tätigkeit zur anderen verleiht seinem Buch einen besonderen Geschmack, wie ihn kein anderes Buch über Bagdad besitzt. So fand sein erster

Unterricht nicht an einer normalen Schule statt, sondern an einer einfachen »Volksschule«, in der es zunächst um die Erlernung des Korans ging. Er lernte bei einem Molla, wie man die Scheiche und Religionslehrer nannte, die in derartigen Schulen die Kleinen unterwiesen, zunächst bei Molla Radschab, dann bei Molla Mihnâja, einer Frau, die damals in Bagdad bekannt war. Da seine Brüder auf dem Kupferschmiedemarkt arbeiteten, wurde er auf den Schuhmachermarkt zu Molla Ârif gebracht, dem berühmten Kalligrafen. Dort lernte er lesen und schreiben, die Grundlagen des Rechnens und Kalligrafie. Danach wechselte er in die dem Lehrerseminar angeschlossene Grundschule, von dort in die Tafajjud-Privatschule und schließlich in die Zentrale Oberschule, die bekannteste Oberschule in Bagdad. Im Anschluss daran studierte er an der Rechtsfakultät; das war die letzte Stufe seiner Ausbildung.

Doch all die Jahre seit seiner Kindheit beschäftigte sich Abbâs Baghdâdi »mit Arbeiten und Aufgaben, die niemandem in den Sinn kämen«, wie er selbst das in der Einleitung zu seinem Buch formulierte. So war er damit beauftragt, jeden Freitag bei den Kunden seines Vaters die ausstehende Wochensumme abzuholen. Nachmittags arbeitete er im Chan, um den Ernst des Lebens kennenzulernen und keinen Unfug zu treiben, oder er ging mittwochs und donnerstags den Kunden oder den Besuchern in ihrem Laden im Chan zur Hand. An Tagen, wenn er nicht zur Schule ging oder im Chan arbeitete, musste er bei Verwandten helfen, zum Beispiel beim Färber im Viertel, wo er Kleider färbte oder an der Leine aufhängte, oder im Laden von Sajjid Muhammad Hadschi Sâlich, einem bekannten Zigaretten- und Wasserpfeifenhändler. Dort bestand seine Arbeit darin, Zigaretten zu drehen oder Wasserpfeifentabak zu zerkrümeln und ihn in die leeren Pfeifenköpfe zu füllen. Oder er ging in die kleine Atâ-Moschee gegenüber von ihrem Haus, um dort dem alten Inder zu helfen, der einst zusammen mit dem großen

Gelehrten Ghulâm Rassûl Hindi nach Bagdad gekommen war. Nach Abschluss seines Jurastudiums wirkte er an verschiedenen staatlichen Stellen, »großen und kleinen in unterschiedlichen Regionen des Iraks«, wie er sagt. Er war Rechtsanwalt, zweitklassiger Import-Export-Händler, Landwirt, journalistischer Mitarbeiter an der Zeitschrift *al-Wâdi* (Das Tal) und Herausgeber der Zeitschrift *al-Falka* (Das Frühlicht), Dichter in Schriftsprache und Dialekt, Teilhaber und Verkäufer im Süßwarenladen »Schekerdschi«, in Rationierungszeiten Stofflieferant für die Stadt Machmudîja, Teilhaber an einer Bäckerei auf dem Schâwi-Markt, Taxifahrer, »Teppichklopfer« im Teppich-Markt zusammen mit Hadschi Ibrahîm Kurdi und Abbâs Fîli, »Namen, die zu jener Zeit in Bagdad etwas galten«, Verkäufer von weißem und schwarzem Öl, Repräsentant der Erdölfirma während der Abwesenheit des eigentlichen Repräsentanten, des berühmten Chattâb Chudairi, Chef des Baumwollgeschäfts in Asisîja im Süden von Bagdad, Direktor der Wattefabrik in Wasirîja, Experte bei der Spinn- und Webgesellschaft, Leiter des Nachrichtenbüros der arabischen Welt in Beirut, Damaskus und Amman, Experte für Gemarkungsgrenzen und die Evaluation von Grundbesitz und landwirtschaftlicher Nutzfläche bei den Sicherheitsdiensten der Hauptstadt und bei Zivilgerichten, Schafzüchter, Pferdebesitzer, Insasse in den Gefängnissen von Faw, Amâra und Nakarat al-Silmân, »das berühmte Wüstengefängnis im Süden des Iraks«, Abteilungsleiter für die Mittelregion bei der Dattelgenossenschaft, Direktor für Pensionen, Rechtsprotokollführer am Justizministerium, Justizinspektor, Repräsentant und Angestellter der Hotels. Das waren seine härtesten Arbeiten, materiell und ideell die bittersten.

Kurz gesagt und in Abbâs Baghdâdis eigenen Worten: »Ich erwarb und ich verlor, ich war krank und ich war gesund, es ging auf und ab mit mir, ich bin vielerlei begegnet, habe vielerlei getragen: Käppchen, Schiffchen, Hut. Ich war im Osten und im

Westen. Ich habe viele Jahre außerhalb Bagdads gewohnt. Ich habe Syrien kennengelernt, Libanon, Ägypten, Iran, die Türkei, Jordanien, Saudi-Arabien, Kuwait, Bahrain und Europa. Ich habe ein Jahr lang in London Marketing studiert. Ich hatte Umgang mit verschiedenen Schichten: mit Königen und Bettlern, mit Reichen und Armen, mit Gelehrten und Ignoranten, mit Feudalherren und Bauern, mit Fundamentalisten und Skeptikern, mit Männern und Frauen, Kindern und Erwachsenen. Ich habe geheiratet und habe zwei Söhne und zwei Töchter. Die Leute haben über mich mal gut, mal schlecht geredet. Ich habe Süßes und Bitteres im Leben gekostet.« Wahre Worte. Aber was immer Abbâs Baghdâdi, der Autor dieser Worte, im Alter von fünfundachtzig Jahren über sich selbst sagt, eines ist doch gewiss: Bagdad hat kein so reiches Leben gehabt wie dieser Mann. Die meisten, wenn nicht alle diese Tätigkeiten sind verschwunden, und mit ihnen eine vielfältige Geschichte Bagdads. Eine Welt, die uns heute ganz nahe am Mythos scheint, uns an die Welt von *Tausendundeine Nacht* erinnert, obwohl sie doch sehr real ist, nicht weil sie tatsächlich einmal existierte, nicht weil sie den Geist dieser Stadt, Bagdads, einst gestaltete, sondern vielmehr, weil sie die Welt ist, die gerade diese Person schriftlich festgehalten, die gerade diese Person erzählt hat. Es gibt keine bessere Beschreibung der Stadt als diejenige von Abbâs Baghdâdi. Bagdad, das sich in seiner Hand schlicht in einen lebenswerten Ort verwandelt, egal, welcher Beschäftigung jemand nachgeht. Wichtig ist, dass er in seinem Eden ist: in Bagdad.

12

Auf Kolumbus' Spuren

Kolumbus entdeckte Amerika, ich Bagdad. Kolumbus wurde von Amerika geschaffen, mich hat Bagdad geschaffen, nicht jener Wunsch nach »Gewichtigkeit«, zu der mich mein Vater drängte. In den glücklichen Augenblicken meines Lebens, und in meiner Kindheit waren diese zahlreich, habe ich dieses Abenteuer nie vergessen. Ich war stolz darauf, Bagdad zu entdecken, und nicht jene »Gewichtigkeit«, von der mein Vater sprach. Es war nur ein Vorwand oder ein Anlass, um nach Bagdad zu gehen. Ohne Amerika gäbe es keinen Kolumbus, ohne Bagdad gäbe es mich nicht. Ja, es gäbe nichts »Gewichtiges« im Irak. Es ist nicht von Belang, dass der Satz meines Vaters für mich rätselhaft und in seinen Einzelheiten unverstanden blieb. Nicht weil ich das Gefühl hatte, die ganze Sache gehe mich nichts an. Nein, es war viel einfacher. Ein Kind in meinem damaligen Alter interessiert sich nicht für alle Einzelheiten. Ich war zwar, im Gegensatz zu meinen Kameraden, ziemlich neugierig und habe mich nie geschämt zu fragen, wenn ich etwas nicht verstanden hatte. Aber ich glaubte verstanden zu haben, was mein Vater mit dem Satz meinte: »Damit Najem was Gewichtiges wird, muss er Bagdad sehen.« Ich wollte unbedingt wissen, was mein Vater an jenem Tag mit mir vorhatte. Damit war ich wirklich glücklich. Als ob ein solcher Rundgang das Tor zur Welt auftäte. Die ganze Welt sollte in meiner Hand liegen. Was für ein Glück! Der Junge, der bald sein erstes Grundschuljahr abschloss. Der Junge, der gerade rasch lesen, schreiben und rechnen gelernt hatte, erhielt das Privileg, in Bagdad umherzuspazieren. Und das dank meines Vaters, der alles tat, um das zu ermöglichen. Und es war nicht von Belang, dass er mich für drei Tage aus der Schule nahm, und als der Rektor sich darüber besorgt zeigte, beruhigte ihn mein Vater: »Seine Mutter wird ihm beibringen, was er verpasst.« Natürlich bezweifelte der Rektor das nicht. Wie hätte er auch? Ich war der Klassenbeste, der »Klassenritter«, die Medaille prangte auf meiner Brust. »Das ist eine Belohnung für ihn«, erklärte mein Vater dem Rektor. »Er soll mich auf einer Fahrt nach Samarra, Kerbela und natürlich nach Bagdad begleiten.« Im Westen wird ein Kind getauft. Und ich? Offenbar wollte mein Vater mich mit Bagdad taufen.

Zugegeben, das Bagdad, das ich sah, war sehr begrenzt, aber es war groß genug, mich davon zu überzeugen, dass es jenseits der Stadt, die ich gesehen hatte, kein Bagdad mehr gab. Fläche, Einwohner oder Stadtpläne spielten also keine Rolle. Zuvor hatte ich mir die Stadt erfunden. Das Material dafür bezog ich aus den Postkarten, die für mich die Funktion der Land- und Seekarten bei Kolumbus erfüllten. Jetzt war etwas anders geworden. Bagdad war nicht mehr nur Bilder und imaginierte Stadtpläne. Bagdad war der Boden, über den ich glücklich schritt, wobei es unerheblich war, dass es sich nur um die Raschîd-Straße handelte. Bagdad wurde meine erste Eroberung, mein Weg, um einmal etwas »Gewichtiges« zu sein, ein neuer Ausgangspunkt Richtung Leben, die Grenze zwischen zwei Etappen, derjenigen vor meinem Besuch in der Stadt und derjenigen danach. Nun trat ich also eine neue Etappe an. Ab sofort musste ich mehr als einmal nachdenken, bevor ich über die Stadt zu reden begann. Keine Bilder dienten mir mehr als Material, sondern das, was ich bei meinem kurzen Besuch erlebt hatte. Die Bilder waren plötzlich nicht mehr auf Papier gedruckt. In jede Beschreibung der Stadt flossen alle die Bilder, die sich meinem Gedächtnis eingeprägt hatten. Diese erste Reise war ein Privileg, das mir niemand nehmen konnte, das spürte ich. Es war, als wäre dieser Übergang, der mir geschah, nicht zufällig gekommen. Als säße jemand an irgendeinem Ort und sagte: Jetzt ist die Zeit der Umwälzung da, die im Leben des Jungen, der du warst, erfolgen musste. Es genügt nicht mehr, dass du in die Schule gehst und lesen und schreiben lernst. Was ich gelernt hatte, habe ich nun erlebt. Das war eine Entdeckung. Ich habe Bagdad nicht nur besucht, ich habe auch gelernt, wie man den Namen der Stadt schreibt, ich habe erfahren, wie man ihn buchstabiert. Allein das war eine Entdeckung, eine Eroberung. »Lern schreiben«, mahnte meine Mutter mich. »Schreib, was dir in den Sinn kommt.« Aber mir kam nichts anderes in den Sinn als der Name der Stadt: Bagdad. Früher hatte meine Mutter immer über meine Bagdad-Geschichten gelacht. Jetzt folgte sie den Bewegungen meiner Hand, während ich mit großem Ernst das Wort zu Papier brachte. Sie schien an diesem glücklichen Augenblick teilhaben zu wollen. Selbst was ich von der Stadt erzählte und wie ich beschrieb, was ich gesehen hatte, nahm eine neue Dichte an. Ich sprach den Namen der Stadt aus, und parallel dazu nahmen die Buchstaben vor meinen Augen Gestalt an. Aber selbst meine Aussprache war anders geworden, fester im Ton, so empfand ich es wenigstens.

Die zweite Reise, auf der ich meinen Vater und meinen Großvater zu dessen Cousin begleitete, versorgte mich mit zahlreichen neuen Entdeckungen oder Varianten von Erlebnissen meiner ersten Reise. Um in die Gegend von Sadda zu gelangen, mussten wir am Camp-al-Arman-Viertel vorbei, einem der alten Viertel in Bagdad. Die beiden Viertel waren eigentlich gar nicht zu vergleichen. Der Unterschied war der zwischen Himmel und Erde. Sadda war eine völlig ungeordnet bebaute Gegend, bewohnt von Armen, von landflüchtigen Bauern, die in Hütten aus Schilf oder anderem Material lebten, ohne Wasser und ohne Strom. Das Camp-al-Arman-Viertel dagegen, das wichtigste

Christenviertel in Bagdad, besaß saubere Straßen und hübsche, einfache Ziegelhäuser. Außerdem lag der alte jüdische Friedhof ganz in der Nähe und der Armenier-Friedhof daneben. Obwohl das vorübergehende Eindrücke waren, gehörten sie doch zu den Momenten des Glücks: der kleine Junge in Begleitung seines Vaters und Großvaters unterwegs in Straßen und Gassen, wie er sie noch nie gesehen hatte. Vor den Häusern spielten Kinder, adrett und anständig angezogen, die Mädchen mit heller Haut, schwarzem oder blondem, zu Zöpfen geflochtenem Haar und Augen in allen Farben. Natürlich wohnten in Amâra auch ein paar christliche Familien, aber wirklich nicht viele, und die meisten kamen aus dem Norden des Landes. Assyrer, Chaldäer, Telkepnajer, meist aus Mossul. Manche wurden bekannt, weil sie die sogenannte Mossuler Kibbe, aus Burghul gemacht, verkauften. Andere wurden bekannt, weil sie alkoholische Getränke verkauften oder Bars betrieben. Und die wenigen, die es gab, lebten auch nicht zusammen in einem einzigen Viertel.

Hier in Bagdad konnte man endlos durch die Straßen ihres Viertels gehen. Ich glaube nicht, dass es keinen anderen Weg ins Sadda-Viertel gab. Wir hätten vom Scheich-Tor herkommen können, einem Handwerkerviertel mit Autoreparaturwerkstätten, aber mein Vater wollte sicher einen kleinen Spaziergang machen, bevor er das Armenviertel mit seinen Hütten aus Lehm und Schilf betrat. »Schaut euch bloß diese schöne Gegend an«, sagte er, zu meinem Großvater gewandt, der ihm aus tiefster Überzeugung recht gab: »Die Häuser hier sehen wirklich aus wie englische Häuser.« Mein Großvater arbeitete als Gärtner

NW zwischen zwei Freunden, Ihab (links) und Sadoon Shlebah (rechts), im Tigrispark in Amâra, 1968

bei den Engländern, genauer gesagt, auf dem Friedhof der Engländer in Amâra. Er wusste, was er sagte. Ich lächelte und ging wortlos weiter. Mein Glück kannte keine Grenzen, das zeigte jede Bewegung meines Körpers. Ich kannte die Beute, mit der ich nach Amâra zurückkehren würde. Bald wären die Frühjahrsferien zu Ende, und wir würden wieder in die Schule gehen. Dort könnte ich meinen Klassenkameraden von meiner jüngsten Reise erzählen, wie ich ihnen von meiner ersten erzählt hatte. Einige würden mir nicht glauben, wären eifersüchtig. Andere würden eine Jungenbande bilden und mich nach Schulschluss am Tor abpassen, um über mich herzufallen, wofür ich damals wirklich keinen Grund sah. Es war mir unverständlich, warum mein Bericht über Bagdad solche Aggressionen wachrief. Warum diese Attacke gegen mich, und so offensichtlich? Doch trotz der Schläge und Schrammen, die ich davontrug, war ich tief drinnen glücklich. Plötzlich hatte ich entdeckt, was mich von den anderen unterschied, von denen keiner Bagdad kannte. Was für ein Privileg!

NW ahmt James Dean nach, 1968 im Tigrispark in Amâra

Zu den glücklichen Augenblicken meiner Kindheit, die zahllos waren, gehörte der Besuch von Umm Badîi, der Schneiderin, in Begleitung meiner Mutter. Ihren eigentlichen Namen erfuhr ich nie, nur wie sie genannt wurde. Sie hatte zwei Söhne, Badîi und Lamîi. Da Badîi der ältere war, nannte man die Mutter, wie üblich, »Badîis Mutter«. Sie wohnte auf dem Markt, wo landwirtschaftliche Geräte hergestellt wurden, Pflüge, Sensen und dergleichen. Die Arbeiter dort waren eigentlich alles mandäische Sabier, die traditionelle Kleidung trugen: die Gallabîja, die man Dischdâscha nannte, und auf dem Kopf das rote Tuch mit weißen Punkten. Außerdem hatten sie dicke Bärte. Umm Badîis Haus lag am Ende des Sûks, genauer gesagt: am Ende des Machmudîja-Viertels, dort wo es ans Sirrîja-Viertel grenzt. Zuvor, vor meiner Entdeckung Bagdads, war allein ein Ausflug dorthin schon ein Genuss. Allein dort auf dem Hof zu sitzen, gegenüber von Umm Badîi an ihrer alten Nähmaschine, Marke Singer, die sie mit ihren Füßen in Betrieb hielt und gleichzeitig auf dem Tisch der Maschine den Stoff nach oben schob, schon das war ein unvorstellbarer Genuss. Die anderen Kinder, die ihre Mütter begleiteten, spielten und rannten überall im Haus umher, während ich dort sitzen blieb und Umm Badîis Bewegungen beobachtete. Sie sprach in ihrem weichen, musikalischen Tonfall, wie abgestimmt auf den Rhythmus ihrer Beine und des Stoffes, den sie unter der pickenden Nadel vorwärts schob. Das Gespräch der Frauen, von denen im Allgemeinen mindestens zehn dort saßen, drehte sich fast immer um den Haushalt, den Markt, die Ehemänner oder die Kinder. Doch diesmal blieb es nicht lange dabei, denn die Frauen waren an jenem Tag nicht gekommen, um über den Markt zu reden, auch nicht darüber, was sie ihren Ehemännern kochen sollten oder was ihre Kinder wieder einmal angestellt hatten, oder über deren schulische Leistungen und die Schwierigkeiten, die sie in der Schule hatten. Nein, diesmal hielten sie sich nicht mit Gesprächen über Dinge auf, von denen sie täglich sprechen konnten. Sie waren nur aus einem einzigen Grund gekommen: das *Burda-Moden*-Heft. Der Tag, an dem es aus Bagdad eintraf, war für die Frauen ein Freudenfest, ein Grund zum Feiern. Natürlich auch für mich, denn die meisten *Burda*-Nummern, die Umm Badîi erhielt, hatte mein Vater mitgebracht. Ganz selten einmal oder wenn er nicht die Zeit fand, zur Buchhandlung Mackenzie oder einer anderen zu gehen, um die deutsche Zeitschrift zu besorgen, erschien das Modeheft plötzlich im Haus von Umm Badîi, ohne dass jemand wusste, wer es gebracht hatte. Ich fragte nicht und wollte es meistens auch gar nicht wissen. Ich wollte nicht das Privileg aufs Spiel setzen, das wir erworben hatten: die *Burda* aus Bagdad mitzubringen. Ich glaube, auch meine Mutter war stolz. Immer wenn mein Vater eine neue Nummer mitbrachte, zog sich meine Mutter fein an, legte etwas Rouge auf, zerstäubte etwas Parfüm und sagte zu mir: »Wir gehen zu Umm Badîi.« Meistens fand sie mich schon vor dieser Ankündigung an der Tür wartend, da ich wusste, dass die Ankunft der *Burda* Besuch bei Umm Badîi hieß. Seltsam dabei war, dass es, obwohl es noch keine Telefone gab, nicht lange dauerte, bis sich die Nachricht unter den Frauen des Viertels in Windeseile verbreitet hatte.

Manchmal fanden wir bei Umm Badîi schon die Frauen vor, die dort auf meine Mutter warteten, und noch bevor sie sich auf einen Stuhl oder auf die Matte setzen konnte, die Umm Badîi für ihre Besucherinnen im Hof ausgebreitet hatte, fragten alle durcheinander: »Wo ist das Heft, Umm Najem?« Dann wanderte die *Burda* von Hand zu Hand, und manche zeigte auf das eine oder andere Mannequin oder Kleid und rief: »Das ist doch mal was Hübsches!« Andere, denen das Gezeigte nicht so gefiel, vertrösteten uns aufs nächste Mal: »Tut mir leid, diesmal gefällt mir eigentlich nichts.« Ich tat dabei nichts anderes, als die Frauen bei ihrem Freudenfest, bei ihrem *Burda*-Fest zu beobachten. Ich sagte nichts, ich dachte nur an Bagdad, an die Raschîd-Straße, an die Buchhandlung Mackenzie, an diese schöne Stadt also, die uns die *Burda* bescherte, eine deutsche Zeitschrift, die allein jene Stadt erhielt und sie dann den Freundinnen und Nachbarinnen meiner Mutter zukommen ließ. Und immer gab es da etwas Mysteriöses. Wurde diese hübsche

Burda-Moden-*Titelblatt*, *7. Juli 1961*

Zeitschrift voller Bilder und Schnittmuster nicht vielleicht dort, in Bagdad, hergestellt?

Diese Feststimmung machte mir Freude, eine Freude, die noch viel größer war, als ich das Modeheft mitbrachte und es höchstpersönlich Umm Badîi überreichte. Was für eine Erfahrung, zu wissen, wo die *Burda* verkauft wurde. Die Frauen lauschten, als ich ihnen wie ein Reporter einen Bericht von unserer Bagdad-Reise vortrug, von den vier Orten, die wir besucht hatten: von Dschakmadschis Plattengeschäft, von Hissus Laden, von Arschâks Fotoatelier und von der Buchhandlung Mackenzie. Die ersten drei erwähnte ich kurz und nur anstandshalber. Erst bei der Buchhandlung Mackenzie ging ich auf Einzelheiten ein, und die Frauen lauschten mit Erstaunen und Neugier. Umm Badîi riss die Augen weit auf. Nicht nur ihr Kopf bewegte sich zu meinen Worten, sondern ihr ganzer Körper, als ob sie mit mir dort umhergelaufen wäre: »Unglaublich, erzähl weiter, los!« Und ich erzählte und erzählte. Ich war nicht mehr zu bremsen, glücklich, die Frauen so zu fesseln, und so berauscht von meinen eigenen Worten, dass ich nicht einmal mehr zu meiner Mutter hinüberschaute. Sie war die Kamera, und wer einen Fernsehbericht spricht, schaut nicht in die Kamera oder auf die Anwesenden. Die Kinder hörten an jenem Tag auf zu spielen, sogar diejenigen, die sonst auf die Straße hinausgingen. Alle kamen, um mir zuzuhören. Ich glaube, es war Umm Badîi, die, an die Frauen gewandt, sagte: »Großartig, er erzählt wie ein Radioreporter.« Und dann, an meine Mutter gewandt: »Wirklich großartig! Dein Sohn wird mal Journalist.« Ich wusste nicht, was Umm Badîi damit meinte. Das Wort Journalist verstand ich nicht. Ich hörte es zum ersten Mal. Das hieß, ich war unterwegs zu einer neuen Entdeckung. Was für ein Augenblick des Glücks. Was für ein Privileg!

Es wurde mir zur Gewohnheit. Ich war glücklich, Bagdad entdeckt zu haben, und sprach darüber bei jeder Gelegenheit.

Sogar Herr Asîs, der kleine Geografielehrer, der, wenn er auf eine Antwort wartete, seinen rechten Ringfinger an die Schläfe hob und ihn dort hin und her drehte wie eine Schraube – sogar er fragte mich einmal während einer Pause auf dem Schulhof, ob ich wirklich in Bagdad gewesen sei, und als ich das mit einem Kopfnicken bestätigte, in den Wolken vor Freude darüber, dass die Nachricht auch schon einem Lehrer unserer Schule zu Ohren gekommen war, fuhr er fort: »Hör mal, ich möchte gern, dass du heute in meinem Erdkundeunterricht der Klasse von Bagdad erzählst.« Als er sah, wie ich in Verlegenheit geriet und rot anlief, zitterte und schwitzte, zeigte er mit seinem Stecken, den er als Pausenaufsichtsperson an diesem Tag bei sich trug, auf die Schüler auf dem Platz und sagte: »Keine Sorge, ich bitte den Herrn Rektor für dich um Erlaubnis.« Wie hätte ich eine solche Anfrage ablehnen können. Der Erdkundeunterricht begann erst in der vierten Grundschulklasse, und ich war gerade einmal in der zweiten. Was für ein Glücksfall! Was sich da zwischen mir und dem Erdkundelehrer abspielte, bestätigte mir das, was mein Vater meinte, wenn er sagte, dass ich etwas »Gewichtiges« würde.

Das höchste Glück dabei war damals mein Eindruck, dass man jemand »Gewichtigem« alles glaubte, wobei es aber immer auch von der Art abhing, wie er berichtete, wie er seine Zuhörer zu fesseln vermochte. Ein einziges Wort von Herrn Asîs, dem Erdkundelehrer, konnte meinen zweiten Bericht über Bagdad zunichtemachen, diesmal vor einem größeren Publikum. Aber wie es schien, hatte ich ihn von vornherein auf meine Seite gebracht. Wie, weiß ich nicht. War es in erster Linie meine gewinnende Art beim Vortrag, oder war ich wirklich ein professioneller Erzähler geworden war, seit ich in Umm Badîis Haus den Frauen gegenüberstand, oder, und das war wahrscheinlicher, weil ich so berauscht von Bagdad war und so glücklich über das Privileg, das mir zuteil geworden war? Es schreckte mich auch nicht, dass da fast dreißig Zuhörer saßen: eine ganze Klasse einschließlich Geografielehrer. Ja, ich war so berauscht von Bagdad, dass ich nicht daran dachte, vielleicht ein wenig bescheidener zu sein und es mit meiner Phantasie nicht zu übertreiben, auch vielleicht beim Reden nicht vor den Schülern herumzustolzieren. Angeberei würden sie mir nicht verzeihen. Dann würden sie eifersüchtig und mich vielleicht sogar nach der Schule abpassen und verprügeln, schlimmer als die Male zuvor. Wer von uns hätte das nicht erlebt in der Schule?

Jedes Wissen ist eine Auszeichnung, jede Auszeichnung ist etwas Besonderes. Wer etwas Besonderes werden will, muss einen Preis dafür bezahlen. In der Schule werden ihn die Klassenkameraden verprügeln. Sie sagen: »Du bist ein Aufschneider und ein Angeber, wir werden dir eine Lektion erteilen.« Es ist immer dieselbe Reaktion. Ich habe das als Kind erlebt. Der Junge, der nicht mit den anderen spielt, der sich allein in ein Zimmer zurückzieht, ist ein Ärgernis für seine Kameraden, die sich fragen, wie das Problem zu lösen sei, oder die ihn für nicht normal halten. Individualität gilt als unnormal, sie sprengt den gewohnten Rahmen, ist wie eine Krankheit, die nach Behandlung verlangt. Schließlich kommt die Gruppe an erster Stelle. Das Individuum steht ganz unten auf der Skala. Das war so bis zum 9. April 2003: Niemand im Irak schrieb eine Adresse auf einen Brief, wie man das im Westen tut. Bei uns kam zunächst der Name des Staates, dann derjenige der Stadt, dann die Straße oder dergleichen und erst am Ende der Name des Empfängers. Die Kinder taten nichts anderes als das, was sie daheim, auf der Straße oder in der Schule gelernt hatten. Wer eine Besonderheit zeigte, wurde dafür bestraft. Aber an jenem Tag ließ ich mich nicht durch derartige Gedanken stören und teilte sie auch Herrn Asîs, dem Geografielehrer, nicht mit. Es war die Gelegenheit, mich als etwas Besonderes zu erkennen zu geben, mich als etwas »Gewichtiges« hinzustellen, wie mein Vater das genannt hatte.

Ich war anders, ich war ich, nicht einer aus der Herde. Und wenn der Preis dafür war, verprügelt zu werden, so sei's! Wichtig war lediglich, dass ich etwas »Gewichtiges« war. Und wenn ich irgendjemandem dafür dankbar sein musste, dass ich etwas »Gewichtiges« geworden bin, so ist es Bagdad. Bei Christoph Kolumbus, den Amerika gemacht hatte, ging es um Ehre und Geld. Nur auf diese Weise erlebte er, etwas »Gewichtiges« geworden zu sein. Der kleine Najem dachte einfach an Bagdad, das allein imstande war, ihn zu etwas »Gewichtigem« zu machen. Das heißt, jedweder Verlust der Stadt hinterließe bei ihm eine schreckliche Leere. Jegliche Zerstörung der Stadt wäre auch eine Zerstörung für ihn. Wenn ein Kind ein Geschenk bekommt und es sehr mag, will es das sein ganzes Leben lang behalten. Es ist also nicht befremdlich, dass mich eines Tages, kurz nach dem flüchtigen zweiten Besuch in Bagdad, Angst befiel, am 9. Februar 1963. Wer könnte ein solches Datum vergessen?

Es war früh am Morgen, als ich aufwachte und meinen Vater tief schlafend vorfand. Eine freudige Überraschung. Er war also aus Bagdad zurück. Aber meine Freude währte nicht lang, denn als ich zu seinem Bett lief, sah ich meine Mutter, die den Zeigefinger vor den Mund hielt, damit ich keinen Lärm machte. Sie brachte mich ins Nebenzimmer, nahm mich auf den Schoß und erklärte mir, ich müsse Vater erst einmal schlafen lassen, er sei sehr erschöpft. Dann müsse ich Gott danken, dass er noch am Leben sei. Ich begriff nichts. Erst als ich gegen Mittag meine Großmutter wehklagend und sich das Gesicht schlagend vom Sûk ins Haus hasten sah – »Man hat den Führer umgebracht!«, rief sie und meinte Abdalkarîm Kâssim, den ersten Ministerpräsidenten der Republik Irak –, erfuhr ich, dass sich in Bagdad ein großes Unglück, etwas wie ein Erdbeben, ereignet hatte. Das bestätigte auch die kleine Demonstration, die ich später im Viertel beobachtete und die von Nâdschi Saffâr, einem Nachbarn, angeführt wurde. »Der Führer lebt«, rief er und hielt sein Bild in die

Höhe. Das war es auch, was uns mein Vater ausführlich erzählte, nachdem er aufgewacht war und mich zu sich gerufen hatte. Er nahm mich auf den Schoß und küsste mich. Dann küsste er Nawâl, meine kleine zweijährige Schwester. Er blickte ziemlich ernst, als könnte er nicht glauben, dass er noch am Leben war. Gemeinsam mit Abd Aura, seinem einäugigen Gehilfen, sei er in seinem Auto gefangen gewesen, so begann er zu erzählen. Dann hätten sie sich in ein Café zwischen dem Scheich-Tor und dem Camp-al-Arman-Viertel geflüchtet. Es war früher Morgen, als die Schießerei auf den Dächern losging. Sein Gehilfe blutete jämmerlich, und als mein Vater nicht mehr erwartete, dass die Schießereien je wieder aufhörten, rannte er, seinen Gehilfen schleppend, zum Auto. Er kümmerte sich nicht um die Kugeln, die überall herumflogen, stieg ein und fuhr los. Er musste alle möglichen Umwege fahren, auch solche, die er noch nicht kannte. Doch schließlich überquerte er die Brücke über den Heereskanal und konnte die Stadt hinter sich lassen. Auf der Autobahn war es ruhig, als wäre in Bagdad nichts geschehen. »Verständlich«, sagte mein Vater. »Die Putschisten und die Republikanische Garde kämpften in Bagdad. Wer die Kontrolle über das Rundfunkgebäude in Salihîja oder die Sendestationen in Abu Ghraib oder über beide erringen konnte, wie die Baathisten, hatte das Land in seiner Gewalt.« Dann erzählte er von den Leichen, auf den Straßen verstreut oder auch im Fluss treibend. Ich wusste nicht, ob das übertrieben war, aber es traf mich tief und zerstörte etwas in mir. Allein am ersten und zweiten Tag des Putsches vom 8. Februar 1963 töteten die Baathisten fünftausend Iraker. Mein Vater erzählte vom Beschuss durch Raketen aus MIG-Bombern, Panzerrohren (Humlin) und Maschinenpistolen »Arabische Brüder« der Ägypter von Port Saîd. Sogar das Denkmal der Freiheit von Dschawâd Salîm, eines der großen Merkmale des Platzes für die Befreiung von Bagdad, blieb vom Beschuss durch die Putschisten nicht verschont, und bis zum heutigen Tag sind die Spuren der Geschosse zu sehen.

»Bagdad ist nicht mehr Bagdad. Bagdad ist zerstört.« Dieser letzte Satz meines Vaters wirkte wie ein Schuss auf mich, den kleinen Najem. Wenn Bagdad zerstört war, war auch ich zerstört. Die Putschisten des 8. Februar 1963 beschränkten sich nicht darauf, ihren Putsch eine Revolution zu nennen, nein, sie nannten ihn die »Braut der Revolutionen«. Was mich selbst angeht, so war der 8. Februar 1963 die erste Zerstörung meines Eden, meines Lebensprojekts, meines ewigen Traums: Bagdad.

13

Bagdad und seine Zeitungen

Die Zeitungen der Hauptstadt oder die Zeitungen Bagdads: Das waren Ausdrücke, die ich aus dem Munde meines Vaters oder seiner Freunde hörte. Auch in der Schule kam es manchmal vor, dass ich diese Begriffe aus Unterhaltungen zwischen Lehrern aufschnappte. Und immer war es derselbe Zusammenhang: »Das stand in den Zeitungen Bagdads« oder »Das bestätigen auch die Zeitungen der Hauptstadt«. Das klang so, als stellten diese Zeitungen unanfechtbare Tatsachen dar oder als habe alles, was aus Bagdad kam, einen besonderen Wert. Die Person oder die politische Richtung des Herausgebers schien irrelevant. Wahrscheinlich kümmerte sich niemand darum. Wichtig war allein, dass die Zeitungen aus Bagdad stammten, ihre Zahl oder ihre Bedeutung wurde nicht berücksichtigt. Wichtig war ihre Herkunft aus der Hauptstadt. Alles, was von dort kam, beanspruchte eine eigene Autorität. In den 1960er Jahren konkurrierten die zahlreichen Zeitungen Bagdads untereinander. Ich erinnere an die Blätter *al-Nasr* (*Der Sieg*), *Saut al-Arab* (*Die Stimme der Araber*), *al-Muwâtin* (*Der Bürger*), *Kull schai* (*Alles*), *al-Thaura al-arabîja* (*Die arabische Revolution*), *al-Dschumhurîja* (*Die Republik*) und andere wie die Wochenzeitschrift *al-Râssid* (*Der Beobachter*) oder die englische Tageszeitung *Bagdad Observer*. Dazu kamen zwei Sportzeitungen, *al-Malaab* (*Der Sportplatz*) und *al-Rijâdi* (*Der Sportler*). Sogar die Blinden hatten ihre Zeitung: *Abnâ al-nûr* (*Söhne des Lichts*). Die wichtigste Zeitung aber war immer *Die Republik*, nicht weil sie das offizielle Staatsblatt war, sondern wegen ihrer wöchentlichen Literaturbeilage, die im literarischen Leben des Iraks eine wichtige Rolle spielte. Dort zu publizieren war eine Auszeichnung.

Ich glaube, es war Herr Mudhhir, der Arabischlehrer aus dem Distrikt Karna in der Nähe von Basra, der mir einmal, um mich zur Teilnahme an einem alljährlich von den Erziehungsdirektionen in den irakischen Städten durchgeführten Vortragswettbewerb anzuregen, versprach: »Wenn du diesen Wettbewerb gewinnst, bist du auf einen Schlag berühmt, und alle Zeitungen Bagdads werden über dich schreiben.« Genau so sagte er es, als hätte er mein Zögern erkannt oder wisse von meiner schon alten Beziehung zu Bagdad. Vier Jahre waren vergangen, seit mein Vater zum letzten Mal aus Bagdad zurückgekommen war, und seither hatte er kein einziges Mal mehr diese Reise in mein verlorenes Eden unternommen. Nicht weil er Angst hatte, er könnte in eine Schießerei geraten, sondern weil sein Auto kaputt war. Das Holzchassis hatte den Schüssen, die überall ihre Spuren hinterlassen hatten, nicht trotzen können, und die Reparatur wäre ziemlich teuer gekommen. Die ökonomischen Verhältnisse im Land waren nicht rosig, der blutige Putsch der Baathisten hatte das wirtschaftliche Leben völlig gelähmt. Und statt dass Investoren ins Land strömten, wie die Putschisten es verhießen hatten, flohen die kapitalstarken Iraker außer Landes. Das Jahr 1963 bildete auch den Auftakt zu einem allgemeinen *Braindrain* aus dem Irak. Auch das Leben meines Vaters änderte sich grundlegend. Weil er seiner bisherigen Arbeit nicht länger nachgehen konnte, geriet er in wirtschaftliche Schwierigkeiten. Mit der Geburt Dalâls, meiner zweiten Schwester, waren wir drei Kinder geworden, und nur ein Jahr später folgte Achlâm, meine dritte Schwester. Die Familie wuchs, und damit auch die Verantwortung, die auf meinem Vater lastete. Außerdem begann damals die lange Krankheitsreise meiner Mutter mit verschiedenen chirurgischen Eingriffen: Blinddarm, Nierensteine, Gallenentzündung. Und weil es im Irak keine Krankenversicherung gibt, kamen alle diese medizinischen Untersuchungen und Operationen meinen Vater teuer zu stehen. Die Reparaturen des Autos verschlangen den größeren Teil dessen, was er mit ihm einnahm, vielleicht sogar alles. Ersatzteile waren teuer, und das Auto gab auf den nicht asphaltierten Straßen praktisch bei jeder Fahrt einmal den Geist auf. Und nach jeder Rückkehr musste mein Vater warten, bis sein Fahrzeug wieder flott war und er seine Arbeit wieder aufnehmen konnte. Die Kosten waren enorm. Im Gegensatz zu vielen seiner Berufskollegen und Freunde, die sich der Entwicklung anpassten, dachte mein Vater nie daran, sein Auto auszuwechseln. Die meisten seiner Kollegen wussten inzwischen, dass Autos mit Holzchassis nicht mehr für den Transport taugten. Sie reisten nach Deutschland, um sich gebrauchte Busse zu besorgen, die sie dann statt der Chevrolets auf der Autobahn einsetzten.

Die 1960er Jahre erlebten eine Zunahme von Autos »Made in Germany«. Mein Vater wusste das nicht, und aus Pech oder Ignoranz verlor er den Anschluss an seine Kollegen. Als das Auto dann beim Baathistenputsch in Bagdad beschädigt wurde, musste er wählen: entweder eine hohe Rechnung für die Reparatur zu bezahlen und danach weiterzuarbeiten wie bisher oder das Auto mit seiner zerschossenen Chassis zu vergessen und im Personentransport im Raum Amâra zu arbeiten. Wenn er mit einer neuen Arbeit anständig verdiente, könnte er später immer noch das Auto reparieren lassen und wieder auf die Bagdad-Route wechseln. Er hätte daraus eine Pause zwischen zwei Lebensabschnitten machen können. Doch als dann, nur neun Monate später, am 18. November 1963 der Putsch von Abdalsalâm Ârif kam, sah mein Vater ein, dass an eine Rückkehr auf die Strecke Amâra-Bagdad nicht zu denken war. Noch immer hatte er das angsteinflößende Bild vor Augen, wie um ihn herum aus Flugzeugen, Panzern und Maschinengewehren geschossen wurde. Vielleicht war ihm auch bewusst, dass das Land in eine tiefe Krise geraten und Bagdad kein ruhiger Ort mehr war. Dort herrschten die Militärs, und unter diesen traute keiner dem anderen, und keiner konnte den anderen ausstehen. Ignoranz, Arroganz und Verrohung, das sind die Charakteristika des irakischen Militärs. Von Zeit zu Zeit gab es einen Putsch. Kein Wunder, dass wir auf Radio Bagdad hin und wieder von einem weiteren Putsch hörten, dem die Verlesung von »Erklärung Nummer eins« folgte, dann die Bildung eines neuen Gremiums, das sich »Revolutionärer Führungsrat« nannte. Mein Vater verkaufte dann doch, im September 1964, sein Auto, genauer gesagt, er überließ es der Firma Kuraischi in Nadschaf, die auf den Handel mit Chevrolets spezialisiert war. Überlassung des Autos für Erlass der Schulden, die mein Vater hatte, so lautete der Vertrag, den mein Vater mit Hajâwi, dem Vertreter, unterzeichnete, der extra dafür nach Amâra gekommen war.

Dieser Tag wurde so auch für mich zum Beginn einer neuen Etappe. Ich konnte mir keine Hoffnung mehr machen, je wieder mit meinem Vater nach Bagdad zu fahren, jetzt müsste ich die Reise auf eigene Faust unternehmen. Als mir also Herr Mudhhir vier Jahre nach der Trennung meines Vater von seinem Auto oder vier Jahre nach dem Ende meines Traums von einer weiteren Bagdad-Reise versprach, ein erster Platz beim jährlichen Rednerwettbewerb auf Provinzebene würde bedeuten, dass die Presse in Bagdad über mich schreibt und dass vielleicht sogar eine Reise nach Bagdad winken würde, als Vertreter von Amâra an der nationalen Ausscheidung, war ich sofort Feuer und Flamme. Ich war bereit, intensiv zu üben. Während ich zwei oder drei Wochen täglich den Vortrag eines Textes probte, ein Lobpreis auf die Mutter, den Herr Mudhhir selbst verfasst hatte, konnte ich nicht ahnen, dass es zu einer Katastrophe kommen sollte, dass dieser Lehrer, der sich so bemüht hatte, mich zur

Teilnahme an dem Wettbewerb zu überreden, die ganze Sache abblasen würde. Ich solle aufhören zu üben, ließ er mich wissen, er brauche mich nicht mehr und habe sich für einen anderen Schüler entschieden. Ich weiß nicht, ob er diesem Schüler gegenüber sexuelle Absichten hegte. Mir jedenfalls erklärte er kurz und bündig: »Wir haben nichts von deinen Diensten.« Was für Dienste konnten das sein, wenn nicht sexuelle? Der neue Schüler nämlich war nicht besonders begabt; außerdem hatte er keine Zeit zu üben. Er war einfach ein sehr hübscher Junge. Und er gewann dann auch keine Lorbeeren, sondern den letzten Platz. Aber wer zog damals schon einen Lehrer zur Verantwortung, der sich so verhielt? Das war nichts Besonderes. Mich aber brachte diese Katastrophe zu der Entscheidung, das Thema Vortragskunst zu vergessen, die Presse von Bagdad jedoch weiterhin im Auge zu behalten. Bagdad war und blieb mein Schicksal. Ich war überzeugt, eines Tages wieder nach Bagdad zu gehen. Das war unvermeidlich, zumindest für mich und für die Stadt. Also nahm ich, kaum dass die Sommerferien begonnen hatten, einen Job als Zeitungsverkäufer an.

Es gab in Amâra zwei Buchhandlungen, die Zeitungen aus Bagdad bezogen. Die eine hieß »Zeitgenössische Buchhandlung« oder Rachmanîja-Buchhandlung, benannt nach dem Mann, der sie im Jahr 1929 gründete: Abdalrahîm Rachmâni, der sie vor seinem Tod seinem Mitarbeiter Haidar Hussain Abu Assaad vermachte. Dieser betreibt sie bis heute. Die andere, kleinere, hieß »Volksbuchhandlung«, ihr Inhaber, Kâdhim Dschâssim, war ein großer, eleganter, gutmütiger Mensch, der schon früh kahlköpfig war. Für diese Buchhandlung arbeitete ich als Zeitungsverkäufer. Und so bekam ich schließlich und endlich doch die Zeitungen aus Bagdad in die Hand.

Wenn ich heute auf diese Tage zurückblicke, kann ich behaupten, dass in Amâra oder vielleicht im ganzen Irak niemand so heißhungrig wie ich alle Zeitungen las, von der ersten bis zur letzten Seite. Vergessen wir dabei aber nicht, dass die meisten Zeitungen nur acht Seiten hatten. Ich las sogar die Anzeigen. »Weiß Gott, er erzählt wie ein Radiojournalist« oder »Weiß Gott, sicher wird dein Sohn einmal Journalist«. Die Sätze der Schneiderin Umm Badîi klangen mir noch immer im Ohr. Sie meinte Radiojournalist. Aber was war ein Zeitungsjournalist? Ich musste es unbedingt erfahren, die gesamte Presse Bagdads lag jetzt in Reichweite. Sogar die Namen der Herausgeber merkte ich mir, zusammen mit denjenigen der meisten Journalisten und Journalistinnen (deren Zahl bedauerlicherweise gering war). Ich lernte die Namen von Zeitungen und Journalisten, die dort tätig waren; die meisten von ihnen wanderten von Zeitung zu Zeitung. Journalisten spielten eine wichtige Rolle bei der Modernisierung der irakischen Presse, besonders im Kulturbereich. Einige von ihnen leben noch, andere sind gestorben. Manche wurden inhaftiert, andere erhielten Berufsverbot, wenn sie nicht von sich aus den Journalismus an den Nagel hängten. Einige sollten paradoxerweise, trotz des Altersunterschieds, Kollegen und Freunde von mir werden. Dabei spielte es keine Rolle, dass die meisten Zeitungen nach dem Erlass des Gesetzes über die Nationalisierung der Presse am 5. Juni 1967 ihr Erscheinen einstellen mussten, da sie sich der Regierung Abdalsalâm Ârif gegenüber kritisch zeigten und sie für die Niederlage gegen Israel im Junikrieg verantwortlich machten. Leider kann ich mich nicht mehr daran erinnern, ob unter all diesen Zeitungen auch Frauenblätter waren. Die Frauenpresse war bei uns noch nicht angekommen, obwohl sie im Irak, verglichen mit manch anderen arabischen Regionen, schon recht früh aufgetaucht ist. So brachte zum Beispiel im Jahr 1923 Paulina Hassûn die Zeitschrift *Laila* heraus, durch die die Stimme der Frau die öffentliche Meinung erreichte und in der Forderungen nach Recht auf Bildung und Arbeit formuliert wurde.

Ich kann hier nicht die Geschichte der irakischen Presse

erzählen. Mir ging es damals darum, mit Hilfe der Zeitungen Bagdad nahe zu bleiben, ja, das Gefühl zu entwickeln, dort leben zu können, wie ich es mir in meinen frühen Kinderjahren vorgestellt hatte, indem ich meinen Vater bei allen seinen Fahrten durch die Straßen und Gassen Bagdads begleitete, oder wie ich es mit den Ansichtskarten gemacht hatte. In jeder Phase meines Lebens wählte ich offenbar den geeigneten Weg, um nach Bagdad zu gelangen. Die Namen der Journalisten auswendig zu lernen war nichts anderes als der Versuch, am Leben der Hauptstadt teilzuhaben. Wahrscheinlich dachte ich, dass ich durch die Lektüre der Zeitungen einen Weg nach Bagdad finden könnte. Ganz sicher würde ich eines Tages schreiben wie sie, und dann müsste ich auch dort arbeiten. Ja, ich war überzeugt, dass der wahre Mensch ein Journalist ist und also in Bagdad lebt! Und so sollte es bleiben: Mit einem Fuß stand ich im Süden, in Amâra, mit dem anderen in Bagdad. Ein seltsames Gefühl, das aber nie verging. Im Gegenteil, es war genau dieses Gefühl, das meinen Eifer jeden Tag neu beflügelte. Kaum ging die Sonne auf, begann ich die Minuten und die Stunden zu zählen. Ich verschlang in aller Eile mein Mittagessen, um dann in die Volksbuchhandlung zu gehen, obwohl ich genau wusste, dass die Zeitungen erst gegen zwei Uhr nachmittags eintrafen, und oft waren sie verspätet, wenn etwa der Lastwagen, der sie brachte, unterwegs eine Panne hatte oder in einen Unfall verwickelt war. Außerdem hielten die meisten Leute Siesta. Wer sollte also Zeitungen kaufen? Genau deshalb war ich der erste Zeitungsverkäufer, der sich vor die Buchhandlung setzte und auf die Zeitungen wartete, egal, wie heiß es war, und das auch, wenn die Zeitungen ankamen, während die Buchhandlung noch geschlossen war, weil der Inhaber, Kâdhim Dschâssim, noch Mittagsschlaf hielt. Dann nahm ich mehr als meinen eigentlichen Anteil, was dem Inhaber seltsam vorkam. Er fand keine andere Erklärung, als dass ich mehr verdienen wollte als meine Verkäuferkollegen. Ich erhielt fünf Fils für den Verkauf einer Zeitung. Mir entging nicht, was er über mich dachte, und es war mir unangenehm. Ich schwieg aber und sagte nichts. Wie hätte ich ihm auch erzählen sollen, ich hätte die Zeitungen genommen und sei losgerannt, um einen stillen, schattigen Winkel zu finden, wo ich mich hinsetzen und alle Zeitungen durchschauen konnte? Unmöglich! Er sollte seinen Glauben behalten, solange ich meine Zeitungen hatte. Aber ich musste aufpassen, dass niemand mich sah und bei ihm anschwärzte. Doch die Gefahr kam nicht von meinem Arbeitgeber, Kâdhim Dschâssim, dessen jüngerer Bruder, Muhammad, der heute in Amerika wohnt, übrigens Jahre später auch mein Freund wurde, sondern von meinem Vater, der, sehr zu seinem Missfallen, von meiner Tätigkeit erfuhr. Den kleinen Sohn arbeiten zu lassen, galt damals in Amâra noch als beschämend.

Eines Tages lief ich meinem Vater mit Zeitungen unterm Arm im Sûk über den Weg. Er befahl mir, Zorn in Stimme und Blick, diese Zeitungen sofort zurückzubringen und ja nie wieder auf der Straße zu arbeiten. Für mich war das ein herber Schlag, nicht so sehr, weil ich die Zeitungen nicht mehr verkaufen konnte, sondern weil sie aus Bagdad stammten und ich so des täglichen Vergnügens ihrer Lektüre beraubt war, zumal der Lektüre der Kulturseiten in der Zeitung *Die Republik*, ebenso meines Versuchs, die Nachrichten und das Vokabular der Journalistensprache zu ergründen. Es spielte keine Rolle, dass ich vieles von dem, was da geschrieben stand, gar nicht so recht verstand. Das Vergnügen selbst war unersetzbar. Ich wurde nicht einfach von den Zeitungen abgeschnitten, sondern von Bagdad. Doch trotz meiner Enttäuschung gab ich die Hoffnung nicht auf, meinen Traum zu verwirklichen und nach Bagdad zu kommen, und wäre es nur mit Hilfe der dort erscheinenden Zeitungen.

Im Jahr 1968, ich war in der zweiten Oberschulklasse (zehntes Schuljahr), kam Herr Kâssim Alwân an unsere Schule, ein hagerer Mann, der ständig eine Zigarette in der Hand hielt. Als Regisseur vom Amt für schulische Aktivitäten war er auf der Suche nach ein paar Schülern, die Lust und Talent hatten, Theater zu spielen. Zu meiner Überraschung fiel seine Wahl aus der kleinen Gruppe Interessierter auf mich. Die beiden Theaterstücke, die wir dann probten und zunächst im Saal jenes Amts, danach in anderen Theatern, besonders in Mädchenschulen, aufführten, stammten auch aus Bagdad: das erste hieß »Worum geht's?« und war von dem höchst produktiven Theaterautor Jûssuf Âni; das zweite, dessen Autor ich vergessen habe, hieß »Hosen«. Da ich in beiden Stücken die Hauptrolle spielte und die Aufführungen Beifall fanden, rief mich eines Tages der Rektor der Schule in sein Zimmer, wo mich ein eleganter junger Mann erwartete, der eine Aktenmappe an sich drückte. Er lächelte mich an und erklärte, er würde mit mir gern für die Presse von Bagdad, besonders die Zeitung *Die Republik*, ein Interview machen. Ich war so überrascht und so außer mir vor Glück, dass ich erst einmal zu zittern begann und irgendetwas stammelte. Es war wie ein Traum. Mein Name und mein Bild sollten wirklich in einer Zeitung der Hauptstadt erscheinen! Ich gelangte nach Bagdad! Genau so, wie ich es mir immer gewünscht hatte. Und als der junge Mann mich aufforderte, mit ihm in den Theatersaal gegenüber dem Lehrerzimmer zu kommen, damit wir dort das Interview durchführten, folgte ich ihm wie benommen, als liefe ich Richtung Bagdad. Eine Woche später erschien das Interview samt meinem Bild auf der Lokalseite der Zeitung, da lief ich, das Blatt in der Hand, in der Stadt umher, als hätten alle Bewohner Amâras mein Bild gesehen und den Artikel gelesen, ja, als wüssten alle, dass ich es nach Bagdad geschafft hatte. Denn wer es in die Bagdader Presse schaffte, der war in Bagdad angekommen.

Dieses Interview festigte meine Beziehung zur Presse von

Bagdad. Verkaufen durfte ich zwar keine Zeitungen, diesmal musste ich sie kaufen. Natürlich nicht alle. Mein Taschengeld erlaubte mir gerade einmal den Erwerb einer einzigen Zeitung, die damals fünfundzwanzig Fils kostete. Das war genau der Betrag, den mir meine Mutter für jeden Tag gab. Doch das Problem ließ sich leicht lösen. Da *Die Republik*, die dieses Interview publizierte, eine wöchentliche Literaturbeilage hatte und ich mich immer stärker für Literatur interessierte, kaufte ich die Zeitung einfach nur am Donnerstag, dem Tag, an dem die Beilage erschien. Später gesellten sich einige Literaturzeitschriften dazu, die zu Beginn der 1970er Jahre in Bagdad herauskamen, beispielsweise die Nichtregierungszeitschrift *al-Thakâfa* (*Die Kultur*), die vom Kultur- und Informationsministerium herausgegebene Zeitschrift *al-Aklâm* (*Die Schreibfedern*), zu denen sich zwei oder drei Jahre später die Tageszeitung der Kommunistischen Partei, *Tarîk al-schaab* (*Der Weg des Volkes*), hinzugesellte. Und mit jeder Zeitung oder Zeitschrift, die ich kaufte und durchblätterte, wuchs mein Wunsch, etwas dazu beizutragen.

Ich glaube, zum ersten Mal dachte ich ernsthaft darüber nach zu schreiben, weil ich glaubte, nur so nach Bagdad kommen zu können. Schreiben? Worüber schreiben? Von der Poesie, mit der ich mein Erleben auslotete, war ich abgekommen, nachdem es mir nicht gelungen war, Samîra, das Mädchen aus Bagdad, dessen Familie sich in unserer Nähe eingemietet hatte, poetisch von meiner Liebe zu überzeugen. Fünf oder sechs Gedichte hatte ich in dieser Absicht verfasst, doch als ich sie ihr überreicht hatte, hielt sie mir eine Predigt, die ich bis heute nicht vergessen habe, weil sie mich auf den Weg geführt hat, dem ich bis heute folge. Ich hielt die Gedichte für genial und sehr persönlich, all diesen Gedichten, die in den Zeitungen und Zeitschriften der Hauptstadt zu finden waren, weit überlegen. Doch nachdem Samîra sie gelesen hatte, passte sie mich am Schultor ab, und ich erinnere mich noch genau, welche Furcht mich beschlich: Ich schwitzte aus allen Poren, klapperte mit den Zähnen und versuchte gar, ihr auszuweichen, was sie möglicherweise bemerkte. Sie kam lächelnd auf mich zu und erklärte dann, sie habe meinen Brief gelesen, habe die Gedichte aber – sie bedaure, das sagen zu müssen – sofort zerrissen. Sie habe das getan wegen des Unsinns, der darin stand, fuhr sie fort, als sie meine Fassungslosigkeit bemerkte. Wie denn diese Gedichte wahrhafte Gedanken sein könnten, fragte sie rhetorisch, wenn sie sich nicht von Hunderten anderer Texte unterschieden, die man völlig unüberlegt Gedichte nenne und die sie, schlicht und einfach, für pathologisches Gesabber halte. Als sie meine finstere Miene sah, entschuldigte sie sich rasch, sie meine nicht mich damit, ich sei ja noch viel zu jung, um böswillig zu lügen und zu heucheln. Um mir deutlich zu machen, was sie meinte, erklärte sie mir, ich sei wie viele bei uns, die völlig unbewusst ihre ersten poetischen Schritte machten, ohne zu wissen, was sie für einen Unsinn schrieben. »Weißt du«, sagte sie, »dass 99 Prozent unserer Dichter Angeber sind und dass alles, was sie über die Frau geschrieben haben, falsch ist? Sie wollen nicht zugeben, dass sie Hasenfüße sind und in ihrem Leben noch nie eine Frau angefasst haben. Es ist ihre Frustration, wenn nicht gar ihre sexuelle Not, die sie zu diesen großen Worten greifen und sich in öffentlichen Äußerungen wohlklingender Phrasen bedienen lässt. Das sind alles einfach Casanovas oder Don Juans.« Bevor wir uns trennten, ergänzte sie noch, und es klang aufrichtig: »Du scheinst mir ein sympathischer und eifriger Junge mit einer strahlenden Zukunft. Dass ich dich nicht liebe, ändert nichts daran. Aber du musst aufhören, Gedichte zu schreiben und zu glauben, Frauen würden Dichter lieben. Wir lieben Abenteurer, auch wenn sie Schurken und Räuber sind. Wenn du von Frauen geliebt werden willst, schreib über sie.«

Samîra war zwei Jahre älter als ich. Eine bemerkenswerte Person. Jedes Wort, das sie sprach, kam laut und deutlich. Für mich klang sie besonders überzeugend, weil sie mich, wie ich zunächst glaubte, nicht zurückwies. Für sie war es, wie sie mir erzählte, nicht nötig, dass Mann und Frau Geliebte waren, sie konnten auch einfach Freunde sein. Um das zu bestätigen, kam sie ab sofort jeden Morgen bei uns vorbei und holte mich zur Schule ab. Sie ging in die Amâra-Mädchenoberschule im Hussain-Viertel, ich in die Murtada-Mittelschule, die im neuen Sabundschîja-Viertel lag. Was die Leute über uns beide sagten, war ihr gleichgültig. Sollten sie sich das Maul zerreißen, wenn sie wollten! Wir waren Freunde, wie sie mir an jenem Tag erklärte, obwohl es nicht nötig gewesen wäre. Mich machte diese Freundschaft froh. Samîra schien so reif im Vergleich zu mir, ihre Worte wirkten so überzeugend. Seither habe ich nie wieder ein Gedicht geschrieben.

In jene Zeit fiel auch der Beginn meiner erzählerischen Ambitionen. Der erste Versuch war eine Erzählung über die Frau des Moscheescheichs beim Aschurafest im Monat Muharram. Sie wartet darauf, dass ihr Mann als Anführer der Hussain-Prozession das Haus verlässt, damit sie sich zu ihrem Liebhaber schleichen kann, einem jungen Mann aus der Nachbarschaft. In dieser Geschichte steckt viel Wut, aber auch viel Erotik. Ich schickte sie an *al-Aklâm*, die wichtigste literarische Monatszeitschrift in Bagdad. Zu meiner Enttäuschung wurde sie nicht gedruckt, doch zu meiner Freude schrieb mir der damalige Chefredakteur, der berühmte Romanautor Abdalrachmân Rubaii, einen Brief, um mir die Gründe für den Nichtabdruck zu erläutern. Allein diese Geste machte mich glücklich. Der Mann hatte meine Geschichte also ernst genommen. Mein Gott, das war der Beginn meines Einzugs in Bagdad. Die nächste Geschichte ging an die Kulturseite von *Tarîk al-schaab*, die damals von keinem anderen als Saadi Jûssuf, dem bedeutendsten irakischen Dichter, herausgegeben wurde. Ich traf ihn später persönlich in Bagdad, wo er mir erklärte, er habe nicht geglaubt, dass diese Geschichte, die er sofort veröffentlichte, aus der Feder eines sechzehnjährigen Oberschülers stammen könne. Das war der eigentliche Beginn meines Schreibens, vielleicht sogar der eigentliche Beginn meines Einzugs in Bagdad.

»Ein Rechteck aus Licht auf der anderen Seite«, lautet der Titel dieser Geschichte. Es geht darin um eine Frau mit einer Buschja, einem dünnen Gesichtsschleier. Sie kommt täglich zum Busbahnhof und wartet dort bis zum Sonnenuntergang auf ihren verschwundenen Mann, einen Soldaten, der irgendwo kämpft. Jeden Tag, wenn die Lichter gelöscht werden, fordern die Angestellten sie auf zu gehen. Eines Tages nun, nachdem sie wieder wie üblich gewartet hat und gerade aufbrechen will, hat sie das Gefühl, die Dunkelheit, die über dem Bahnhof liegt, sei dichter als in den Tagen zuvor, und plötzlich schlägt ihr Herz heftig. Sie sieht zwei Orangen, die sich in der Finsternis auf und ab bewegen. Dann erblickt sie den jungen Mann, der mit den beiden Orangen spielt, sie wie ein Zirkusartist von Hand zu Hand wandern lässt. Und da beginnt sie, im Gleichklang zu seinen Bewegungen, sich auf ihn zuzubewegen.

»Woher kennst du diese Frau?«, wollte Saadi Jûssuf wissen, als wir in Bagdad zusammensaßen. »Welche Frau?«, fragte ich zurück, in der Annahme, er wolle etwas über S. erfahren, meine Freundin an der Universität, die mich bei unserer ersten Begegnung im Haus der Schriftstellerunion in Bagdad begleitet hatte. »Natürlich die aus der Geschichte, welche sonst?«, antwortete er und konnte ein Grinsen nicht unterdrücken. »Das ist eine von unzähligen Frauen im Süden.« Ich wollte ihm nicht die ganze Geschichte erzählen. Ich war selbst überrascht, dass ich diese Frau schon vor der Niederschrift dieser Erzählung kannte, oder wenn sie kein Abbild der Frau war, die ich kannte, so war sie eine Mischung aus zahlreichen. Am überraschendsten war, dass ich vielleicht, nein, sicher nicht über sie geschrieben hätte, wenn diese Frau nicht wie ich darüber nachgedacht hätte, nach Bagdad zu gehen. Wirklich erstaunlich. Da schreibe ich eine Geschichte, ohne mir Rechenschaft über die Quelle zu geben, und dank Saadi Jûssufs Frage fällt mir die Frau wieder ein, die ich seinerzeit als kleiner Junge zufällig kennengelernt hatte.

Es war, soweit ich mich erinnere, an einem heißen Sommernachmittag. Wir saßen beim Tee, als plötzlich heftig an der Tür geklopft wurde und eine Stimme rief: »Bitte helft mir!« Dann kam eine Frau hereingestürmt. Sie war groß und kräftig und trug eine Buschja. Sie hatte helle Haut, wie ich an ihren Händen sehen konnte, die sie durch die Schlitze ihrer festen, aber weichen schwarzen Abâja geschoben hatte. Auch ihr Kleid war schwarz, ebenso ihr Büstenhalter, der am Rand ihres Ausschnitts zu sehen war. Meine Mutter schloss die Tür und führte die Frau in den Salon. Dort setzte sie sich auf den Rand des Sofas, als wolle sie jeden Augenblick wieder aufstehen. Meine Mutter brachte ihr ein Glas kaltes Wasser, das die Frau unter ihre Buschja schob und langsam leerte. Sie legte sich die Hand auf die Brust. Allmählich wurde sie ruhiger, während meine Mutter sie besorgt betrachtete. Ahnte sie, worum es ging? Hatte sie deshalb, gegen ihre Gewohnheit, gleich die Haustür fest verschlossen? Sie werde verfolgt, erzählte die Frau, noch bevor jemand eine Frage gestellt hatte. Der älteste Bruder ihres Cousins und Ehemannes wolle sie umbringen. Sie sei weggelaufen, habe einen Bus genommen, um aus Basra rauszukommen. Aber ihre Onkel seien ihr in einem anderen Bus gefolgt. Am Busbahnhof habe sie sie aussteigen sehen. Sie wollte nach Bagdad zu dem Mann, den sie liebte, und wollte ihn heiraten, doch sie war gezwungen, ihre Reise zu unterbrechen, und war ausgestiegen. Auf der Flucht vor ihren Verfolgern sei sie an vielen Häusern vorbeigekommen, aber ihr Herz habe ihr geraten, in diesem Haus Zuflucht zu suchen. Die Leute hier werden dich beschützen und dich vor dem Tod retten. Und dieses Gefühl verstärkte sich bei ihr, sobald sie meine Mutter und mich sah, dann meine Großeltern und meinen Vater, die gleich darauf erschienen. Nach ihrem letzten Satz hob sie die Buschja vom Gesicht. Sie blieb drei Tage bei uns. Am Abend vor dem Schlafengehen erzählte sie mir von ihrem Mann, den sie liebte. Sie hatten keine Kinder. Außer ihm hatte sie niemanden auf der Welt, und schon der Gedanke, sie könnte ihn eines Tages verlieren, ihm könnte etwas zustoßen, war ihr unerträglich. Sie wünschte sich sehnlichst, vor ihm zu sterben. Vielleicht war er ja gefallen. Seit einem Jahr hatte sie nichts mehr von ihm gehört. Vergeblich hatte sie auf ihn gewartet und wäre bereit gewesen, noch viel länger zu warten, wenn sie nur gewusst hätte, was mit ihm los war. An jedem Wochenende, an jedem Donnerstag ging sie zum Busbahnhof in der Hoffnung, er habe Urlaub, wie früher immer. Erst vor kurzem hatte sie erfahren, dass sie etwas völlig Sinnloses tat. Niemand hatte ihr mitgeteilt, dass ihr Mann schon ein Jahr zuvor gefallen war. Er war im Krieg im Norden, in den kurdischen Bergen, ums Leben gekommen.

Eines Tages näherte sich ihr auf dem Busbahnhof ein junger Mann. Er kam ihr bekannt vor. Sie hatte ihn gesehen, wie er, genau unter der Überdachung für wartende Reisende, vor und zurück schritt, sich nach links und nach rechts drehte. Dort breitete sich »ein Rechteck aus Licht an der anderen Seite« aus, das ihn wie ein Lichtkranz umgab und ihn wie einen Engel erscheinen ließ, der plötzlich vom Himmel herabkommt. Vielleicht hat ihn, dachte sie, ein Imam oder ein Prophet geschickt, denn sie hat dem Propheten Sulaimân ein Gelöbnis abgegeben, damit er ihr den Ehemann zurückbringt, keinen anderen. Als sie ihn das letzte Mal sah, kam er auf sie zu, zwei Orangen in der Hand, mit denen er Kunststücke vollführte. Sie fragte sich, ob nicht Gott oder der Prophet Sulaimân oder irgendein reiner Imam ihn ihr gesandt haben könnte, um sie aus ihrem tiefen Gram zu holen, die Einsamkeit ihrer Nächte zu vertreiben und ihrem Körper die Jugend, ihrer Seele die Freude zurückzubringen. Als der junge Mann ihren Namen rief, fragte sie ihn, woher er sie kenne. Er wusste sogar, dass sie seit einem Jahr am Busbahnhof auf ihren Mann wartete. Der »liebe« Prophet sei ihm erschienen und habe ihm aufgetragen, zu ihr zu gehen. Er erzählte ihr auch, er sei mit ihrem Mann im Norden gewesen, und beschrieb ihr sein Gesicht. Ihr Mann starb in der Nacht, in der die beiden aus ihrer militärischen Einheit zu fliehen beschlossen. Er werde nach Bagdad gehen, sagte der junge Mann und gab ihr eine Adresse. »Ich werde dir folgen«, versprach sie. Dann schwieg sie, und ein tiefer Seufzer entrang sich ihr, bevor sie sagte: »Was könnte eine trauernde Frau wie ich anderes tun, als dem Ruf des verlorenen Glücks zu folgen?« Am dritten Tag verließ uns die Frau. Sie küsste mich auf die Wange und ging nach Bagdad.

»Seit jenem Tag denke ich über die traurigen Frauen des Südens nach. Ich kenne dort keine einzige, die nicht wartet«, erklärte ich Saadi Jûssuf, Scham in der Stimme. »Gräme dich nicht.« Er versuchte, mich aufzumuntern. »Alle traurigen Geschichten gleichen einander, genauso wie alle Liebesgeschichten. Am Ende ist es schön, dass du weißt, dass jeder auf jemanden wartet, der irgendwo auf seine Weise im Kampf steht. Wer diese Geschichte von dir liest«, fuhr er fort, »kann nicht glauben, dass sie ein Erstling ist. Du musst schon viele solche Erzählungen geschrieben haben?« Ich hätte ihm gern bestätigt, dass er recht hat, dass es nicht meine erste Kurzgeschichte war und auch nicht die letzte sein sollte, dass noch viele folgen würden. Doch dann sagte ich lieber nichts. Jedes Wort hätte den Zauber zunichtegemacht, den die Lektüre geschaffen hatte. »Wer weiß, was für Geschichten du in Bagdad schreiben wirst.« Er schien zu wissen, was mir durch den Kopf ging, und wollte mir wohl helfen und mich trösten. Ich lachte. »Ja, wer weiß, was ich in Bagdad für Geschichten schreiben werde. Aber erst einmal muss ich Bagdad erkunden.«

Denkmal von Muchsin al-Sa
beim Eingang der gleichnamigen Straße,

14

Ein Denkmal für einen Selbstmörder

Ich glaube nicht, dass irgendwo auf der Welt der Selbstmord so gefeiert wird wie in Bagdad. Die Stadt erklärt das nicht öffentlich, und auch die Menschen behaupten es nicht, doch es existiert ein Denkmal, in dem sich der Selbstmord verkörpert. Es steht mitten in der Stadt, in einer Straße, die sogar noch den Namen des Selbstmörders trägt, in der Saadûn-Straße, einer der großen Achsen Bagdads. Sie beginnt am Tachrîr-(Befreiungs-) Platz und endet nach einigen Kilometern am Denkmal des Unbekannten Soldaten. Das Denkmal erinnert an Abdalmuchsin Saadûn (1889–1929), einen irakischen Politiker, der sich im Alter von vierzig Jahren das Leben nahm. In der Mitte dieser Straße,

beim Siegesplatz, hat man ihm eine Statue aus Bronze errichtet, die ihn aufrecht stehend im kompletten Anzug mit Weste zeigt, in der Hand einen Packen Papiere. Mit seiner Rechten deutet er auf seine Brust, als weise er einen Vorwurf von sich oder als wolle er die Aufmerksamkeit der Passanten auf sich lenken und ihnen erklären: »Ja, ich hab's getan, ich habe Selbstmord begangen.« Diesen Eindruck vermittelt das Denkmal dem unbedarften Betrachter, der die Begleitumstände jenes Selbstmords nicht kennt. So erging es mir im Herbst 1971, auf dem Weg in eine Kunstgalerie namens »Galerie der Vier« in der Saadûn-Straße. Mich überraschte nicht so sehr, dass ich zum ersten Mal ein Denkmal sah, das an eine Persönlichkeit erinnerte, die Selbstmord begangen hatte. Mich erstaunte eher die Doppelmoral in diesem Land.

Ich wollte mich damals nicht mit der Geschichte und den Umständen von Saadûns Selbstmord beschäftigen oder über die Ursachen der Errichtung eines Denkmals für ihn räsonieren; ich wollte auch gar nichts über den Künstler wissen, der das Denkmal geschaffen hatte. All das erfuhr ich erst später, immerhin stand das Denkmal dort so, wie ich es gesehen hatte, noch mindestens bis zum 6. Juli 2003, also etwa drei Monate nach der Ankunft der Marines in Bagdad. Außerdem ging ich später in den 1970er Jahren bis zu meinem Weggang aus Bagdad praktisch täglich daran vorbei, entweder auf dem Weg zur Schriftstellerunion auf dem Andalus-Platz oder auf dem Weg ins Kino »Babel« oder »Semiramis« in der Saadûn-Straße, oder auch auf dem Weg ins Theater »Sechzig Sitze«, oder während meiner kurzen Zeit als Praktikant bei der Kulturseite der kommunistischen Zeitung *Der Weg des Volkes*, nachdem diese aus dem Gebäude in der Nähe der Direktion der Allgemeinen Sicherheitsdienste in die Saadûn-Straße umgezogen war. Am Ende musste sich jemand wie ich, der zu schreiben begann und als Journalist arbeitete, für die Geschichte des Denkmals interessieren.

Damals im Herbst 1971, in der zweiten September- und letzten Sommerferienwoche, unterwegs in die Galerie der Vier, die am Ende der Saadûn-Straße lag, genau gegenüber vom Kino »Babel«, beschäftigte mich nur eine Frage: Warum ist es unter manchen Umständen richtig, Selbstmord zu begehen, nicht aber unter anderen? Wird der Selbstmord hier verherrlicht, weil er in Bagdad und nicht anderswo stattfand und weil der Selbstmörder aus der Oberschicht stammte? Die Verfolgungen, die Vorwürfe und die Drohungen, denen unsere »existenzialistische« Clique in Amâra nach dem Selbstmordversuch eines ihrer Mitglieder, des Malers Rachmân Salmân, ausgesetzt war, waren mir noch bestens in Erinnerung. Rachmân war ungefähr drei Jahre älter als ich. Er war das bekannteste Mitglied unserer Clique, nicht weil er von allen die ausgeprägteste Tendenz zum Alleinsein oder den größten Leseeifer besaß – ich habe ihn in der Stadt nie ohne Buch angetroffen; auch nicht weil er als Maler eine Ausnahmeerscheinung war – er fand schon früh seine eigene Sprache in der Malerei; auch nicht weil er von uns allen der Kühnste war. Obwohl so schmächtig, dass man ihn für chronisch unterernährt halten konnte, war er forsch genug, die Tigrisstraße zu überqueren, die Hauptverkehrsarterie über den Fluss, um einen mächtigen Mann, Schurke Nummer eins in der Stadt, zu ohrfeigen, wohl wissend, dass dieser Mann ihn unbarmherzig auf offener Straße zermalmen würde. Doch zu unserer Überraschung lachte er Rachmân ins Gesicht, klopfte ihm auf die Schulter, kniff ihn in die Wange und sagte: »Tüchtig, mein Löwe.« Rachmân machte das nichts aus, obwohl es höhnisch gemeint war und unseren Freund Rachmân verspottete. Aber am Ende war Rachmân derjenige, der ihn geschlagen hatte, nicht umgekehrt. »Was zählt, ist, dass ich ihn geschlagen habe«, so sah es auch Rachmân selbst. Nein, Rachmân war nicht deshalb bekannt, sondern weil er und kein anderer hinter zahlreichen Briefen stand, die vor das Tor der Villa der Familie von

Hanna Scheich im Zentrum der Stadt gelegt wurden, eines Millionärs und Inhabers einer der größten Transportunternehmen im Irak, oder unter den Chevrolet, der vor der Villa geparkt war. In jedem dieser Briefe drohte Rachmân der reichen christlichen Familie, ihre Tochter zu entführen, wenn sie nicht eine Million Dollar zahlten. Über Monate hinweg sprach die ganze Stadt von diesen Drohbriefen, und über Monate hinweg verließen Hanna Scheichs Kinder nicht das Haus. Dann wurde Rachmân verhaftet. Ich kannte ihn damals noch gar nicht, ich war zur Zeit der Geschichte mit den Drohbriefen im Jahre 1967 noch zu jung. Erst als er 1969 aus dem Gefängnis kam, lernte ich ihn in der öffentlichen Zentralbibliothek kennen. Zunächst auf Distanz, weil Rachmân immer lieber allein war und ich keinen Weg fand, ihm näherzukommen, wie neugierig ich es auch versuchte. Ich weiß noch, wie ich einmal nach dem Buch *Die Riesen kommen* von H.G.Wells fragte, das er in der Hand hielt. Ob er mir das zu lesen empfehlen könne, wollte ich wissen, worauf er mich befremdet anstarrte und wegging, ohne mich eines einzigen Wortes zu würdigen. Zwei oder drei Wochen später kam er dann jedoch und fragte, ob er mich zeichnen dürfe. Nach gründlichem Nachdenken habe er den Eindruck gewonnen, mein Gesicht eigne sich sehr gut für ein Porträt.

Das war der Beginn einer langen Bekanntschaft, ja, einer engen Freundschaft, die leider nur zwei Jahre dauerte, sich aber in mehreren Dutzend Porträts manifestierte, die er von mir machte. Mir kam er immer vor wie ein Sûfi, ein Mystiker, völlig versunken in sein Tun, das Gesicht ganz ernst, mit leuchtenden Augen. Es war das erste Mal, dass mich jemand malte. Für seine kraftvollen Porträts verwendete er die gleichen klaren Farben wie bei seinen anderen Bildern – meist zeigten sie zwei Mädchen, die miteinander gingen oder beieinandersaßen. Die beiden füllten den Vordergrund der Bilder, im Hintergrund war ein Bild an der Wand zu erkennen, das das Motiv als Bild im Bild wiederholte. Die Geschichten, die Rachmân in seinen Bildern erzählte, erinnerten an van Goghs berühmte »Zwei Schwestern« – und van Gogh beging, völlig verarmt, im Alter von siebenunddreißig Jahren Selbstmord – vierzehn Jahre älter als Rachmân bei seinem ersten Selbstmordversuch.

Im Jahr 1970 schnitt sich Rachmân die Pulsadern auf. Nachdem man ihn rechtzeitig gefunden und ins Krankenhaus gebracht hatte, versuchte er es ein zweites Mal, diesmal mit einem Strick im Bad. Als auch dieser Versuch scheiterte, nahm er alle seine Papiere und zündete sie an. Nachdem man den Brand gelöscht hatte, beschlossen die Ärzte, ihn ans Bett zu ketten. Aber selbst das hinderte ihn nicht, ein Fläschchen mit Serum zu schlucken, das ihm der Arzt vor dem Einschlafen spritzen wollte. Man operierte ihn und holte das Fläschchen heraus. Als ich ihn in den Tagen seiner Genesung besuchte, sagte er: »Nun gut, dann werde ich eben nicht sterben. Keiner erlaubt mir zu gehen. Wie es aussieht, gönnt man mir den Tod nicht.« Ich war so froh, das von ihm zu hören, doch bevor ich den Saal verließ, empfahl mir eine junge Schwester, die im Krankenhaus arbeitete, nicht wiederzukommen, und als ich wissen wollte warum, berichtete sie mir von Sicherheitsbeamten, die ein paar Stunden zuvor Rachmân aufgesucht hätten. Sie hätten sich auch nach seinen Freunden erkundigt und nach Personen, die ihn zum Selbstmord veranlasst haben könnten. Einer von ihnen habe sie aufgefordert, alle Besucher festzustellen und ihm die Namen zu geben. »Du bist ein netter junger Mann, und ich will dir keinen Ärger machen. Komm einfach nicht mehr!« Am Ende, und weil ich nicht der Einzige war, der seine Besuche einstellte (die ganze Clique erfuhr, dass die Sache offenbar gefährlich war), nahm die Staatssicherheit Rachmân selbst unter der Anschuldigung der Verbreitung von destruktivem Gedankengut fest. Mit seinen Selbstmordversuchen ermutige er die Jugend der Stadt, es ihm gleichzutun. »Die Revolution ist konstruktiv und schafft

Helden, und du rufst zu Feigheit und Selbstmord auf«, hieß es im Sicherheitsbüro.

Selbstmord, das ist für die Machthaber und das System gleichbedeutend mit Feigheit. Das galt zumindest für Männer. Aber auch für Frauen ist ein Selbstmordversuch ein Schandfleck, der für immer an der Familie hängen bleibt. Darum gab es damals und gibt es bis heute keine zuverlässigen statistischen Angaben über Selbstmorde im Irak. Die meisten werden gar nicht publik. Sie werden von den Betroffenen mit Hilfe aller möglicher Geschichten und Berichte vertuscht, damit ja nichts an die Öffentlichkeit dringt. Die irakische Familie spricht nicht offen über Selbstmord, besonders nicht im Zusammenhang mit einer Tochter, weil es in einem solchen Fall meist um die Ehre geht. Ein Heizofen sei detoniert, heißt es dann, oder der Herd habe Feuer gefangen. Vielleicht auch, dass sie mit der Waffe ihres Vaters oder ihres Bruders gespielt oder irrtümlich ein falsches Medikament geschluckt habe. Sogar in Rachmâns Fall versuchte der Vater, den Selbstmordversuch zu verschleiern, was ihm aber die Staatssicherheit nicht erlaubte. Offenbar war es dieser auch nicht genug, Rachmân festzunehmen, sie wollte unser aller habhaft werden, als Propagandisten des Selbstmords. Und dann höre ich nicht nur die Selbstmordgeschichte, sondern sehe sogar ein Denkmal für den Selbstmörder, als gelte der Selbstmord nur in Bagdad als mutig und vorbildhaft!

Was in den Tiefen der Gesellschaft geschieht, lässt sich verschleiern, nicht, was in den oberen Klassen geschieht, erst recht nicht, wenn es sich um eine bedeutende Persönlichkeit handelt, die in der Geschichte des irakischen Staates eine Rolle gespielt hat wie der Politiker Abdalmuchsin Saadûn. Der war so berühmt, dass niemand hätte behaupten können, er sei der Hand eines Unbekannten zum Opfer gefallen. Seine Familie war etwas Besonderes, die Familie Saadûn, die sich auf edle Geschlechter in Medina auf der Arabischen Halbinsel zurückführte. Warum sollte eine solche Familie nicht eine ganz eigene Erklärung wählen, um sich aus der Bredouille zu retten. Zum Beispiel behaupten, ihr Spross habe aus vaterländischen Motiven Selbstmord begangen. »Er wollte nicht dem Ausverkauf des Iraks an die Mächte des Kolonialismus zusehen«, ließ man verlauten.

All das wusste ich an jenem Herbsttag noch nicht, als ich an Abdalmuchsin Saadûns Denkmal vorüberging. Ich wusste nicht, dass er viermal Minister gewesen war: 1922, 1925, 1928 und ein letztes Mal 1929, dem Jahr, als er sich die Kugel gab. Ich wusste noch nicht, dass die Opposition ihn heftig attackiert und ihm vorgeworfen hatte, bei den Verhandlungen mit den Briten über die irakischen Forderungen nach einem neuen Vertrag und einer Anpassung der Militär- und Finanzabmachungen von seinen früheren Positionen abgerückt zu sein. Seine Reaktion auf diesen Vorwurf war heftig. »Wenn das geschieht, glaube ich, dass die Unabhängigkeit nur noch durch den Mut des Volkes erreicht werden kann«, erklärte er. »Das Volk, das die Unabhängigkeit wünscht, muss dafür bereit sein. Das ist kein leeres Gerede. Die Unabhängigkeit verlangt nämlich Stärke und Opfer. Das will ich doch gesagt haben!« Ich wusste noch nicht, dass er seinem Sohn Ali, trotz angeblicher Differenzen, am 13. November 1929 einen Abschiedsbrief hinterließ, in dem er die Gründe für seinen Schritt erklärte und ihm seine Mutter und seine jüngeren Geschwister ans Herz legte. »Mein lieber und rechtschaffener Sohn, verzeih mir das Verbrechen, das ich begangen habe, weil ich dieses Leben satthabe und keine Freude mehr daran finden kann, keinen Genuss und nichts Ehrenwertes. Das Volk erwartet von mir Dienste, die Engländer widersetzen sich, und niemand hilft mir. Die Iraker, die die Unabhängigkeit verlangen, sind schwach, unfähig und meilenweit von jeglicher Unabhängigkeit entfernt. Sie sind nicht imstande, anständige Menschen wie mich richtig einzuschätzen, und halten mich für einen Vaterlandsverräter und einen Lakaien der Briten. Das ist unerträglich skandalös.

Ich, der ich mich ehrlich und aufrichtig fürs Vaterland einsetzte, der ich jede Art von Demütigung einsteckte und widerstrebend allerlei Erniedrigungen ertrug, und das alles für dieses gesegnete Stück Land, auf dem unsere Ahnen ein gutes Leben leben konnten. Mein Sohn, meine letzte Bitte an Dich: Sei, als Ältester, gut zu Deinen Geschwistern, die vaterlos zurückbleiben, erweise Deiner Mutter Respekt und bleibe Deinem Vaterland treu. Sei auch loyal gegenüber König Faissal und seiner Nachkommenschaft. Verzeih mir, Ali, mein Sohn.« Unterschrift: »Abdalmuchsin Saadûn.«

Von dem seltsamen Paradox, dass er dieses Vermächtnis auf Türkisch schrieb, wusste ich auch noch nichts, ebenso wenig, dass die irakische Regierung sich beeilte, die schmerzliche Nachricht bekannt zu machen, und dass ein eindrucksvoller Leichenzug zum Kilanîja-Friedhof am Bab al-Schaich zog. Die Zeitungen schrieben: »Alle Persönlichkeiten aus der Politik und eine große Schar von Bürgern gaben ihm das letzte Geleit. Sie brachten ihren Kummer und ihre tiefe Bestürzung über den Selbstmord zum Ausdruck. Kondolenztelegramme trafen aus allen Teilen der Welt ein.« Der britische Generalgouverneur protestierte scharf bei der irakischen Regierung, die die Verbreitung von Saadûns Abschiedsbrief genehmigt hatte. Er betrachte das als Aufwiegelung gegen Großbritannien und seine Irakpolitik. Das heizte die öffentliche Meinung im Land noch auf. Doch König Faissal und die Regierung versuchten gemeinsam, die Verbreitung des Abschiedsbriefs zu rechtfertigen und den britischen Verantwortlichen zufriedenzustellen.

Darüber hinaus wusste ich auch noch nicht, dass der Bildhauer, der mit Entwurf und Anfertigung des Denkmals beauftragt war, der Italiener Pietro Canonica, zuvor schon Denkmäler für andere wichtige Figuren geschaffen hatte: den irakischen König Faissal I., den ägyptischen Politiker Mustafa Nahhâs, den Gründer der modernen türkischen Republik, Mustafa Kemal

Atatürk, und den General Stanley Maude, der am 11. März 1917 die britischen Truppen befehligte, die Bagdad besetzten, und der am 8. November desselben Jahres dort starb. Ebenso wenig wusste ich, dass das Denkmal, das er am 20. Mai 1933 fertigstellte, bei seiner Enthüllung auf einem kleinen grünen Platz am Ende der Raschîd-Straße stand, unweit des Beginns der Abu-Nuwâs-Straße. Damals gab es dort auch ein kleines Museum für einfache Erbstücke aus dem Besitz von König Faissal I. Danach machte das Denkmal eine seltsame Wanderung, wie sie nur in einer Stadt der Wunder wie Bagdad vorkommen kann. Von seinem ursprünglichen Standort wanderte es zur Brücke der Republik gegenüber der Nonnenschule, dann zum Eingang des Tachrîr-Platzes. An beiden Stellen störte es die Planung und die Bautätigkeit, und so brachte man es im Jahr 1962 an seinen endgültigen Standort auf dem Siegesplatz, wo ich an jenem Herbsttag stehen blieb und es betrachtete. All das erfuhr ich später.

Was hätte es mir genutzt, hätte ich es damals schon gewusst? Schon in jenem Alter war ich nicht Patriot genug, um den Selbstmord meines Freundes Rachmân als Verbrechen und den des Politikers Abdalmuchsin Saadûn als Opfer für das Vaterland zu verstehen. »Ich opfere mich für mein Land«, wie es der Dichter und Jurist Ibrahîm Wâïdh formulierte, von dem es heißt, er habe sich an der allgemeinen Spendenkampagne zur Errichtung des Denkmals beteiligt, und der in seiner Interpretation der Haltung und der Gesten Saadûns noch weiter ging: »Dass er steht, ist der Hinweis auf den Stolz und das Selbstvertrauen. Die Papiere, die er trägt, sind ein Hinweis auf die Liste seiner Arbeiten und seiner Reden. Die rechte Hand, mit der er auf sich selbst zeigt, ist ein Hinweis auf das, was er in seinem letzten Brief an seinen Sohn Ali schrieb: »Ich opfere mich für mein Land!« In den

Denkmal von General Stanley Maude, dem Führer der britischen Truppen, die Bagdad 1917 eroberten

reliefartigen kleinen Abbildungen von politischen Persönlichkeiten jener Zeit im Irak, die in den Sockel aus poliertem Marmor eingearbeitet sind, sah er ein Symbol für das Parlament und die Minister, die einem Redner zu lauschen schienen. Entsprechend dem Grad der Nähe oder der Ferne von jenem außergewöhnlichen Politiker sind zahlreiche Erklärungen erlaubt, aber war nicht Rachmân seinerseits ein außergewöhnlicher Maler? Warum nicht auch ihm ein Denkmal errichten? Schließlich und endlich bleibt Selbstmord Selbstmord. Die Erklärungen sind dehnbar und schwammig, was übrigens verständlich macht, warum diejenigen Iraker, die krank vor Vaterlandsliebe sind, nicht an seinen Selbstmord glauben wollen, sondern die Engländer beschuldigen, ihn umgebracht zu haben. War doch Selbstmord nicht nur gegen Gottes Willen, sondern nach deren Vorstellung auch noch feige und passte nicht zu den besseren Kreisen. Bis heute trifft man Leute, die seinen Selbstmord leugnen und sogar behaupten: »Er verschied unter rätselhaften Umständen, nachdem er seinen Widerstand gegen die britische Politik geäußert und sich geweigert hatte, den Vertrag von 1925 zu unterzeichnen.« Egal, ob er sich nun selbst umbrachte oder umgebracht wurde, jedenfalls fand man ihn, so heißt es, mit zwei Kugeln im Kopf, damals, 1929. Ein bekannter Historiker, Imâd Abdalsalâm Raûf, geht noch weiter und behauptet über Abdalmuchsin Saadûns Ableben: »Die Briten haben ihn umgebracht.«

Was jenen entgeht: Als Selbstmörder sind alle gleich. Der Selbstmord steht in keinem Zusammenhang mit Klasse, Volk oder Geschlecht. Die Zahl der Selbstmordfälle steigt in allen Staaten der Welt. Im Irak wirkt sich die konservative Natur, die starke Religiosität und die Clanstruktur der Gesellschaft möglicherweise hemmend auf die Zunahme der Selbstmordrate aus. Aber das hat weder meinen Freund Rachmân noch jemanden wie den Politiker Abdalmuchsin Saadûn zurückgehalten, die in sehr unterschiedlichen Milieus aufgewachsen sind und sich auch nach Ausbildung und Interesse voneinander unterschieden. Im Selbstmord wurden sie schließlich trotz allem gleich, nicht weil sie das gleiche Ende erlebten oder weil ihre Umgebung nach ihrem Tod mit ihnen ähnlich verfuhr: Rachmâns Bilder wurden gestohlen, sie verschwanden unmittelbar nach seinem Tod spurlos; Abdalmuchsin Saadûns Denkmal wurde am 30. Juli 2003 vom Sockel gerissen und fiel den Pickeln eines Mobs zum Opfer, vor den Augen amerikanischer Panzerbesatzungen, die auf der Saadûn-Straße patrouillierten, und vor den Augen einer großen Menschenmenge. Diese jedoch bat die amerikanischen Panzerbesatzungen, dem Treiben ein Ende zu machen, statt selbst der Statue zu Hilfe zu eilen und die Schläge zu stoppen, die auf Kupfer und Stein niedergingen und schließlich erfolgreich das Denkmal von seinem Sockel rissen; es wurde, laut Augenzeugen, auf einem hölzernen Eselskarren weggeschafft, niemand weiß, wohin.

Beide waren außergewöhnliche Männer, die in ihrem jeweiligen Gebiet ins Buch der Geschichte eingingen, wobei die Gründe, die zum Selbstmord führten, keine Rolle spielen. Abdalmuchsin Saadûn schrieb sich ins Buch der Politik ein, weil die irakische Politik keinen anderen Selbstmordfall kennt, weder vor noch nach ihm. Rachmân Salmân schrieb sich ins Buch der Malerei ein, weil weder vor noch nach ihm je ein irakischer Maler den Schritt zum Selbstmord gegangen ist.

Abdalmuchsin Saadûn und Rachmân Salmân setzten ihrem Leben selbst ein Ende, aber sie blieben Fackeln, die die Bagdader Finsternis erleuchteten. Ganz anders die gegenwärtigen Attentäter, die mit jeder Selbstmordbombe, die sie zünden, einen weiteren dunklen Schleier über die Stadt legen.

15

Die Stadt mit den Augen Schehresâds

In *Tausendundeine Nacht* gelingt es Schehresâd nicht nur, sich selbst und die Frauen ihrer Generation vor dem sicheren Tod durch die Hand des tyrannischen Königs Schehrijâr zu retten – »ein König vom Geschlechte der Sassaniden im Inselreiche von Indien und China, ein Herr der Krieger und Mannen, der Diener und Knechte«, wie wir aus den ersten Zeilen des Werkes erfahren –, sie war vielmehr auch die erste Person, die Bagdad literarisch erfand. Zwar beginnt die erste Nacht in *Tausendundeine Nacht* mit Schehresâds »Erzählung von dem Kaufmann und dem Dämon«, der Geschichte eines Kaufmanns, der sich ermattet draußen in der Wüste hinsetzt und eine Dattel verzehrt. Der Stein, achtlos weggeworfen, verwandelt sich plötzlich in einen riesigen Dämon, der den Kaufmann mit einem Schwert bedroht, und so weiter. Doch all dies sind nur Präliminarien für den Weg nach Bagdad, in dieser wie in anderen, wenngleich wenigen Geschichten. Es gibt tatsächlich kein Prosawerk, das in gleicher Weise von Bagdad erzählt wie jenes von Schehresâd, obwohl alles, was darin vorkommt, erfunden ist.

Obwohl *Tausendundeine Nacht* als Buch oder als Geschichtensammlung mit Bagdad verbunden ist, wird der Name der Stadt nicht von Anfang an genannt. Außerdem sind die beiden Hauptpersonen, Schehrijâr, der König, und Schehresâd, die junge Frau, die das Wagnis eingeht, ihn zu ehelichen, die Königin der Geschichten, nicht Bewohner der Stadt. In der ersten

Geschichte, »Die Erzählung von König Schehrijâr und seinem Bruder Schahsamân«, eigentlich der Einleitung oder Rahmenerzählung, heißt es: »Es wird berichtet – Allah aber ist Allwisser Seiner verborgenen Dinge und Allherrscher und allgeehrt und allgnädig und allgütig und allbarmherzig! – in den Erzählungen aus alter Zeit und aus der Völker Vergangenheit, dass in früheren Tagen, die weit in entschwundene Zeitalter ragen, ein König vom Geschlechte der Sassaniden im Inselreiche von Indien und China lebte, ein Herr der Krieger und Mannen, der Diener und Knechte. Er hinterließ zwei Söhne …, doch war der Ältere noch tapferer als der Jüngere. So ward er der König des Landes und herrschte in Gerechtigkeit über die Untertanen … Sein jüngerer Bruder aber hieß Schâhzamân, und dieser war König von Samarkand im Perserland.« Bagdad kommt hier nicht vor, weder in der Einleitung noch in der ersten Nacht, als Schehresâd ihre Geschichten zu erzählen beginnt.

Zum ersten Mal wird Bagdad in der neunten Nacht genannt, in der »Geschichte des Lastträgers und der drei Damen«. Zwar taucht die Stadt mit Namen hier und da auch in anderen Erzählungen auf, manchmal sogar im Titel, wie beim »Barbier von Bagdad« in der achtundfünfzigsten Nacht, aber das Bild der Stadt, wie es in der neunten Nacht erscheint, ist plastischer als alle anderen. Vielleicht ist es ja sogar die Grundlage, auf der die anderen Erzählungen aufbauen. Sollte Schehresâd gleich einleitend den allgemeinen Rahmen der Stadt Bagdad abgesteckt haben, die zur Bühne alter Geschichten wurde? Oder wollte sie ihrer erfundenen Stadt einen realistischen Rahmen zugrunde legen, ihr einen besonderen Ort zuweisen, den Schauplatz der Erzählung, oder spezielle Personen, treibende Kräfte der Geschichten: einerseits das Volk, die Bewohner von Bagdad in ihrer sozialen und ethnischen Vielfalt, andererseits den Kalifen Harûn al-Raschîd und seinen Wesir Dschaafar al-Barmaki, genauer Don Quichotte und Sancho Pansa.

Wie gesagt, taucht Bagdad in der neunten Nacht zum ersten Mal auf. Und nirgends sonst in *Tausendundeine Nacht* wird uns Bagdad auf vergleichbare Art realistisch vorgestellt. In dieser Geschichte, die mit der Beschreibung des Lastträgers als »einer aus Bagdad« beginnt, erhalten wir das Bild einer Stadt, in der es für Menschen mit Kaufkraft alles gibt, wo Frauen auf Märkten und in Vierteln flanieren, ja, auch ohne Ehemänner leben und bei sich zu Hause Feste feiern. Der arme Lastträger nämlich, der im Sûk, auf seinen Korb gestützt, auf Kunden wartete, fand nichts dabei, dass plötzlich eine Frau vor ihm stehen blieb. Offenbar war es auch nicht befremdlich, dass eine schöne Frau allein durch den Markt ging: »… eine Dame …, bekleidet mit einem Mantel aus Musselin, einem Seidengewande, mit Schuhen aus Brokat, einem goldgewirkten Saum und einer herabfallenden Schärpe. Sie lüftete ihren Schleier, und darunter zeigten sich zwei schwarze Augen mit zierlichen Wimpern, mit weichem Blick und von vollkommener Schönheit.« In Begleitung dieser Frau lernen wir auf dem Markt nicht nur die Vielfalt der Waren kennen, sondern auch ihre mannigfache Herkunft. Unter anderem kaufte sie »… syrische Äpfel …, osmanische Quitten und Pfirsiche aus Oman, Jasmin und Wasserlilien aus Syrien, zarte kleine Herbstgurken, Zitronen, Sultansorangen, duftende Myrten, Tamarinden …« und so weiter. Die Gurken waren »Nilgurken«, das heißt, sie stammten aus dem Sudan. So erzählen uns schon das Obst und das Gemüse, dass Bagdad Handelsbeziehungen mit allen Ländern oder Regionen unterhielt, aus denen diese Waren stammten. Und dass die Frau Oliven bei einem Christen kaufte, bestätigt uns, dass die Olivenhändler zum großen Teil Nichtmuslime, Christen, waren oder dass Christen bekannt waren für ihre besonders guten Oliven. Warum sonst diese Hervorhebung? Indem der Lastträger die Waren ins Haus der Dame bringt, erhalten wir ein Bild von der Architektur und der Innenausstattung jener Zeit, vom herrschenden Geschmack der Bagdader Aristokratie. Die vier Damen – diejenige, die den Lastträger hineinführt, und ihre drei Schwestern, die in dem geräumigen Haus wohnen, wie am Ende der Geschichte deutlich wird – gehören einer bekannten Familie der Elite an. Im Hintergrund zeigte sich also, wie auch anderswo in *Tausendundeine Nacht*, eine tragische Geschichte. »Da hob er den Korb und ging ihr nach, bis sie zu einem schönen Haus kam, vor dem ein geräumiger Hof lag, einem hohen Bau mit ragenden Säulen; sein Tor hatte zwei Flügel aus Ebenholz, belegt mit Platten roten Goldes. Die Dame blieb am Tor stehen, hob den Schleier von ihrem Antlitz und klopfte leise an; der Träger aber stand hinter ihr und dachte unaufhörlich an ihre Schönheit und Anmut. Die Tür ward geöffnet, und die beiden Flügel schlugen zurück. Da schaute der Träger hin, wer sie geöffnet hatte; und siehe, es war eine Dame von stattlichem Wuchs, etwa fünf Fuß hoch, mit schwellendem Busen, von Schönheit und Anmut, vollkommenem Liebreiz und ebenmäßiger Gestalt. Ihre Stirn war blütenweiß, ihre Wangen hellrot wie die Anemone, ihre Augen wie die der wilden Färse oder der Gazelle und ihre Brauen wie der Neumond des gesegneten Fastenmonats; ihr Mund war wie der Ring Salomos, ihre Lippen korallenrot und ihre Zähnchen wie eine Schnur von Perlen …« Diese junge Dame begrüßte ihn und bat ihn einzutreten. »… und sie gingen weiter, bis sie zu einer schönen, geräumigen Halle kamen, die mit wunderbarer Geschicklichkeit erbaut war, mit allerlei Verzierungen, mit Arkaden, Erkern, Estraden, Nischen und Schränken, vor denen Vorhänge hingen … An der Rückseite der Halle aber stand ein Lager aus Wacholderholz, mit Edelsteinen besetzt, über dem ein Baldachin aus rotem Atlas schwebte, der mit Perlen bestickt war, so groß wie Haselnüssen und noch größer. Dort zeigte sich eine Dame von erlesener Schönheit, mit herrlichem Antlitz, bezaubernden Augen und weisen Mienen, von Aussehen so lieblich wie der Mond … Ihres Gesichtes Glanz beschämte die strahlende Sonne, sie war wie einer der himmlischen Planeten oder wie eine vergoldete Kuppel oder wie eine Braut in erlesenstem Schmuck oder ein edles Mädchen Arabiens.«

Sogar die Währung der Zeit wird uns in der Geschichte vorgestellt: der Dinar. Die Damen gaben dem Träger »zwei Dinar«. Aber nicht nur das. Auch der »demokratische« Umgang, der durchaus der Gleichberechtigung nahekommt, der Umgang der Frauen miteinander und mit dem Lastträger, der sich offensichtlich trotz seiner Herkunft aus der Unterschicht gegenüber den Aristokratinnen nicht minderwertig fühlt und sich nicht einmal scheut, sich in ihr Leben einzumischen: »Und er blickte die Damen an und ihre große Schönheit und feinen Züge; denn er hatte noch nie etwas Schöneres gesehen als sie – doch es fand sich kein Mann bei ihnen. Und ferner blickte er auf den Wein, die Früchte, die Blumen und alle die anderen guten Dinge, die bei ihnen waren. So geriet er in höchstes Erstaunen und zögerte mit dem Gehen …« Als ihn eine der Damen fragte, was los sei und weshalb er nicht gehe, nachdem er seinen Lohn erhalten habe (sie hatte sogar ihre Schwester gebeten, ihm einen dritten Dinar zu geben, in der Annahme, er erwarte mehr), antwortete er: »Bei Allah, Herrin, ich halte den Lohn nicht für zu gering; mein Lohn beträgt kaum zwei Dirhem; nein, mein Herz und meine Seele denken nur an euch. Wie kommt es, dass ihr so allein seid, ohne einen Mann bei euch zu haben oder irgendjemand, der euch Gesellschaft leistet? Ihr wisst doch, dass der Turm der Moschee nur auf vier Grundmauern stehen kann; aber euch fehlt der vierte! Das Vergnügen der Frau wird doch erst durch die Männer vollkommen …« Es ist also wenig überraschend, dass der Lastträger eine Weisheit wie diese ausspricht und sich damit den Damen anbietet: »Bei eurem Leben! Ich bin ein verständiger und zuverlässiger Mensch, ich habe die Bücher gelesen und die Chroniken studiert; ich zeige das Schöne und verberge das Hässliche.«

Er ist also auch ein Geheimnisträger. Was sich danach abspielt, ist seltsam. Eine der Damen teilt ihm mit, wenn er bei ihnen bleiben, mit ihnen zusammensitzen und ihr Gesellschafter sein wolle, mit dem Recht, in ihre reizenden Gesichter zu schauen, müsse er eine gewisse Summe Geldes beisteuern. Der Bau ihres Hauses habe einiges gekostet und, in den Worten der Dame des Hauses: »Liebe ohne einen Deut nützt keinen Deut.« Danach setzt sich der Lastträger wie selbstverständlich zu ihnen und trinkt mit ihnen, sie tanzen, umsorgen ihn, eine neckt ihn, die andere schlägt ihn, und er kümmert sich nicht darum, dass der Wein mit ihrem Gehirn Schabernack treibt, denn das ist der Beginn einer weiteren Geschichte, derjenigen von den drei Bettelmönchen, die ihr Weg auch in das Haus führte.

Der Eintritt des Kalifen Harûn al-Raschîd und seines Wesirs und Freundes Dschaafar al-Barmaki soll uns zeigen, dass wir uns im Bagdad Harûn al-Raschîds befinden, also in der Zeit zwischen 786 und 809 n. Chr., in der er als fünfter Abbassidenkalif herrschte. Es wird uns bei dieser Gelegenheit mitgeteilt, dass dieser Kalif, der für seine Wachsamkeit bekannt war und der seine Spitzel und Spione in die Bevölkerung schickte, um zu erfahren, wie es um diese stand, mitunter auch selbst verkleidet über die Märkte strich und mit den Menschen zusammensaß, um zu hören, was so geredet wurde. Harûn al-Raschîd war ein gerechter Kalif, ein gottesfürchtiger und frommer Mensch, der Tränen vergießen konnte, wenn er Mahnreden hörte, und der kein Unrecht duldete.

Die Geschichte, die sich über neun Nächte, also bis zur achtzehnten Nacht, hinzieht, nimmt ein glückliches Ende: Die Wirtschafterin, die den Lastträger ins Haus geführt hat, ehelicht den Kalifen Harûn al-Raschîd. »Er selber jedoch nahm zur Gemahlin die Wirtschafterin und schlief in selbiger Nacht mit ihr; und am nächsten Tag bestimmte er ihr ein Haus und Sklavinnen zu ihrem Dienst, setzte Einkünfte für sie fest und gab ihr einen Platz unter seinen Gemahlinnen.« Die drei Schwestern ehelichen die drei Bettelmönche, die erklärt hatten, Könige zu sein. Der Kalif »ernannte diese zu Kammerherren an seinem Hofe, teilte ihnen Einkünfte zu und alles, dessen sie bedurften, und gab ihnen Wohnung im Palast zu Bagdad«. Das Mädchen mit den Narben, das in Gestalt einer Hündin in der »Geschichte des dritten Bettelmönches« auftritt, wird mit Amîn, dem Sohn des Kalifen, verheiratet. Am Ende erleben wir also einen Rollentausch, wie er in allen Erzählungen in *Tausendundeine Nacht* Usus ist. Die Sozialordnung ist nicht rigide, gilt nicht ewig.

Auf diese Art führt die neunte Nacht, führen die »Geschichten des Lastträgers und der drei Damen« mit all ihren »realistischen« Details ein Bild Bagdads zur Abbassidenzeit ein: auf der einen Seite eine Bevölkerung, die behaglich, wirtschaftlich gesichert und frei lebt, auf der anderen Seite ein gerechter Herrscher, Harûn al-Raschîd, der sich um das Volk sorgt. Doch die Geschichte bietet auch, mit der Beschreibung von Musik und Unzucht, ein anderes Bild von Bagdad. Vielleicht beabsichtigte sie das gar nicht, aber dieses Bild drängt sich den Lesern auf, besonders denen, die fern von Bagdad leben. Es zeigt ein klassenloses Bagdad schöner Frauen, die allein leben, die nicht zögern, Männer bei sich zu empfangen, mit ihnen zu trinken, singen und tanzen.

Über *Tausendundeine Nacht* insgesamt zu reden ist natürlich etwas anderes. Denn das Werk als Ganzes stellt die Verhältnisse im islamischen Mittelalter dar, die Bräuche der Menschen in den unterschiedlichen gesellschaftlichen Klassen; es schildert ihre Moral und ihre Bildung in Gesprächszirkeln, bei Hochzeiten und Trauerfeiern, unter Händlern, vor dem Richter, in der Familie und anderen sozialen Situationen des täglichen Lebens. Dabei ist es unerheblich, was darin an exotischen und märchenhaften Elementen, an Weisheiten und Gleichnissen zum Tragen kommt. All das sind literarische Formen mit dem Ziel, gewisse Inhalte zu vermitteln, eine Art intelligente Waffe, eine Art Seelenbehandlung oder Therapie, die Schehresâd zum Erfolg verhalf: den misogynen König von seiner Haltung abzubringen. Denn weder in der Zeit, die Schehresâd erzählend mit ihm verbringt, noch danach wird eine weitere Frau getötet. Der König wird, ohne dass er es ahnt, Vater von drei Söhnen, die Schehresâd ihm gebiert. Doch es bleibt das Problem der Bilder des Orients im Allgemeinen und von Bagdad im Besonderen, die *Tausendundeine Nacht* fest in den Köpfen der Europäer verankert hat, die sich schließlich zu Collagen aus zwei verschiedenen Arten von Bildern zusammenfügen: dem Bild von Bagdad in der »Geschichte des Lastträgers und der drei Damen« und dem Bild vom Orient aus der Einleitung der Sammlung.

In dieser Einleitung, dem Prolog, erfahren wir von zwei Brüdern, Schahrijâr und Schahsamân, zwei »gerechten« Königen, die von ihren Ehefrauen betrogen werden. Schahsamân fand »seine Gemahlin auf seinem Lager ruhend, wie sie einen hergelaufenen schwarzen Sklaven umschlungen hielt«. Da wurde ihm schwarz vor den Augen, und er zog »sein Schwert und schlug die beiden auf dem Lager tot«. Danach besuchte er seinen Bruder, dem auffiel, dass mit Schahsamân, der keinen Appetit hatte, etwas nicht stimmte. Doch plötzlich war merkwürdigerweise alles vorbei, nachdem Schahsamân beobachtet hatte, was die Frau seines Bruders tat, während dieser auf der Jagd war. »Nun waren im Schlosse des Königs Fenster, die auf den Garten führten. Schahsamân blickte hinaus, und siehe, da öffnete sich die Tür des Schlosses, und heraus kamen zwanzig Sklavinnen und zwanzig Sklaven, und die Gemahlin seines Bruders, herrlich an Schönheit und Anmut, schritt in ihrer Mitte, bis sie zu einem Springbrunnen kamen. Dort zogen sie ihre Kleider aus, und die Sklavinnen setzten sich zu den Sklaven. Die Königin aber rief: ›Mas'ûd!‹ Da kam ein schwarzer Sklave und umarmte sie, und auch sie schloss ihn in ihre Arme, und er legte sich zu ihr. Ebenso taten die Sklaven mit den Sklavinnen; und es war kein Ende des Küssens und Kosens, des Buhlens und des Liebelns, bis der Tag zur Neige ging.« Als Schahsamân das sah, dachte er: »›Bei Allah! Mein Leid ist leichter als dies Leid.‹ Da ward er frei von seiner Eifersucht und seinem Gram.« Als Schahsamân seinem Bruder erzählt, was er gesehen hat, behauptet dieser, wieder auf Jagd zu gehen, stellt sich aber heimlich ans Fenster und blickt in den Park. Schon bald »kamen die Sklavinnen und ihre Herrin heraus mit den Sklaven, und sie taten, wie sein Bruder gesagt hatte, bis zum Nachmittagsgebet gerufen wurde«. Es ist eine Orgie, ein kollektiver Beischlaf, eine pornographische Phantasie. Schöne Frauen, Königsgattinnen, die es mit Sklaven treiben, schwarzen natürlich, die nicht erschlaffen, bis der Tag zu Ende geht. Alle westlichen Autoren haben sich dieses Bild des Orients und Bagdads angeeignet, obwohl die meisten von ihnen Bagdad nie besucht haben. Das gilt besonders für die Schriftsteller und die Künstler der Romantik, die Pioniere für Reisen in neue Gefilde, in den Orient, wo sie nach einem verlorenen irdischen Paradies suchten. Grund dafür waren die sozialen und psychischen Erschütterungen durch die industrielle Revolution, die Europa im 18. und 19. Jahrhundert erfasste. Die Romantiker, darunter beispielsweise der Franzose Gérard de Nerval, waren die ersten, die im »alten« Orient, bei einfachen, gastfreundlichen Menschen und schönen Frauen, ihr Gelobtes Land fanden. Der Blick dieser Romantiker verewigte sich als allgemeines Klischee über diesen Orient, als Ort, an dem Palmen gedeihen, und als Stätte, an der man seine Lüste befriedigen kann. Auch wenn das Bild, das sich ihnen in Wirklichkeit bot, ein anderes war, waren sie nicht bereit, die Traum- und Phantasievorstellungen aufzugeben, die sich ihrer Schriften bemächtigt hatten. Die orientalische Gesellschaft war in ihren Augen zu einem vollkommenen Stillstand gekommen.

Die Weitergabe dieser Phantasiegebilde der Romantiker wurde durch die Verbreitung von *Tausendundeine Nacht* unterstützt, diesem Werk, das seit dem Erscheinen der ersten französischen Übersetzung von Antoine Galland vor mehr als dreihundert Jahren in zahllose andere europäische Sprachen übertragen wurde. Der industrielle Fortschritt brachte komplexe soziale Veränderungen mit sich, doch nun hatte der verunsicherte Europäer die Möglichkeit, bei der Lektüre dieses Werkes in einen alten Orient zu reisen. Es war nicht der alte Orient mit seinen ursprünglichen Bräuchen, seiner Weisheit und seiner reichen Literatur. Es war ein Orient ohne Verpflichtungen, ein Orient, der frei und heiter in den Palästen existierte, der orgiastische, lesbische und pädophile Feste feierte, wie sie in den beiden genannten Geschichten geschildert werden. *Tausendundeine Nacht* schien nur das zu sein: »Die Erzählung von König Schehrijâr und seinem Bruder«, der Prolog, der uns in die Erzählungen einführt, die eigentlich erst mit der neunten Nacht beginnen, mit der ersten Skizze dieses erfundenen Bagdads. Sie ist nicht nur eine solche Schehresâds, sondern diejenige, die sich als Bild im Gehirn der Europäer festgesetzt hat.

16

Das »Haus der Weisheit«

Wer das irdische Bagdad, nicht das himmlische, das wirkliche Bagdad, nicht das vorgestellte kennenlernen möchte, muss einen ganz bestimmten Platz aufsuchen: den, wo einst das »Haus der Weisheit« stand, dessen Gründung auf das Zeitalter der Abbassiden zurückgeht, zunächst auf die Zeit des Kalifen Abu Dschaafar al-Mansûr, dann der seiner drei Nachfolger: al-Mahdi (775–785 n. Chr.), besonders aber Harûn al-Raschîd, der legendäre Kalif (786–809 n. Chr.), und schließlich al-Maamûn (813–833 n. Chr.). Jenes Haus, das einen Quantensprung in der Übersetzungstätigkeit bedeutete und das Erscheinen dessen vorbereitete, was später einmal das goldene islamische Zeitalter genannt werden sollte, das zu Beginn des 9. Jahrhunderts christlicher Zeitrechnung einsetzte, etwa im Jahr 840 n. Chr., wird von den Historikern als »erste Universität der Geschichte« bezeichnet. Das Haus bestand aus zwei Stockwerken: einem Untergeschoss mit Räumen voller Bücherschränke und den Abteilungen für Übersetzung, Kopieren, Verfassen, Binden, Lesen und Studieren in allen Bereichen der Wissenschaft und der Literatur; und einem Obergeschoss, wo die Verfasser, Übersetzer, Wissenschaftler, Mitarbeiter und andere wohnten und wo sich außerdem ein Gemeinschaftsraum und ein Restaurant befanden, in dem die dort Tätigen verköstigt wurden. Nach Aussage des berühmten arabischen Chronisten al-Masûdi war al-Mansûr der erste arabische Kalif, der die Übersetzung von Werken aus anderen Sprachen ins Arabische förderte. Er habe sich nicht darauf beschränkt, die verschiedenen Wissenschaften zu verbreiten oder muslimische und andere Gelehrte zu unterstützen, er ließ sogar im Kalifenpalast ein Studienzentrum einrichten, das er persönlich beaufsichtigte und dem er den Namen »Haus der Weisheit« gab. Aus dem gleichen Grund schickte er auch nach Ostrom zum byzantinischen Kaiser mit der Bitte um bestimmte Bücher. Dieser entsprach der Bitte und ließ dem Kalifen alles zukommen, worum er gebeten hatte: Werke über Medizin, Geometrie, Arithmetik, Astronomie. Diese Werke wurden von einer Gruppe von Übersetzern ins Arabische übertragen. Darunter waren auch die Schriften des Aristoteles über Logik, die aus dem Griechischen, und andere, die aus dem Pehlewi, dem Neupersischen und dem Aramäischen übersetzt wurden. Um nur ein Beispiel zu nennen: Einer der Astronomen, die im Palast des Kalifen wirkten, war Abu Sâlich Ibn Naubacht, auf dessen Texte, ins Lateinische übertragen, sich Jahrhunderte später Kopernikus bei der Entwicklung seiner Thesen zur Kugelform und zur Bahn der Erde bezog.

Wer diesen Ort am Tigrisufer besucht, kommt nicht umhin, sich an all die Wissenschaftler und Philosophen zu erinnern, die hier wirkten. Ein Spaziergang dort belebt die Vorstellung von ihnen. Hier waren sie alle, hier saßen sie, Studenten und Übersetzer, Gelehrte und Autoren. Hier tauschten sie ihre Gedanken und ihre Kenntnisse aus. Wer sich als Besucher umschaut, wird sie alle finden: al-Chwârasmi (780–850 n. Chr.), der berühmte Mathematiker und Astronom, sitzt ganz hinten in einer Ecke des Saals, wo er offenbar einem seiner Schüler etwas erklärt. Eine weitere Gruppe von Männern in einer anderen Ecke im »Haus der Weisheit« scheint damit beschäftigt, auf einer Weltkarte Längen- und Breitengrade zu berechnen. Alles deutet darauf hin, dass sie an einem ehrgeizigen Projekt zur Bestimmung der Lage von Städten, Bergen und Meeren, von Inseln, Regionen und Flüssen auf einer detaillierten Weltkarte und der Erfassung des Erdumfangs arbeiten. Später wird der große Mathematiker und Astronom das berühmte Buch *Das Bild der Erde* verfassen. Einige seiner Mitarbeiter helfen ihm bei der Bestimmung der Gestirne, bei der Berechnung des Stands von Sonne, Mond und Sternen, bei der Zusammenstellung der *Astronomischen Tafeln*, bei der Berechnung der Sonnenfinsternisse und der Ansicht des Mondes. Seine Geschichte mit der Null hat etwa Phantastisches. Er soll sie erfunden und zu einer wichtigen Ziffer bei Rechenvorgängen gemacht haben. In seinen eigenen Worten: »Die Null muss rechts von der Zahl gesetzt werden, da die Null auf der linken Seite, zum Beispiel 02, den Wert der Zahl nicht verändert und sie nicht zu 20 macht.«

Ich erinnere mich noch heute an meinen Besuch im »Haus der Weisheit« und an all die Bilder, die mir vor Augen traten. Es war wie eine Rückkehr in das Haus, wie es einst war, der größte »Think Tank«, ein umfassendes Zentrum der Wissensbeschaffung im Mittelalter! Damals traf ich al-Chwârasmi und zahlreiche seiner Kollegen, ohne deren Werke, in lateinischer Übersetzung, der Westen nicht zu dem geworden wäre, was er ist.

Al Mustansirîja, die Schule des »Hauses der Weisheit«

Nehmen wir zumindest ein paar wenige international vertraute Namen:

1. *Dschâbir Ibn Hajjân* (721–815 n.Chr.), im Westen als Geber bekannt, gilt weltweit als Begründer der Alchimie, die ursprünglich eng mit der Chemie, der Physik, der Astrologie, der Kunst, der Mineralogie, der Medizin und der philosophischen Analyse verbunden war. Obwohl nach heutigem Wissensstand nicht wissenschaftlich und sogar, wie bei den Ägyptern, wegen ihrer ursprünglichen Verbindung mit der Magie, ja, der schwarzen Magie, in ihrer alten Bedeutung als »schwarzes Terrain« bezeichnet, gilt die Alchimie doch als Ausgangspunkt für die moderne

Chemie vor der Formulierung wissenschaftlich methodischer Grundlagen. Es gibt wohl keinen Gelehrten, über dessen Herkunft und Zugehörigkeit so sehr gestritten wird wie über diejenige Dschâbir Ibn Hajjâns. Der Chronist Ibn al-Nadîm zum Beispiel bestreitet in seinem berühmten Werk *al-Fihrist* (*Das Verzeichnis*) Dschâbirs Affiliation zu den Schiiten oder den Barmakiden, ja, es gibt sogar Leute, die leugnen, dass es ihn überhaupt gab, oder ihn den Sabiern zuordnen, wobei ihn seine Beschäftigung mit Gold und Silber dieser Gemeinschaft am ehesten annähert, weil sie in Tigrisnähe wohnt und bis heute auf Gold- und Silberarbeit spezialisiert ist.

2. *Muhammad Ibn Mûssa al-Chwârasmi* (781–854 n. Chr.) zählt zu den hervorragendsten muslimischen Mathematikern. Seine Werke haben eine wichtige Rolle für den Fortschritt der Mathematik zu seiner Zeit gespielt. Er hatte Beziehungen zum Abbassidenkalifen al-Maamûn. Er verließ seine Heimatstadt Chwârasm (das heute in der Republik Usbekistan gelegene Chiwa) und zog nach Bagdad, um im »Haus der Weisheit« zu arbeiten, wo er das Vertrauen des Kalifen erwarb, der ihn mit der Leitung dieser Institution betraute. Außerdem beauftragte er ihn, eine Erdkarte herzustellen, woran er gemeinsam mit siebzig Geografen arbeitete. Bei seinem Tod hinterließ al-Chwârasmi eine große Zahl von Schriften über Astronomie und Geografie, besonders eine *Kurze Einführung in mathematische Prozeduren*, von der im Jahre 1135 eine Übersetzung ins Lateinische angefertigt wurde, durch die die Wörter »Algebra« und »Zero« Einzug in die romanischen Sprachen hielten. Wenn man sich klarmacht, welch weitreichenden Einfluss al-Chwârasmi auf die Wissenschaftssprache hatte, wird seine immense Bedeutung bis zum heutigen Tag deutlich. Algorism und Algorithmus sind von Algoritmi und Algorismi abgeleitet, den lateinischen Formen seines Namens. Von seinem Namen stammt das Wort *gawarismo* und das portugiesische *algarismo,* die beide »Ziffer« bedeuten.

Und wenn man sich klarmacht, dass heute keine Computerprogrammierung ohne Algorithmen auskommt, können wir nur den Hut vor al-Chwârismi ziehen.

3. *Abu Jûssuf Ibn Ishâk al-Kindi* (801–866 n.Chr.) wurde von den Arabern »Philosoph der Araber« genannt, weil er der eigentliche Begründer der arabisch-islamischen Philosophie war. Er war nicht nur in verschiedenen wissenschaftlichen Bereichen bestens bewandert, in Astronomie, Philosophie, Chemie, Physik, Medizin, Mathematik, Musik und Psychologie, sondern auch in scholastischer Logik, bekannt als Kalâm. Der Kalif al-Maamûn beauftragte ihn, im »Haus der Weisheit« die Übersetzung philosophischer und wissenschaftlicher Werke aus dem Griechischen ins Arabische zu überwachen. Dem Westen als Alkindus bekannt, gilt er als der erste peripatetische muslimische Philosoph. Er machte die Araber und die Muslime nicht nur mit der altgriechischen und hellenistischen Philosophie bekannt, sondern spielte auch eine wichtige Rolle auf dem Gebiet der Mathematik, indem er die indischen Zahlen in die arabische, die islamische und christliche Welt einführte. Auch in der Entwicklung neuer Methoden zur Entschlüsselung von Codes hat er Pionierarbeit geleistet und dabei seine Erfahrung aus Mathematik und Medizin herangezogen. Er legte eine Skala vor, die es Ärzten erlaubte, die Wirksamkeit von Medikamenten zu messen. Außerdem machte er Experimente mit der Behandlung durch Musik. Bedauerlicherweise sind zahlreiche seine Schriften verschollen. Greifbar für uns sind nur einige seiner Werke, die im Mittelalter ins Lateinische übertragen wurden und seine spezielle Theorie zur Kunst der Magie beziehungsweise seine Theorie über die Strahlen der Sterne enthalten. Darin behauptet er, dass Himmelskörper Strahlen aussenden und so auf alles im Universum eine Wirkung haben, auch auf die Menschheit.

4. Andere Namen, die der Westen später kennenlernen

sollte, sind die der *Banu Mûssa*, der Söhne Mûssa Ibn Schâkirs, Achmad, Muhammad und Hassan, Mathematiker, Astronomen und originelle Erfinder. Sie stammten aus Chorassân in Iran und lebten im 9. nachchristlichen Jahrhundert. Herausragend in ihren Wissenschaften, standen sie in engem Kontakt mit dem Kalifen al-Maamûn und sammelten einen großen Kreis von Gelehrten, Ärzten und Übersetzern um sich. Ihr Vater, Mûssa Ibn Schâkir, war ursprünglich Astrologe in al-Maamûns Diensten. Das Vertrauensverhältnis zum Kalifen veranlasste den Vater, ihm kurz vor seinem Tod seine drei Söhne ans Herz zu legen. Der Kalif vertraute sie einem Astronomen im »Haus der Weisheit« an, einem Mann namens Jachja Ibn Abi Mansûr, der sie in Mathematik, Astronomie und Mechanik unterwies. Muhammad und Hassan waren hervorragend in den beiden erstgenannten Fächern (Mathematik und Astronomie), Hassan, der im Jahr 873 n. Chr. starb, war sogar noch kenntnisreicher als sein Bruder. Achmad brillierte auf dem Gebiet der Mechanik. Die Banu Mûssa brachten gewaltige Geldmengen zusammen und versammelten viele Gelehrte, Ärzte und Übersetzer um sich, zum Beispiel Hunain Ibn Ishâk und Thâbit Ibn Kurra. Sie scheuten keine Ausgabe für die Wissenschaft und unternahmen zahlreiche Reisen nach Byzanz, um Bücher zu erwerben; und in ihrem prächtigen Palast in Bagdad richteten sie ein vollständiges Observatorium ein.

Doch die alten griechischen Wissenschaften waren nicht nur ein Leuchtturm für die Naturwissenschaften, beispielsweise die Astronomie, die Astrologie, die Mathematik, die Geometrie, die Medizin und so weiter. Die bedeutendsten arabischen Philosophen blickten, wie der schon genannte al-Kindi und wie nach ihm al-Farâbi (870–950), auf die Griechen. Al-Farâbi, der lateinische Alfarabius, war der zweite aristotelische Gelehrte und der Philosoph der arabisch-islamischen Welt nach al-Kindi. Er war stark von Plato beeinflusst und versuchte, Plato und Aristoteles, trotz ihrer gegensätzlichen Positionen, miteinander zu verbinden.

Man könnte eine lange Liste von Gelehrten und Philosophen der arabisch-islamischen Welt zusammenstellen, deren Studien und Forschungen unter dem Einfluss der alten Griechen standen. Im »Haus der Weisheit« in Bagdad und später in anderen arabisch-islamischen Städten, denen Bagdad Vorbild und Konkurrenz war, übersetzten in den folgenden hundertfünfzig Jahren zahlreiche Gelehrte des islamischen Reichs alle wissenschaftlichen und philosophischen Bücher der Griechen, und das Arabische ersetzte das Griechische als Sprache wissenschaftlicher Forschung. Außerdem wurde die wissenschaftliche Unterweisung Anfang des 9. Jahrhunderts durch die Einrichtung einer Universität in den meisten islamischen Städten verbessert. All das war Bagdad geschuldet und jener stürmischen Übersetzungsbewegung, die dort ihren Ausgang nahm, während Jahren an Bedeutung gewann und schließlich unter dem Kalifen al-Maamûn ihren Gipfelpunkt erreichte. Hier muss man wissen, dass die Papierproduktion, die sich damals in Bagdad ausbreitete, die Wissensvermittlung förderte und rasch Europa und die neue Welt erreichte. Die erste Papierfabrik entstand in Bagdad im Jahr 795 und ließ die wissenschaftliche Produktion aufblühen – zu einer Zeit, als man in Europa noch auf Tierhäuten schrieb. Bagdad wurde tatsächlich zum »Nabel der Welt«.

Aber wie könnte man über das »Haus der Weisheit« und über Bagdad reden, ohne die Übersetzer zu nennen, die dort gearbeitete haben?

1. *Hunain Ibn Ishâk al-Ibâdi* (810–873), in Hîra geboren, ist in Bagdad aufgewachsen. Er, dessen christlicher Vater als Apotheker arbeitete, der Medizin in Bagdad studierte und es bis zum Leibarzt des Kalifen al-Maamûn brachte, war einer der großen Übersetzer seiner Zeit. Neben dem Arabischen beherrschte er auch das Aramäische, das Persische und das Griechische,

weshalb ihn der Kalif zum Verantwortlichen für das »Haus der Weisheit« und die Übersetzungsabteilung machte. Hunain zeichnete sich besonders im Bereich der Übersetzung aus. Er übertrug Galen und dessen Kommentare zu Hippokrates mit einer für spätere Übersetzer vorbildlichen Exaktheit und Texttreue. Ebenso übertrug er Aristoteles und das Alte Testament aus dem Griechischen ins Arabische. Hunain Ibn Ishâk, der neun Kalifen erlebte, fertigte über hundert Übersetzungen an. Er wurde zur Autorität aller Übersetzer; außerdem war er ein führender Ophthalmologe. Seine *Zehn Abhandlungen über das Auge* sind die älteste Schrift über die Praxis der Augenheilkunde und das älteste Schulbuch der Geschichte über die wissenschaftliche Erforschung der Augenkrankheiten.

2. *Kusta Ibn Lûka* (820–912), ein aus Baalbek gebürtiger Libanese, der jedoch in Bagdad aufwuchs, war im Westen auch unter dem Namen Constabulus bekannt. Er gehörte zur Gemeinschaft der orthodoxen Melkiten, einer orthodoxen griechischen Kirche.

3. *Thâbit Ibn Kurra* (836–901), ein mandäischer Sabier (die Sabier sind eine Religionsgemeinschaft mit Zentrum in Mesopotamien, in der die Astrologie eine wichtige Rolle spielt), ist in Harrân, am Belich, einem Nebenfluss des Euphrats, geboren und übersetzte aus dem Syrisch-Aramäischen und dem Griechischen ins Arabische. Aber er war nicht nur Übersetzer, sondern auch selbst wissenschaftlich tätig in der Astronomie, der Mathematik, der Geometrie und der Musik. Er war der Erste, der Berechnungen über das Sonnenjahr anstellte, das er auf 360 Tage, sechs Stunden, neun Minuten und zwölf Sekunden festlegte. Kurios ist, dass Thâbit Ibn Kurra, bevor er seine Arbeit am »Haus der Weisheit« antrat, in Harrân als Geldwechsler arbeitete. Es war allein der Zufall, der ihn nach Bagdad brachte.

Ohne diese Übersetzungswoge hätte es zu keiner Ausbreitung von Wissenschaft und Philosophie kommen können. Von

Bagdad wurde, was dort begonnen hatte, in alle Teile der Welt getragen. Das »Haus der Weisheit« war ein »Think Tank«, eine Pumpstation für das Denken, lange bevor der Irak zur Pumpstation für das Erdöl wurde.

Es gäbe da noch vieles zu entdecken. Zugegeben, alles was in den Magazinen und auf den Regalen der Bibliothek und der Studiensäle stand, ist entweder während der Belagerung der Stadt durch die Mongolen verbrannt oder wurde nach ihrem Eindringen in Bagdad im Jahr 1258 n. Chr. geplündert. Die Plünderung erfasste die Wohnungen und sogar die Muadham-Moschee, die Ruhestätte des großen Imams, die Kadhimîja-Moschee, die Moschee der beiden Kâdhims, wo der Imam Mûssa al-Kâdhim und sein Enkel Muhammad al-Dschawâd ruhen. Die Mongolen zerstörten die Monumente und das kulturelle Erbe der Stadt. Bagdad hörte auf zu sein, was es bis dahin gewesen war: die Hauptstadt des Islams.

Doch trotz all der Verwüstung und Zerstörung, trotz all der Tinte, die den Tigris hinabfloss und deren Farbe sich mit der des

Die Belagerung Bagdads durch Mongolen im Jahr 1258, Zeichnung

Blutes vermischte, ist noch immer der Geist zu spüren, mit dem diese Bücher den Ort getränkt haben. Zugegeben, das Gebäude, das heute den Namen »Haus der Weisheit« trägt, hat nichts, aber auch gar nichts mit dem alten »Haus der Weisheit« zu tun. Es werden darin keine Übersetzungen angefertigt und keine wissenschaftlichen Studien betrieben. Es ist einfach das Forschungsinstitut in Bagdad, das die Regierung »Haus der Weisheit« nennen ließ. Es handelt sich um eine religiöse Schule, die im 13. Jahrhundert christlicher Zeitrechnung gebaut wurde. Auch die Bauweise hat nichts zu tun mit derjenigen des ursprünglichen »Hauses der Weisheit«, wie es die Abbassiden errichtet hatten. Das »Haus der Weisheit« als Pumpstation des Denkens erhebt sich himmelwärts, wie ein Lichtstrahl, der dort noch übrig ist. Dabei ist es unerheblich, dass es heute nur noch aus alten Trümmern besteht. Der Besucher muss sich nur ein wenig konzentrieren und den Geist der Bücher, die an diesem Ort gedruckt wurden, beschwören. Dann wird er jenen Wissensschatz, der einst in Magazinen und Bibliotheken aufbewahrt wurde, finden und wird den Menschen begegnen, die dort gearbeitet haben. Es könnte folgendermaßen aussehen: Da sitzen sie, nachdem sie ihre Arbeit beendet haben, und diskutieren. Und wenn ich sie nun von dort herausholte? Wenn ich sie durch die benachbarte Buchhändlerstraße spazieren ließe? Sie könnten Kollegen treffen, die Jahrhunderte nach ihnen geboren sind, Pioniere der Architektur wie jene, die der Baurat Mitte der 50er Jahre des vergangenen Jahrhunderts nach Bagdad holte, beispielsweise den Amerikaner Frank Lloyd Wright, der auf der Insel Umm al-Chanasîr die Oper von Bagdad baute, oder den Deutschen Walter Gropius, der in Dschadirîja die Universität von Bagdad entwarf; den Finnen Alvaro Aalto, der die Hauptpost schuf, den Französisch-Schweizer Le Corbusier, der die Sportstadt anlegte, oder den Italiener Gio Ponti, der den Palast für den Planungsrat am Tigrisufer neben der Brücke der Befreiung im Süden errichtete (eine Brücke, die am 20. März 2009 von den Amerikanern bombardiert wurde). Für diese Pioniere der Architektur bleibt Bagdad unvollständig ohne einen Besuch im historischen »Haus der Weisheit«. Und wenn ich nun die früheren Bewohner des »Hauses der Weisheit« jene jungen Leute treffen ließe, die in ihre Fußstapfen traten, Worte und Horizonte Bereisende, die jeden Freitag die Buchläden der Mutanabbi-Straße bevölkern, der ehemaligen Buchhändlerstraße?

Wer würde da eher zu den Siebenschläfern gehören? Diejenigen, die aus den Büchern treten, den Staub der Geschichte von sich abschütteln und hier doch wie Fremde aussähen, oder diejenigen, die in den Cafés der Mutanabbi-Straße sitzen und in die Fußstapfen derer treten wollen, die im »Haus der Weisheit« wohnten und die ihrer Umgebung auch als Fremde erscheinen? Für welches der beiden Bagdads sollen wir optieren? Für jenes, das war, oder für jenes, das kommen wird? Und was ist dann mit mir, der ich aus der Ferne komme und in Bagdad nach Momenten der Geschichte suche, nicht als Geschichte, sondern als eine Nostalgie, die hier seit Jahrhunderten hockt, begraben unter der Erde und zwischen Reihen einsturzgefährdeter Ruinen, begraben in den Falten und Windungen der ehemaligen Buchhändlerstraße oder in den Trümmerresten, die die Autobomben auf der Mutanabbi-Straße hinterlassen haben, wie sie heute heißt? Wo stehe ich jetzt?

Ich weiß, dass wir wieder zusammenfinden werden, bei Mutanabbi, im »Haus der Weisheit« und in jedem Buch, das dort auf dem Trottoir ausliegt. Ich weiß auch, dass wir alle, die alten Bewohner des Hauses und die Bewohner der Buchhändlerstraße heute, engere Zeitgenossen sind als jene, die außerhalb des Zirkels der Mutanabbi-Straße saßen, irgendwo, in irgendeiner Ecke von Bagdad, im Dunkeln, beim Licht einer Kerze, die nicht zu leuchten vermag – nicht weil ihr Wachs schmilzt, sondern wegen derer, die um sie herumsitzen. Sie weiß nämlich, dass sie mit finsteren Gesichtern auf Böses sinnen, sie weiß, dass sie ihre Nagelbomben zusammensetzen und allerlei Mordinstrumente bauen, um ihre verminten Autos in die Mutanabbi-Straße zu fahren, neben das alte »Haus der Weisheit«. Diese Feinde der Weisheit, diese finsteren Gelehrten, sie sind die Siebenschläfer, die aus dem Staub der Geschichte treten, diesen Staub aber nicht von sich abklopfen wollen, sondern darauf bestehen, in den Gewölben und Kanälen der Geschichte zu hausen, mit verbissenen Gesichtern, die nur Freude zeigen beim Druck auf den Knopf der Fernzündung. Wenn ein vermintes Auto explodiert, wie am 5. März 2007 in der ehemaligen Buchhändlerstraße, der jetzigen Mutanabbi-Straße, als sich die zerfetzten Verkäufer und Kunden, die Liebhaber von Wissenschaft und Literatur, mit zerfetzten Büchern vermischten, Opfer der Nagelbomben, dann triumphieren sie, weil sie meinen, mit diesem Verbrechen jenes Bagdad zu schaffen, das sie sich wünschen. Sie wollen nicht wahrhaben, dass sie Bagdad ein weiteres Mal zerstören.

Das »Haus der Weisheit« wurde von Hülägü und seinem Mongolenheer verbrannt. Das Wasser des Tigris soll schwarz wie Tinte gewesen sein, wo es nicht mit Blut vermischt war. Was haben sie gemacht? Sie haben aufs Neue zerstört und getötet. Sie haben die Bücher verbrannt und jene, die sie liebten. Das »Haus der Weisheit« in Bagdad ist zweimal abgebrannt, vielleicht dreimal. Und ein ähnliches Schicksal erlebte jenes andere, von den Fatimiden in Jerusalem errichtete »Haus der Weisheit«. Die Gelehrten der Finsternis wohnen nicht im »Haus der Weisheit«, sie fühlen sich wohler im »Haus des Terrors«.

17

In Reichweite der Stadt

Wenn man mich nach dem schönsten Tag meines Lebens fragt, lautet meine Antwort: als ich die Oberschule abgeschlossen hatte und damit für das Studium an der Universität in Bagdad bereit war. Anfang Juli erhielten wir die Resultate. Mein Durchschnitt war 78 Prozent im literarischen Zweig, was in der Benotung deutscher Schulen einer Zwei entspricht. Eigentlich lag mir gar nichts daran, in der sechsten Oberschulklasse einen guten Notendurchschnitt zu erreichen, denn ich wollte mich an der Akademie der Schönen Künste in Bagdad bewerben, nicht weil nur Bagdad über eine Kunstakademie verfügte, sondern weil das Theater es mir angetan hatte. Ich hatte zwar seit der fünften Oberschulklasse (dem elften Schuljahr) nicht mehr auf der Bühne gestanden – aufgrund von politischen Unannehmlichkeiten war ich in der zweiten Hälfte des Schuljahrs nach Basra umgeschult worden –, aber die Liebe zum Theater war geblieben und hatte sich mit der ausgeprägten Neigung kombiniert, Geschichten zu schreiben. Es war wie ein Rollentausch. Vielleicht wollte ich mich selbst schon darauf vorbereiten, mich dem einen zu widmen, wenn das andere schiefging. Das Studium an der Akademie der Schönen Künste verlangte zu jener Zeit keinen bestimmten Notendurchschnitt, und so war ich eigentlich sicher, an der Abteilung für Schauspiel angenommen zu werden. Nur noch ein paar Tage, und ich wäre in Bagdad. Wieso hätte ich auch nicht so denken sollen, wo ich doch wusste, dass sich nur eine kleine Handvoll Verrückter ernsthaft mit dem

Gedanken trug, an der Akademie der Schönen Künste zu studieren, während der Rest, die große Mehrheit, sich dort nur bewarb wegen ihrer dürftigen Noten? In meinem Fall wäre alles in trockenen Tüchern. Relativ gute Noten und praktische Erfahrung beziehungsweise eine schauspielerische Begabung.

In der Zeit zwischen der Abschlussprüfung und meiner Abreise nach Bagdad fühlte ich mich wie ein Welteroberer vor dem Aufbruch. Endlich würde ich nach Bagdad gehen! Nicht nur für einen flüchtigen Besuch wie einmal, als mich Ali Idân Abdallah, ein sechs oder sieben Jahre älterer Freund und surrealistischer Dichter, wie er sich selbst nannte, bat, nach Bagdad zu fahren, zur Redaktion der Zeitschrift *Alif Bâ*, und mich dort nach Faissal Luaibi zu erkundigen, einem berühmten irakischen Maler. Diesen sollte ich in Alis Namen bitten, den Umschlag für seine erste Gedichtsammlung zu gestalten, die er zunächst *Derwischgesänge* nennen wollte, dann aber, auf meinen Vorschlag hin, *Gesang Nummer eins* nannte. Ali bezahlte mir die Fahrt, und ich blieb drei Tage dort. Ich übernachtete in einem Hotel unweit der Nahda-Überlandbusstation und traf Faissal im Gebäude des Hurrîja-lit-Tabâa-Verlags, wo auch die Büros der Zeitung *al-Dschumhurîja* (*Die Republik*) und der Zeitschrift *Alif Bâ* domiziliert waren. Faissal, etwa zwanzig Jahre älter als ich, war ausgesprochen zuvorkommend. Er sah keinen Grund, den Jüngeren nicht mit Respekt zu behandeln. Er lud mich für denselben Tag zur Eröffnungsfeier einer neuen Galerie ein, genannt »Galerie der Vier«, die er, wie ich erfuhr, mit drei weiteren Malern betrieb. Sie lag am Ende der Saadûn-Straße, und für mich war es die erste Ausstellungsvernissage, der ich beiwohnte. Ich lernte verschiedene Maler kennen: Asîs Nâïb, Salâch Dschajjâd und Faissals Schwester Afîfa Luaibi. Einige dozierten an der Akademie der Schönen Künste, beispielsweise Ismaîl Fattâch Turk und Fâïk Hassan. Bei alledem vermittelte mir Faissal Luaibi nie das Gefühl, ein kleiner Junge zu sein. Auch noch am folgenden Tag, als er mir den Umschlagentwurf überreichte, scherzte er: »Baumwollentkörnersohn (Ibn al-Hallâdsch) zu sein ist besser als Hurensohn!« Das war eine Anspielung auf das Pseudonym »Ibn al-Hallâdsch«, das Ali Idân Abdallah sich für seine Gedichtsammlung zugelegt hatte, eine Erinnerung an den großen Mystiker und Dichter Abu Abdallah Hassan Ibn Mansûr al-Halladsch (26. März 858–922), der zur Zeit der Abbassiden lebte und auf Befehl des Abbassidenkalifen al-Muktadir durch die Hand des Wesirs Hâmid Ibn al-Abbâs hingerichtet wurde. Vielleicht hielt er mich ja für älter. Die meisten meiner Freunde waren älter als ich, sogar befreundete Frauen wie Samîra, die poetische Briefe mochte. Wie dem auch sei, Faissals Art, mich zu behandeln, stärkte mein Selbstbewusstsein, und obwohl die Reise nur drei Tage dauerte, gab mir meine Rückkehr mit dem Entwurf für den Umschlag der Gedichtsammlung im Gepäck nicht nur das Selbstvertrauen, allein nach Bagdad reisen zu können, sondern hob auch mein Renommee in den Augen meiner Freunde, von denen einige bewundernd sagten: »Najem kennt Künstler und Schriftsteller in Bagdad.«

Von diesem Selbstvertrauen zehrte ich bei meiner ersten längeren Reise nach Bagdad. Warum sollte ich nicht froh sein, wo ich doch wusste, dass ich meinen Traum verwirklicht hatte? Endlich war geschehen, worauf ich immer hingefiebert hatte: Ich sollte in Bagdad wohnen und studieren. Meine erste Station auf dem Weg in die Welt. Diese freudige Benommenheit ließ mich in der ersten Zeit nach Erhalt der Prüfungsresultate nicht schlafen, sie ließ mich nicht bemerken, dass ich mich nicht groß um das Privileg kümmerte, das mir zuteilwurde, anderen nicht, obwohl auch sie an der Universität studieren wollten und dorthin fahren und ihre Papiere einreichen mussten. Ich fuhr nach Bagdad in Begleitung von zwei Mädchen. Nennen wir die eine Dschinân; sie war die Tochter eines Nachbarn und Freundin eines zwei Jahre älteren Freundes von mir, nennen wir ihn

Chalîl, der sie Jahre nach dieser Fahrt heiratete. Nennen wir die andere Sanâ; sie stammte aus Mahallat al-Sarâj und war Dschinâns Freundin und Klassenkameradin. Was für ein Privileg! Eine Reise mit zwei Mädchen. Sie übernachteten im selben Hotel wie ich. Bei meiner ersten Bagdad-Reise als Kind mit meinem Vater zehrte ich von den Postkarten. Bei dieser Reise, dem Beginn meiner Weltentdeckung, zehrte ich von der Liebe, die sich während all dieser Jahre aufgehäuft hatte, der Liebe zu einer Stadt namens Bagdad.

Es war Anfang der 1970er Jahre, eine Zeit relativer Freiheit und Fortschrittlichkeit für meine Generation. Gemeint ist die relative Freiheit, die die Linken erhielten, sowohl diejenigen, die tatsächlich der Kommunistischen Partei oder einer Studentenorganisation angehörten, wie mein Freund Chalîl, Dschinâns Freund und späterer Ehemann, als auch diejenigen, die keiner Partei angehörten, aber liberales Gedankengut pflegten und gewisse Neigungen für die Kommunisten verspürten, wie ich. Der Grund dafür war nicht, dass es zu einer politischen Einheitsfront gekommen war zwischen der irakischen KP und der damals herrschenden Sozialistischen Arabischen Baath-Partei, genannt »Nationale Vaterländische Fortschrittsfront«, sondern dass jene Jahre eine Zeit des Wiederauflebens der Linken im Allgemeinen und des Marxismus im Speziellen waren, und zwar weltweit. Eine Person, die dem Marxismus anhing, galt als fortschrittlich, besonders wenn sie Schriftsteller oder Künstler war.

Die 70er Jahre, die Jahre des marxistischen »Frühlings«, um einen Begriff von heute zu wählen, ließen ihre Winde nicht nur im Westen wehen. Nein, sie erreichten auch uns, wenn auch durch den Filter der Übersetzung, die die Texte verunreinigte und verunstaltete. Diese Winde ließen uns die Welt durch dieselbe Brille sehen, die Brille von Karl Marx oder diejenige von Jean-Paul Sartre. Es war fast, als ob sich die physiologische Deformation, die den kleinen hässlichen Mann kennzeichnete, auf seine Sicht der Welt, der Politik und der Gesellschaft übertragen hätte. Alles was keinen Bezug zu Marx oder Sartre hatte, erfuhr von mir eine Abfuhr, sogar die Liebe und der Sex. Anders kann ich kaum erklären, was sich auf dieser Reise abspielte. Es fällt mir schwer, dahinter nur meine Fixierung auf eine einzige Sache zu sehen, auf Bagdad, auf meine Liebe zu Bagdad. Da musste noch etwas anderes sein. Nicht nur schenkte ich dem anderen Mädchen, Dschinâns Freundin, unserer Reisekollegin Sanâ, keinerlei Aufmerksamkeit, weil ich wusste, dass sie Baathistin war, ja, ich tat sogar, als sie im durchsichtigen schwarzen Nachthemd vor mir stand, erst im Bad, danach in meinem Zimmer im Hotel, alles, um nicht hinzuschauen.

Ich erinnere mich noch immer an meinen Kampf mit dem Verlangen, auf ihre bettelnden Blicke und ihre bewusst aufreizenden Bewegungen zu reagieren: die deutlich zur Schau getragene Brust, dann an ihre offensichtliche Verstörtheit, besonders da sie einige Zeit in meinem Zimmer bleiben musste. Chalîl, der schon länger in Bagdad wohnte, weil er ein Jahr vor mir sein Studium an der Akademie der Schönen Künste aufgenommen hatte, teilte zwar das Zimmer mit mir, war aber nach nebenan gegangen, um mit Dschinân allein zu sein. Mehrfach wanderte Sanâ an mir vorbei und bot mir ihren wohlgebauten Körper förmlich an, dessen Konturen unter dem durchsichtigen Nachthemd sichtbar waren, das nicht einmal ihre Schenkel ganz bedeckte. Als sie die Hoffnung aufgegeben hatte, ließ sie sich aufs Bett fallen, und ihr Nachthemd rutschte noch höher. »Also wenn Chalîl noch lange da drüben bleibt, muss ich wohl hier übernachten«, seufzte sie und fragte dann kokett, eine Locke ihres schwarzen Haars zurückschiebend, die ihr auf die Stirn gerutscht war, ob ich etwas dagegen hätte, wenn sie hier schliefe, ob mich das irgendwie stören würde. »Aber nein«, erwiderte ich, tat dann aber etwas, das sie mir nicht verzieh und weswegen sie am folgenden Tag jedes Gespräch mit mir vermied und sich benahm, als wäre ich nicht vorhanden. Ich glaube, sie tat das Richtige, denn meine negative Reaktion auf ihren ziemlich eindeutigen Vorschlag, bei und mit mir zu schlafen, war gedankenlos. Heute weiß ich, was für ein Tor ich war, als ich, um mich der Verführung durch ein Mädchen ihres Alters, das einfach Sex wollte, zu entziehen, beschloss, hinaus auf die Straße zu gehen und ihr das Zimmer zu überlassen, nicht weil ich keine Lust auf Sex gehabt hätte oder ein Frauenverächter gewesen wäre, sondern schlicht und einfach, weil dieses Mädchen Baathistin war.

Ich habe also Sanâs Erwartungen enttäuscht, und die Akademie der Schönen Künste hat meine Erwartungen enttäuscht. Und ebenso wie Sanâ überzeugt war, dass kein Mann ihren Verführungskünsten widerstehen könne, war ich überzeugt, die Akademie der Schönen Künste würde mich niemals zurückweisen können. Mit dieser Haltung ging ich am folgenden Tag zur Aufnahmeprüfung. Es störte mich nicht weiter, dass Sanâ auf dem Weg in die Wasirîja-Gegend jeden Wortwechsel mit mir vermied und mir nicht einmal ins Gesicht schaute, ja, sich nicht einmal von mir verabschiedete, als ich vor dem Akademiegebäude, gleich nachdem wir unter der Sarrafîja-Brücke hindurchgefahren waren, aus dem Taxi stieg. Die beiden Mädchen fuhren weiter zur nicht weit entfernten Fakultät für Sporterziehung. Nur Dschinân sagte »Tschüss« und wünschte mir viel Glück bei der Aufnahmeprüfung – ein überflüssiger Wunsch, fand ich in jenem Augenblick, da ich noch nicht wusste, was mich dort erwartete, genau wie Sanâ nicht gewusst hatte, was sie mit mir erwartete.

Die Überraschung traf mich wie ein Blitz aus heiterem Himmel. Ich hatte zwar schon gehört, dass in jenem Jahr an den drei Fakultäten – derjenigen für Sporterziehung, derjenigen für Erziehungswissenschaften und der Akademie der Schönen Künste nur noch Baathisten aufgenommen werden sollten, wollte das aber absolut nicht glauben. Ich ging noch immer davon aus, dass jemand wie ich die theoretische und die praktische Prüfung bestehen würde und die Frage der Zugehörigkeit zu einer Organisation oder Partei kein Hindernis sein würde. Man würde sicher eine Ausnahme machen, zumal an der Akademie noch immer Dozenten unterrichteten, die für ihre linken Tendenzen bekannt waren, einige waren Kommunisten, andere glaubten an die Professionalität des Theaters, ja, ihr Ziel war die Schaffung eines Avantgardetheaters im Irak. Derartig getrost ging ich an jenem Morgen zur Aufnahmeprüfung. Man kann sich meinen Stolz an jenem Tag kaum vorstellen, besonders da ich am Abend zuvor die Prüfung der Sanâ'schen Verführungskünste bestanden hatte, denen ich während Stunden ausgesetzt war.

Den theoretischen Teil absolvierte ich innerhalb einer Stunde. Ich wäre schon früher fertig gewesen, hätte ich nicht den beiden Kollegen rechts und links von mir geholfen, die mich beispielsweise fragten, wer George Bernard Shaw war und was Shakespeare heißen sollte. (Ironischerweise wurde einer von diesen beiden später Präsident der Nationalen Union der Studierenden des Baathistischen Iraks an der Akademie der Schönen Künste; er sollte mir den Eintritt ins Gebäude der Akademie verwehren, wo ich Freunde besuchen wollte!) Ich hatte bei der Beantwortung keiner der gestellten Fragen auch nur den geringsten Zweifel. Die meisten betrafen das internationale Theater: bekannte Autoren oder Titel von Stücken. Außerdem gab es noch ein paar Fragen zur Theatertechnik: Bühnenbild, Beleuchtung, Regie. Ebenso getrost stellte ich mich dem praktischen Teil der Prüfung. Dabei musste ich vor einer Kommission von Professoren, die für die Aufnahme verantwortlich war, auf der Bühne der Akademie einen Text vortragen. Die Szene, die ich ausgewählt und eingeübt hatte, entstammte dem Stück *Gesang vom Lusitanischen Popanz* von Peter Weiss. Es handelt von westlichen kolonialistischen und missionarischen Unternehmungen in Afrika und von den dortigen Regimes diktatorischer Agenten des Westens. Ich absolvierte die theoretische und die praktische Prüfung, die beide am selben Tag stattfanden, mit Bravour. Das bestätigte mir die Kommission, der ich zwei Tage später im Büro des Dekans der Akademie der Schönen Künste gegenüberstand.

Ich kann mich noch genau an jenen Tag erinnern. Es war das erste Mal, dass mir zweifelsfrei deutlich wurde, dass das Land, in dem ich lebte, unerbittlich auf den Abgrund zusteuerte. Ein Land nämlich, in dem sich die Opportunisten und Lügner drängeln, für die ein Gespräch über Professionalität nichts als leeres Gewäsch ist, hat sich selbst zum Abschied aus der Geschichte verurteilt. Wie könnte man sonst erklären, dass die Persönlichkeiten, die mir sauber aufgereiht gegenübersaßen und die uns (einige von ihnen sind tot, andere leben noch) mit ihrem Gerede über das Theater und die schönen Künste im Irak den Kopf volllaberten, dass diese Kommission der »Koryphäen« an der Zerstörung des irakischen Theaters beteiligt war, und zwar aktiv, nicht nur durch die Zustimmung zur Aufnahme baathistischer Studierender, sondern indem sie diese neue Bestimmung eifrig und ohne Gewissensbisse durchsetzten: die Ablehnung nichtbaathistischer Studenten trotz ausgezeichneter Prüfungsergebnisse im theoretischen wie im praktischen Teil, lediglich weil diese Studenten keinen Schrieb irgendeiner baathistischen Stadtsektion vorlegten, der eine Mitgliedschaft oder eine positive Einstellung bestätigte. Diese Personen namentlich zu nennen, erübrigt sich, aber ich erinnere mich noch immer daran, wie sie da saßen, mich anstarrten, lächelten und meine Prüfungsresultate in den Himmel lobten. »Ausgezeichnet, mein Sohn«, sagten sie alle. Ich stand etwas ratlos vor ihnen und wartete auf das entscheidende Wort: »Aufgenommen!« Vielleicht waren ja auch sie ratlos. Sie hielten sich damit beschäftigt, in meinem Antrag oder meinem Dossier herumzublättern, das vor ihnen lag, oder sie warteten darauf, dass einer von ihnen mir die

Kunde mitteilte: Antrag auf Aufnahme in die Akademie abgelehnt. Grund: Beim Antrag fehlt ein Papier, der Nachweis der Zugehörigkeit zur Baath-Partei oder einer ihrer Organisationen oder im besten Fall: »Antrag pendent bis zur Vorlage des Nachweises«, wie sie mir ganz höflich sagten und noch hinzufügten: »Versuchen Sie, diesen Nachweis zu beschaffen« oder »Das ist einfach nur ein Papier«, wie mir, fast etwas scherzhaft, einer der Herren sagte. Ich erinnere mich noch genau an ihre erstaunten Blicke, als ich ihnen erklärte, ich würde keinen solchen Nachweis besorgen. Wenn sie mich zum Studium an der Akademie aufnehmen wollten, sollte das aufgrund meiner Begabung und Kenntnisse im Theater sein. Alles andere habe nichts mit dem Theater zu tun; außerdem stünde davon auch nichts in den Anmeldebestimmungen. »Dann tut es uns leid, Ihnen sagen zu müssen, dass Sie nicht aufgenommen sind.« Das waren die Worte des Kommissionspräsidenten.

Sein Bedauern, das er zum Ausdruck brachte und das ein tiefer Seufzer begleitete, war wohl wirklich aufrichtig, jedoch nicht in dem Sinne, dass er bedauerte, dass ich nicht aufgenommen wurde. Was konnte schon ein Wehrloser wie ich einem Theater bieten, in dem eine Karriere allein auf der Grundlage der Propaganda für die herrschende Partei möglich ist? Seit jenem Jahr ist das irakische Theater, vielleicht sogar das gesamte Land, seinem Untergang entgegengegangen. Selbst diejenigen, die sich für die Größten hielten, produzierten Theaterstücke nur noch, um den Machthabern zu gefallen. Als der irakisch-iranische Krieg ausbrach, lieferten sie ein Theater »für den Kampf«. Bei einem noch lebenden »Wendehals«-Theaterautor ging das so weit, dass er in den 1990er Jahren eine Theaterfassung des Romans des früheren Diktators Saddâm Hussain, *Zabiba und der König*, auf die Bühne brachte. Es war ironischerweise derselbe, der erst Saddâm Hussain und nach dem 9. April 2003 den neuen Machthabern zujubelte und auf sie zugeschnittene

Theaterstücke verfasste. Nein, das Bedauern des Kommissionspräsidenten war aufrichtig, es war der Ausdruck einer wirklichen Enttäuschung. Sicher hatte er nicht für möglich gehalten, dass es jemanden gab, der ihm ins Gesicht sagte, er werde keinen Nachweis einer Mitgliedschaft bei der Baath-Partei vorlegen, nicht einmal, wenn es sich dabei nur um eine Formalität handelte, die ein Verwandter, Bekannter oder Freund erledigen könnte. Jemanden, der nein sagt, zu einer Zeit, in der alle begonnen hatten, aus voller Kehle ja zu schreien. Das war eine niederschmetternde Nachricht für die Kommission aus ein paar opportunistischen Professoren, die für alles, was ihr Herr Diktator befahl, jubelnd die Trommel rührten. Wahrscheinlich waren sie sogar allesamt gleicher Herkunft, gehörten der gleichen Religionsgruppe an und folgten der gleichen Lehre. Nach den Kriterien jener Zeit bedeutete das nicht nur, dass ich nicht Baath-Parteimitglied war, sondern auch, dass keine Garantie für ein Wohlverhalten vorlag, da ich ja aus dem Süden stammte, dessen Loyalität sowieso immer fragwürdig war, während sie aus anderen, nicht südlichen Regionen stammten. Surrealismus und Modernität, Moderne und Postmoderne waren bloß Slogans, hinter denen sich all die verschanzten, denen es sowieso nicht erlaubt war, sie im Munde zu führen, wenn sie nicht zur selben Religionsgruppe gehörten wie der Diktator.

Nun musste ich mich innerhalb einer Woche für ein anderes Fach an einer anderen Fakultät bewerben. Glücklicherweise war es ihnen noch nicht gelungen, alle Universitäten für nichtbaathistische Studierende zu schließen. Und weil ich in keiner anderen Stadt als Bagdad studieren wollte und mein Notendurchschnitt mir erlaubte, jedes Fach an allen Fakultäten außer den drei genannten zu belegen, beschloss ich, in Bagdad zu bleiben. Ich ging die Fächer durch, die für mich in Frage gekommen wären: Soziologie; Archäologie; europäische Sprachen, besonders englische, französische oder deutsche Literatur. Schließlich warfen mich mein Notendurchschnitt und die zentrale Verteilstelle in die Abteilung für deutsche Literatur.

Mein ganzes Leben schien unausweichlich auf Deutschland zuzulaufen. Jahrelang musste ich warten, um dann zu erfahren, dass ich dank der Ablehnung bei der Akademie der Schönen Künste in Bagdad am Leben blieb oder dass ich dank meines Studiums der deutschen Literatur an der Abteilung für europäische Sprachen der Universität Bagdad nicht, wie eigentlich alle Literaten und Künstler auf der Welt, nach Paris ging, um dort, in der Hauptstadt der Welt, zu leben. Glücklicherweise kam ich nach Deutschland, wie mein Freund und früherer Verleger Michael Krüger erklärte. Weiß Gott, es war ein Glück, abgelehnt zu werden. Denn wenn ich an der Akademie der Schönen Künste studiert hätte, wäre ich inzwischen tot und verkohlt an den Fronten des Krieges gegen Iran. So geschah es zwei Freunden, die unbedingt an der Akademie der Schönen Künste studieren wollten und sich über Verwandte den Nachweis der Mitgliedschaft bei einer Organisation der Baath-Partei besorgten. Beide fielen in jenem Krieg, und ihre Leichen wurden bis heute nicht gefunden.

Das Ganze spielte sich in etwa folgendermaßen ab: Der erste Studienkurs an der Akademie der Schönen Künste begann im Jahr 1974 und endete 1978. Am 1. August 1978 erging es den Absolventen dieses Kurses wie denen anderer geisteswissenschaftlicher Abteilungen: Sie mussten 23 Monate Wehrdienst leisten. Das galt auch für mich. Ich begann meinen Militärdienst am 1. August 1978 und diente bis zum 18. August 1980 (wegen verschiedener Gefängnisaufenthalte und zur Strafe musste ich ein paar Wochen länger bleiben). Bei meinen beiden Freunden, Kâdhim und Saîd, lief das etwas anders. Weil ihr Kurs der erste rein baathistische Kurs war und sie ja Theaterlehrer waren, wurden sie erst einmal in anderen irakischen Provinzen als Lehrer eingesetzt, und der Staat schob den Beginn ihres Militärdienstes ein Jahr hinaus. Sie hatten bis zum 1. August 1979 auf ihre Einberufung zu warten. Der Staat brauchte Tausende von baathistischen Lehrern, weshalb er die gleiche Prozedur viermal hintereinander wiederholte. Das Problem war nur, dass etwa ein Jahr und sieben Wochen nach dem Beginn des Militärdienstes des ersten dieser Absolventenschübe, nämlich am 22. September 1980, der irakisch-iranische Krieg begann, und Krieg hieß, dass vorläufig niemand mehr aus der Armee entlassen wurde. Das wiederum hieß, dass meine beiden Freunde eingezogen blieben, bis ein Erlass des Verteidigungsministers ihre Entlassung erlauben würde. Da sich aber der Krieg hinzog und von Tag zu Tag schlimmer wurde, mussten die beiden, entsprechend dem Bedarf des Heeres, an die Front zum Kampf. Darf ich also sagen, dass es ein Glück war, dass ich nicht in die Akademie der Schönen Künste in Bagdad aufgenommen wurde? Oder soll ich lieber sagen, dass es für diese beiden und Hunderte anderer ein Pech war, dass sie nicht nein sagen konnten?

18

Studentenleben

Als Erstes lernte ich an der Universität Bagdad, dass es zwei Arten von Studenten gab, die mit mir an der Deutschabteilung studierten.

Da waren zum einen die regulären Studenten, die an diese Abteilung wie ich aufgrund ihres Notendurchschnitts gelangt waren oder weil sie aus einem persönlichen Wunsch heraus deutsche Sprache und Literatur lernen wollten. Im Irak hatte damals gerade die industrielle Entwicklung begonnen beziehungsweise, nach der offiziellen Sprachregelung, die »Etappe explosiven Wachstums« oder die »Etappe der demokratischen nationalen Revolution«, zu deren markanten Kennzeichen es gehörte, dass zahlreiche ausländische Firmen ins Land kamen, unter anderem auch deutsche. Wer für diese als Übersetzer arbeitete, konnte allerhand Privilegien ergattern: ordentlichen Lohn, finanzielle Extras und Reisen nach Deutschland. Allein in Amâra waren drei deutsche Firmen tätig: zwei davon in dem zur Stadt gehörigen großen Madschar-Distrikt angesiedelt, eine für Papierproduktion, die zweite für Zuckerrohrverarbeitung; die dritte betrieb in der Gegend des Muallimîn-Viertels eine Bierbrauerei. Das hatte mir, als ich noch in Amâra wohnte, ein Freund und Nachbar erzählt, der schon ein Jahr vor mir in Bagdad das Studium der deutschen Sprache und Literatur aufgenommen hatte und dann tatsächlich nach seinem Abschluss als Übersetzer bei jener deutschen Firma arbeitete, die in der Zuckerrohrverarbeitung tätig war.

NW (li. vorne sitzend) in den
Tagen seines Studiums vor dem Ge
der Fakultät für deutsche Lit
der Universität Bagda

Dann gab es zum anderen irreguläre Studenten, die eigentlich mit der Wissenschaft und dem Lernen nicht viel am Hut hatten. Sie kamen an die Universität, weil sie einen militärischen Dienstgrad trugen: Geheimdienstoffiziere, denen die Erlernung einer Fremdsprache später erlauben sollte, entweder im diplomatischen Dienst als Geheimdienstoffizier zu arbeiten oder als Übersetzer und Begleiter deutscher Geheimdienstleute, auf Deutsch »Aufbauexperten« genannt, obwohl ihre Arbeit in erster Linie darin bestand, irakische Geheimdiensteinrichtungen aufzubauen. Sie stammten hauptsächlich aus Ostdeutschland, manche aber auch aus Westdeutschland. Der Osten und der Westen Deutschlands standen sich zwar feindlich gegenüber, doch auch schon vor der Wiedervereinigung waren sie in einer Sache geeint: dem Aufbau von Sicherheitseinrichtungen in der »Dritten Welt« und der Modernisierung des dortigen Folterinstrumentariums. Die diesbezüglichen Einrichtungen der für ihre Brutalität bekannten Baath-Partei profitierten für die Modernisierung von deutschem Know-How.

Natürlich öffnete mir diese Lektion die Augen auf die Studienzweige in anderen Fakultäten. Die Sicherheits- und Geheimdienstleute machten den Studierenden die Studienplätze streitig. Und vergessen wir nicht: Saddâm Hussain selbst war Student gewesen oder war zumindest einmal als solcher an der Rechtsfakultät eingeschrieben. Alle Direktoren der Sicherheits-

apparate und später auch die Söhne des Diktators und seiner Minister studierten an derselben Fakultät. Dass Geheimdienstoffiziere an der Literaturfakultät, an der Abteilung für europäische Sprachen, studieren sollten, war durchaus noch verständlich. Aber dass sie Recht an der Rechtsfakultät studierten, gehört schon zu den etwas skurrileren irakischen Realitäten. Schließlich haben sie und niemand sonst das Feuer auf das Recht eröffnet. Zwei Jahre nach Beginn meines Studiums an der Literaturfakultät führte die Universität aus geheimdienstlichen Gründen einen vollständigen »Sprachzweig« ein. Und im Zusammenhang mit der Entwicklung der Beziehungen zu und der Kooperation mit den lateinamerikanischen Diktaturen und dem Austausch von militärischem und geheimdienstlichem Expertenwissen zur Bekämpfung und Ausmerzung jeglicher Opposition, besonders mit den Generälen in Argentinien und dem chilenischen General Pinochet, wurde im Jahr 1977 eine Spanischsektion ins Leben gerufen, deren Klassen schon zwei Jahre nach ihrer Gründung alle Räume im ersten Stock der Literaturfakultät beanspruchten.

All das wusste ich natürlich nicht, als ich meine Universitätsstudien aufnahm. Der Anblick der Geheimdienstoffiziere, die alle aus dem Westteil des Iraks kamen und sich alle schon bei Beginn ihres Studiums zu kennen schienen, erregte bei mir keine besondere Aufmerksamkeit. Diese Einzelheiten erfuhr ich erst im Lauf der Zeit, und zwar von einer wunderbaren Kommilitonin namens Maâli, die in der baathistischen Studentenorganisation, der »Nationalen Union irakischer Studenten«, mitmachte, sich aber nicht fürchtete, mir gegenüber Sympathie zu zeigen. Einmal warnte sie mich vor falschem Verhalten oder vor unbedachten Äußerungen, weil man plane, mich aus der Fakultät auszuschließen. Ein andermal erfuhr ich von Machenschaften gegen mich durch den Irrtum eines Professors, der mit einem Stipendium an der Universität Leipzig seinen Doktortitel erhalten hatte und nun neu an der Abteilung für deutsche Literatur war. Dieser Mann, Imâd, ließ mich gleich an seinem ersten Tag rufen, um mit mir, wie er sagte, in meiner Eigenschaft als Verantwortlicher für die an der Abteilung studierenden Offiziere zu sprechen. Es gehe darum, einen Plan zu entwerfen, um die Bewegungen des oppositionellen Studenten Najem zu begrenzen. Anfangs dachte ich, er mache einen Witz, und wusste nicht recht, wie ich reagieren sollte. In diesem Augenblick musste ich, Herr Imâd war kurdischer Herkunft, an all die rassistischen Witze über die Kurden denken, die sich angeblich ihr eigenes Grab schaufeln. Aber es fiel mir keine andere Antwort ein als: »Ich werde tun, was in meiner Macht steht.« Und völlig konsterniert ging ich hinaus.

NW (rechts) mit Frau Rita (Mitte) und Kommilitonin Mufida, Fakultät für deutsche Literatur der Universität Bagdad, 1974

Ich wusste, dass mich die baathistischen Studenten beobachteten, und nahm das eigentlich als normal hin. Es ging ja allen so, die nicht der herrschenden Partei angehörten. Dass Geheimdienstoffiziere mit mir studierten, von denen später zwei im Sicherheitsdienst der irakischen Botschaft in Berlin, ein weiterer in der Schweiz als Sekretär Barsân Tikrîtis, des 2008 hingerichteten Halbbruders von Saddâm Hussain, arbeiten sollte, hat mich nie groß beschäftigt. Für mich war deutsche Literatur Goethe, Schiller, Kleist, Rilke, Hesse, Thomas Mann, Erich Maria Remarque, Brecht und Peter Weiss, nicht die Geheimdienstoffiziere mit ihrem diplomatischen Korps. Mit diesem unschuldigen, um nicht zu sagen naiven Gefühl nahm ich 1973/1974 mein Studium an der Universität Bagdad auf: Literaturfakultät, Abteilung für europäische Sprachen, Sektion für deutsche Literatur. Ich war froh darüber, deutsche Literatur studieren zu können, eine Literatur, für die ich schon lange eine Neigung hatte. Zugegeben, es war mir nie in den Sinn gekommen, ich könnte einmal deutsche oder andere Literatur studieren, da ich immer überzeugt war, Literatur studiere man nicht an einer Universität, sondern erfahre sie im Leben durch Lektüre. Doch dass ich schließlich eine Literatur studieren sollte, die mir nahelag, war wie ein Trost für die Ablehnung bei der Akademie der Schönen Künste, oder es freute mich ganz einfach. Schon lange liebte ich die deutsche Literatur. Und ich rede hier nicht von der Postkarte mit dem Bild der Kalifenmoschee in Bagdad, das ein deutscher Fotograf aufgenommen hatte. Damals hatte ich diese Postkarte völlig vergessen. Ich meine vielmehr meine erste Entdeckung der deutschen Literatur im Alter von fünfzehn oder sechzehn Jahren. Das war ein reiner Zufall. Ich blätterte in einem Buch, das in der »Zeitgenössischen Buchhandlung« in Amâra auslag. Meine Aufmerksamkeit wurde durch den Titel geweckt: *Duineser Elegien*. Ein seltsamer Titel, dachte ich. Doch kaum hatte ich das Buch aufgeschlagen, begann ich auch schon zu lesen. Es sprach plötzlich von mir. Ich kaufte das Buch von meinem Taschengeld. Erst später erfuhr ich, dass diese Elegien aus der Feder eines deutschen Dichters namens Rilke stammten. So hatte meine Reise mit der deutschen Literatur begonnen, die ich intensivierte, nachdem ein Theaterregisseur an unsere Schule kam, um mit uns den *Gesang vom Lusitanischen Popanz* von Peter Weiss einzuüben.

NW (links stehend) während der ersten Studientage, 1974

Mit solcherlei Gefühl trat ich mein Studium an der Sektion für deutsche Literatur an. Und es war mir gleichgültig, dass die Mehrzahl der Dozierenden aus der DDR stammte. Warum hätte ich dahinter auch etwas vermuten, mich zum Beispiel fragen sollen, warum es niemanden aus der Bundesrepublik gab, aus Österreich oder der Schweiz? Schließlich studierten wir die deutsche Literatur, nicht die Literatur Deutschlands. Das waren Fragen, die mich nie beschäftigten, zumal die Dozenten aus Ostdeutschland allesamt liebenswürdig waren: von dem im Widerspruch zu seinem Namen kleinen Professor Lang, Professor Gieser und Frau Doktor Murib (sie war mit einem Iraker verheiratet) bis zu Frau Doktor Nassîf, der hübschesten und liebenswürdigsten Frau im Seminar, und Frau Rita, die noch keinen Doktortitel oder dergleichen besaß und die Stelle wegen ihres Mannes, Dr. Nasr, erhielt, der uns auch unterrichtete. Sie verschwand eines Tages fluchtartig mit ihrem Sohn Târik. Wenigstens verging das erste Jahr ohne unangenehme Zwischenfälle. Nichts erregte irgendwelchen Argwohn. Für mich war es ein echter Beginn. Der Beginn meines neuen Lebens in meinem Eden, in das ich endlich gelangt war: Bagdad. Ich war froh und dachte nicht, dass diese Freude irgendwann enden könnte – als nämlich die beiden Kategorien von Studierenden zusammengebracht wurden, die während des ersten Jahres in zwei getrennten Klassen waren. Ich versuchte mit allen Mitteln, mich nicht in die Animositäten der Leute in meiner Umgebung, besonders meiner engeren Mitstudierenden, hineinziehen zu lassen, ja, allem aus dem Weg zu gehen, was das Glück meines neuen Lebens hätte trüben können. Ich unterhielt mich gleich freundlich mit allen Kommilitonen meiner Studienstufe, sogar mit den neuen Studierenden, die sich unserer Gruppe anschlossen – fast nur Männer, mit Ausnahme von zwei oder drei Frauen. In unserer Gruppe im ersten Jahr war es genau umgekehrt: Mit Ausnahme von drei Jungen gab es nur Mädchen. Neben mir waren das noch Abdulrida aus Kût und Namîr, mit dem ich viel zusammen war.

Es war leicht zu erkennen, dass das Ziel jener anderen Gruppe von Studenten ein völlig anderes war als unseres. Sie waren alle Baathisten. Aber dieses Wissen hinderte mich nicht, sie einfach als Studienkollegen zu betrachten und ideologischen Debatten mit ihnen aus dem Weg zu gehen. Eine naive Vorstellung, ich weiß. Aber so stellte ich mir das damals vor. Ich verdrängte, dass die Politik die Hülle war, die allen Raum im Irak umschloss, das Schicksal des Irakers, ob er wollte oder nicht. Sogar das Schweigen machte einen im Irak verdächtig. Zugegeben, das allgemeine politische und soziale Klima in jenen Jahren ließ anderes vermuten und vermittelte den Eindruck, das Land sei auf dem Weg zu mehr Freiheit und mehr Fortschritt, zur Öffnung gegenüber der Linken und dem Westen. Doch ein zweiter Blick, in die Tiefe, auf die Widersprüche, die sich zwischen den offiziellen Propagandareden und der Realität (Morde und Verhaftungen einzelner Oppositioneller) auftaten, machte deutlich, dass wir zwangsläufig auf eine Katastrophe zusteuerten. Die herrschende Baath-Partei hatte sich gerade mit der irakischen KP zusammengetan, die bis dahin im Geheimen gewirkt hatte und auf einen Rückhalt bei der »Straße« zählen konnte, besonders in den Städten im Süden. »Nationale Fortschrittsfront«, so hieß dieser Pakt, und Saddâm Hussain war zu jener Zeit noch Adlatus des Präsidenten der Republik und des Revolutionären Führungsrats, obwohl alle wussten, dass jedwede

Befugnis in seiner Hand lag. Dieser Saddâm Hussain zeigte damals noch ein anderes, ein »linkes« Gesicht, nicht nur gegenüber den Kommunisten und der Sowjetunion, er stand auch hinter der Anerkennung der DDR. Der Irak war das erste Land außerhalb des Warschauer Pakts, das Ost-Berlin anerkannte und diplomatische Beziehungen mit ihm aufnahm. In jenen Jahren war linkes Denken in Mode, es galt als fortschrittlich und zeitgemäß. Sein Einfluss war überall sichtbar.

Wer die Bilder aus jenen Jahren sieht, als Bagdad Paris nahekam – so formulierte es Sonja Zekri 2011 in der *Süddeutschen Zeitung* –, wird seinen Augen nicht trauen. Junge Frauen mit modernen Frisuren und kurzen Röcken, wenn nicht sogar in engen Charleston-Hosen, oben eng, unten weit. Sogar diejenigen, denen ein schwarzer Umhang nicht erspart blieb, trugen darunter meist kurze Röcke, und ihre Ausschnitte waren freizügig. Die Jungen trugen mehrheitlich die gleichen Charleston-Hosen und hatten lange Haare. Daran änderte auch die Attacke gegen »Weichlichkeit und Weibischkeit« nichts, die in jener Zeit begann, als auf dem Thron der Provinz Bagdad Chairallah Talfâch hockte, Saddâm Hussains Onkel mütterlicherseits und Vater seiner ersten Ehefrau Sâdschida. Dieser Chairallah Talfâch, der einmal in einem Fernsehinterview auf die Frage nach der Bedeutung seines Namens antwortete: Chair (Wohltat) Gottes, wurde zum häufigen Gesprächsthema und Gegenstand unseres Spotts, und sein Name wurde bei uns abgewandelt zu Charâ (Scheiße) Gottes. Dieser Chairallah Talfâch, der frühere Militär oder »Raubritter von Bagdad«, wie ihn die Bewohner der Stadt nannten, da es dort keinen Flecken Land gab, den er sich, wenn er ihm gefiel, nicht unter den Nagel gerissen hätte. Dieser Chairallah Talfâch, Rassist in Potenz, dessen triviales Büchlein mit dem Titel *Drei, die Gott nicht hätte schaffen dürfen: Juden, Perser, Fliegen* zur Pflichtlektüre aller Staatsangestellten wurde. Dieser Chairallah Talfâch, der Onkel des Saddâm Hussain und Aus-

links im Foto) mit zwei Kommilitonen,
a (rechts außen) und Namîr Elias (Mitte), 1976

nahmetalent in den Disziplinen Zurückgebliebenheit, Hinterwäldlerei und Destruktion, der während seiner Amtszeit eine in der Geschichte des Iraks einzigartige Polizei schuf, die sehr verrufene »Sittenpolizei«, die – nach dem Vorbild des Wirkens des Militärs in Santiago de Chile nach dem berühmten blutigen Putsch gegen die Regierung der Volkseinheit unter dem gewählten Präsidenten Salvador Allende – Studentinnen und Angestellte, Ärztinnen, Arbeiterinnen und andere Frauen ohne Kopftuch in Bagdad verfolgte, auf offener Straße attackierte, schlug, ihnen die Kleider zerriss und ihre Beine mit Farbe übergoss und dann behauptete, das zur Bewahrung traditioneller Werte und irakischer Authentizität zu tun.

Doch diese Attacke ging rasch vorbei, angeblich gestoppt durch Sâlich Mahdi Ammâsch, einen anderen Vize des Präsidenten der Republik, dessen Tochter sich ohne Kopftuch in der Öffentlichkeit zeigte und dem ein Gedicht Muhammad Mahdi Dschawâhiris zukam, des großen, damals in Prag wohnenden irakischen Dichters, in dem dieser ihn aufrief, sich einzuschalten. Die Jugend jedenfalls wurde durch diese Attacke nicht von ihrem Wunsch abgebracht, sich bemerkbar zu machen und auf Freiheit zu drängen. Die Freiheit, das war der Sauerstoff, den wir in Bagdads Luft einatmeten. Das wusste Saddâm Hussain

genau, und er unterband ihn rasch. Um die jungen Menschen für seine Seite zu gewinnen, bevor er die skrupellosen Attacken gegen die Gegner seiner Politik beginnen konnte, bevor er die Straßen Bagdads mit seinem Bild als »Herr Vizepräsident« und dem Bild dessen füllen ließ, der zumindest äußerlich damals noch Präsident der Republik war, Achmad Hassan al-Bakr, musste er als zeitgemäßer, schicker Herr auftreten, der täglich seine Krawatte wechselte, um den Menschen den Eindruck zu vermitteln, er sei der Fackelträger der Moderne, nur mit ihm könnten sie ihre Sehnsüchte verwirklichen, und was unter seinem Onkel als Gouverneur von Bagdad geschehen sei, sei nichts als eine flüchtige Wolke gewesen, die im Irak keinen festen Platz finden werde. Hatte Saddâm Hussain nicht, und das nur einen Tag nach dem blutigen Putsch in Chile, seinen berühmten Satz formuliert: »Für einen Anti-Allendisten ist im Irak kein Platz, einen solchen werden wir an der Grenze beerdigen.« Diesem Satz applaudierten die Kommunisten und sagten, Saddâm, »der Linke«, habe ihn gesprochen. Ebenso applaudierten die jungen Menschen ihm, den sie für den Träger der Modernitätsfackel hielten, Saddâm, »den Schicken«. Am 22. September 1980 sollten Millionen dieser jungen Leute in voller Schickheit an die Front ziehen, um gegen Iran zu kämpfen.

Das war die Atmosphäre im Bagdad jener Jahre. Alle waren betäubt vom verlogenen Karneval der Baath-Partei, und niemand achtete auf die Schlinge, die die Machthaber für sie auslegten. Wer achtet schon auf eine Stimme, die außerhalb des Schwarms zwitschert? Wer achtet schon auf eine Stimme, die einem ins Ohr flüstert, das Eden, das man da durchlebe, sei vorübergehend, eine falsche Freiheit, da diese Freiheit, auf die man so stolz ist, an eine einzige Partei namens Baath gebunden ist, in der eine einzige Person namens Saddâm Hussain schaltet und waltet? Freiheit nimmt man sich, man erhält sie nicht als Geschenk. Denn wenn einem jemand etwas gibt, kann er es am

mit Kommilitonen und Professoren:
(zweite Reihe, 1. von links) beim ersten
sterempfang 1974

nächsten Tag zurückverlangen. Das ist eine alte Weisheit, doch wer sie zu jener Zeit auszusprechen wagte, erhielt von den revolutionären Massen Fußtritte, wurde zerfetzt und konnte sich glücklich schätzen, mit dem Leben davonzukommen. Wie heißt es im Sprichwort?: »Die Helden ruhen reglos unter der Erde, die Feiglinge spazieren lebendig darauf herum.« Das war die Weisheit, an der die Epoche sich hätte orientieren müssen, nicht an der anderen, die da lautete: »Jeder Bürger ist ein Baathist, auch ohne Mitgliedskarte«, von dem die Straßen und die staatlichen Ämter überquollen, ein Slogan, der wohl sogar den Himmel des Landes bedeckte, bevor ihn der Pulverdampf schwärzte.

19

Ortswechsel

In meinem ersten Studienjahr bekam ich keines der Gratiszimmer in einem Studentenwohnheim. Man behauptete, ich hätte mich zu spät gemeldet. Niemand monierte, ich sei nicht Mitglied der herrschenden Partei. Offenbar wollte man mich doppelt bestrafen: erstens durch die Ablehnung meiner Bewerbung an der Akademie der Schönen Künste, zweitens indem man mich nicht im Studentenheim unterbrachte. Das hat mich aber nicht weiter gestört. Im Gegenteil. Bagdad bedeutete Leben in Freiheit, fern von der Herrschaft der Familie, der gesellschaftlichen Beobachtung im kleinen Amâra. Ich konnte es noch immer nicht fassen, dass ich endlich in einer großen Stadt studieren durfte. Im Studentenwohnheim zu wohnen, hätte bedeutet, dort nur ein Bett, nicht ein ganzes Zimmer zu haben. Es hätte bedeutet, sich mit anderen ein Zimmer zu teilen, im Glücksfall zu dritt, im schlimmsten Fall zu siebt, so in den modernen Wohnheimen. Das Resultat war eine ständige Betriebsamkeit und die Einmischung ins Leben der anderen. Wahrscheinlich gab es sogar in jedem Zimmer einen Bewohner, der für die Baath-Partei oder für die Sicherheitsdienste Berichte über die Mitbewohner verfasste. Und glücklich, wer in einem Zimmer ohne Wächter der Sicherheit und ohne Baathisten wohnen konnte. Das erlebte ich in meinem zweiten Studienjahr, als ich einen Platz in einem alten Haus in der Iwadîja-Gegend bekam, einer Villengegend am Tigrisufer. Dort teilte ich mir ein Zimmer mit zwei kommunistischen Studenten aus Hilla, obwohl es den Kommunisten manchmal gelang, die ganze Wohnung für sich zu vereinnahmen. Ganz anderes erlebte ich in meinem dritten Jahr, als ich in Wasirîja wohnte – mit sechs anderen in einem Zimmer, alle Kurden, und zum ersten Mal fühlte ich mich als Araber. Und dann im vierten Jahr, als ich in einem Wohnheim in der Raschîd-Straße lebte, wo ich mir ein Zimmer mit sieben Kommilitonen teilte: sechs aus Nadschaf, alle Baathisten, und ein Tunesier, der hauptsächlich schlief oder sich deutsche Pornos reinzog. Er ging mir mit seiner dauernden Fragerei nach dem Wort »Muschi« auf den Wecker. Muschi?« Ich kannte das Wort auch noch nicht, weil es weder bei Goethe noch bei Schiller, ja, nicht einmal bei Brecht vorkommt, gab mich jedoch wissend: »Es heißt Haus«, erklärte ich im Brustton der Überzeugung, »und hängt mit dem Wort Moschee zusammen.«

Ein Zimmer zu suchen und zu mieten, war nicht ganz einfach. Erstens war es in allen irakischen Städten für einen alleinstehenden Mann schwierig, ein Zimmer oder eine Schlafstelle in einem Haus zu bekommen. Zweitens war die Miete eine Belastung, besonders für Studierende aus ärmeren oder ganz armen Familien. Also musste man nebenher arbeiten. Doch in Bagdad Studium und Arbeit miteinander zu verbinden, war unmöglich. Abendstudium war nur an der Mustansarîja-Universität bekannt, doch die war teuer und bot nicht alle Fächer an.

Trotz aller Schwierigkeiten war ich froh, dass ich kein Zimmer und auch kein Bett zugewiesen bekommen hatte. Nur so konnte ich mein Leben selbst gestalten, konnte Bagdad selbst entdecken. Im Irak und wie überhaupt in den arabischen Gesellschaften lebt der Einzelne für die Gemeinschaft. Individualismus gilt als verdächtig, ja krank. Ein Kind, das sich in sein Zimmer zurückzieht und dort verschanzt, einfach, um allein zu spielen, wird von der Familie misstrauisch beäugt. »Fehlt ihm was?«, fragen sich die Eltern. Das Kind hat immer dort zu sein, wo die Familie ist, wo die anderen Kinder sind. Einzelgängertum ist ein Traum und gleichzeitig eine Voraussetzung für Individualität. Das habe ich früh gelernt. Was mir gefehlt hat, war die passende Gelegenheit, diese Unabhängigkeit zu realisieren. Wenn ich von baathistischen Schülern geschlagen und über den Hof der Oberschule in Amâra geschleift wurde, und dies angesichts der Schüler und der Lehrer, die auf das Geschrei hin aus ihren Klassen kamen, dachte ich nur eines: Weg aus dieser Stadt. Die Zeit sei gekommen, dachte ich, einen Vorwand zu finden, nach Basra umzusiedeln, nicht weil ich diese Hafenstadt schon seit meiner Kindheit liebte, sondern vor allem, um fern vom Druck der Familie und der kleinstädtischen Gesellschaft zu leben. Dabei spielte es keine Rolle, dass ich im Haus meines Großvaters mütterlicherseits wohnen sollte. So ging ich über ein Jahr, von der zweiten Hälfte der vierten (zehntes Schuljahr) bis zur ersten Hälfte der sechsten Oberschulklasse (zwölftes Schuljahr) in Basra zur Schule.

Mein Großvater war – nach der Verheiratung seiner beiden Töchter, meiner Mutter und meiner Tante Malakîja – streng in seiner Erziehung oder seinem Verhältnis zu meinem Onkel Nûri, der nur sechs Jahre älter war als ich. Er war sein einziger Sohn. Dieser Onkel Nûri kam nicht über das Mittelschulniveau hinaus. Er wurde fünf- oder sechsmal nicht versetzt und blieb in der dritten Klasse (neuntes Schuljahr) stehen. Meine Abschlussprüfung wurde für ihn zu einem quälenden Albtraum. Dieser Onkel, ein echter Don Juan, der sich mehr für Mädchen als für die Schule interessierte, fand keinen anderen Weg, um sich gegen seinen Vater aufzulehnen, als den Beitritt zur Baath-Partei und ihren Milizen. Aber auch das schüchterte seinen Vater nicht ein, der ihn weiterhin wie einen kleinen Jungen behandelte. Als ich nach Basra kam, war er zweiundzwanzig Jahre alt. Ich war für ihn wie ein Geschenk des Himmels. Bis ich dort einzog, musste er, obwohl das zweite Zimmer des Hauses leer stand und als völlig überflüssiger Abstellraum diente, im selben Zimmer wie seine Eltern schlafen. Es ist mir unerklärlich, dass er mit seinem Vater keine wilden Auseinandersetzungen hatte. Wenn andere meinen Großvater fragten, wie Nûri mit Vater und Mutter im selben Zimmer schlafen könne, wo er doch ein Mann im heiratsfähigen Alter sei, erklärte er, nur so könne er ihn strikt beaufsichtigen. Wenn er allein in einem Zimmer schlafe, könnte er auf die Idee kommen, sich bei Nacht Frauen zu holen. Doch mein Großvater, der den Staat fürchtete und panische Angst vor Schwierigkeiten hatte, der ständig umzog, egal wie kurz oder wie lange er in einem Haus gewohnt hatte, manchmal informiert von Sabrîja Hadsch Ubaid, seiner Frau, dass ihr Sohn einem Mädchen nachstellte – dieser strenge Großvater musste sich diesmal dem Drängen seines Enkels, des Sohnes seiner älteren Tochter, fügen, im anderen Zimmer schlafen zu dürfen. Warum dann nicht gleich gemeinsam mit seinem Onkel? Daran änderte auch die Tatsache nichts, dass er in meiner Tasche einen Liebesbrief an Laila, die Nachbarstochter, fand. Soweit ich in Erfahrung bringen konnte, nahm er den Brief und fuhr zu meinem Vater, hundertzweiundachtzig Kilometer nach Norden, um ihm zu erklären, er könne zwar die politische Aktivität seines Sohnes und die Lektüre von Lenin, Marx und Sartre akzeptieren, ja, auch den »verderblichen« Einfluss auf meinen Onkel, aber er akzeptiere nicht, dass ich ihm wegen irgendwelcher Mädchengeschichten Probleme mit seinen Nachbarn schaffe.

Anderthalb Jahre lang teilten sich mein Onkel und ich das Zimmer im Haus meines Großvaters im Tamimîja-Viertel in

NW bei einem Ausflug mit einem K[...] durch die Sumpfseen âl-Suhain in Amâra, 1976

Basra. Während dieser Zeit erteilte ich ihm eine Lektion in Individualismus, blieb aber in einer anderen Sache erfolglos: ihn zum Austritt aus der Baath-Partei zu bewegen. Als ich ihm von meiner Absicht erzählte, zurück nach Amâra zu gehen, verstand er mich nicht. »Warum zurückgehen?«, fragte er mich. »Du wirst dort doch noch immer gesucht und verfolgt?« Er wusste nicht, dass ich mich nur so an der Universität Bagdad bewerben konnte. Wäre ich bis zum Ende des Schuljahrs in Basra geblieben und hätte meine Prüfungen dort abgelegt, hätte ich mich an der Universität Basra bewerben müssen. Das kümmerte ihn nicht, er war sicher, sobald ich Basra verließe, müsste er das Zimmer verlassen. Und so kam es dann auch. Doch die Lektion in Individualismus, die ich ihm erteilt hatte, ließ ihn diesmal das Haus seines Vaters verlassen. Er zog aus und wohnte in einem Hotel am Umm-al-Burûm-Platz.

Diesen Individualismus spürte ich noch viel stärker in Bagdad, besonders während meines ersten Studienjahrs 1974/1975. Zwar blieb ich im Alltäglichen ein großer Parteigänger des Kollektivgefühls und der Solidarität, doch ich war mir bewusst, dass ich das nicht sein konnte, ohne an meinem Individualismus festzuhalten. Die Neigung zu Eigenbrötelei jedoch und ein Verhalten, das nicht der allgemeinen Erwartung entspricht, weckt im Irak Argwohn. Der Einzelne steht in der Familie, in der Schule, auf der Straße, überall unter Beobachtung. Es ist deshalb nicht verwunderlich, dass bei uns diktatorische Regime entstehen. Alle sind an diesem Prozess beteiligt.

Um dieser diktatorischen Macht Widerstand zu leisten, um einer Gesellschaft Widerstand zu leisten, die an ihren beduinischen Bindungen festhält, muss man spezielle Wege entdecken, ja, erfinden, egal wie schmal sie auch sein mögen. Wichtig ist, sein eigenes Leben zu leben und nichts auf die Unannehmlichkeiten zu geben, die daraus entstehen können. Kein Zimmer, kein Bett, keinen Platz im Studentenwohnheim zu bekommen, war im Grunde mehr eine Herausforderung als Anlass zu Beschwerde oder Klage.

Die meisten Studierenden, die kein Zimmer im Wohnheim erhielten, waren nicht Mitglieder in der Baath-Partei. Die Mitgliedschaft in der herrschenden Partei stand an erster, die Herkunftsregion an zweiter Stelle. Der Irak kann etwa in folgende Regionen aufgeteilt werden: der Süden, wo die Schiiten wohnen, der Westen, wo die Sunniten wohnen, und der Norden, wo die Kurden wohnen. Natürlich gibt es Überlappungen, aber das sind seltene Ausnahmeerscheinungen, die meist besondere historische Gründe haben, wie die Ansiedlung sunnitischer Familien in Basra. Solche Familien sind im Lauf der Geschichte, zum Beispiel in Zeiten der Dürre, immer wieder aus dem Nadschd emigriert. Mitunter gab es auch Gründe jenseits der natürlichen und sozialen Zwänge: die Zwangsumsiedlungen der Kurden beispielsweise von Kirkuk in den Süden des Iraks oder die »freiwillige« Umsiedlung der Araber nach Kirkuk, wofür sie eine Anstellung, ein Stück Land, ein Auto und fünftausend Dinar erhielten, zu einer Zeit, als der Dinar noch drei Dollar wert war. Oder es gab die Arbeitsmigration, wie im Fall der Bewohnern aus dem Süden, die in den Fabriken der Provinz Gharbîja arbeiten gingen, oder der Familien Schaichli, Nadschâda, Dschabbûr und Mawâmara, die Anfang des 20. Jahrhunderts zum Arbeiten in den Süden gingen, besonders in grenznahe Städte wie Amâra und Basra-Hafen. Die unzähligen ethnischen und religiösen Minderheiten dagegen – die mandäischen Sabier, die Christen, die Jesiden, die Schabak und sogar die Juden bis zu ihrer Emigration oder Deportation Anfang der 1950er Jahre – waren teils über den ganzen irakischen Teppich verbreitet, entsprechend ihrer Geschichte, ihrer Traditionen, ihrer Rituale und auch entsprechend den Arbeitserfordernissen. Darüber hinaus gab es die demografische und geografische Aufteilung, die nichts mit Strafmaßnahmen zu tun hatte und in erster Linie die Kurden im

Norden und die »Östlerschiiten« im Süden betraf. Der Machtapparat setzte sich aus arabischen Sunniten aus Tikrît, aus dem Stamm der Bunâssir, dem Clan Saddâm Hussains, zusammen. »Alle anderen sind Knechte«, wie es einmal ein Dichter, der heute eine bedeutende Funktion im Staat hat, vor dem irakischen Diktator formulierte, obwohl dieser seinen Vater hatte hinrichten lassen. Barmherzig oder erniedrigend, nach Belieben. Die Studentenwohnheime waren ein weiteres Mittel der Disziplinierung, die manche trafen, besonders wenn sie zwei »Makel« auf sich vereinigten: aus dem Süden zu stammen und nicht Baath-Mitglied zu sein. Das war katastrophal!

Aber die regionale Aufteilung bestand und besteht noch immer in den Köpfen der Leute. Ich erinnere mich noch an eine Bagdader Studentin. Sie hieß Maissûn, entstammte einer wohlhabenden Familie, die in Madînat al-Mansûr wohnte, und wurde aufgrund ihres Notendurchschnitts, wie die meisten Studenten, die nicht Offiziere waren, zum Studium der deutschen Literatur geschickt. Sie fragte mich immer wieder neugierig, ob wir uns da unten in Amâra mit Segelbooten oder mit Stocherkähnen von Haus zu Haus bewegten und ob es schon Autos in der Stadt gebe. »Bei euch gibt's doch noch keine Autos?«, fragte sie im Tonfall dessen, der die Antwort schon im Voraus zu kennen glaubt. »Bewegt ihr euch in Pooten, Najem?«, fragte sie und sprach das b wie ein p aus. Was für ein romantischer Gedanke! Diese Maissûn verschwand schon kurz vor Ende des ersten Studienjahrs, und es hieß, sie habe einen jungen Mann aus einer ebenfalls wohlhabenden Familie geheiratet. Es hieß aber auch, sie sei nach Amerika gegangen. Das war Teil der Ausbildung bei den Reichen aus der Mansûr-Gegend, die sich Bilder vom »Östler«-Süden machten, die mehr mit Phantasie als mit Realität zu tun hatten. Maissûn stellte diese Fragen völlig unaggressiv, freundlich und liebenswürdig, ohne böse Absichten. Nein, sie fragte unschuldig, und sie schien in meinen »phantastischen«

Antworten eine Art romantischen Trost zu finden. Denn statt ihr einen Vortrag darüber zu halten, dass es in Amâra eine umfangreiche Mittelschicht gab und dass ihre Vorstellungen eher auf das Umland von Amâra zuträfen, tischte ich ihr lieber ein paar Lügengeschichtchen über Stocherkähne und Segelboote auf, die wir besaßen, und wie ich immer nach der Schule auf meine Freundin gewartet hatte, um sie im Kahn nach Hause zu bringen. »Da ersetzt sozusagen der Stocherkahn den Mercedes bei uns«, stellte sie, die einen Mercedes fuhr, fest. »Nein, nein«, korrigierte ich und begann, von Dingen zu erzählen, die ich aus dem Kino kannte, um ihrer Phantasie bei ihren Projektionen auf den Süden weiterzuhelfen. »Was du da schilderst, klingt wie Venedig, Najem«, sagte sie, und ich erwiderte: »Exakt, nur noch schöner.« Als Maissûn dann verschwand, war ich untröstlich. Schließlich hatte sie mich zur Erfindung von Geschichten angeregt und war wohl auch der Panzer, der mich vor den Attacken böswilliger anderer schützte. Denn in den Pausen versuchte ich, mich auf dem Hof der Fakultät an sie zu halten, um ihr, die ganz Ohr war, vom Süden zu erzählen. Als sie gegangen war, musste ich mich mit den anderen unterhalten, besonders denen, die mich bösartig angriffen.

Diese unterteilten sich, soweit sichtbar, in drei Gruppen. Im ersten Seminar, das ich im ersten Studienjahr belegte, gab es einen nicht sehr großen, hellhäutigen Studenten aus Bagdad namens Namîr, der sich, besonders nach Maissûns Verschwinden, an mich hängte. Er wich sogar beim Fotografieren nicht von meiner rechten oder linken Seite und versuchte intensiv, mich von seinen marxistischen Ideen zu überzeugen. Er suchte jemanden, den er für die KP gewinnen könnte. Dies, obwohl er wissen musste, dass ich nie daran zweifelte, dass er ein Geheimdienstoffizier in Zivil war.

Dann Doktor Imâd, gerade aus Leipzig eingetroffener Literaturdozent. Seit er entdeckt hatte, dass er einen Fehler gemacht hatte, als er mich als Verantwortlichen der baathistischen Studentenorganisation in der Abteilung für deutsche Literatur zu sich rief, ließ er keine Gelegenheit aus, mich in sein Büro zu zitieren, um mir Vorträge über die mächtige und revolutionäre Baath-Partei zu halten. Er wurde fuchsteufelswild, als er herausfand, dass ich im dritten Studienjahr einige Teilprüfungen absichtlich vermasselte, weil die zehn Ersten der Klasse, in der ich Anfang des Studienjahres der Erste war, in den Sommerferien mit einem Stipendium zu Studium und Fabrikarbeit in die DDR gehen konnten, etwas was ich aus zwei Gründen ablehnte: Zum einen, weil ich dort nicht hinwollte, weil sie für mich ein diktatorisches Regime war, nicht unähnlich dem Baath-Regime. Um das herauszufinden, genügte es, die Dozenten für deutsche Literatur an der Universität Bagdad anzuschauen. Sie waren alle Mitglieder der SED, für die sich die Literatur ideologischen, marxistisch-leninistischen Maßstäben zu unterwerfen hatte. Das war dann fortschrittliche Literatur, also Literatur des sozialistischen Realismus. Reaktionäre Literatur, also alle anderen Richtungen, vom Surrealismus über den Dadaismus bis hin zum Existenzialismus, das war bourgeoise Literatur. Deswegen lasen wir weder Kafka noch Thomas Mann, noch Hermann Hesse. Moderne Literatur beschränkte sich auf die Liste der klassischen Autoren, die diese Dozenten marxistisch interpretierten, und die zeitgenössischen Autoren, die aber in der DDR leben mussten. Kein Wunder also, dass ich im Seminar von Hermann Kant und von Max von Braun gehört hatte, bevor ich nach Deutschland kam, nicht aber von Autoren wie Max Frisch oder Robert Musil. Zum anderen, weil die zehn besten Studenten, die in die DDR gingen, Mitglied der baathistischen Studentenorganisation sein mussten. Außerdem hatten sie eine Verpflichtung zu unterschreiben, nur ein positives Bild von den »revolutionären Leistungen und dem Weg der Revolution« zu vermitteln.

Schließlich Amâni, eine Studentin aus Hilla, die mit der neuen Gruppe zu uns kam. Sie war groß gewachsen, dunkelhäutig, näselte leicht und war bei den Mädchen für ihre lesbischen Neigungen bekannt. Diese Amâni bemühte sich um meine Nähe und Freundschaft, doch je mehr sie bei mir versuchte, das Weibchen zu spielen, desto finsterer erschien mir ihr Gesicht. Was sie am meisten ärgerte, war mein Mitleid mit ihr, das sie bemerkte, und einmal sagte sie, sie wäre glücklich, mich hinter Gittern zu sehen.

Und wie war es mit den unsichtbaren Bösartigen? Ohne die ich nie bemerkt hätte, dass ich von Zeit zu Zeit ein Vergehen beging? So zum Beispiel, als ich einmal eine Boney-M-Kassette spielte, die ich in einem bekannten Kassettengeschäft erstanden hatte. Ich hatte sie in das Kassettengerät im Sportraum geschoben, den die Studenten benutzen durften, solange sie sich auf dem Sportplatz aufhielten. Es war ein rauschhaft sonniger Tag im Frühling. Mein Freund und ich saßen zusammen mit ein paar Stipendiaten aus Nordkorea auf der Tribüne. Plötzlich erschien einer der baathistischen Studenten mit Beduinengesicht und wollte wissen, wem die Kassette gehöre. Ich begriff den Sinn der Frage nicht und sagte: »Mir«, worauf er mich aufforderte, ihn ins Sicherheitsbüro der Fakultät zu begleiten, weil ich zionistisches Liedgut verbreitete. Erst als ich auf den Text hörte, begriff ich, worum es ging: »By the rivers of Babylon / There we sat down / Ye-eah, we wept / When we remembered Zion.« Ich erklärte ihm, diese Kassette werde in einem offiziellen Laden verkauft, und zeigte ihm den Stempel darauf. Einige Minuten kämpfte er mit sich, ob er mich nun trotzdem abführen sollte oder ob das eine Blamage würde, zumal ja die nordkoreanischen Studenten dabeisaßen, sich mit uns unterhielten und offenbar den Song genossen. Am Ende fügte er sich und beschränkte sich darauf, die Kassette zur Inspektion zu konfiszieren.

Aber einmal abgesehen von diesem Hin und Her, von diesem Katz-und-Maus-Spiel, dem Risiko, das es für mich barg, wurde das Ganze doch auch zur Routine. Das Leben unter dem Hammer der Diktatur entwickelt bei dem, der es ablehnt, gewisse Formen des Lebens, gewisse Arten der Konfrontation, über die hier zu sprechen eher der Phantasie als der Wirklichkeit zuzukommen scheint. Das ist die »Ästhetik des Widerstands«, um den Titel des Romans von Peter Weiss zu entlehnen. Andererseits muss man zugeben, dass die Baathisten erst am Anfang ihres Weges zur Vereinnahmung des Lebens standen, wodurch noch ein gewisser Freiraum erhalten blieb, der aber an Bedingungen und Grenzen geknüpft war. So jedenfalls ging es bis Mitte 1977, als die Jagd, die Hatz und ein eigentlicher Krieg gegen Oppositionelle und mehr oder minder alles begann, was nicht baathistisch war. Es war ein Prozess, der im Frühjahr 1978, genau am 31. März jenes Jahres, in der Hinrichtung von einunddreißig Bürgern, zur Hälfte Militärs, zur Hälfte Zivilisten, gipfelte. Der Vorwurf lautete: Bildung kommunistischer Zellen in der Armee, ein Anklagepunkt, den der Machtapparat mit dem Tode bestrafte.

20

Das eigene Zimmer

Ich war noch nicht lange in Bagdad, als ich das Leben entdeckte, das ich als Schriftsteller beginnen wollte. Ich sage entdeckte, nicht erfand, weil mir die Ordnung, die ich mir zu geben gedachte, allem Anschein nach nicht fremd war. Offenbar hatte ich sie schon früher kennengelernt: Um Schriftsteller zu werden, braucht man Beharrlichkeit. Begabung steht zwar am Anfang, aber diese entwickelt sich nur durch harte Arbeit. Die meisten irakischen Schriftsteller, die ich damals kannte oder kennenlernen sollte, besonders diejenigen aus meiner Generation, veröffentlichten ein Werk, und das war's dann. Doch da ich nicht von verflossenem Ruhm zehren wollte, musste ich anders vorgehen. Ich musste ein Schriftsteller werden, von dem die Leser immer ein neues Werk erwarten – eben nicht einfach ein Schriftsteller, sondern einer, der einen literarischen Plan verfolgte.

Ein Zimmer in der Gegend von Haidarchâna zu finden, war der erste Schritt in diese Richtung. Zugegeben, ich musste dieses Zimmer mit zwei anderen Studenten teilen, Châlid und Alâ, zwei Burschen, die auch aus Amâra stammten und Verwaltungswissenschaften studierten. Doch das Zimmer war geräumig, und die beiden reisten bald mit einem Stipendium der irakischen Kommunistischen Partei in die mazedonische Hauptstadt Skopje im ehemaligen Jugoslawien. Und so wuchs in mir das Gefühl, auf ein neues Leben zuzugehen. Bis dahin hatte ich nie einen eigenen Raum gehabt, ein Zimmer für mich selbst. Virginia Woolf spricht vom »Zimmer für sich allein« und die entscheidende Rolle, die es im Leben einer Schriftstellerin spielt. Zu ihrer Zeit, unter skandalösen, männerbestimmten Verhältnissen, war es für eine Frau fast ausgeschlossen, über ein eigenes Zimmer zu verfügen. Auf dieser Grundlage machte sie das eigene Zimmer ganz besonders für die Schriftstellerin zur Voraussetzung. Ohne eine eigene Atmosphäre und zumindest die Freiheit, sich darin zu bewegen, sei es für sie schwierig zu schreiben. Jemand wie ich, aufgewachsen in einer patriarchalischen Gesellschaft, kann das nur zu gut verstehen.

Vielleicht kommt das Europäern lächerlich vor. Ihre Kinder bekommen, kaum ein wenig herangewachsen, schon ein eigenes Zimmer. Das Kind in Europa, und speziell in Deutschland, lebt mit seinen persönlichen Dingen, die es umgeben. Das erste Pronomen, das ein Kind lernt, ist das Possessivpronomen in der ersten Person Singular: mein. Wir im Orient dagegen brauchen Jahre, bis wir mit Überzeugung dieses Pronomen aussprechen – ohne innere Zensur und ohne Scham gegenüber der Umgebung. Zu Hause hatte ich nie ein eigenes Zimmer. Meine drei Schwestern schliefen im selben Zimmer, das sich auch noch unsere Großeltern mit uns teilten. Vielleicht waren sogar wir es, die als Gäste dort logierten. In Bagdad konnte ich zum ersten Mal sagen, ich hätte ein eigenes Zimmer. Im Haus meines Großvaters in Basra zum Beispiel hatte ich, obwohl ich es durchsetzen konnte, im anderen, dem leeren Zimmer wohnen zu dürfen, nie dieses Gefühl, das ich dann in Bagdad bekam. Nicht weil ich mir das Zimmer mit meinem Onkel teilte, sondern weil ich nicht das Gefühl hatte, an einem Ort zu wohnen, der meiner ist: für den ich die Miete bezahle, den ich aufräume, den ich möbliere, wie ich will, in dem ich nach Belieben und Bedarf aus und ein gehen kann. Hier wurde das Possessivpronomen zum ersten Mal Realität: Das ist mein Zimmer, für das ich eine monatliche Miete von, soweit ich mich erinnere, sechs Dinar (damals etwa zwanzig Dollar) bezahle; das ist mein Bett. Jetzt kann ich mir die

Bücher kaufen, die mir passen. Jetzt kann ich mir die Freunde einladen, die mir gefallen. Und viele Freunde besuchten mich, saßen mit mir zusammen oder schliefen auch in diesem meinem Zimmer. Sogar mein Vater besuchte mich dort und schlief in meinem Bett, während ich auf dem Boden, auf den beiden Teppichen lag, die mir meine ehemaligen Zimmerkollegen zurückgelassen hatten.

NW mit einer Freundin im Garten der Akademie der Schönen Künste, Bagdad 1975

Dieses Zimmer lag in einem großen Etablissement (Chân), in dem ein Heer von Junggesellen aus verschiedenen Städten des Landes wohnte. Manche waren Studenten, andere Angestellte oder Soldaten. Das Haus lag in einer kleinen Gasse hinter dem Restaurant »Dschamîla«, vor dem das Denkmal des großen irakischen Dichters Russâfi stand. Dieses Zimmer, das man gleich hinter dem Tor auf dem Hof rechter Hand erreichte, war der erste Schritt, den der Schriftsteller, der ich geworden war, nehmen sollte. Nicht weil es mir einen kleinen Bereich Unabhängigkeit verschaffte, der mich an jene internationalen Schriftsteller der amerikanischen *lost generation* erinnerte, über die ich viel gelesen hatte: beispielsweise wie sie ihr Leben in Paris gefristet hatten. Heute weiß ich, dass das eine romantische Vorstellung war, fern jeder Realität. Aber ein junger Mann in meinem Alter damals, der, um Schriftsteller zu werden, nach Bagdad kam, ins Bagdad der lachenden 1970er Jahre, obwohl auch dieses nicht frei von Problemen war, würde alles in seiner Macht Stehende tun, um seine romantischen Vorstellungen zu nähren, um sagen zu können: »Ich gehöre zur irakischen *lost generation.* Ich folge den Spuren jener Meister in Bagdad. Ich weiß, dass sie, obwohl süchtig danach, sich in Paris zu verlieren, doch für sich eine Ordnung schufen: Ernest Hemingway beispielsweise bewohnte in Paris ein Zimmerchen in der Rue Notre-Dame-des-Champs 113, das auf einen Hinterhof hinausging, über einer Sägerei. Jeden Morgen ging er von dort in die »Closerie des Lilas« am Anfang des Boulevards du Montparnasse, wo er schreibend, rauchend und Kaffee trinkend bis um zwei Uhr nachmittags saß. Danach kehrte er in sein Zimmer zurück und aß mit seiner ersten Frau, Elizabeth Hadley Richardson, zu Mittag. Ebenso hatte er es schon gemacht, als er am Ende der Rue du Cardinal-Lemoine bei der Place de la Contrescarpe gewohnt hatte und regelmäßig jeden Morgen zum Schreiben in ein ruhiges Café an der Place Saint Michel gegangen war. Am Nachmittag und am Abend streifte er immer durch die umliegenden Gassen und Bars oder er traf sich mit Kollegen wie F. Scott Fitzgerald, oder er besuchte Gertrude Stein in ihrem Atelier in der Rue de Fleurus 27 oder Sylvia Beach, die Inhaberin der Buchhandlung Shakespeare and Company, und seine Kollegen in der Rue de l'Odéon 12 oder Ezra Pound. Und ich? Ich musste am Morgen zur Uni gehen und kam frühestens um zwei Uhr nachmittags zurück. Ich musste es umgekehrt machen und bei Nacht schreiben. Dann war es außerdem still im Haus, weil sich jeder in seinem Zimmer aufhielt; sogar in heißen Sommernächten, wenn alle auf dem Hof schliefen, herrschte völlige Ruhe. Am Nachmittag musste man in den Gassen und Gegenden um den Chân herum spazieren gehen, im Haidarchâna-Viertel, in dem er lag, in der Fadl- und der Abu-Saifain-Gegend oder in den Schûrdscha-Märkten, in all den engen Gassen, für die diese Viertel bekannt sind, in denen man mit jedem geworfenen Stein eine Geschichte treffen kann. Dort ist jede Stelle eine Geschichte, jeder Mensch. Wir treffen Menschen mit Gesichtern wie Baumrinde, in die die Zeit unzählige Geschichten gegraben hat. Meist lesen wir nur die eine Geschichte, die wir unmittelbar aus dem Gesicht ablesen können, doch man muss nur auf dem Markt die vorübergehenden Gesichter anschauen, um ganz sicher Dutzende von Geschichten zu hören. Das habe ich auf diesen Rundgängen gelernt.

Heute sitze ich, die Wochenenden ausgenommen, vom frühen Morgen bis um drei Uhr nachmittags und schreibe. Damals in Bagdad begann ich, den Rücken an ein Kissen gelehnt, nachts im Bett zu schreiben, täglich bis ein Uhr. Nur am Dienstag nicht. Dieser Abend war so lange für den Besuch bei der Schriftstellerunion am Andalus-Platz reserviert, bis andere Klubs und Bars Einzug in meine Agenda hielten. Denn so wie das Zimmer der erste Schritt auf meinem Weg zum Schriftsteller war, den ich gehen wollte, so wurde der Klub der Schriftstellerunion der zweite, nichts anderes.

Es waren die Engländer, die in den 1920er Jahren im Irak die Klubtradition einführten. Die meisten Klubs wurden von Major Wilson entworfen, einem höchst gebildeten britischen Architekten. Den »Ilwîja«-Klub am Tigrisufer zum Beispiel, wo die Engländer wohnten, baute er im Jahr 1924 auf Anregung von Gertrude Bell, der Frau, die den Irak, wie wir ihn auf der gegenwärtigen Landkarte kennen, entworfen hat, auch wenn der Entwurf nicht den Erwartungen entsprach. Dieser »Ilwîja«-Klub ist nicht nur der gelungenste der Klubs, die sich damals über ganz Bagdad ausbreiteten, er war auch der erste. Der letzte war das kleine Gebäude, das bis heute Haus und Garten der Schriftstellerunion des Iraks umfasst und übrigens nicht weit vom ersten entfernt ist.

Diesen kleinen, aber auffallend hübschen Pavillon bauten die Engländer in britischem Stil. Es ist eine Mischung aus einem britischen Aristokratenklub, wie alle diese Klubs, die in der Hauptstadt und in Basra aus dem Boden schossen, und einem Hotelgebäude. Durch den kleinen, einem Privatparkplatz ähnlichen Hof davor gleicht es eher einem Motel an einer Autobahnausfahrt. Man betritt zunächst eine große Halle, an deren

Wänden Sofas für je drei bis vier Personen stehen, außerdem ein Empfang, an dem ein Angestellter, meiner Erinnerung nach namens Dschalâl, saß, der irgendwie wie ein Sicherheitsbeamter aussah. Einige Jahre nach meinem ersten Besuch dort wurde er durch baathistische Schriftsteller abgelöst, die jeweils die Funktion eines Polizisten übernahmen und die Besucher organisierten. Der berühmteste Baathist, der dort saß, war der Kurzgeschichtenautor Latîf Nâssir Hussain, der in den 1990er Jahren der Leberzirrhose oder einem Herzschlag erlag. Rechts und links der Eingangshalle gab es kleine Räume, Sitzungszimmer für die Leitung der Union und für die Herausgeber ihrer Zeitschrift, *Der zeitgenössische Autor*. Andere dienten als Magazine für Bücher und Zeitschriften. Wenn man geradeaus ging, trat man auf eine kleine Terrasse, die vom großen Saal durch eine Glasscheibe getrennt war. Dieser Saal war recht groß und bot sieben oder acht Tischen Platz. Von der Terrasse gelangte man in einen ausgedehnten Garten, in dem zahlreiche Bäume standen, Bitterorangen zum Beispiel, und überall Bänke unterschiedlicher Größe und niedrige Tischchen aufgestellt waren. Die Bar, die auf Terrasse und Garten hinausging, lag auf der linken Seite.

Der kleine Saal war voller Gäste. Es muss Winter gewesen sein, als ich mit dem Erzähler und Romancier Achmad Chalaf, dessen bis dahin veröffentlichte Erzählungen mir gut gefielen, zum ersten Mal dorthin kam. Achmad hatte ich durch Hussain Idschas kennengelernt, einen Intellektuellen aus Amâra, der heute in Paris lebt. Als er einmal unsere Stadt besucht hatte, hatte Hussain mich ihm vorgestellt. Natürlich bin ich Achmad Chalaf dankbar, dass er mich in den Klub der Schriftstellerunion mitnahm. Nicht nur weil ich damals noch keine Mitgliederkarte besaß, die mir den Eintritt erlaubt hätte, sondern auch weil ich mit Ausnahme von Achmad noch keinen einzigen Schriftsteller in Bagdad kannte. Sogar Hussain Idscha, der an jenem Abend auch im Klub war, drängte mich, möglichst rasch wieder zu gehen. Vielleicht dachte er, ich sei noch zu jung. Einen anderen Grund gab es nicht. Ganz anders Achmad, der froh war, dass ich ihn begleitete und den auch der Altersunterschied nicht störte. Achmad Chalaf ist 1943 geboren, ich 1956. Das heißt, als wir an jenem Abend in den Klub der Schriftstellerunion gingen, war er einunddreißig Jahre alt, während ich gerade neunzehn geworden war. Ich war glücklich und stolz, Achmad Chalaf begleiten zu dürfen. Für mich war er der modernste irakische Erzähler. Ich las seine Geschichten wie Weltliteratur, und ich erinnere mich, wie sehr mich die Geschichte »Die Station« faszinierte, die er Anfang der 1970er Jahre in der Zeitschrift *al-Aklâm* veröffentlicht hatte, eine Geschichte auf den Spuren Samuel Becketts. Oder auch »Nacht der Mörder«, eine Geschichte voller kafkaesker Albträume und Anklagen gegen den Machtapparat, die in der libanesischen kommunistischen Zeitschrift *al-Tarîk* (Der Weg) publiziert worden war, in einem Dossier über die irakische Kurzgeschichte, das Muhammad Dakrûb, ein libanesischer kommunistische Kritiker, zusammenstellte, nachdem er das Mirbad-Poesiefestival besucht hatte, das im Jahr 1970 in Basra durchgeführt worden war. Achmads Sammlung *Spaziergang in verlassenen Straßen*, in deren Erzählungen es meist um surreale Welten geht, ganz besonders in der Titelgeschichte, bleibt eine Ausnahmeerscheinung in der Geschichte der zeitgenössischen irakischen Literatur. Wie also hätte ich junges Bürschchen nicht stolz darauf sein sollen, die Schriftstellerunion an der Seite eines Schriftstellers zu betreten, den schon sehen zu dürfen für mich ein großer Traum war. In seiner Begleitung zu sein, war für mich Schlüssel zur Welt der Literatur in der Hauptstadt Bagdad.

An jenem Abend kamen wir von der Saadûn-Straße, beim Eingang der Buchhandlung Hajâwi. Achmad hatte nicht damit gerechnet, mich dort zu finden. Er hatte angenommen, als Neuling in der Stadt würde ich den Laden niemals finden, und könnte mich sogar verlaufen. Vielleicht war seine Sorge nicht unbegründet. Die Stadt war damals voller Buchläden, die alle bis spät in die Nacht hinein geöffnet hatten, etwas, das man sonst nur in der argentinischen Hauptstadt Buenos Aires fand. Die beiden Städte haben also nicht nur die militärische Geschichte gemeinsam, sondern auch die Tradition des Lesens und des Bücherkaufs. Außer den beiden traditionellen Gegenden für den Buchhandel, der Mutanabbi-Straße und dem Sûk al-Sarâj, und neben der berühmten Bagdader Buchhandlung Mackenzie in der Raschîd-Straße gab es, über ganz Bagdad verstreut, noch zahlreiche Buchhandlungen. Von diesen waren manche erst zu Beginn der 70er Jahre entstanden, zum Beispiel die berühmte Buchhandlung Abbûd in der Raschîd-Straße, gegenüber der Hauptpost, oder die Buchhandlung Ali am Anfang der Saadûn-Straße auf der linken Seite. Andere waren schon älter, entstanden zu Beginn der 60er Jahre, wie die Buchhandlungen al-Nahda (Die Renaissance) und Hajâwi, die beide ebenfalls am Anfang der Saadûn-Straße lagen, aber auf der rechten Seite.

In den meisten dieser Buchläden war ich schon früher gewesen. Die Buchhandlung Mackenzie hatte ich ja schon als Kind mit meinem Vater besucht, und die Buchhandlung Hajâwi kannte ich seit meinem ersten Besuch bei der Galerie der Vier in der Saadûn-Straße. In jener Buchhandlung traf ich mich mit Achmad. Er kaufte zwei Bücher. Die Buchhandlung quoll über von Büchern, meist neue, die verführerisch im Schaufenster prangten, Hunderte von Büchern, die auf Leseratten wie mich, den Neuankömmling, verlockend wirkten. Damals jedoch hatte ich nicht das nötige Geld, um mir einfach ein Buch zu kaufen. Achmad schien das zu ahnen, denn eines der beiden Bücher, die er gekauft hatte, schenkte er mir. Es handelte sich, soweit ich mich erinnere, um die Erzählsammlung *Der waghalsige Mann auf dem fliegenden Trapez* von William Saroyan, dem amerikanischen Autor mit armenischen Wurzeln, ein Buch, das im Jahr 1934 den Pulitzer-Preis erhalten hatte. Das andere war *Der Zigeuner und die Jungfrau* von D. H. Lawrence. Dieses enthielt zwei Novellen: die Titelnovelle und »Die Frau, die davonritt«. Achmad wollte es seiner Frau schenken. Ich erinnere mich noch genau an die Widmung, die er ihr hineinschrieb: »Für Adîba … In meinem Innern verbinden sich Zuneigung und Pein wie im Innern dieser Zigeuner.«

»In Beirut wird gedruckt, in Bagdad gelesen«, so hieß die gängige Redensart, und ich glaube nicht, dass das inzwischen anders geworden ist. Vielleicht hat sich der erste Teil der Redensart geändert, der lautete: »In Kairo wird geschrieben.« Denn heute wird in allen arabischen Hauptstädten geschrieben, doch mit dem Ruhm Beiruts und Bagdads können andere arabische Hauptstädte nicht konkurrieren. Beirut ist noch immer, da es dort keine Zensur gibt, das Zentrum arabischen Druck- und Verlagswesens, und in Bagdad wird noch immer hungrig gelesen. Vielleicht ist das ja »genetisch«! Vergessen wir nicht, dass die Schrift, die Schreibkunst und das Papier in uralter Zeit in Mesopotamien erfunden wurden. Seitdem wird in Bagdad geschrieben, gedruckt und gelesen.

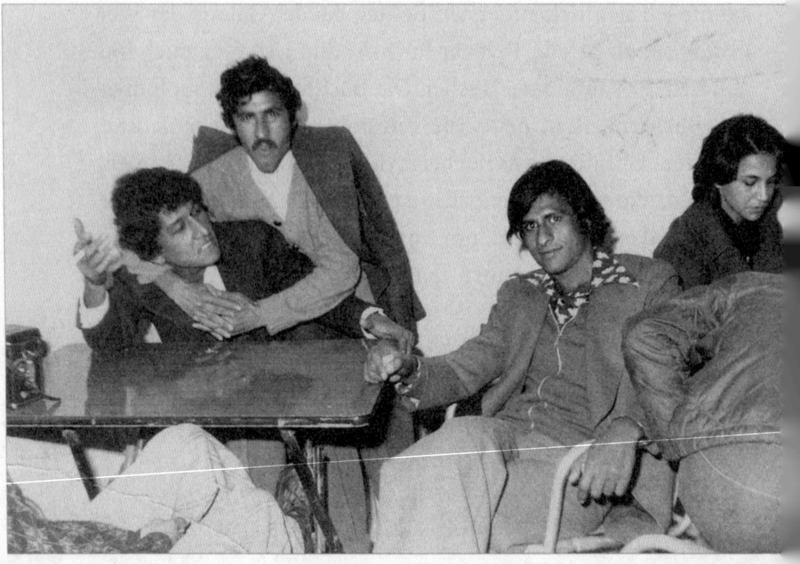

Mein erster Besuch bei der Schriftstellerunion in Achmads Schlepptau eröffnete mir den Weg ins literarische Leben Bagdads. Ich wusste schon, dass die Schriftsteller, von denen ich einiges in Amâra in den Zeitschriften gelesen hatte, menschliche, nicht mythische Wesen waren. Aber was man denkt, ist eines, was man erlebt, ein anderes. In der vom Kultur- und Informationsministerium herausgegebenen Monatszeitschrift *al-Aklâm* oder in der von der Schriftstellerunion herausgegebenen Zeitschrift *Der zeitgenössische Schriftsteller* oder in der Wochenzeitschrift *Alif Bâ* hatte ich vieles unter Namen gelesen, deren Träger in Bagdad wohnten. Publiziert zu werden, war ihr, der Bagdader Schriftsteller, Monopol, wobei es natürlich auch ein paar wenige Ausnahmen gab. Manche von ihnen lernte ich an jenem Abend kennen, andere zu treffen, musste ich auf weitere Gelegenheiten und Besuche warten. Manche wurden Freunde, für andere blieb ich ein »Literat aus der Provinz«, das heißt, ohne das nötige Niveau. Mit einigen machte ich auch außerhalb der Schriftstellerunion Bekanntschaft. Zum Beispiel damals, als Achmad vorschlug, den Rest des Abends im Presseklub in der Abu-Nuwâs-Straße zu verbringen. Dort könne ich weitere Schriftsteller treffen: den Dichter Fausi Karîm zum Beispiel, der heute in London wohnt, oder den Kurzgeschichtenautor Abdalsattâr Nâssir, der vor einigen Monaten in Kanada verstorben ist.

Ich könnte eine lange Liste mit den Namen derer zusammenstellen, die ich nach meinem ersten Besuch dort in rascher Folge kennenlernte. Manche von ihnen sind inzwischen tot, andere haben aufgehört zu schreiben oder sind emigriert. Aber nicht darüber will ich jetzt reden. Worum es mir eigentlich geht, ist zu verdeutlichen, dass die Atmosphäre, die bei diesem meinem ersten Besuch im Haus der Schriftstellerunion herrschte, mir bewusst machte, dass ich, um Schriftsteller zu werden, eine eigene Persönlichkeit entwickeln musste. Zwar wollte ich mich

mit Kommilitonen bei einem Ausflug
al-Hindîja-Staudamm südlich
Bagdad, 1976

nicht mit anderen vergleichen oder zu dem werden, was aus den meisten Stammgästen diese Klubs geworden ist – diejenigen, denen aus Verzweiflung oder Sucht die Weinflasche wichtiger war als die literarische Produktion, oder diejenigen, die die Mitgliedskarte bei der herrschenden Baath-Partei in die Welt der Literatur geführt hatte, möglicherweise ohne das geringste literarische Talent; ich sage, dass ich ohne Berücksichtigung dieser beiden Gruppen, ja, sogar ohne Berücksichtigung einer dritten Gruppe, zu der die kommunistischen Schriftsteller gehörten, in jenen Jahren die Verbündeten der Baathisten, unter den dort Sitzenden keinen fand, dessen Vorbild ich hätte folgen müssen. Einzige Ausnahme war vielleicht Achmad Chalaf, nicht weil mir seine Geschichten gefielen, nein, vielmehr weil auch für ihn das Schreiben wichtiger war als allabendlicher Besuch in der Schriftstellerunion. Einfach am Dienstagabend zum Plaudern mit Freunden in die Schriftstellerunion zu gehen, war, so glaubte ich, ein Ritual, das mich wirklich glücklich machte. Wenn es nicht eine Gelegenheit war, mit Freunden über Literatur und ihre Lektüre zu reden, so strengte ich mich doch an, trotz der Freundschaft, die mich mit einigen Autoren verband, besonders solchen, die älter waren als ich und vor mir zu schreiben begonnen hatten, so gut es ging meine Persönlichkeit zu bewahren und nicht zu werden wie einer von ihnen. Freundschaft war eines, das Projekt zu schreiben etwas anderes. Das zu erfahren, war die zweite »literarische« Lektion, die ich in Bagdad erhielt. Um Schriftsteller zu sein, muss man anders sein und wissen, dass man niemandem gleicht, dass man etwas Neues bringt. Dutzende, wenn nicht Hunderte oder Tausende von Romanen werden täglich publiziert, aber wer einen neuen Roman schreiben will, muss sich zunächst darüber Gedanken machen, was dieser Roman Neues bringt.

Von den Freundschaften jener Jahre haben sich manche erhalten, die mich mit Stolz erfüllen. Ich muss hier nichts auflisten. Wichtig ist nur die Quintessenz, die einen Vergleich mit dem erlaubt, was der französische Existentialist Jean-Paul Sartre zu Beginn eines Nachrufs auf seinen Todfreund oder Intimfeind, seinen langjährigen Mitarbeiter bei der Zeitschrift *Les temps modernes*, Merleau-Ponty, schrieb: »Zahlreiche Freunde habe ich verloren, obwohl sie noch lebten. Das war niemandes Schuld. Sie waren, wie sie waren, und ich war, wie ich war.« Die Ausbildung einer Persönlichkeit verlangt Distanz gegenüber den anderen, auch gegenüber Freunden. Die Distanz ist das Wichtige. Wie ich es immer gehasst habe, einer Generation zugerechnet zu werden, besonders im Irak, wo man mit dem Begriff Generation nur zehn Jahre meint, nicht so wie ich es verstehe, wie man es verstehen muss in der tatsächlich literarischen Bedeutung, als Bezeichnung einer Epoche, einer historisch und gesellschaftlich entscheidenden Zeitspanne! Nehmen wir zum Beispiel die verlorene Generation, die *lost generation*, eine Bezeichnung, mit der man jene amerikanischen Schriftsteller charakterisiert, die in den 1930er Jahren in Paris lebten, wobei der Altersunterschied zwischen ihnen unmaßgeblich und es auch unwichtig war, ob es sich um Männer oder Frauen handelte oder ob sie sich im Schreiben voneinander unterschieden. Was sie verband war, dass sie in Paris wohnten, dass sie den Vereinigten Staaten in den Jahren der Wirtschaftskrise in ihren literarischen Reaktionen den Rücken kehrten. Wut und Wahnsinn, Abenteuerlust und der Wunsch nach Neuem, das waren ihre gemeinsamen Charakteristika. Jenseits davon besaß jeder von ihnen seinen eigenen Schreibstil. Was verbände auch den Skandalstil eines Henry Miller mit dem asketisch telegrafischen Stil eines Ernest Hemingway? Was den Stil eines Scott Fitzgerald mit dem eines Truman Capote?

Man nannte uns, die ganze Gruppe, die mein Alter hatte und in jenen Jahren zu schreiben und zu publizieren begann, die »Siebzigergeneration«, und man hätte uns doch eher die

»Generation der Nationalen Front« nennen sollen. Das ist kein Scherz, denn unglücklicherweise lebte meine Generation in der elenden Zeit (aber wann hätte es im Irak keine elende Zeit gegeben?), als die ideologische Auseinandersetzung zwischen den beiden Bündnispartnern, die unser Leben vergiftete, sehr heftig tobte. Beide Seiten versuchten zu zeigen, wie ernst sie es mit ihrer »heiligen« Allianz meinten. So präsentierten auf der einen Seite die Kommunisten in ihrer Presse, in ihrer Wochenzeitung *al-Fikr al-dschadîd* (*Das neue Denken*) und der Tageszeitung *Tarîk al-schaab* (*Der Weg des Volkes*) ebenso wie auf den Seiten ihrer Monatszeitschrift *al-Thakâfa al-dschadîda* (*Die neue Kultur*) ihre Schriftsteller. Die zeitweise Öffnung dieser Presse für einige Namen nichtkommunistischer Autoren tut hier nichts zur Sache, weil sie lediglich taktischer Natur war. Auf der anderen Seite präsentierten die Baathisten ihre Schriftsteller, aber in farbig geschmücktem Gewand, und dabei hatten sie keinerlei Mangel an Presseorganen, da praktisch alle in ihrer Hand waren: die Monatszeitschrift *al-Aklâm* (*Die Schreibfedern*), die Wochenzeitschriften *Alif Bâ* (*ABC*), Radio und TV, *Hurrâs al-watan* (*Die Hüter des Vaterlands*), die Tageszeitungen *al-Thaura* (*Die Revolution*), *al-Dschumhurîja* (*Die Republik*), *al-Râssid* (*Der Beobachter*). Das Kuriose bei dieser ganzen Geschichte war, dass alle Schriftsteller, mit denen sich die beiden Bündnispartner schmückten, Dichter waren. Es war, als wären wir wieder bei den alten beduinischen Stammeskämpfen angelangt: die Dichter als Sprachrohre ihres jeweiligen Stammes. Wobei hier der Kampf natürlich schon entschieden war: Der Sieg gehörte dem Stamm des Saddâm Hussain. In seiner Hand lagen der Staatsapparat, die Armee, die Institutionen, die Finanzen. Und am Rand davon, außerhalb der beiden Lager, lebte eine dritte Seite, von den beiden anderen attackiert.

In den 1970er Jahren war es für einen Intellektuellen nicht leicht, unabhängig zu bleiben, denn die verschiedenen Lager beäugten ihn argwöhnisch. Für einen unabhängigen Schriftsteller war es, besonders in Nicht-Poesiezeitschriften, schwierig zu publizieren. Auch Erzählungen oder Artikel, egal worüber. Die Augen der Wächter lauerten überall, und die Regierungspresse sang das Lob des Saddâm Hussain. Deswegen habe ich zum Beispiel nur spärlich publiziert. In den sechs Jahren, die ich in Bagdad verbracht habe, erschienen von mir nur vier Kurzgeschichten, obwohl ich in der Literaturszene bei den damals geführten Debatten sehr präsent war. Wer zur Siebzigergeneration gerechnet wurde und sich nicht von Ideologien ablenken ließ, wurde von beiden Seiten eines liberalen Denkens verdächtigt, und das zu einer Zeit, in der »liberal« zu sein ein Verbrechen war, das mit dem Tode bestraft werden konnte. Jedenfalls blieb man von Publikationsmöglichkeiten ausgeschlossen. Das war auch bei mir so. Doch weder über Publikation noch über alltäglichen Erfolg machte ich mir Gedanken. Für mich gab es nur ein Projekt: Schriftsteller zu werden, meinen Lebensentwurf zu verwirklichen. Mir war bewusst, dass ich dies nur schaffen würde, wenn ich meine Unabhängigkeit bewahrte.

Wenn ich heute auf jene Tage zurückblicke, dann wird mir klar, dass die meisten Schriftsteller meiner Generation von Ideologien irregeleitet wurden. Die Moderne, von der sie sprachen, verschwand. Einerseits in den Büros der korrupten palästinensischen Organisationen in der Fakahâni-»Republik« in Beirut, wohin sich viele Kommunisten Ende der 70er Jahre flüchteten. Andererseits im Innern Iraks, wo die Baathisten und solche, die es später noch wurden, geblieben waren und Loblieder auf die Diktatur, den Krieg, das Morden und die Aggression sangen. Darüber muss man reden, daran muss man erinnern, denn heute wiederholt sich in Bagdad ein ähnliches Schauspiel. Die Stammespoeten, die sich in den 70er Jahren für diese oder jene Partei starkmachten, die als Schreiberlinge der Macht, als Baath-Barden, die Szene beherrschten, zogen zahlreiche Junge, die damals ihre ersten Gedichte schrieben, an. Die Belohnungen und Funktionen waren attraktiv, und nur wenige konnten der Verlockung widerstehen. Allein schon die Abfassung dessen, was damals als »Morgenlieder« bezeichnet wurde – alle diese propagandistischen Machwerke voller leerer Rhetorik, die die Leute im morgendlichen Radioprogramm hörten, als Anregung für »den Gelehrten, den Bauern und den Arbeiter im Dienste der Revolution« –, füllte die Taschen mit Dinaren. Ein Blatt mit doppeltem Zeilenabstand, ein paar dürftige Zeilen, erbrachte zwei Dinare, also sechs Dollar. Einem solchen Angebot vermochte die Mehrzahl der jungen Autoren meiner Generation nicht zu widerstehen. Eine Wohnung und ein Auto zu besitzen, ins Bordell gehen zu können, eine Stelle beim Radio, beim Fernsehen oder in irgendeinem Amt des Kultur- und Informationsministeriums zu bekommen, das war und ist noch immer der Traum von Dutzenden von Opportunisten ohne Talent. Wer heute die Bagdader Regierungspresse liest, findet wieder solche Schreiberlinge, die wie Pilze aus dem Boden schießen – genau wie in den 1970er Jahren.

Der ideologische Kampf in Bagdad heute ist nur eine Wiederholung in anderem Gewand. Einerseits gibt es die Schriftsteller des Machtapparats, andererseits die marginalisierten Schriftsteller. Das Ergebnis ist bekannt und überall auf der Welt das gleiche: Die Schriftsteller des Machtapparats werden reich und fett, aber sie fallen der Vergessenheit anheim. Wer erinnert sich in Deutschland heute noch an die Autoren, die Hitler zu Diensten waren, oder in Spanien an jene, die Franco dienten? Am Ende bleibt doch nur die Literatur, die weder für eine Macht noch für einen Machthaber verfasst wurde.

21

Der Garten der Literatur

»Garten der Literatur« hätte man ihn damals nennen sollen statt Volkspark, wie er heute noch heißt. Vielleicht auch »Garten der Nachtschwärmer«, nicht nur meinetwegen, sondern wegen allen, die zur Jungliteratenclique der Absurden oder der Existenzialisten gehörten. Das wäre der angemessenste Name gewesen, nicht nur weil wir darin umherzogen oder uns darin »verloren«, wie das einer der älteren Dichter in Bagdad nannte, sondern auch weil es der Ort war, auf dessen Boden alle Erzählungen und Geschichten reiften, die die Literatur brauchte. Der Park des Volkes, Erde der Iraker, nicht nur der Bewohner Bagdads. Der Menschen, die von überall her kamen. Hätte man einen Stein hineingeworfen, er hätte eine Geschichte getroffen. Ein Park, ein Garten, über dem Geschichten schwebten, und glücklich, wer sie erhaschte, wer sie einfach einatmete. Also wirklich der Garten der Literatur, wenn nicht der älteste Park in Bagdad, so doch einer der lebendigsten.

Im Jahr 1937 eröffnete ihn König Ghâsi mitten in Bagdad, genauer gesagt, im Bab-al-Scharki-Viertel, an der Stelle, wo einst eines der berühmten Stadttore aus osmanischer Zeit, nicht aus der frühen Epoche der Stadt stand. Die historischen Tore, das Syrien-Tor, das Basra-Tor, das Chorassân-Tor und das Kufa-Tor, das waren die Tore der Rundstadt Bagdad, die der Kalif Abu Dschaafar al-Mansûr errichten ließ und die im Lauf der Zeit verschwunden sind. Sie lagen auf der Karch-Seite der Stadt. Das osmanische Bab-al-Scharki, das Osttor, und der Park dagegen lagen auf der Russâfa-Seite, im Zentrum der Stadt Bagdad. Seltsamerweise hat dieser Park, im Gegensatz zu zahlreichen anderen historischen Lokalitäten und Denkmälern, seinen Namen nur einmal geändert, nach dem Militärputsch und der Einrichtung der Republik am 14. Juli 1958, als der ursprüngliche Ghâsi-Park, benannt nach dem zweiten König des Iraks, den Namen Volkspark erhielt, den er bis heute trägt. Zwar entging er nicht der Beschädigung, besonders nach 2003 durch zahlreiche Autobomben und andere Sprengsätze, die dort hochgingen, und, nicht zu vergessen, durch lange Vernachlässigung. Doch trotz allem hat er sich an seinem Platz behauptet. Er hat sogar die Sicherheitsverantwortlichen der Hauptstadt gezwungen, ihm neues Leben einzuhauchen und ihn im Rahmen eines offiziellen Volksfests neu zu eröffnen.

Das auf der Ostseite der Altstadt gelegene und sich bis zum Ende der Raschîd-Straße erstreckende Bab-al-Scharki-Viertel, in dem unter anderem der Park angelegt wurde, erlebte nicht nur zahlreiche Veränderungen, sondern existiert gar nicht mehr. Der Name besteht zwar, seit die Osmanen das Tor bauten, aber das eigentliche Tor, dessen Gestalt den Tortürmen der Mauer von Bagdad nachempfunden war, wurde nach der britischen Besetzung im Jahr 1917 zunächst in eine Kirche umgewandelt, später, unter König Ghâsi, abgerissen und durch den Park ersetzt. Eine bemerkenswerte Abwechslung für das Auge, wirklich. Und nicht nur das, nein, der Park wurde nach 1958 allmählich zum kulturellen Zentrum der Stadt, weil er berühmte und nicht nur für Bagdad, sondern für das ganze Land bedeutende Erinnerungssymbole bewahrte, zum Beispiel die von Dschawâd Salîm geschaffene Freiheitsstatue und das Friedensbild von Fâïk Hassan auf dem Fliegerplatz beim Hintereingang, außerdem das Mutterdenkmal von Châlid Rahhâl. Besonders wichtig wurden die beiden Erstgenannten, weil sie den Eingangsbereich des Parks bildeten, während das Mutterdenkmal innerhalb des Parks stand und nur von den Besuchern wahrgenommen wurde.

Mitte der 1970er Jahre wurde der Park, wenn man so sagen darf, zum Zentrum all dessen, was mit Bagdad zu tun hatte, in erster Linie zum Zentrum der Menschen, ganz besonders weit weg vom Haupteingang beim Platz der Befreiung, beim eigentlichen Bab-al-Scharki, genauer beim »runden Stern«, bevor Ende der 70er Jahre die Unterführung beim Platz der Befreiung gebaut wurde, vom Ende der Straße der Republik und dem Beginn der Saadûn-Straße bis zum Hintereingang des Parks am Fliegerplatz, der zwischen dem Ende der Scheich-Umar-Straße und dem Beginn der Straße des Kampfes liegt. Der Park war eine Art Panorama der neuen Ansicht der Hauptstadt Bagdad.

Da war zunächst einmal der Haupteingang zwischen der Straße der Republik und der Saadûn-Straße. Die Passanten, die dort vorbeihasteten, waren mehrheitlich schicke Menschen oder Besucher von auswärts, wenn es sich nicht gerade um Spitzel handelte, die in ihren Volkswagen um den »Stern«-Kreisel beim Platz der Befreiung kurvten und darauf warteten, dass ihnen jemand ins Netz ging und sie aus dem »Käfer« auf ihn schossen. Damals hatten die individuellen Morde an Gegnern der Nationalen Front begonnen. Freiheit und Unterdrückung stehen immer am selben Ort gegeneinander.

Dann der Hintereingang mit dem im Irak einzigartigen Wandbild von Fâïk Hassan. Tausende von Mosaiksteinchen hat der Künstler, der im Jahr des Ausbruchs des Ersten Weltkriegs geboren wurde, in seinem Werk zusammengefügt, als habe er schon gewusst, dass die Welt, die er darstellen wollte, eine Alternative oder besser, ein Traum der Menschen sei, die sich zu Füßen seiner Arbeit auf der Erde lagerten. Das Werk des irakischen Künstlers zeigt eine sichere Welt, in der Friede, Freiheit und Hoffnung herrschen, eine von Tauben beherrschte Welt. Ganz sicher stand Fâïk Hassan, der nach einem Studium der Beaux

Arts in Paris nach Bagdad zurückkehrte, ebenso unter dem Eindruck von Picassos Friedenstaube wie sein Bildhauerkollege, der in Rom studiert hatte, unter dem Eindruck von Picassos *Guernica*. Das ist unschwer an den verwendeten Symbolen zu erkennen: vom gespaltenen Ross (dem Stier bei Picasso) bis zur unbezähmbaren Frau mit der Fackel in der Hand (genau wie bei Picasso) beim Kampfgetümmel über dem Parkeingang. Doch die Gesichter der Menschen im Getümmel von Fâïk Hassans Bild mit den Tauben sind eindeutig irakisch, kein bisschen anders als die Gesichter derer, die zu Füßen des Werks sitzen. Der Dichter Saadi Jûssuf hat in seinem Gedicht »Zu Füßen von Fâïk Hassans Wandreliefs« eine recht genaue Darstellung der Szene geliefert, wenn sie auch ideologiebelastet ist:

»Die Tauben auf dem Fliegerplatz, verfolgt von Gewehren, fliegen sie auf. Warm fallen sie auf die Arme derer, die auf dem Gehweg sitzend ihre Arme verkaufen. Die Taube hat zwei Gesichter: das Gesicht des Knaben, der tot verzehrt wird, und das Gesicht des Propheten, den ein Schritt in den fremden Himmel verzehrt. Die Leute sitzen auf dem Fliegerplatz und verkaufen ihre Arme. ›Mein Herr, ich habe große Häuser gebaut. Ich kenne alle Türen. Ich habe Nachtklubs gestrichen, ich weiß, was Tänzerinnen lockt. Ich habe die Krankenhäuser der Stadt renoviert. Warum greifen Sie nicht zu? Meine Hand ist seltsam, kann ich deinen Arm befühlen? Befühlen Sie ihn, Herr.‹ Ich befühle ihn. ›Wo hast du gearbeitet?‹ Die Tauben fliegen am Fliegerplatz. Die Augen des Bauunternehmers richten sich auf die provozierenden Arme. Zwei Personen besteigen den Pick-up. Der Motor springt an, Auspuffgase legen sich schwer über den Fliegerplatz, zwischen Tauben und den vertrockneten Bäumen, seltsamen Brandgeruch hinterlassend. … Sagt der Bauunternehmer: ›Wir kommen nach Sonnenuntergang zurück.‹ Sagt die Taube: ›Dann schlafe ich.‹ Sagt der Sänger: ›O mein Land, warum ist dauernd Sonnenuntergang‹?« Später im Text heißt es: »Sagt der Bauunternehmer: ›Wir sind gekommen, um zu bleiben.‹ Sagt die Taube: ›Sagt er die Wahrheit?‹ Sagt der Gewerkschaftler: ›Die Arme bleiben auf immer.‹« Das ist eine Anspielung auf einen Satz in einer Rede des damaligen baathistischen Präsidenten Achmad Hassan al-Bakr: »Wir sind gekommen, um zu bleiben«, womit er die Macht der Baath-Partei meinte. Gegen Ende des Gedichts kann der höchst optimistische Kommunist Saadi Jûssuf es sich nicht verkneifen, noch hinzuzufügen: »Sagt der Kämpfer: ›Wir werden die Stadt erbauen.‹ Sagt die Taube: ›Aber ich bin in der Stadt.‹ Und da sagt der Marsch: ›Übt auf den Balkonen der Stadt.‹«

Fliegerplatz und Volkspark, Bagdad, 1970er Jahre

Kurz gesagt, der Volkspark umfasst (einmal abgesehen von dem Mutterdenkmal, das mittendrin, genau zwischen den beiden Eingängen liegt und ein Fremdkörper zu sein scheint) die beiden Arme des Volkes / des Landes / der Gemeinschaft. Der erste Arm ist beim Haupteingang, der abstrakte, vornehme, prächtige Arm; der zweite ist hinten, der realistische Arm. Anders gedeutet: Kopf = Haupteingang, Unterteil = Hintertür. Dort, bei der Hintertür, schart sich das Volk, genau genommen dessen Unterschicht, nicht nur die Leiharbeiter, die dort in langen Reihen stehen und ihre Arme verkaufen, wie das Saadi Jûssuf ausdrückte, sondern der ganze untere Teil des Volks: Straßenarbeiter, Soldaten, Secondhand-Verkäufer, Gelegenheitsarbeiter, genau genommen, die arbeitende Bevölkerung. Der Fliegerplatz war die einzige Stelle in Bagdad, die niemals schlief. Essensstände und Verkäufer bevölkerten die Straße. Spätschichtarbeiter verdrückten ihr Abendessen, bevor sie zur Arbeit gingen, nach ihnen nahmen die Frühschichtarbeiter dort ihr Frühstück zu sich. Es gab immer etwas Einfaches, das man rasch essen konnte und das die bescheidenen Geldbeutel verkrafteten, auch diejenigen der blanken Mitglieder unserer »Abstürzler«-Clique: Spiegelei mit Köfte, Sandwich mit harten Eiern und scharfer Mangosauce, Sandwich mit Kartoffeln, Tomaten, Essiggemüse und -früchte, sogar Felafel, die mit den ersten palästinensischen Immigranten Einzug gehalten hatten; später kam noch die Taamîja hinzu, die Anfang der 1970er Jahre die ägyptischen Gastarbeiter mitbrachten. Alle kamen, um dort zu essen, und die Soldaten waren Stammkunden auf dem Platz.

Hier frühstückte ich jeden Morgen, bevor ich zur Kaserne in Mahawîl aufbrach, wo ich anderthalb Jahre, vom Frühjahr 1979 bis Sommer 1980, im Radarzug des Beobachtungsbataillons der vierten Batterie Dienst tat. Das Bagdader Hotel, in dem ich wohnte, grenzte rechts direkt an den Park. Ich wollte nicht über Nacht in der Kaserne bleiben, obwohl ich wie jeder andere Soldat dort ein Bett und einen Spind hatte. Nein, ich mietete mir lieber ein Zimmer in einem Hotel beim Fliegerplatz. Sechzig Kilometer trennten Mahawîl von Bagdad, anderthalb Stunden im Auto. Zuerst musste ich in einem kleinen Pick-up auf die andere Seite der Stadt, nach Karch zum Alâwi-Überlandbusbahnhof fahren, von wo ich einen EVA- oder einen Coasterbus nach Mahawîl nahm. Um halb sechs war Morgenappell, das hieß aufstehen um drei Uhr morgens oder, was ich tat, schlafen am Nachmittag. Nachts trank ich Arrak bei der Schriftstellerunion oder in einer Bar in der Abu-Nuwâs-Straße: im »Sargon« oder im »Safwân« oder in »Samars Nächte«. Danach ging ich ins Hotel, zog meine Uniform an und frühstückte gemeinsam mit der arbeitenden Bevölkerung dort auf dem Fliegerplatz, unter Fâïk Hassans Wandmosaik.

Tachrîr-Platz und Freiheitsmonument von Jawad Salim in Bagdad, 1961

Der Platz war mir nicht fremd. Nicht wegen des Wandbildes oder wegen Saadi Jûssufs Gedicht, das wir Ende Juli 1973 in *Der Weg des Volkes* lasen, der Zeitung der KP. Saadi Jûssuf hatte es am 17. Juli geschrieben. Es sollte wohl eine Provokation der herrschenden Partei zum fünften Jahrestag ihres Putsches sein, den sie Revolution nannte. Am 17. Juli 1968 hatten sich die Baathisten zum zweiten Mal der Herrschaft bemächtigt, und das Gedicht kam überraschend. Aber obwohl Saadi Jûssuf als Mitglied der Kommunistischen Partei den Allianzpartner und seine eigenen Genossen niemals derart hätte düpieren dürfen – es war die Zeit der Nationalen Fortschrittsfront, wie man die Allianz der Kommunisten und der Baathisten nannte –, wurde er doch nicht verhaftet, sondern lediglich aus dem Kulturministerium, als Chefredakteur der Zeitschrift *al-Turâth al-schaabi* (*Das Volkserbe*), ins Wasseramt versetzt – eine geringfügige Strafe, gemessen an anderen Fällen, in denen ein Gedicht wie seines auch mit dem Tode bestraft worden war. Saadi Jûssuf war zwar ein kommunistischer Dichter und stammte aus Basra, einer Stadt, die Saddâm Hussain zutiefst verabscheute, aber er war weder Kurde noch Schiit, sondern Sunnit. Für den Machtapparat war es einem arabischen Sunniten in Grenzen gestattet, aufmüpfig zu sein, und wer diese nicht respektierte, konnte in den Verliesen des Geheimdienstes enden, wie der Erzähler Abdalsattâr Nâssir (geboren 1946 im Bagdader Stadtteil Tartarân), weil er im Frühjahr 1976 in der syrischen Zeitschrift *al-Maukif al-adabi* (*Der literarische Standpunkt*) eine Kurzgeschichte mit dem Titel »Unser Herr, der Kalif« veröffentlichte, in der er den Machtapparat verunglimpfte (nach seiner Freilassung avancierte Abdalsattâr Nâssir zu einem hochrangigen baathistischen Schriftsteller). Ein solcher Grenzverletzer konnte auch vergiftet werden, wie der baathistische Dichter und Kulturminister Schafik Kamâli, der sich dem Aufstieg Saddâm Hussains widersetzt hatte, oder er konnte hingerichtet werden wie Hassan Mutlak, ein Literat, dem zusammen mit Offizieren aus dem Clan der Dschabbûr die Beteiligung an einer umstürzlerischen Verschwörung zur Last gelegt wurde. Saadi Jûssuf schrieb nur ein Gedicht, dessen kritische Kraft die Machthaber nicht interessierte. Aber am Ende kann jedes Gedicht interpretiert werden.

Während des letzten halben Jahres meines Wehrdiensts in Mahawîl bei Babylon frühstückte ich regelmäßig am Fliegerplatz. Er wurde zum Zentrum unserer Clique, die Jûssuf Sâïgh »Die Abstürzler« nannte – er, der damals kommunistische Dichter, der später, wie Dutzende andere, zu einem strammen Baathisten-Poeten mutierte und nicht nur Gedichte über Saddâm Hussain und seine Kriege schrieb, sondern auch Liebeserklärungen an den Diktator. Damals erschien von ihm die Gedichtsammlung *Die Bekenntnisse des Mâlik Ibn al-Raib*, die, besonders wegen des Titelgedichts, unser Evangelium wurde. Vielleicht kränkte ihn unsere Interpretation seiner Dichtung, möglich auch, dass der Prediger in ihm ihn dazu brachte, uns auf diese Weise zu beschimpfen. Er spielte mit dem Wort fliegen und seinem Gegenteil, abstürzen. Vielleicht gab er uns diesen Beinamen auch wegen unserer Unzufriedenheit mit der Realität und unserer negativen Einstellung gegenüber denen, die das Land beherrschten. Die Entwicklung gab uns ja wirklich recht. Und eigentlich weiß ich nicht, warum Sâïgh uns einfach für Jungen hielt, die sich eine Absturzmentalität zum Hobby gemacht hatten. Dabei taten wir nichts anderes, als unseren Gefühlen zu folgen.

Wir waren junge Männer, Anfang zwanzig, und das Gedicht über Mâlik Ibn al-Raib enthiel viel existenzialistischen Hader, der zu unserem Alter passte. Vielleicht befrachteten wir es über Gebühr, und vielleicht machte ihn das wütend. Wer weiß? Jûssuf Sâïgh war Christ, und die meisten Gedichte der Sammlung waren getragen von der Sprache und vom Geist der Bibel. Doch er war auch Kommunist, und ein richtiger Kommunist findet in allem Aufmüpfigen und Liberalen ein Produkt des »Imperialismus, des Zionismus und der arabischen Reaktion«, Bezeichnungen, die die Kommunisten jahrzehntelang im Munde führten wie einen alten Kaugummi. Ich weiß nicht, wie der Autor von *Die Bekenntnisse des Mâlik Ibn al-Raib* Wind von unseren nächtlichen Ausflügen zum Fliegerplatz bekam. In Nächten, in denen wir uns bei der Schriftstellerunion betrunken hatten, gingen wir anschließend dorthin, um gemeinsam mit jenem arbeitenden Volk zur Nacht zu essen, für das der Dichter einstand oder in dessen Namen er uns schmähte. »Abstürzler« nannte er uns, obwohl wir nur gerade einmal vier Dichter waren, darunter ich der einzige Prosaautor. Aber nicht nur das, die anderen drei waren auch Kommunisten, ich war der Liberale in der Gruppe. Die Schmähung durch Jûssuf Sâïgh haftete uns bis zum Auseinanderbrechen der Nationalen Front an, weil Pessimisten nach Meinung der Machthaber wie Unglücksraben waren und eine Gefahr für diese karikaturistische Front bildeten. Die Pessimisten wanderten Mitte der 1970er Jahre in vielen Nächten auf den Fliegerplatz. Der Einzige, der den Platz auch am Abend oder bei Tage kannte, war ich. Nicht weil ich dorthin zurückkehrte und mir in einem Hotel in der unmittelbaren Nachbarschaft ein Zimmer mietete, sondern weil meine drei Kollegen bei ihren Familien am Stadtrand von Bagdad wohnten, einer in der Stadt der Revolution, die beiden anderen in der Neustadt von Bagdad. Sie besuchten den Platz nur am frühen Morgen.

Ich musste den Platz täglich überqueren, wenn ich aus dem Hotel kam, besonders an Freitagen oder an Donnerstagabenden. Ich ging dort an vielen Menschen vorbei: Die Männer, die genau auf halbem Weg zwischen den beiden Eingängen an der Parkmauer standen, weckten meine Neugier, und viele von ihnen wurden zu Figuren in meinen Texten. Sie erzählten mir auch ihre Geschichten. Sie waren, im Gegensatz zu den beiden Völkchen, die den Haupt- und den Hintereingang besetzten, weder abstrakt noch realistisch, weder vorübergehend noch zufällig. Wie der Park standen sie fest und präsent im Raum, doch aus dem Leben waren sie verschwunden. Ihr ständiger Aufenthaltsort waren einzig die Illusionen über ein verloren gegangenes oder ein vorgestelltes Leben; Illusionen von einer Wirklichkeit, die sie im Herbst ihres Lebens an die Wand des Volksparks gedrängt hatte. Phantastische Illusionen und unerfüllbare Wünsche. Das sagten schon ihre Gesichter, ihre Züge und Falten, die die Zeit eingegraben hatte. Möglich, dass ich sie anfangs übersehen habe, doch nach wiederholtem Vorbeigehen wurde es immer schwieriger, sie nicht zur Kenntnis zu nehmen, und ich kam ihnen allmählich näher, wie ein Kind, das schwimmen lernt, sich aber noch vor den Wellen und vor dem Ertrinken fürchtet, auch dank der zufälligen Bekanntschaft mit dem Vater einer Kommilitonin namens Rabâb, die an der Literaturfakultät französische Literatur studierte und, so glaube ich, ebenfalls überrascht war, ihn dort zu treffen. Das zumindest entnahm ich ihrem traurigen und auch etwas mitleidigen Gesichtsausdruck.

Die Männer des Kreises, der sich um den Vater meiner Kommilitonin gebildet hatte, unterschieden sich, obwohl die meisten mindestens fünf Jahre älter waren, nicht von ihm, weder im Gesichtsausdruck noch in der Kleidung, noch im Gebaren. Und wo sie sich doch unterschieden, bemühten sie sich, diesen Unterschied zu vertuschen, sogar in den Geschichten, die sie erzählten. Keiner hielt dem anderen vor, was er erzähle, sei reine Erfindung und pure Phantasie, sondern bemühte sich, eine gemessene Stimme beizubehalten, um seinem Gegenüber den Eindruck zu vermitteln, er wolle nur die Geschichte weitererzählen, die der andere begonnen hatte. Diese Männer waren zwischen sechzig und siebzig. Das erzählten zumindest ihre tiefgefurchten Gesichter und ihre vom exzessiven Rauchen nikotinbraunen oder gar angefressenen Fingerspitzen. Wenn ich bei ihnen stehen blieb und ihren Erzählungen lauschte, trafen mich immer ihre Wein- oder Arrakfahnen. Der Arrak war immer der gleiche: »Christusschweiß« beziehungsweise schwarzer Arrak, wie man ihn nannte. Nur selten war es der leichtere, genannt der moderne oder der weiße Arrak. Doch eine Sorte gab es nicht mehr in ihrem Vokabular: den Zahlé-Arrak. Die beiden erstgenannten Arten hießen auch »Löwenmilch«. Das war Arrak, der nicht mit Wasser vermischt wurde und der wie Spiritus aussah; er war stark und schmeckte scharf. Der dritte dagegen wurde, wenn man Wasser hinzufügte, milchig weiß. Das war im Jargon der Männer vom Volkspark Weiberarrak. Lange Zeit hatte ich schon keinen schwarzen Arrak mehr getrunken. Ich weiß nicht, warum er plötzlich vom Markt verschwunden war und man ihn nur noch in Ausnahmefällen fand. Seit einiger Zeit schon tranken wir, besonders wenn das Gespräch auf meine Clique, die Abstürzler, kam, Zahlé-Arrak, also Weiberarrak. Aber bei den richtigen Mannen dort durfte man den Weiberarrak nicht einmal erwähnen oder gar zugeben, man möge ihn, ganz zu schweigen davon, ihn in ihrer Gegenwart zu trinken, zumal sie, ich weiß nicht, wie und woher sie ihn bezogen, immer über hinlängliche Quantitäten der Version »Löwenmilch« verfügten.

Rabâbs Vater trafen wir, Rabâb und ich, auf einem unserer wöchentlichen Spaziergänge zufällig. Obwohl schon recht berauscht, öffnete er gerade eine neue Viertelflasche Arrak. Er musste ein Privatlager haben, was auch Rabâb beunruhigte. Denn im Gegensatz zu ihm, der sich offenbar über die Begegnung mit seiner älteren Tochter freute, die er schon einige Zeit nicht gesehen zu haben schien, da er jede Nacht sternhagelvoll nach Hause kam – im Gegensatz zum Vater also runzelte die Tochter die Stirn und tadelte ihn liebevoll: »Wohl bekomm's, Papa, aber trink nicht zu viel und komm rechtzeitig nach Hause.« Sicher war ihr klar, dass sein Tag erst zu Ende wäre, wenn er noch mehr als nur eine weitere Flasche geleert hatte. Aber er trank ja nicht allein, wie er auch seiner Tochter erklärte, die er voller Stolz seinen Kumpanen vorstellte. Auch ich wurde vorgestellt, und zwar mit den gleichen Worten, mit denen Rabâb mich ihm vorgestellt hatte: Ein Kommilitone von der Universität. Bei ihrem frühen Tod hinterließ ihre Mutter dem Alkoholiker-Vater zwei Töchter, Rabâb, die ältere, und ihre jüngere Schwester. All das erzählte mir Rabâb auf dem Weg zum Kino »Granada«, wo wir den Film »Madame Bovary« sehen wollten, der an jenem Tag gezeigt wurde. Dabei verhehlte sie nicht ihre Sorge um ihn, obwohl sie wusste, dass seine Kollegen dort beim Volkspark vertrauenswürdig waren, »verlässliche Burschen« nannte sie sie mit Nachdruck, denn an Tagen, an denen er sich in den Vollrausch trank und die Orientierung verlor, brachte ihn einer von ihnen nach Hause. »Das ist eine Gruppe von Kumpanen, die ihr Elend teilen.« Und in der Tat, so war es. Kumpane, die zunächst ihre Schicksalsschläge vereint hatten und erst später der Christusschweiß, sprich Löwenmilch. Altersschwache Löwen waren es. Und um ihre Schicksalsschläge drehten sich ihre Geschichten, in denen es entweder um sie selbst oder um andere ging, denen Ähnliches geschehen war, oder es ging um Bagdad. Keine ihrer Geschichten, in der Bagdad nicht Heldin war. Die Stadt war das Zentrum. Die Figuren drehten sich um sie, um die Stadt Bagdad. Auffallend war, dass die meisten der Dramen, die sie mir erzählten, von Bankrotten handelten, denen

»Bagdad« ausgesetzt war, oder es waren Verlust-Geschichten, bei denen Races, Wetten bei Pferderennen, eine Rolle spielten. Manchmal kamen auch Geschichten aus ihrer Kindheit, und sie redeten davon, als wäre das die Zeit ihrer schlimmsten Verluste gewesen. Natürlich hatte es in Bagdad Krisenzeiten mit Wirtschaftspleiten gegeben. Wo auf dieser Welt gibt es eine Stadt oder eine Gesellschaft, die dergleichen nicht durchgemacht hat? Aber dass diese Geschichten ihnen immer als Erstes in den Sinn kamen, ist doch bemerkenswert und wohl ein Hinweis auf die vielen Verluste in ihrem Leben.

Um die Wette erzählten sie Geschichten von Bankrottfällen in Bagdad, als wären sie die Opfer und als wollten sie sagen: Das ist nicht nur uns selbst passiert, sondern sogar den ganz großen Bagdader Familien. Die älteste Gruppe erzählte von der ersten Wirtschaftskrise zu Beginn der 1920er Jahre. Die nächstjüngere Gruppe berichtete von der Krise gegen Ende der 20er und Anfang der 30er Jahre. Und obwohl es zweierlei Arten Wirtschaftsbankrott gab, den wirklichen und den imaginären, erzählten sie die Geschichten, als wären sie alle imaginär gewesen. Es gab für sie zwei Kategorien von Bankrott: einerseits den offen angekündigten Bankrott aufgrund von Verlusten durch Handel oder Spekulation; andererseits den Bankrott aufgrund drastischen internationalen Preiszerfalls. Mal, so erzählten sie mir, unternahm es eine Gruppe anständiger Händler, zwischen einem Bankrotteur und seinen Gläubigern zu vermitteln und eine einvernehmliche Lösung zu finden. Der Händler erhielt ein Darlehen, das er dann in Raten zurückzuzahlen hatte. Und nachdem der Prozentsatz der Schuldensumme festgesetzt war, der dem Mann erlassen werden sollte, um ihm aus der Patsche zu helfen, kehrte er zu seinen achtbaren Tätigkeiten zurück. Man sagte dann: »der Händler wurde beglichen« oder »es erfolgte die Begleichung«. Es gab aber auch angesehene Händler, die in Konkurs gerieten und die »Begleichung« ablehnten, weil sie hofften, durch Verkauf ihres Eigentums und Liquidierung ihres Besitzes die Schulden begleichen zu können. Erst wenn das nicht genügte, waren sie gezwungen, Konkurs anzumelden. So zum Beispiel die Firmen Schaichli, Sunduktschi oder Kafîschi, lauter Opfer des Endes des Ersten Weltkriegs, als die Preise in Bewegung gerieten und die türkische, die österreichische und die deutsche Währung zusammenbrachen, an die die irakischen Märkte gekoppelt waren. Dann gab es den nicht angemeldeten Konkurs. Dabei blieb der Händler einfach zu Hause und ging nicht mehr auf den Markt, womit er anzeigte, dass er gezwungen war, alle Zahlungen einzustellen. In diesem Fall verpflichtete sich ein Teil der Gläubiger, auf Schuldenforderungen zu verzichten oder die Fälligkeitstermine zu verschieben. Daraufhin nahm der Händler seine Arbeit wieder auf. Nach Aussage der betrunkenen Männer benutzte man in der Sprache des Marktes, wo jüdische Händler eine wichtige Rolle spielten, für Konkursmachen hebräische Ausdrücke. »Du könntest uns alle als Pleitiers bezeichnen«, sagte mir einmal Rabâbs Vater, und zwar merkwürdigerweise gar nicht scherzhaft, sondern sehr ernst. Der Konkurs der meisten ihrer Familien habe im Zusammenhang mit weiteren Konkursen gestanden, die in der Folge der bekannten Weltwirtschaftskrise Ende der 1920er Jahre die ganze Welt erfasst habe. Auch Bagdad sei davon, wie andere Städte, in Mitleidenschaft gezogen worden. Zwar sei sie nach drei Jahren zu Ende gewesen, nachdem sich die wirtschaftliche Lage normalisiert hatte. »Aber vorbei war es damit noch nicht«, kommentierte ein anderer diese Erklärungen und nahm einen kräftigen Schluck von seinem Christusschweiß, den er danach wieder in seiner Jackentasche verstaute. Nur ein Mann sagte überhaupt nichts. Auch er hatte in der Innentasche seiner Jacke eine Viertelflasche Arrak, die er von Zeit zu Zeit herausholte, um sich einen Schluck zu genehmigen. Immer wieder schaute er in meine Richtung. Ihn traf ich eines Tages wieder in einem Lahmacun-Restaurant am Anfang der Saadûn-Straße.

Diesmal war ich mit meiner damaligen Freundin unterwegs, die französische Literatur studierte. Und diesmal blieb der Mann nicht stumm. Nach einer allgemeinen Begrüßung legte er los. Diese Geschichten über Konkurse, die ich gehört hätte, seien alle wahr, aber diese Schar da, er meinte die Schar der Pleitiers, hätten die Geschichten über den betrügerischen Konkurs unterschlagen. Als ich ihn fragte, was denn das sei, erklärte er: »Der betrügerische Konkurs endete immer entweder in einer Schlägerei und der Ächtung des Pleitiers oder in einer Klage vor dem Handelsgericht. Wer betrügerisch Konkurs gemacht hatte, konnte sich nie wieder auf den Markt wagen.« Dann schwieg er und seufzte tief. »Wir Pleitiers dort«, ergänzte er, bevor er sich verabschiedete, »wir haben alle betrügerisch Konkurs gemacht. Wir sind zwar nicht ins Gefängnis gewandert, wurden nicht einmal bestraft, aber gibt es eine wirksamere Strafe, als dauernd dieses Gift zu trinken?« Er zog seine Viertelflasche Arrak aus der Tasche und genehmigte sich einen kräftigen Schluck. Dann steckte er die Flasche zurück, leckte sich seine zusammengepressten Lippen, klopfte mir auf die Schulter und verschwand, ohne mir seine oder eine andere Geschichte von einem betrügerischen Konkurs zu erzählen.

Erst Rabâbs Vater schilderte mir den Konkurs dieses Mannes. Und nicht nur seinen, sondern auch denjenigen anderer Kumpane. Und wo? In einer bekannten, einfachen Bar unweit des Fliegerplatzes, gegenüber ihrem Stammplatz, genau in einem Gässchen zwischen dem Platz und dem Kino »Granada«. Wenn ich mich recht erinnere, hieß die Bar »Traute Nächte«, so genannt wahrscheinlich nach einem Lied von Asmahân, »Traute Nächte in Wien«. Aber diesmal fanden diese trauten Nächte im Bab-al-Scharki-Viertel von Bagdad statt, und es war Rabâbs Vater, der, als ich bei ihnen vorbeikam, gleich nach unserer

Begrüßung darauf bestand, diese Bar aufzusuchen. Ich glaube, es war an einem Ferientag. Rabâbs Vater erblickte mich, er hatte mich sicher erwartet, da ich täglich dort vorbeiging. Ich versuchte vergeblich weiterzugehen. An jenem Tag wollte er mich unbedingt einladen. Ich hätte gelogen, hätte ich behauptet, nie untertags zu trinken. Meistens tat ich das nämlich, besonders mit einem meiner Freunde an der Uni, mit Muniim, der englische Literatur studierte, und Rabâb, die seine Freundin werden sollte, und der mich, an sonnigen Tagen wie jenem, in seinem Auto mit in die Gegend von Salmân Bey im Südosten von Bagdad nahm. Dort saßen wir dann in einem Restaurant mit Bar, tranken aber Bier, nicht Arrak, wie es mir Rabâbs Vater in Aussicht gestellt hatte. »Dort wirst du einen Christusschweiß trinken, wie ihn eigentlich nur noch Kurûmi kriegt. Und nicht nur das: Die Bar wird dir gefallen, samt ihren Gästen, und besonders der Inhaber, Kurûmi, der macht Bakillâ, diese Vorspeise mit Sojabohnen, die ihresgleichen sucht.« Es war unmöglich, ihn davon zu überzeugen, dass es keinen Anlass für solche Feierlichkeit gab und dass wir einfach so kurz am Zaun des Volksparks zusammensitzen konnten. Doch der Mann hatte, seit er mich mit seiner Tochter gesehen hatte, sein Auge auf mich gerichtet. Er hielt mich für seinen künftigen Schwiegersohn, einen geeigneten Ehemann für seine Tochter. Das erzählte er mir dann auch. Er wartete nur noch auf eine günstige Gelegenheit. Diese bot sich, seinem Brauch nach, durch gute Laune und den Frühling, der gerade begonnen hatte. Die Sonne schien hell, und es war angenehm warm. Meine bisherigen Versuche, ihm zu erklären, seine Tochter und ich seien lediglich Kommilitonen, was den Tatsachen entsprach, hielt er einfach für meine Art, ihm Peinlichkeiten zu ersparen, was ihm wiederum zeigte, was für ein artiger Junge ich war, weswegen er sich wiederum geehrt fühlte, dass ich ihn in diese Bar begleitete, in der er, wie er mir erklärte, schon lange nicht mehr gesessen hatte. Er gehe selten hin. Er trinke lieber mit seiner Clique am Park. Ja, als er noch jung war, sei er wie süchtig dorthin gegangen, besonders an Tagen, wenn er von den Races kam, vom Pferderennen. Damals habe er auch Arbeit gehabt. Irgendwann dann sei er pleitegegangen und arbeitslos geworden. Das erzählte er, kaum dass wir die Kneipe betreten hatten.

»Alles begann mit ihr«, sagte er und trank. Es war als wollte er der Warnung, die dann kam, Nachdruck oder Gewicht verleihen. »Die Frauen«, und er meinte, wie er mir erklärte, nicht die Ehefrau, sondern die Geliebte, um derentwillen ein Mann seine Ehefrau, seine Familie, seine Kinder, ja sogar seine Arbeit vernachlässigt. »Hast du den Film ›Carmen‹ gesehen?«, wollte er wissen, während er kräftig an seiner Zigarette zog. »Er lief hier im Granada.« Er zeigte mit der rechten Hand Richtung Kino, das nicht weit von der Bar entfernt lag. Darin verliert der Grenzpolizist José seine Arbeit und dann sein Leben, und alles wegen der Zigeunerin Carmen, der Frau, die ihn ins Verderben führt. Ich erzählte ihm nicht, dass ich den Film gesehen hatte, der nach der faszinierenden Oper von Georges Bizet gedreht worden war, und dass er mir gefallen hatte. Die beiden Hauptdarsteller, Franco de Nero in der Rolle des José und Tina Aumont in der Rolle der Carmen, waren großartig. Ich nickte nur und erinnerte ihn an die Redensart »Liebe macht blind«. Das gab uns eine kurze Verschnaufpause. Eigentlich wollte ich mich bei ihm in diesem Augenblick für die Bakillâ bedanken, die er Badschillâ aussprach und die Kurûmi uns nach kurzer Begrüßung zusammen mit einer Viertelflasche Christusschweiß, Wasser und ein paar Gläsern gebracht hatte. Aber dann dachte ich, über die Bakillâ zu reden sei wirklich zu trivial, jetzt, wo er gerade zu einer Geschichte angesetzt hatte, die er mir als, in seiner Vorstellung, künftigem Schwiegersohn erzählen wollte, eine sicherlich aufregende Geschichte. Hätte ich gewusst, dass er wusste, dass ich Kurzgeschichten schreibe, hätte ich geglaubt, er habe die

Geschichte für mich erfunden. Da ich aber die Geschichte des betrügerischen Konkurses schon von seinem Kumpan, dem Ergrauten, gehört hatte, musste ich nicht annehmen, es handle sich um eine erfundene Geschichte.

»Alles begann mit ihr«, wiederholte er mehrfach. Gemeint war damit eine der beiden Damen, die eifrig zu den Races kamen. Damit ich nicht erschrak über das, was mir jetzt zu Ohren kam, erklärte er mir, zu jener Zeit sei es nicht üblich gewesen, dass irakische Frauen zu Pferderennen gingen. Wenn sie es doch taten, dann auf Einladung von Engländerinnen, und das auch nur selten. Doch in den 1950er Jahren kamen regelmäßig zwei Damen dorthin: Umm Salmân, die immer einen Fächer und Zigaretten Marke Umm Subâna mit sich führte, und Viktoria Antuniân, eine Armenierin, die zwei Pferde im Rennen hatte, eines für sich selbst, das andere für ihren Bruder Simoniân, der im Finanzministerium arbeitete. Viktoria war Mitte dreißig und ausnehmend schön. »Wer sie sah«, erzählte er mir und nahm einen kräftigen Schluck Arrak, »streckte jede Waffe.« Es ging ihm wie unserem José im Film, der Carmen über die Grenze fliehen ließ, meinte er in Anspielung auf jenen Soldaten José, der die mexikanische Grenze zu bewachen hatte, sich aber unsterblich in Carmen verliebte, auf die er aufpassen sollte. Er vernachlässigte seine Aufgabe, und sie konnte fliehen. Er, Rabâbs Vater, war zwar damals jünger als José, erst Anfang zwanzig, aber in einem Land wie dem Irak altern die Menschen rasch, nicht wahr? Außerdem war er verheiratet und arbeitete als Buchhalter bei den Races. Er sei für seine Anständigkeit bekannt gewesen, sagte er. »Hin und wieder verließ ich, obwohl niemand das von mir verlangte, mein Büro, um nachzusehen, ob die Wettbüros ihre Arbeit ordentlich machten. Auf dem Platz wimmelte es von Buchmachern, die den Leuten potenzielle Sieger anpriesen. Die meisten davon waren gedungene Betrüger, die selbst nicht glaubten, was sie da prophezeiten. Ich kannte jeden Einzelnen von ihnen.« Diesen, fuhr er fort, wies er dann entweder die Tür oder er wandte sich an die Besucher und forderte sie auf, ihnen keinen Glauben zu schenken. So ging das jedenfalls, bis sein Blick auf die Armenierin Viktoria Antoniân fiel. Wie sollte er sie mir schildern? Eine grazile Dame, groß gewachsen, mit dem Hals einer Gazelle, hellhäutig, schöner als der volle Mond, mit Augen wie Honigwogen, die Licht in jeden Raum brachten. »Mit einem Wort, ich verlor fast den Verstand«, sagte er und kippte seltsam hastig den Arrak hinunter; er hatte schon die halbe Flasche geleert, während ich noch am ersten Glas nippte, das er mir eingeschenkt hatte. War ich nicht sein künftiger Schwiegersohn? Ich hatte mich also umgänglich zu zeigen! Jedenfalls, der Tag, an dem er Viktoria zum ersten Mal sah, war ein Wendepunkt, oder besser, es war der Anfang vom Ende, das ihn schließlich an den Zaun des Volksparks brachte. Zwei Wochen oder etwas länger gewannen Viktorias Pferde täglich, während er zusah, wie die Buchmacher den Leuten empfahlen, auf andere zu setzen. Dann versuchte er, der Sache ein Ende zu machen, ohne zu wissen, dass sein Wirken Viktoria längst zu Ohren gekommen war. Und so geriet er im Lauf der Zeit, fast ohne es zu spüren, in die Falle dieser Frau, die ihm, wie es schien, Schlingen der Verführung auslegte. Beim ersten Mal versuchte er noch, diese zu umgehen, doch dann suchte sie ihn in seinem Büro auf und scherzte mit ihm und den anderen Angestellten. Dafür eine Erklärung zu finden, wollte er nicht allzu weit gehen und redete sich ein, sie sei auch nur eine ganz normale Kundin, und die Pferdebesitzer kamen schließlich immer wieder bei ihm vorbei. Doch als sie sich wieder einmal zufällig trafen, lud sie ihn ein, sie einmal besuchen zu kommen. Von Zeit zu Zeit gebe es bei ihr zu Hause im Stadtteil Karâda ein Fest. Dort trat auch immer mal Afîfa Iskandar auf, seine Lieblingssängerin.

Mehr musste er mir eigentlich nicht erklären. Den Rest konnte man sich zusammenreimen. Wie im Lauf der Zeit und durch seine Besuche bei den Festen Viktoria immer weniger nur Kundin war, die zu den Races erschien. Sie wurde zur Freundin, um deren Nähe er sich bemühte, wenn sie kam, und die er verwöhnen wollte. Das führte dazu, dass er nicht nur seine Arbeit vernachlässigte, wenn er mit ihr zusammensaß, sondern auch die betrügerischen Buchmacher schalten und walten ließ. Wie konnte er etwas unternehmen, das Viktoria verärgern könnte, diese Viktoria, die sich ihrerseits nicht knausrig mit Charme und Koketterie zeigte, um ihn auf ihrer Seite zu halten. Als sich dann einige der nichtbetrügerischen Buchmacher, einschließlich einiger Pferdebesitzer, beschwerten und ihm vorwarfen, er bevorzuge Viktorias Tiere, verwarnte ihn die Verwaltung der Races zwei Mal und feuerte ihn schließlich. Als er dadurch in große Schwierigkeiten geriet, beruhigte sie ihn. Er brauche sich keine Sorgen zu machen, er könne für sie arbeiten. Natürlich verriet sie ihm nicht gleich, dass sie von ihm eine Liste mit den Namen der alten Pferde erwarte, die nicht mehr wettkampftauglich waren und deshalb auch nicht mehr zu berücksichtigen. Ebenso wenig wusste er, dass sie über ein großes Netzwerk von Pferdemaklern verfügte, die unter sich abmachten, welches Pferd gewinnen sollte. Dazu brauchten sie nur jeweils die Liste der antretenden Pferde, um die Jockeys zu bestechen. Als das Races-Büro herausfand, dass er mehrmals diese Liste herausgegeben hatte, reichte man Klage ein, er wurde zu fünf Jahren Gefängnis verurteilt, und seine bewegliche und unbewegliche Habe wurde konfisziert. Im Gefängnis besuchte ihn Viktoria kein einziges Mal, ja, sie leugnete, ihn zu kennen, als er sie nach seiner Entlassung aufsuchte. Wenn er nicht sofort dieses Haus verlasse, drohte sie, werde sie die Polizei rufen. Er unternahm verschiedene Versuche, zu den Races zurückzukehren, vergeblich. Danach ging er unterschiedlichen Tätigkeiten nach, mit denen er aber kaum sein Leben fristen konnte, und als seine Frau nach der Geburt von Rabâbs jüngerer Schwester erkrankte, hatte er nicht einmal das Geld für den Arzt. Die Frau, die ihn und die er geliebt hatte, starb, weil er sich nicht um sie gekümmert hatte – wegen dieser anderen, die falsche Carmen zu nennen noch ein Kompliment wäre und von der er nicht einen einzigen Kuss erhalten hatte –, und ließ ihm »die beiden schönsten Töchterchen auf der Welt« zurück. »Wenn du eine Frau liebst, darfst du dich in keine andere vergucken.« Das war die Lektion, die er mir an jenem sonnigen Frühlingstag erteilen wollte, in jener Bar namens »Traute Nächte«.

Das war aber beileibe nicht die einzige Geschichte, die er mir verriet. Er erzählte mir auch von Irsûki, jenem Mann, der mir vom betrügerischen Bankrott erzählt hatte. Dieser ging einer anständigen Arbeit bei der Rafidain-Bank nach. Irgendwie, er wusste selbst nicht wie, kam ihm eines Tages die Idee zu einem James-Bond-ähnlichen Abenteuer. Er plante mit drei Brüdern einen Banküberfall. Sie kamen filmreif vermummt, aber die Wirklichkeit ist nun mal nicht das Kino. Den Ganoven gelang es zwar, die Angestellten zu bedrohen und bis zur Kasse vorzudringen. Sie füllten zwei Taschen mit Gold und Geld, doch dann fiel einer der drei in Ohnmacht, als er beim Verlassen der Bank ein Polizeiauto über den Platz fahren sah. Statt dass sich nun aber die anderen aus dem Staub machten, kümmerten sie sich um ihren Bruder und vergaßen völlig, dass sie eine Bank ausgeraubt hatten. Sie jammerten und schrien und riefen den Polizisten zu, sie sollten einen Krankenwagen besorgen. »Den Rest kannst du dir denken«, sagte er. Es sei gewesen, als ob sie ihren Vater nachgeahmt hätten. Als ich wissen wollte, was er damit meinte, erzählte er weiter. Ihr Vater arbeitete als Angestellter bei der Eastern Bank, die den Engländern als offizielle Bank diente. Sie lag an der Stelle des Ufercafés in der Bankstraße, im ersten Gebäude, das aus großen Betonblöcken gebaut wurde. Für die Einheimischen sah die Bank wie ein Wunder aus. Ihre Säulen stehen noch immer in der Samuâl-Straße. Später übernahm die irakische Regierung das Ganze als Staatsbank. Nach dem Putsch von Oberst Raschîd Âli Gailâni im Mai 1941 schmuggelte die Bank den größten Teil ihrer Guthaben außer Landes. Der Rest wurde in geheime Depots gebracht, die nur Irsûkis Vater kannte. Das Verschwinden der Eastern nutzte der Banco di Roma aus und holte sackweise Goldlire mit der Delegation, die Herrn Grube begleitete, der deutsche Minister und Freund von König Ghâsi und der Regierung Raschîd Âli Gailâni, der sich in den Räumen der Eastern Bank am Anfang der Samuâl-Straße etablierte, wo heute die Rafidain-Bank steht. Diese neue Bank suchte Irsûkis Vater auf und erzählte von den geheimen Depots, den Reserven der Eastern, die der Banco di Roma übernahm. Nach dem Scheitern der Mai-Bewegung verließ der Banco di Roma jedoch den Irak und nahm alles Geld mit. Keine Frage, was mit Irsûkis Vater geschah, nachdem die Eastern ihre Arbeit wieder aufgenommen hatte. Was man später darüber erfuhr, stammte alles von den anderen Gefängnisinsassen: Was er alles erzählt hatte davon, dass er, als es für ihn eng und er in wachsendem Maße nervös wurde, ins Geheimgewölbe der Eastern Bank flüchtete und eine Holztruhe indischer Herkunft fand und sie öffnete. Voller Goldlire sei sie gewesen, und obendrauf lagen zwei Teller aus reinem Gold. Mit einem davon schaufelte er einen Haufen der Lire heraus und schüttete sie auf anderen, dann wieder zurück, und so immer weiter. Dabei lauschte er dem Klang des Goldes, das in die Behälter fiel, und seine Beklemmung und seine Sorge verschwanden. Doch von ihm konnte das niemand mehr hören. Niemand erfuhr vom Schicksal, das Irsûki zuteilwurde.

Alle Geschichten, außer derjenigen über Irsûki, schienen simpel, auch diejenige von zwei Brüdern aus der Clique des Volksparks, die lange Jahre geeichte Gewichte verkauften, darunter auch solche, die sie, gegen eine üppige Belohnung, manipuliert hatten. Schließlich wurden sie verhaftet und erhielten lebenslängliches Berufsverbot. Vielleicht hatte Rabâbs Vater bemerkt, dass er mir nur Geschichten von betrügerischen Konkursen erzählt hatte, jedenfalls sagte er beim Hinausgehen: »Vergiss aber nicht, dass es auch einen sogenannten freiwilligen Konkurs gibt.« Um mir das verständlich zu machen, erzählte er mir die Geschichte eines Mannes aus ihrer Gruppe, der schon meine Aufmerksamkeit erregt hatte. Er war der Älteste von allen. »Ein Beispiel dafür ist Abu Fajjâd Baghdâdi.« Und als ich ihn nach seiner Geschichte fragte, erzählte er: »Er war Fahrer eines Busses Marke Neren, in dem er Personen zwischen Bagdad und Damaskus beförderte. Einmal überfiel ihn eine Gang von Räubern, die allen Fahrgästen ihr Geld abnahmen, drei von ihnen töteten und von ihm sogar die Kleider verlangten. Die Polizei verfolgte die Räuber und nahm sie fest, und sie wurden auf dem Mardscha-Platz in Damaskus gehängt. Die Fahrgäste warteten, halbtot vor Angst und um ihr Geld bangend, auf Abu Fajjâds Rückkehr. Als er dann kam, konnte er ihnen berichten, dass das Geld unangetastet war; es war unter Motorhauben versteckt. Alle erhielten das ihre zurück und gaben ihm eine Belohnung. Doch Abu Fajjâd gab die Busfahrerei auf. Er richtete sich in der Scheich-Umar-Straße eine Autoreparaturwerkstatt ein, die jedoch konkurs ging, nicht nur, weil er als Mechaniker nichts taugte, sondern auch weil er anschrieb.«

Später ging ich noch ein paarmal in diese Kneipe. Zwei- oder dreimal mit einem anderen Mitglied der Clique, meist jedoch an offiziellen Fest- und Feiertagen. Bei Nacht diese oder eine ähnliche Kneipe aufzusuchen, war ein Abenteuer, das man sich mehrmals überlegen musste. Bei Nacht drängelten sich dort nicht jene Männer, die betrügerisch oder freiwillig Konkurs gemacht hatten, nicht Rabâbs Vater, nicht Irsûki und nicht Abu Fajjâd, wirklich nicht. Kurûmi, der Wirt, riet mir sogar einmal, als auf der anderen Seite des Fliegerplatzes gerade die Sonne unterging, für einen jungen Mann wie mich sei es jetzt an der Zeit, in eine andere Kneipe zu gehen. Es sei nicht gut, bei Nacht in seiner Kneipe zu bleiben. Dann treffen sich hier nämlich Gäste aus den untersten Kreisen der Stadt: Ganoven, Schwule, Schmuggler, Junkies, Kuppler, Fälscher. Ganz anders auf dem nahegelegenen Fliegerplatz. Nicht nur weil es dort keine Kneipen gab, sondern weil der Platz eine Art Scharnier zu anderen Welten war. Kurz gesagt, der Fliegerplatz war, ganz wie der Volkspark, voller Geschichten. Dort brauchte man keinen Wirt und keine Arrakflaschen. Es war ein Ort des Übergangs, den die Menschen machten, die ihn bei Nacht aufsuchten und ihn in eine fliegende Geschichte verwandelten, in einen Garten der Literatur. Und so machte es auch unsere Clique, die als Abstürzler Beschimpften, die süchtig nach Literatur waren.

22

Der Aufruhr der ersten Liebe

Egal, ob wir älter werden und das Grau sich auf unseren Köpfen einschleicht. Egal, ob das Land, in dem wir umhergewandert sind, einen anderen Namen trug als heute. Egal, ob die Stadt, die wir als unser Paradies besangen, zu einer Erinnerung geworden ist, die aus dem Tal des Vergessens ruft. Egal, ob wir eingekerkert und gefoltert, verjagt und vertrieben wurden, behaust oder unbehaust, verloren hier oder heimatlos dort sind. Egal, ob wir zu bloßen Schatten geworden sind, die über die Horizonte der weiten Länder des Satans schweifen und doch nur sich selbst jagen. Egal, was uns und all jenen geschah, die wir einmal kannten. Egal, ob Regierungen vergangen und vergessen sind. Egal, ob wir manches vergessen und manches erinnern. Jahre vergehen, die Zeiten ändern sich und die Menschen mit ihnen, aber der Name der ersten Liebe bleibt im Gedächtnis haften, zart wie einst. Selbst den Namen zu offenbaren, hieße, ein Geheimnis zu enthüllen. Die Liebenden folgen nur dem Herzen, nichts anderem, sie schließen, ohne Druck und ohne Zwang, einen Bund, und der Name bleibt ein Geheimnis, wie in den Märchen aus uralten Zeiten.

Ist es nicht das, was die erste Liebe zum Leuchtturm macht, zum Orientierungspunkt auch für spätere Lieben? Die Hingabe an den Ruf der Gefühle. Wir verändern uns. Unser Leben verändert sich. Und die Umgebung, in der wir leben, verändert sich auch. Und alles enthüllt sich, nur nicht der Name der geliebten

Person. Wem von uns wäre nicht irgendwann einmal die Frage gestellt worden? Was ist los, warum bist du so heiter? Bist du etwa verliebt? Wir mögen uns verlieben und heiraten, danach scheiden und wieder heiraten und uns aufs Neue verlieben, all das ist und bleibt nur eine Variation der ersten Liebe, der tief empfundenen Liebe, nichts anderes. Gewinnt nicht dadurch der Name der ersten geliebten Person einen eigenen Rhythmus, einen eigenen Klang, der nur uns gehört und nichts mit den »objektiven« grammatischen und orthografischen Regeln der Wortbildung und Wiedergabe zu tun hat? Deshalb ist es auch nicht mehr wichtig, welchen Namen die Geliebte trägt. Viel wichtiger ist die erste Liebe an sich mit all ihrem Kummer und ihrer Begierde, ihrer Leidenschaft und ihren heißen Empfindungen, ihrer Erregung und ihrer Sehnsucht.

Im Namen meiner ersten »Bagdader« Liebe schwangen Faszination und Aufruhr mit. Plötzlicher Liebesaufruhr, Erstaunen im Augenblick der ersten Entdeckung des Paradieses: Bagdad. War es ein Zufall, dass der Name auch Anklänge an die »Taglilie« enthielt, jene Blume aus der Familie der Lilien, deren wunderschöne Blüten sich nur bei Tag öffnen und sich bei Nacht schließen? Ich weiß noch, wie ich ihr das einmal sagte, nachdem ich im Lexikon nach der Bedeutung ihres Namens gesucht hatte. »Ich werde mich mit dir der Taglilie erfreuen. Und wenn sich diese Pflanze bei Nacht denn verschließen muss, so soll sie mich vor dem Einschlafen einschließen.« Sie kenne diese Bedeutungen, erwiderte sie lachend – ein Lachen, das ihre schwarzen Augen auf seltsam eigene Art strahlen ließ. Doch irgendwann wies sie mich zurück. Sie wollte nicht mehr meine Taglilie sein. Sie ging mit einem anderen weg, der mir ein farbloser Typ schien, nicht nur weil er Baathist war und bei einer Bank arbeitete, sondern weil sich jemand, der zum ersten Mal verliebt ist, nicht erklären kann, warum er vom Geliebten zum Verschmähten wird. Seltsamerweise hatte ich all die Jahre danach, bis heute, vergessen, was damals geschah. Dass sie sich von mir trennte und zu einem anderen Mann ging, hatte ich vergessen (obwohl sie ihn auch nach einiger Zeit verließ), dass sie später heiratete, hatte ich vergessen, ja, sogar dass sie danach wie ich emigrierte, hatte ich vergessen. Zwei Jahre lang lebten wir nicht mehr als zweihundert Kilometer entfernt voneinander. Aber je mehr ich über meine Beziehung zu ihr nachdachte, je mehr ich nach einer Bestimmung meiner ersten Liebe suchte, desto mehr erinnerte ich mich an jene Augenblicke, Augenblicke, die damals flüchtig waren, wie ich jedenfalls glaubte, obwohl sie für mich doch bis heute die unsterblichsten Augenblicke gewesen sind. Ich rede von allem, was Liebende stehlen, während sie den ersten Schauder der Liebe entdecken, was sie der Zeit und ihrer Umgebung stehlen, während sie sich ihren Sinnen hingeben. Die Menschen werden alt, aber sie werden nicht müde zu versichern: »Nach nichts sehnt man sich so zurück wie nach der ersten Liebe.«

Seit meiner Ankunft in Bagdad waren erst wenige Monate vergangen, als mich ein Mädchen, dessen Namen wir besser auslassen und sie einfach Farach, Freude, nennen, in die Mustansirîja-Universität mitnahm. Wir waren eine kleine Gruppe, die, ich weiß nicht wie zusammengefunden hatte. Vielleicht durch einen gemeinsamen Kurs oder gemeinsame Lektüre, vielleicht durch die gemeinsame Opposition gegen die Baathisten, vielleicht durch die gemeinsame Zugehörigkeit zur Studentenbewegung. Diese Farach hatte ich durch einen Kommilitonen namens Atâ Îssa kennengelernt, der ebenfalls an der Literaturfakultät französische Literatur studierte, aber schon vor dem Ende des zweiten Studienjahrs (im Herbst 1976) den Irak verließ und sich wohl in Belgien niederließ. Weil diese Farach, wie ich rasch bemerkte, in mich verknallt war, stellte sie mich eifrig ihren engsten Freundinnen vor. Meine erste Liebe, die Taglilie, auch sie aus Bagdad – ihre Familie wohnte im Herzen der Stadt, in Bab al-Schaich –, studierte an der Mustansirîja-Universität. Sie war Farachs engste Freundin.

Die Liebesbeziehung, die aus dieser Begegnung eines Burschen aus dem Süden des Landes und einem Mädchen entstand, dessen Familie seit Generationen in Bagdad lebte, war für Farach ein echter Schock, der sie mit ihrer Freundin radikal brechen ließ – nicht mit mir, obwohl unsere Beziehung kühler wurde. Aber was bedeuten Freundschaften, wenn das Herz ruft? Von jenem Tag an ging ich Farach aus dem Weg, und wenn ich ihr doch einmal begegnete, sprach ich mit ihr über alles, nur nicht über die Taglilie und meine Besuche in ihrer Universität. Seit unserer ersten Begegnung versuchte ich, allein in die Mustansirîja-Universität zu gehen. Und wenn die Taglilie mich an der Literaturfakultät besuchte, tat ich alles in meiner Macht Stehende, dass wir uns nicht lange in der dortigen Cafeteria aufhielten, sondern möglichst rasch die Fakultät verließen, besonders bei Unterrichtsschluss am Mittag.

Was konnten junge Menschen, die erst gerade das Paradies der Liebe entdeckt hatten, anderes tun, als Plätze zu suchen, um sich zu treffen, zumal ich in einer Herberge für Junggesellen wohnte und sie bei ihrer Familie, die sie spätestens um vier Uhr nachmittags oder sogar schon zum Mittagessen zurückerwartete? Doch sie schindete genial immer noch zwei oder drei Stunden heraus.

Zu Beginn gewährten uns die Sträßchen und die Gassen von Wasirîja genügend Möglichkeiten, allein zu sein, besonders gegen Mittag im Sommer. Wir mussten uns nur vom Fakultätsgebäude entfernen, mussten nur die Literaturfakultät hinter uns lassen und unter der Sarafîja-Brücke hindurchgehen, wobei links, soweit ich mich erinnere, eine Straße namens Safi-al-Dîn-al-Hilli-Straße abzweigte. Dann spielte es keine Rolle mehr, wohin man ging: ob Richtung Akademie der Schönen Künste und in die Sträßchen dahinter oder Richtung Zentral- und Univer-

NW (2. von rechts) mit ein
Kommilitoninnen und Kommiliton
der Mustansirîja-Universität.

sitätsbibliothek und der Straßen davor, nach dem Gebäude, in dem die palästinensische Studentenunion untergebracht war, oder nach der türkischen Botschaft und dem Gebäude der Akademie der Schönen Künste. Für uns war nur wichtig, in die Gassen von Wasirîja zu gelangen. Dort gab es immer weniger Leute, und wir hatten immer mehr das Gefühl, allein durch diese Nebensträßchen zu wandern, begleitet nur von unserer verborgenen Wonne. Es waren enge Sträßchen, an denen hinter hohen Backsteinmauern und Vorgärten einzelne Villen standen. Auch hohe Bäume gab es. Von Kommilitonen hatte ich erfahren, dass diese Straßen am Abend Treffpunkt von Verliebten im Auto wurden. Hier konnte jeder Typ Auto stehen bleiben und den Motor abstellen, ohne dass fremde Scheinwerfer aufflammten. Aber weder mein Mädchen noch ich selbst besaßen ein Auto, obwohl sie einer Mittelklassefamilie entstammte und wir in einer Zeit gesellschaftlichen Fortschritts und vorsichtiger Frauenemanzipation lebten. Das äußere Bild wandelte sich: Das Kopftuch ging zurück, Frauen trugen Hosen oder Mini- oder gar Mikroröcke. Doch die Zahl der Auto fahrenden Frauen war noch nicht sehr groß.

In den ersten Tagen begnügten wir uns damit, Hand in Hand spazieren zu gehen oder uns rasch und furchtsam zu küs-

sen. Wenn wir genug gegangen waren, setzten wir uns, genau wie andere Verliebte auch, in den Garten des British Centre – wenn wir denn einen Platz fanden. Meistens waren nämlich alle Wege im Garten voller Verliebter oder größerer gemischter Gruppen von Freunden. Im Allgemeinen lachten wir darüber, und ich sagte zur Taglilie: »Schau dir nur die schlauen Engländer an! Gibt es eine bessere Lobby für sie bei ihren künftigen Beziehungen zum Irak als die Verliebten? Natürlich wusste ich, dass die Engländer sich auch auf anderem Weg eine große Lobby unter den Studenten schufen. So enthielt der British Council auch eine umfangreiche Bibliothek und dort besonders eine Musikabteilung, wo man alles, was man an klassischer Musik suchte, ausleihen konnte. Später machte ich von diesem Angebot reichlich Gebrauch. Zugegeben, mein Besuch beim British Council mit meinem Mädchen galt nicht der Musik. Und doch zog es mich mitunter, sogar wenn ich mit ihr zusammen war, in die Musikabteilung der Bibliothek, manchmal unter dem Vorwand, auf die Toilette zu gehen. Danach überraschte ich sie mit einer ausgeliehenen Schallplatte, und wenn sie mich fragte, wo ich diese denn hören könnte, erklärte ich: Bei meinem Freund, dem Autor Achmad Chalaf. Der hatte kurz zuvor geheiratet und lebte mit seiner Frau in einer kleinen Wohnung in Karâdat Marjam. Er war ganz versessen auf klassische Musik. Meistens hatte ich, wenn ich ihn besuchte, eine neue Schallplatte dabei. Wir setzten uns in sein kleines Arbeitszimmer, tranken Kaffee und lauschten schweigend der Musik. Es war ein Ritual, das ich damals genoss, manchmal sogar mehr als das Schreiben. Ich erzählte ihr, wie gerne ich diese Musik gemeinsam mit ihr anhören würde. »Du weißt gar nicht, was für ein Genuss das sein kann. Dieser Musik zu lauschen, trägt einen weit weg.« Also begannen wir, das Haus zu planen, in dem wir, einmal verheiratet, wohnen wollten. Wir planten die Zimmer und den Garten, stellten uns den Plattenspieler vor, den wir kaufen wollten, und die Bibliothek, die viel Raum in Anspruch nehmen würde.

Verliebte treffen sich und träumen, aber im Rahmen ihrer Träumereien bleiben sie auch realistisch. Das British Centre wurde uns allmählich zu eng für unser geheimes Verlangen und den Druck unserer körperlichen Bedürfnisse, und so begannen wir, nach anderen Orten Ausschau zu halten, wo wir unserer überbordenden Romantik nachgeben konnten. Seltsamerweise bemerkte ich jetzt erst, während ich etwa vier Jahrzehnte später darüber schreibe, wie in einem Land wie dem unseren die Not Verliebter, allein zu sein, erfinderisch macht. Unsere Leidenschaft drängte uns aus dem British Centre heraus, und so mussten wir nach einem anderen Ort suchen.

Der erste Ort, den wir fanden, war der Friedhof der Engländer, östlich der Sarafîja-Brücke in der Nähe der Akademie der Schönen Künste, genau am Fuß des Bahndamms, eingekreist vom Museum für schulische Kunstaktivitäten, der Direktion der Versorgungsdienste am Verteidigungsministerium und der Literaturfakultät. Dort zwischen den eingeebneten Gräbern spazieren zu gehen, war nicht ohne Ironie. Vom eigentlichen Friedhof der Engländer war nur noch der Name vorhanden. Von den kleinen schwarzen Platten, die einst als Grabsteine vorne am Grab gelegen hatten, waren nur noch, überall verstreut, Bruchstücke übrig. Nichts mehr deutete auf die Existenz von Gräbern. Die Zeit schien sich an den Soldaten zu rächen, die auf dieser fremden Erde gefallen waren, und das Gras, das überall frei und ungehemmt wuchs, machte den Ort zu einem wilden Garten oder einem freien Stück Land. Wäre der Friedhof nicht von Häusern und Wohnvierteln umgeben gewesen, man hätte glauben können, in einem Garten außerhalb der Stadt zu sein.

Das Landstück, auf dem Anfang des 20. Jahrhunderts der Friedhof angelegt wurde, lag damals außerhalb der Stadt. Nicht weit entfernt lagen der Maidân-Platz und das Verteidigungsministerium, ursprünglich, glaube ich, eine osmanische Kaserne, in der dann die britische Armee einquartiert wurde, die am 11. März 1917 Bagdad besetzte, zwanzig Monate vor dem Ende des Ersten Weltkriegs. Damals wurden die Türken besiegt und vollständig aus dem Irak vertrieben, und in Bagdad sprach der Kommandeur der britischen Besatzungsarmee, General Frederick Stanley Maude (1864–1917), zu den Irakern seinen berühmten Satz: »Unsere Truppen sind in eure Städte nicht als Eroberer oder Feinde gekommen, sondern als Befreier …« Und so ging das Gewäsch immer weiter. Aber die Geschichte ist surrealistisch und erbarmungslos. General Maude, dessen Denkmal von 1923 bis 1958 den nach ihm benannten Platz mitten in Bagdad schmückte, konnte seine militärischen Siege nicht lange genießen. Er, der 1864 in eine altehrwürdige britische Familie geboren wurde und dessen Vater schon General in der britischen Armee gewesen war, hatte seine militärische Ausbildung an der Akademie Sandhurst erhalten, hatte danach in Ägypten, in Afrika, in Kanada und in Frankreich gedient und war vielfach ausgezeichnet worden. Schon vor und dann während des Ersten Weltkriegs erwarb er sich einen Ruf als ausgezeichneter Offizier. Auch nachdem er schwerverwundet zur Behandlung nach London transportiert worden war, drängte er darauf, möglichst rasch, und noch vor der endgültigen Genesung, an die Kriegsfronten zurückzukehren. Für diesen General, der so stolz auf seine militärischen Leistungen und Siege an allen Fronten war, an denen er gekämpft hatte, wurde Bagdad das Ende. Hier schien er dem Beispiel eines anderen Militärführers zu folgen, auch wenn dieser ein anderes Kaliber besaß, Alexanders des Großen, für den Bagdad auch das Ende wurde – nach einem Kampf gegen die Krankheit nicht mehr als vierzig Kilometer von der Stelle entfernt, an der General Maude starb. Offenbar kam General Maude nicht nach Bagdad, um es militärischer

Lorbeeren wegen zu erobern, sondern um dort zu sterben und begraben zu werden. Am 14. November 1917 nahm er an einer Feier in der jüdischen Alliance-Schule teil, wo er verdorbene Milch trank. Wieder zu Hause, wurde ihm schlecht, und sein Zustand verschlimmerte sich rasch. Die Untersuchung ergab eine schlimme Art Cholera, und schon am 18. November verstarb der General und wurde auf ebendiesem Friedhof beigesetzt, einem der zahlreichen von den Briten angelegten Friedhöfe. Noch während des Ersten Weltkriegs richteten die Briten nämlich im Irak eigene Friedhöfe für ihre Soldaten ein. Der Krieg war zwar noch nicht zu Ende, doch die Briten schienen fest davon überzeugt, dass die Türken besiegt würden. Meist legten sie einen Doppelfriedhof an mit einem Teil für die Soldaten englischer Herkunft, einem anderen für die nicht-englischen Kämpfer, die zweitklassigen, die Opfer der Gurkha-Soldaten. Ich kenne die meisten dieser Friedhöfe, denjenigen in Basra oder denjenigen in Kût, besonders aber den Friedhof der Engländer in Amâra, in dem mein Großvater von 1914 bis zum Ausbruch seiner Krankheit zu Beginn der 1960er Jahre als Gärtner arbeitete. Den Friedhof der Engländer in Bagdad betrat ich jedoch zum ersten Mal.

Wenn die Taglilie und ich zwischen den Gräbern spazieren gingen, kam ich mir vor wie einer, der seine ganze Kindheit hinter sich her schleppte. Kein einziges Mal haben wir den Friedhof durchquert, ohne dass ich mich an irgendeine Kindheitsgeschichte erinnerte, und die Taglilie genoss alle diese Geschichten, die ich ihr erzählte. Für sie war das eine andere Welt, für sie, deren Radius, wenn er überhaupt über die Grenzen von Bab al-Schaich hinausging, wo ihre Familie wohnte, sicher nicht weiter reichte als zur Raschîd- oder zur Nahr-Straße oder zur Mustansirîja-Universität. Sie hatte auch Farach, ihre angeblich engste Freundin, die im Aden-Viertel in Madînat al-Schaab wohnte, damals eine Gegend am Stadtrand von Bagdad, nie dort besucht. Ihre geografische Begrenztheit konnte also durch mich zum ersten Mal überwunden werden.

Ich erzählte ihr von meinem Großvater, der nahezu ein halbes Jahrhundert als Gärtner auf dem Friedhof der Engländer und dem danebenliegenden zweiten, sogenannten indischen Friedhof, arbeitete. Schon als Kind hatte ich ihn früh am Morgen aufstehen und zur Arbeit gehen sehen, und dank des Friedhofs lernte ich auch noch andere Früchte als Datteln kennen: verschiedene Arten von Kirschen und zahlreiche Sorten von Beeren und wilden Früchten. Mein Großvater hatte mir auch erzählt, wie »der englische Herr«, der Brite, der viermal im Jahr in den Irak kam, um die britischen Friedhöfe zu inspizieren und den Angestellten den Lohn auszuzahlen, ihn als ganz jungen Mann, gerade einmal volljährig geworden, zum Chef über alle Gärtner auswählte, ohne sich darum zu kümmern, dass einige von diesen älter waren als er. »Und warum das? Weil er mich für einen tüchtigen Bauern hielt«, sagte mein Großvater. In Amâra wurden zwei Friedhöfe angelegt: derjenige der Engländer und derjenige der Inder, und zwar im Park der Villa der Dschânis, neben einer ebenfalls von den Briten angelegten Kläranlage, die wohl eher den Gärten der toten als den lebenden Bewohnern der Stadt dienen sollte, wie die Scheiche der Stadt nicht müde wurden zu bemerken. Die beiden Friedhöfe waren voneinander getrennt wie die Briten von den Indern, vielleicht weil die Menschen Wege für ihr Leben entwickeln, ohne dass ein Sinn sichtbar würde. Erst wenn wir davon erzählen, nehmen sie einen Sinn an. Man nannte die beiden einander gegenüberliegenden Friedhöfe »Friedhof der Engländer« – entweder weil die Leute, die britischen Kolonialisten, die Gurkhas herablassend betrachteten, sie als nichtexistent ansahen, und sich nur für die Toten der Engländer interessierten, ihrer Herren, wenn sie über die beiden Friedhöfe sprachen, oder weil die die beiden Namen auf einen verkürzen wollten. Vielleicht hatte aber diese Benennung auch mit der Art zu tun, wie die beiden Friedhöfe entstanden waren. Der erstere nämlich, der Friedhof der englischen Soldaten, war der größere und dicht mit Lorbeerbäumen, Dattelpalmen und Beerensträuchern, außerdem mit verschiedenen Rosen- und Jasminhecken bewachsen; in der Mitte hatte man einen kleinen Brunnen angelegt, neben dem ein riesiges Kreuz aus weißem Marmor stand, unweit des großen Gedenksteins, der wie eine schwarze Wand direkt neben der Friedhofsmauer aufragte. Darauf waren die Namen der englischen Gefallenen eingraviert. In der anderen Ecke stand ein Steinhaus, in dem immer mal wieder ein paar Gärtner oder Inspektoren wohnten, die gern dort übernachteten. Der Friedhof der Inder war völlig anders. Eine einfache Szenerie. Ausgetrockneter Boden, auf dem nur wenige Bäume wuchsen. Seine Südecke, hinter den Stäben eines schwarzen Eisenzauns, war zum Sammelplatz für streunende Hunde geworden, die von dort aus ihre Nahrungssuche auf den Müllkippen der Stadt unternahmen. Zwar zeigten die beiden Kuppeln, die den Eingang der Friedhöfe markierten, von außen betrachtet eine ähnliche Bauart, doch von drinnen unterschied sich ihr Anblick beträchtlich. So fand sich auf dem indischen Friedhof keine einzige Steinbank, die die Besucher zum Verweilen einlud. Es gab nur die weißgekalkte Wand.

Der englische Friedhof in Bagdad unterschied sich gründlich von den beiden Friedhöfen in Amâra. Es gab keine hohen Bäume, besonders auch keine Fruchtbäume. Sogar im Vergleich zum indischen Friedhof in Amâra sah er trostlos aus. Aber vielleicht war es gerade diese Vernachlässigung, die seinen Zugang für Verliebte, die allein sein wollten, unkompliziert machte. Es gab praktisch keine Winkel, wo nicht Moos oder niedriges Buschwerk wuchs, das immerhin hoch genug war, um Paare, die dort saßen, den Blicken zu entziehen. Manchmal hielten wir hinter einem dieser Büsche kurz inne, um uns zu küssen oder in die Arme zu schließen. Manchmal setzten wir uns auch ins Gras, und niemand störte unsere Zweisamkeit. Wir sahen einander an, schwiegen eine Weile, während nur unsere Augen sprachen, wenn uns nicht das Verlangen drängte, einander zu berühren. Doch dann trennten wir uns rasch wieder, immer auf der Hut vor Überraschungen.

»Ist das nicht komisch?«, sagte ich einmal zur Taglilie, als wir nebeneinander im Schutz eines etwas höheren Strauchs saßen. »Wir sitzen auf trockenem Gras, das sicher auf Grabsteintrümmern wächst.« Ich sagte das zu ihr, als ob es meine Lebensaufgabe seit meiner Kindheit wäre, die Friedhöfe der Engländer im Irak anderen Aufgaben zuzuführen. Um ihr zu erklären, was ich meinte, erzählte ich ihr, wie ich in Amâra den Friedhof der Engländer in eine Bar umgewandelt hatte, als ich fünf oder sechs Jahre alt war. Ich war mit einem Kindheitsfreund auf den Friedhof gekommen, im Gepäck ein paar Flaschen Seven-up, das damals Einzug in der Stadt hielt. Damit wollten wir uns betrinken, wie alle die Männer, die jeden Tag in den frühen Abendstunden auf dem Weg zum Lattichgarten gleich neben dem Friedhof am Kachlâ-Fluss vorübergingen. Sie hatten immer Vorräte an Christusschweiß dabei, außerdem große Eisstücke, richtige Blöcke, die sie in der Hand oder in kleinen Eimern trugen, und Plastikbecher. Sie setzten sich ins Gras und begannen, das Transistorradio neben sich, zu trinken und dazu vom Lattich, den Lotusfrüchten und den Rarangen aus dem Garten zu essen, einer besonderen Art Zitrusfrucht, die durch das Pfropfen eines Orangenbaums mit einem Zitronenbaum entsteht und besonders in den Gärten der Alhambra in Granada gezüchtet wird, oder was sie sonst noch an Früchten fanden, die an Bäumen und Büschen entlang der Mauer wuchsen, die den Garten vom Friedhof trennte. Wir torkelten wie betrunken herum, erzählte ich ihr, bis mein Großvater uns sah und zuerst über unseren Zustand erschrak, doch bald zu lachen begann angesichts der beiden grünen Flaschen, die ihm deutlich machten, dass wir Seven-up getrunken hatten. In der Mittel- und Oberschule funktionierte ich vor Prüfungen den Friedhof für mich zum Studierzimmer um, wo ich meine Lektionen repetierte, besonders im Sommer wegen des Schattens, den die Bäume spendeten. »Und jetzt«, bemerkte sie mit ihrem zauberhaften, leicht koketten Lachen, »funktionierst du diesen Friedhof zu unserem Schlafzimmer um. Fürchtest du nicht, das könnte Großbritannien verärgern?« Sie schlug mich leicht gegen die Schulter und drückte mich auf die Erde.

Es war nicht das erste Mal, dass sie das tat. Mehrfach schon verharrten wir in dieser Lage, einige Minuten ausgestreckt im Gras, überzeugt, und mit der Zeit immer überzeugter und uns daher immer sicherer fühlend, dass niemand in unsere Idylle einbrechen würde. Wir hielten uns umschlungen, während es um uns herum völlig still war. Nur dann und wann bewegte eine Brise da und dort einen der Sträucher, vielleicht schlug auch eine Lerche mit den Flügeln oder von fern krächzte eine Krähe, ein Hund bellte oder ein Esel iahte, ein Hahn krähte oder eine Wespe summte, oder es war ein Automotor zu hören. Das war alles. Sonst herrschte verdächtige Ruhe, unterbrochen nur hin und wieder von der Bewegung unserer Körper, dem Rascheln unserer Kleider, dem Geflüster unserer geheimen Lust. Sonst nichts.

Ich glaube, es war gegen Mittag, als uns plötzlich vom Damm herab jemand anrief. Wir wussten nicht, ob er schimpfte oder scherzte. Glücklicherweise kam er dann doch nicht zu uns, sondern änderte die Richtung, bevor er uns erreicht hatte, und ging zum Verlag »Die Freiheit«, der in der Nähe lag. Dort waren die Redaktionsräume und die Druckerei der Zeitschrift *Alif Bâ* und der Zeitung *al-Dschumhurîja*, die beide der Regierung gehörten. Ohne ein Wort über den jungen Mann zu verlieren, lösten wir uns voneinander, klopften uns heiter und locker gegenseitig auf die Schulter, als wäre nichts gewesen.

Der zweite Ort: das war der Zug, der von der Sinâa-Region in Madînat al-thaura zur Museumsgegend der auf der Karch-Seite fuhr und normalerweise an der Station der Sarafîja-Brücke hielt, die sich genau neben der Akademie der Schönen Künste befand. Die Freude über diese zufällige Entdeckung war groß. Es war die letzte Haltestelle des Zuges, bevor er die Tigrisstraße überquerte. Als er auf der Sarafîja-Brücke den Tigris überquert hatte und auf dem Museumsplatz auf der Karch-Seite von Bagdad ankam, war es zwölf Uhr dreißig: Endstation. Weil wir aber am Museumsplatz nicht aussteigen wollten, sondern nur den Zug als lauschigen Platz für uns suchten, beschlossen wir, sitzen zu bleiben und zurückzufahren, von wo wir gekommen waren. Wir wussten nicht, dass wir sehr lange bis zur Rückreise warten müssten, nämlich an die zwei Stunden, und dass die Türen des Bahnhofs währenddessen geschlossen wurden.

Anfangs sagte weder sie noch ich etwas. Entspannt saßen wir da in Erwartung anderer Fahrgäste. Es war unsere erste Erfahrung mit diesem Zug. Ja, eigentlich hatten wir gar nicht gewusst, dass es einen Pendlerzug gab, der Arbeiter zwischen Madînat al-thaura und dem Museumsplatz und dem Alâwi-Busbahnhof beförderte, also dorthin, wo einst ein Bahnhof stehen sollte, von dem aus man Richtung Berlin fahren konnte. Woher hätten wir das auch wissen sollen. Bagdad, das schon lange eine U-Bahn gebraucht hätte, besaß sonst keine Transportmittel außer Bussen, Sammeltaxis und normalen Taxis. Aber was für ein hübscher Zufall! Ein weiteres Mal unterwegs nach Berlin, ohne Planung meinerseits, dachte ich und sagte es der Taglilie, bevor wir in einem kurzen Augenblick des Schweigens versanken.

Im Gegensatz zu unseren Spaziergängen auf dem Friedhof der Engländer, erzählte ich ihr hier nichts über die Geschichte des internationalen Bahnhofs oder über die Bagdad-Berlin-Bahn oder über den Plan, diese Bahn bis Basra oder bis nach

Iran, nach Abadan weiterzuführen, eine Idee, die Dutzende von Reiselustigen weltweit angeregt hat. Auch erzählte ich ihr nicht, dass das Projekt, für dessen Gelingen der deutsche Kaiser Friedrich Wilhelm II. alles Menschenmögliche getan hatte, unverwirklicht blieb und nur zu einer Erinnerung im Tal des Vergessens wurde und dass statt der Berlin-Bagdad-Bahn das deutsche Bier kam, Marke Patzenhofer. Wir saßen in einem geschlossenen Raum, der für Geschichten zwar zu eng, aber groß genug war für die Liebe. Wir wussten nicht, was los war, bis ein kleiner Junge mit Zigaretten und Kaugummi in unseren Wagen stieg.

Als uns der kleine Junge erzählte, der Zug bleibe hier und der Bahnhof sei geschlossen, hatten wir schon eine halbe Stunde gesessen. Erst um Viertel nach zwei werde er wieder geöffnet, nach dem Ende der offiziellen Arbeitszeit für Arbeiter und Angestellte; dann werde er die Fahrgäste einmal quer durch Bagdad transportieren. Ich fragte den Jungen nicht, wie er selbst hereingekommen war. Warum sollte er nicht wie wir im Zug geblieben sein? Außerdem wusste ein fliegender Händler wie er sicher, wie man Schwierigkeiten diese Art meisterte. Stattdessen kaufte ich ihm eine Packung Sumer-Zigaretten und Kaugummi ab und legte ihm noch einen Extradinar darauf, über den er sich freute. Er ahnte, warum wir nicht ausgestiegen waren, vielleicht hatte er ja schon andere Pärchen erlebt. Jedenfalls meinte er etwas verlegen, er gehe jetzt weiter, zur Spitze des Zuges. Wenn er einen Schaffner sehen würde, versprach er uns zu warnen. Er lachte, zwinkerte uns zu und verschwand.

Weder an jenem Tag noch an den wenigen folgenden störte etwas unsere Zweisamkeit, auch nicht dieser Knabe, der am ersten Tag gleich nach Öffnung des Bahnhofsportals zu uns gerannt gekommen war, als die Fahrgäste zu Dutzenden hereinströmten. Wir sahen ihn nach jenem Tag nie wieder. Mehr noch, wir wurden Experten. Wir bestiegen den Zug zu einer bestimmten Zeit, versorgt mit Sandwiches und Fruchtsaft, und an jenem Ort, der einmal den internationalen Bahnhof hätte beherbergen sollen, wurde er zum Picknickplatz für uns Verliebte.

Wie lange dauerten unsere Fahrten? Diese Fahrten im Zug, der zwischen der Sinâa-Gegend in Madînat al-thaura und dem Museumsplatz verkehrte, dem Zug, der Russâfa und Karch miteinander verband, dem Zug, der uns so viel Lust bescherte? Vielleicht eine Woche, vielleicht acht oder neun Tage. Denn irgendein Schaffner wurde wohl auf uns aufmerksam. Vielleicht weil wir die einzigen Studierenden waren, die täglich zur selben Zeit, gegen Mittag, mit Verpflegung den Zug bestiegen, vielleicht weil wir »moderner« waren als die übrigen Fahrgäste, sie mit ihrem kurzen Rock und der vorne geöffneten Bluse (damals trug sie noch keine Hosen) und ihrem schicken Bubikopf-Haarschnitt, ich mit den damals modischen Charleston-Jeans und dem knappen, taillierten Hemd, wie man den damaligen Hemdenschnitt nannte, und mit Haaren, die ich mit dem Föhn hochblies und richtete. All das weckte beim Schaffner oder Zuginspektor Argwohn. Er begann uns zu beobachten und wartete auf eine Gelegenheit, uns zu stellen. Normalerweise waren seine Fahrgäste einfache Arbeiter, erkennbar durch Aussehen und Kleidung, mit abgespannten Gesichtern. Außerdem hielt der Zug nur einmal zwischen der Station bei der Sarafija-Brücke, wo wir einstiegen, und im Allgemeinen fuhr niemand mit außer den Schichtarbeitern, die von Madînat al-thaura kamen. Vielleicht waren wir ja selbst schuld, weil wir uns an jenem Tag nicht bis zur Haltestelle Museumsplatz gedulden konnten, da der Waggon, in dem wir saßen, wie üblich bis auf uns leer war. Wir nahmen also unsere rituellen Handlungen auf, ohne den Schaffner wahrzunehmen, der direkt neben uns stand und den Fahrpreis von uns verlangte. Wir bezahlten und stiegen am Museumsplatz, den wir nach endloser Zeit erreichten, sofort aus. Anfangs sagte keiner ein Wort. Erst als wir draußen waren, lachten wir aus vollem Halse los. Es sollte unser letztes gemeinsames Lachen sein. Das wusste ich aber in jenem Augenblick nicht. Dieser Zug wurde der letzte Ort für unsere Kapriolen, der Bahnhof Museumsplatz, den wir hinter uns ließen, die letzte Station auf der Reise unserer Leidenschaft. Weder am folgenden Tag noch an den Tagen danach wollte die Taglilie mit mir ausgehen. Unsere Spaziergänge waren Vergangenheit geworden. Immer gab es eine Ausrede, und jedes Mal wenn ich sie aufsuchte, war da Sabâch bei ihr, der neue Mann, der dann einmal so weit ging, die Uniwachen herbeizurufen, die eigentlich Sicherheitskräfte waren, um mir den Eintritt in die Mustansarîja-Universität zu verwehren.

Unsere Liebe währte nicht lang, ja, sie hielt nicht einmal bis zum Ende des ersten Studienjahrs. Die Taglilie machte rasch Schluss – am helllichten Tag! Ich weiß nicht und ich will auch nicht wissen, wie lange mich die Trauer damals in ihrem Strudel gehalten hat. Aber was ich weiß: dass ich mit ihr ein anderes Bagdad kennengelernt habe, das Bagdad der Leidenschaft, das geheime Bagdad mit allen seinen Orten und Freuden.

23

Im Café

In seinem ebenso umfangreichen wie interessanten Buch über den Irak aus dem Jahr 1978, erschienen auf Englisch im Jahr 1978, spricht Hanna Batatu, amerikanischer Historiker mit palästinensischen Wurzeln, davon, dass die Loyalität der Iraker zuallererst ihren Herkunftsregionen gelte. Die nächste Stufe in der Hierarchie irakischer Zugehörigkeiten seien die Wohngebiete, die dort *Mahallât*, Viertel oder Stadtteile, hießen und bei denen es sich um Wohneinheiten für das Zusammenleben von Clans, Religionsgruppen oder Klassen handelte. In Hanna Batatus Worten: »Die Gemeinschaften, die in den irakischen Städten zu je religiösen Credos, konfessionellen Gruppen oder verschiedenen Klassen gehörten, oder die aus je eigenen ethnischen (rassischen) Wurzeln oder Clans stammten, neigten dazu, in je eigenen Vierteln zu wohnen.« Batatu gibt eine Anzahl Beispiele dafür, auf die ich im Zusammenhang mit den wohlhabenderen Bürgern Bagdads zurückkommen werde. Wir finden also selten durchmischte Viertel. Das kann so weit gehen, dass ein Fremder im Viertel für Aufregung und Misstrauen sorgt, wenn er sich nicht sogar Probleme einhandelt. Eindeutig feststellbar ist das

Altes Café in Bagdad, 1920er Jahre

Café in Bagdad, 1940er Jahre

ganz besonders in den Vierteln und Stadtteilen der Hauptstadt Bagdad, und diese Kategorisierungen, von denen Batatu spricht, lassen sich weitgehend auch auf die berühmten Cafés in Bagdad anwenden. Ich rede hier nicht von den Cafés, die zum Sammelpunkt der Bewohner einer bestimmten Stadt geworden sind (beispielsweise das Café der Bewohner von Kût, das direkt am Russâfi-Platz lag, neben dem Denkmal des berühmten Bagdader Dichters Russâfi, nach dem der Platz benannt ist, in dessen Nachbarschaft einer der bekanntesten Läden in Bagdad zum Verkauf von süßem Börek mit Rahm zum Frühstück lag; oder das Café der Bewohner von Nassirîja in der Straße, die den Russâfi-Platz mit der Kalifenstraße verbindet, genau gegenüber dem Restaurant »Dschamîla«. In diesen Cafés wurde die Zugehörigkeit auf die ganze Stadt ausgedehnt, mit all ihren Klassen, Clans und Familien.) Ich rede hier vielmehr von den Cafés, die hauptsächlich Orte der Erholung für die Vertreter bestimmter Berufe oder bestimmter Gewerbe waren. Natürlich konnten dort auch andere Gäste sitzen, aber diese blieben die Ausnahme, im Gegensatz zu den Stammgästen, die täglich wiederkehrten und ihren festen Platz hatten.

Nehmen wir das Café »Schabandar«, 1917 eröffnet und damals Stammcafé der Händler, das später zu dem wurde, was es bis heute ist: das bekannteste Literaten- und Künstlercafé. Im Jahr 2007 (5. März) war es Ziel eines schrecklichen terroristischen

Anschlags, bei dem Muhammad Chaschâli, der Inhaber seit 1937, vier Söhne und einen Enkel verlor und zahlreiche Verwandte schwere Verwundungen erlitten. Inzwischen hängt über dem Eingang ein Schild: »Café der Märtyrer«. Oder nehmen wir das Café der Angestellten und Arbeiter des Radios, direkt am Gamâl-Abdel-Nasser-Platz gelegen, der sich an das Radio- und Fernsehgebäude anschließt. Jean Dammu, ein Vagantendichter aus Kirkuk, der mehr für seine Scherze als für seine Poesie bekannt ist, war Stammgast in diesem Café, bis er 1992 nach Australien emigrierte, wo er starb. Er spielte dort mit den Musikern des Landfunks bei Radio Stimme des Volkes – anfangs Radio der Streitkräfte – Domino und pflegte gleich wieder das ganze Honorar zu verspielen, das er zuvor für seine Tätigkeiten beim Radio erhalten hatte. Oder nehmen wir das Café »Gazellenmarkt«, wo alle saßen, die auf dem gleichnamigen Markt Geflügel und anderes Getier verkauften, und das, wie der ganze Markt, nicht selten terroristischen Attacken ausgesetzt war. Oder nehmen wir sogar das Café »Honoratioren« in der Raschîd-Straße gleich neben der Haidarchâna-Moschee, das schon bald nach meinem Weggang aus dem Irak geschlossen wurde, oder das Café »Hassan Adschami«, ebenfalls in der Raschîd-Straße gegenüber der Haidarchâna-Moschee gelegen, oder das Café »al-Zahâwi«, auch dieses in der Raschîd-Straße gelegen am Eingang zum Sûk al-Haradsch, oder das Café »Die Stadtverwaltung« am Maidân-Platz, oder das Café »Die Literaturen« beim Muadham-Tor, oder das Café »Der Beiruter« in Karch, auf der anderen Seite. Alle diese Cafés waren lange Jahre Orte für Beamte und pensionierte

Café »al-Zahâwi«, Bagdad heute

Café »Al-Schabandar«, vor der Zerstörung durch eine Autobombe am 5. März 2007

hohe Funktionäre, besonders aus den Bereichen der Justiz, des Zolls und des Grundbesitzes. Die einzige Klasse, die sich mit den sich verändernden politischen und sozialen Verhältnissen von einem Ort zum anderen verlagerte, waren die Literaten und die Künstler oder, sagen wir allgemeiner, die Intellektuellen.

Offenbar wurde für jede neue Literaten- oder Intellektuellengeneration ein anderes Café zum Treffpunkt. Von den 20er Jahren bis zum Ende der 50er Jahre des letzten Jahrhunderts verteilten sich die Intellektuellen beispielsweise auf drei Cafés in Bagdad:

Das Café »al-Zahâwi«. Hier macht schon der Name deutlich, dass das Café nach Muhammad Sidki Zahâwi benannt ist, dem in Bagdad aufgewachsenen Dichter. Dieser, bekannt geworden durch seinen maßgeblichen Einfluss beim Anti-Schleier-Kampf, der ihn mehr interessierte als der nationale Kampf gegen die britische Kolonialherrschaft, der bei seinem Kollegen und hartnäckigen Konkurrenten, dem Dichter Maarûf Russâfi, das Hauptinteresse war, saß ständig in diesem Café, und zwar gemeinsam mit Maarûf Russâfi, obwohl die beiden sich nicht leiden konnten. Bis heute liegt über dem Café der Duft der 30er und 40er Jahre des vergangenen Jahrhunderts. Zu Beginn der 70er Jahre übernahmen die irakischen Volksdichter den Ort für sich, jedenfalls tagsüber bis gegen Abend. Dann begaben sie sich nämlich ins Café »Hâdsch Jassîn« am Anfang der Abu-Nuwâs-

Straße auf der Bab-al-Scharki-Seite, vielleicht wegen der Terrasse, über die es verfügte, oder weil es unweit der Bars der Abu-Nuwâs-Straße lag, besonders der Bar »Sargon«, wo diese Dichter gern ihren Arrak tranken. Vom dortigen Telefon aus, das wie ein monströses Tier auf der Theke hockte, rief ich unzählige Male am späteren Nachmittag mein Mädchen, die Taglilie, an, und aus diesem Café ist mir ein einäugiger Mann unvergesslich, der, ich glaube, Kâdhim hieß und der schärfste mir bekannte Kritiker der Volkspoesie war.

Das Café »Brasilîja«, »Die Brasilianerin«. Dieses, in der Mitte der Raschîd-Straße auf der Bab-al-Scharki-Seite, nur ein paar Schritte entfernt vom Orosdi-Back-Gebäude und gegenüber dem »al Zwarâ«-Kino am Murabbaa-Platz gelegen, war eines der angesehensten und authentischsten Cafés und Zufluchtsstätte für die Intellektuellen, jedenfalls bis Mitte der 70er Jahre, als andere Cafés seine Rolle übernahmen. Dies vielleicht weil die 70er Jahre den Aufstieg der Linken erlebten und das Café »Brasilîja« nicht nur das schönste in Bagdad war, sondern auch von seiner Atmosphäre her etwas Aristokratisches hatte – allein schon wegen der lederbezogenen Stühle und Sessel, der Spiegel an den Wänden und der schieren Größe der Lokalität. Außerdem war auch die Qualität des mit Milch servierten brasilianischen Kaffees einzigartig in Bagdad, wodurch dieses Café bei weitem die volkstümlicheren übertraf. Natürlich war es für Studenten wie mich nicht einfach, dort zu sitzen und den Kaffee zu bezahlen. Wahrlich ein aristokratisches Café. Ich bin meinem Freund Maitham Abdaldschabbâr Abdallah, dem Sohn des Klimaforschers und ersten Dekans der Universität von Bagdad nach dem 14. Juli 1958, Abdaldschabbâr Abdallah, dafür dankbar, dass er mich, nachdem er mich schon ins Café »al-Zahâwi« eingeführt hatte, auch in dieses Café mitnahm. Dieser junge Mann, der in den Vereinigten Staaten in einer 1963 emigrierten Familie aufwuchs, dann mit ihr im Jahr 1972 zurückkehrte, seine amerikanische Staatsbürgerschaft ablegte und ein Studium an der Akademie der Schönen Künste, Sektion Malerei, aufnahm, war höchst begierig darauf, alle authentischen Plätze in Bagdad kennenzulernen. Immer wenn wir zusammensaßen, fertigte Maitham Tuschezeichnungen an. Damals besuchten nur mehr wenige Literaten das Café, im Gegensatz zu früher, als es auch Treffpunkt für Universitätsstudenten gewesen war, die sich hier einfanden und sich um Tische scharten, die für Literaten und Politiker bestimmt waren, und jahrzehntelang Neuigkeiten über Literatur, Kultur und Politik austauschten. In den 50er Jahren war das Café beispielsweise Treffpunkt einer Autorengeneration, zu der Abdalmalik Nûri, Fuâd Takarli, Ghâïb Tuuma Firmân, Nisâr Salîm, Nisâr Abbâs, Edmon Sabri, Anwar Schaûl und andere gehörten. Danach, Anfang der 60er Jahre, wurde das Café zum Zentrum der Dichterbewegung: Badr Schâkir al-Sajjâb war dort anzutreffen, wenn er von Basra nach Bagdad kam, außerdem Buland Haidari, Abdalrasâk Abdalwâhid, Abdalwahhâb Bajjâti und Hussain Mardân.

Im Café »Brasilîja« saßen die Literaten und schlürften den berühmten brasilianischen Kaffee, den der Wirt selbst zubereitete, und zwar auf einem nur für diesen seit den 1940er Jahren importierten Kaffee bestimmten Kocher, oder auch einen Becher Tee (nicht ein Glas, wie es im Irak fürs Teetrinken lieber verwendet wird). In diesem Café begann auch die Entwicklung der Bildhauerbewegung, und zwar durch Dschawâd Salîm, der die Freiheitsstatue auf dem Tachrîr-Platz am Bab-al-Scharki, vor dem Volkspark, schuf, und seine Anhänger. Dschawâd Salîm schrieb, nachdem er in diesem Café polnischen Künstlern, Schülern des Franzosen Bonnard, begegnet war, in sein Tagebuch: »Jetzt habe ich die Farbe kennengelernt. Jetzt habe ich begriffen, was malen heißt.« Ist es nicht paradox, dass die meisten Gäste im Café zur Zeit der irakischen Monarchie Politiker waren? Möglicherweise gab es in jener goldenen Dekade der irakischen Geschichte keinen Studenten, der nicht in dieses Café kam, um gemeinsam mit seinen Kommilitonen zu lernen, um das Neueste aus Politik, Literatur oder Kultur zu erfahren oder um die dort üppig vorhandenen Zeitungen und Zeitschriften zu lesen.

Mit dem Ende der 60er Jahre und dem Erscheinen derer, die man als Sechzigergeneration bezeichnete, begann der literarische Niedergang der beiden »Institutionen«. An ihre Stelle trat ein kleines Café neben dem Tachrîr-Platz, am Eingang einer kleinen, engen Gasse, die die Saadûn-Straße mit der Abu-Nuwâs-Straße verbindet, genau gegenüber dem damals in Bagdad berühmten Restaurant »Nisâr«. Dort saßen die meisten Sechziger – Erzähler, Dichter, Maler und Bildhauer.

Das Café »Das Parlament«, Anfang der 70er Jahre neu entstanden und zu einem neuen literarischen und kulturellen Sammelpunkt geworden. Es lag, wenn man vom Maidân-Platz kam, auf der rechten Seite der Raschîd-Straße kurz vor dem Denkmal Maaruf Russâfis, in der Haidarchâna-Gegend. In seiner Umgebung gab es kleine Gässchen mit Häusern, in denen Zimmer an Junggesellen vermietet wurden, außerdem zahlreiche Restaurants mit preiswertem »Obendrauf«, einem Teller Reis mit fleischloser Soße darüber, ein Gericht für Studenten und kleine Angestellte. Das Café lag auch gegenüber der berühmten Haidarchâna-Moschee, und, paradox oder nicht, die Moschee leitete mich, war mir sozusagen Leuchtturm, als ich zum ersten Mal das Café aufsuchte, dessen Lage mir ein Freund beschrieben hatte.

Ich erinnere mich: Als ich die Raschîd-Straße vom Maidân-Platz herkommend betrat, erblickte ich in der Ferne die wunderschöne blaue Kuppel der Moschee. Sie wirkte magnetisch auf mich, und plötzlich schien mein Ziel nicht mehr besagtes Café zu sein. Ich weiß noch genau, wie ich meinen Schritt beschleunigte und an Restaurants, Hotels und Cafés vorbeieilte, auch an Läden, in denen Koffer, und anderen, in denen Musikkassetten verkauft wurden. Es gab Stände, wo man Fruchtsäfte bekam, und solche, wo Kleider angeboten wurden, und sogar mehrere Apotheken. Als ich schließlich das Café betreten und mich ans Fenster zur Straße gesetzt hatte, sah ich neben der großen zwei weitere, kleinere Kuppeln. Damals wusste ich noch nicht, dass dieser Platz mein Stammplatz werden sollte, das Zentrum meiner Welt, jedenfalls bis zu dem Augenblick, als ich den Irak verließ. Das heißt, es wurde mein persönliches »Parlament«, das ich mit Freunden teilte, die sich wenige Jahre später in einer unbekannten Welt verloren. Ich weiß nicht, ob ich ohne den Anblick der Haidarchâna-Moschee so lange in diesem Café geblieben wäre.

Ich weiß genau, dass alle meine Kollegen, die zur sogenannten Siebzigergeneration gehörten, dort saßen und den köstlichen Tee tranken, den Dschaafar zubereitete. Aber ich weiß auch, dass die meisten von ihnen mit derselben Faszination wie ich diese prächtigen Kuppeln betrachteten, besonders in der Zeit der intensiven Nachstellungen durch die Polizei, als sich im Café die Sicherheits- und Geheimdienstleute drängten. Wenn nicht jemand anderes den Platz besetzt hielt, saßen wir, eine kleine Gruppe von Freunden, so, dass wir die große Kuppel sehen konnten. Besonders an sonnigen Wintertagen war sie von einzigartiger Schönheit. Dann brachten die Sonnenstrahlen die blauen Fayencekacheln zum Glitzern, auf denen meist noch Tropfen des letzten Regens lagen. Ich weiß nicht, warum mir die Muster auf dem Kachelmosaik wie ein großer blühender Garten vorkamen. War es die Dürre, von der unser Leben geprägt war, die mir diese Vorstellung eingab? War es die Melancholie des Verlustgefühls? Das Gefühl von drohendem Unheil, Kerker, Tod, Exil und Zerstörung? »Schaut doch hin! Habt ihr nicht auch den Eindruck, dass auf der Kuppel Gärten blühen?«, fragte ich die Runde meiner Freunde, und einer bestätigte mir, dass ich nicht der Einzige war, der das glaubte. Und er fügte sogar noch hinzu: »Schaut doch nur, wie sich die Vögel, irregeleitet von den abgebildeten Pflanzen, dort in großer Zahl niederlassen.« Auch meine Freunde suchten nach ihren unverfälschten Gärten. Manche wurden im Café verhaftet, der Dichter Nûri Abu Raghîf beispielsweise, der vielleicht im Augenblick seiner Festnahme die Vögel betrachtete, die sich auf den Kuppeln niederließen; vielleicht trug er auch gerade, wie es seine Gewohnheit war, ein Gedicht aus dem *Diwan* des Mutanabbi vor, den er in den letzten Tagen der Ausbreitung der Pest politischer Verfolgungen immer bei sich trug. Wer weiß? Einige verließen daraufhin den Irak und zogen hinaus in Gottes weite Welt, andere traten der herrschenden Partei bei, während wieder andere entweder früh starben, bevor sie ihre literarische Bahn vollenden konnten, wie Sâhib Schâhir, der Dichter aus Kerbela, oder schon älter, gereift und erfahren, wie der Dichter Raad Abdalkâdir, trotz seines frühen Todes, nachdem er für Udaj Saddâm Hussain gearbeitet hatte. Und manch einer starb vergrämt im Exil, wie der Dichter Kamâl Sabti, den man tot auf seinem Stuhl in seiner Wohnung in Amsterdam fand. Und schließlich leben auch noch welche im Irak oder anderswo und schreiben Prosa oder Poesie.

Ende der 70er Jahre, als die Verfolgungen und Verhaftungen von Oppositionellen oder Unabhängigen immer schlimmer wurden, verschoben manche von uns ihre Treffpunkte. Anfangs ging man ins Café »Die Honoratioren« auf der linken Seite der Raschîd-Straße, neben dem Haidari-Hamâm, dem berühmten Bagdader Bad, genau unterhalb des Studentenwohnheims, in das man mich im Jahr 1977 aufnahm. Ich erinnere mich noch an die Bemerkung eines witzigen Freundes, Ali Abdalhussain, als ihn jemand nach uns und dem Café »Das Parlament« fragte. »Die sind allesamt untergetaucht und haben sich das Café ›Die Honoratioren‹ zur Stammkneipe erkoren.« Er sagte das spöttisch und wies dabei auf die andere Straßenseite, da unser neues

Café nur wenige Meter vom Café »Das Parlament« entfernt war. Wer uns festnehmen wollte, musste sich nicht groß anstrengen. Doch als die Verfolgungen sich verschärften, als die Repression zunahm, wurden die Räume enger, und selbst eine Großstadt wie Bagdad verwandelte sich in eine enge Höhle. In jenen Tagen, als wir uns, auf der Flucht vor den Nachstellungen der Sicherheitsleute im Café »Das Parlament«, auf die Suche nach neuen Zufluchtsstätten machten, war es für jemanden, der nach uns Ausschau hielt, ein Leichtes, die Raschîd-Straße von einem Ende zum anderen oder die Straße der Republik von dem Teil, den man in den 80er Jahren Kalifenstraße nannte, bis zum Platz der Befreiung zu durchkämmen und in allen einfachen, auch den heruntergekommensten Cafés oder Bars der Gegend nach uns zu forschen. Zum Beispiel in den Cafés und den Bars im Bab-al-Scharki-Viertel.

Doch bei all diesen Verlagerungen und Wanderschaften konnten wir dem drängenden Wunsch nicht widerstehen, ab und zu, und sei es nur für Augenblicke, beim »Parlament« vorbeizuschauen. Manch einer bestand auch darauf, dort zu sitzen, selbst nachdem die meisten von uns verschwunden waren. Mitte der 80er Jahre hatten die Machthaber schließlich genug von dem Café. Es wurde geschlossen und in ein Hühnchenrestaurant und Läden für Kleider und Handarbeitszubehör umgewandelt. So schien die Regierung ihre Machenschaften fortzusetzen. Denn auch die Haidarchâna-Moschee, gebaut im Jahre 1827 auf Befehl des osmanischen Gouverneurs Dawûd Pascha, war schon, niemand weiß mehr genau wann, geschlossen worden, und mit ihr nicht nur die dazugehörige Koranschule, sondern auch die Bibliothek, die als eine der wichtigsten ihrer Zeit galt. Was für ein Zufall! Sollte die Schließung der Moschee wirklich ein Vorläufer zur Schließung unseres Cafés gewesen sein?

24

Orte der Rebellion

Das Café »Das Parlament« hat mir immer wieder die Frage aufgedrängt, ob wir es sind, die sich ihre eigenen Orte schaffen, oder ob es die Orte sind, die uns schaffen, die uns unser Leben vorzeichnen, jenseits unseres Willens oder unserer Pläne? Sicher war die Schließung des »Parlaments« Ausgangspunkt dieser Frage. Aber schon davor, in jenen Tagen, als ich am Fenster des Cafés saß, über die Raschîd-Straße schaute und die Haidarchâna-Moschee betrachtete, sinnierte ich über den Zufall! In der Gegend um die Moschee herum waren, schon bevor es dieses Café gab, schon bevor unsere Studentenclique oder die rebellische Literatengruppe sich dort einrichtete, alle revolutionären Gedanken entstanden, die irgendwann einmal in Bagdad von sich reden machen sollten. Eine Ironie der Geschichte auch, dass diese Moschee, dass diese und keine andere Moschee bei der Verbreitung ersten säkularen Gedankenguts im Irak eine Rolle gespielt hat.

Seit dem Beginn des 20. Jahrhunderts ist diese Gegend, die Haidarchâna-Gegend, Ausgangspunkt von Bewegungen und Ereignissen, die ihren Stempel nicht nur Bagdad, sondern dem ganzen Irak aufgeprägt haben. Ich rede nicht von den revolutionären Gedichten, die Muhammad Mahdi Dschawâhiri vortrug, nachdem sein Bruder Dschaafar am 27. Januar 1948 den Kugeln der Polizei zum Opfer gefallen war – bei Demonstrationen in Bagdad gegen den Vertrag von Portsmouth, der die Bevölkerung gegen die britische Herrschaft in Rage brachte. Ich rede auch nicht von den anderen, nicht weniger revolutionären Gedichten, die Maarûf Russâfi vortrug, ebenfalls voller Abneigung gegen die Engländer. Es gibt keinen revolutionären Vorgang in der neuen Geschichte Bagdads, in dem die Haidarchâna-Moschee nicht Zentrum oder Sammelpunkt gewesen wäre und bei dem es keine Beziehung zur Religion gegeben hätte. Weder Russâfi noch Dschawâhiri, noch die Führer der patriotischen Demonstrationen, die von dort gegen die Engländer zogen, waren religiös motiviert. Worauf ich aber hinauswill, liegt weiter zurück und führt in die Jahre, in denen sich das revolutionäre, das »linke« Denken noch nicht herauskristallisiert hatte, als Begriffe wie Marxismus und Kommunismus noch fremdes Vokabular waren. Aber wie konnten die Moschee und ihre Umgebung zum Ausgangspunkt für solcherlei Gedanken werden?

Mitte der 1970er Jahre saßen wir also im Café »Das Parlament«. Ein kleiner Kreis junger Männer, vereint durch emanzipatorisches Denken und die Entschlossenheit, der Diktatur Widerstand zu leisten. Ein halbes Jahrhundert zuvor hatten in derselben Gegend andere junge Männer gesessen und ebenfalls über die Veränderung der Welt nachgedacht. Einige zögerten nicht, eine Waffe in die Hand zu nehmen, wie schon ein halbes Jahrhundert früher, als im Juli 1924 aus einer der Gassen in der Nähe der Moschee, an einem Ort nicht weit von uns, eine kleine bewaffnete Schar sich zu den Büros einiger bekannter Geschäftsleute aufmachte und drohte, sie umzubringen, sollten sie nicht ein paar Tausend Rupien hinblättern. Um ihr Tun zu rechtfertigen, richtete diese Schar, Teil einer klandestinen Organisation, die sich »Irakische Geheimpartei« nannte, einen Brief an die Öffentlichkeit, in dem sie die Gründe für ihre Aktion gegen die Klasse der Betuchten erläuterte: »Bisher«, so hieß es darin, »sahen wir keinerlei für das Land nützliche Aktion von Seiten der Betuchten, obwohl sie aus diesem elenden Land mehr Profit ziehen als alle anderen … Entschuldigt ist, wer warnt!«

Geiselnahme ist also in Bagdad kein neues Phänomen, neu ist lediglich die Begründung, die dafür gegeben wird. Zugegeben, der Vorfall war harmlos, aber er führte doch zu einer Erschütterung der täglichen Routine in der Stadt. Der spürbare Effekt war die vorübergehende Absetzung angesehener, reicher Iraker nach Libanon.

Der Vorfall gibt aber auch Gelegenheit, daran zu erinnern, dass hier jene Samen des Kommunismus oder des marxistischen Denkens erste Früchte trugen, die die revolutionäre armenische Jugendbewegung schon vier Jahrzehnte zuvor gesät hatte. Diese war unter dem Namen Huntschak, die Glocke, im Untergrund in verschiedenen osmanischen Städten tätig, ganz besonders in Bagdad unter der Führung des Armeniers Arsîn Kîdûr. Und nicht nur das. Der »revolutionäre« Vorfall vom frühen 20. Jahrhundert war Ausgangspunkt einer vielfältigen »revolutionären« Reise, die Bagdad ein Jahrhundert lang durchleben musste. Es war, als ob die Stadt und besonders die Haidarchâna-Gegend, wo der Geschichtslehrer Arsîn Kîdûr unterrichtet hatte und wo wir in »unserem« Parlament saßen, eine ihr eigene Tradition »revolutionärer« Bewegungen etablieren wollte, die von jenseits der Grenze kamen; denn die Huntschak-Bewegung war nur der Anfang, ihr folgten andere Bewegungen.

Beginnen wir mit Huntschak. Es gibt da diesen Brief, den Arsîn Kîdûr, eine geradezu legendäre Figur und einer der Hauptaktivisten in Bagdad, am 14. Juni 1937 an eine armenische Studentengruppe an der Amerikanischen Universität in Beirut schickte, und es gab da die Geschichten, die mir einer der frühen Sympathisanten der »revolutionären« Gruppe, Hadsch Raûf, eine Bagdader Persönlichkeit, die ich Mitte der 70er Jahre im Café »Das Parlament« kennenlernte, erzählte. Aufgrund dieser beiden Quellen, bestätigt von Hanna Batatu in seinem Buch über den Irak, geht die Huntschak-Bewegung auf die Initiative einer kleinen Gruppe armenischer Studenten zurück, die im Jahr

1877 in Genf mit der Publikation einer Zeitung dieses Namens begannen. Ihr Ziel war es, alle Armenier in einem sozialistischen Staat zu vereinigen. Mit dem Beginn des 20. Jahrhunderts und der weltweiten Verbreitung der Ideen eines »demokratischen Sozialismus« verstand sich die Bewegung als »demokratisch-sozialistisch« und kooperierte im Kaukasus aufs engste mit den Bolschewisten gegen die Daschnaktsutijun genannte »armenische Föderation« mit ihren nationalistischen Neigungen. Die studentische Mehrheit in der Organisation schuf im Jahr 1910 für sich eine Untervereinigung, die »Demokratische, sozialistische Huntschak-Studentenvereinigung«. Im folgenden Jahr begannen sie mit der Publikation der Zeitung *Ghaidis*, der Funke, nach dem Muster der bolschewistischen Zeitung *Iskra*, ebenfalls der Funke, die der russische Führer der bolschewistischen Revolution Wladimir Iljitsch Lenin ins Leben gerufen hatte. Die große Veränderung der Huntschak-Bewegung erfolgte, nachdem man von einem angeblichen Plan der türkischen Regierung erfahren hatte, alle ostanatolischen Armenier in andere Gebiete des Osmanenreichs zu deportieren. Um das zu verhindern, gründeten sie eine terroristische Gruppe und schlossen sich einer oppositionellen Partei namens »Koalition« an, mit dem Plan, unterstützt von der französischen Regierung einen Putsch in die Wege zu leiten. Dazu kam es zwar nicht, doch der terroristischen Gruppe gelang es, drei mächtige Türken zu ermorden, Dschamâl, Talaat und Anwar. Diese Mordaktion beschleunigte die Aufdeckung der Organisation durch die türkische Polizei. Eine große Anzahl der Mitglieder wurde festgenommen, zwanzig davon zum Tod durch den Strang verurteilt. Einer, ein sechsundzwanzigjähriger Geschichtslehrer an der Sultanîja-Schule in Haidarchâna in Bagdad und Sohn eines reichen Händlers aus dem türkischen Bayezid, konnte seinen Hals durch die Flucht aus dem Gefängnis retten, die ihm mit Hilfe seines Lehrerkollegen Raschîd Âli Gailâni (der seinerseits im Mai 1941 gegen die Briten einen Putsch mit Nazitendenzen anführen sollte) und anderer irakischer Sympathisanten der »Koalition« gelang. Es war dieser Arsîn Kîdûr, der später, in den 1920er Jahren, eine aktive Rolle bei der Verbreitung revolutionären Gedankenguts und der frühen Entwicklung des Kommunismus in Bagdad spielen sollte. Und wo das alles? An einem Ort unweit des Cafés »Das Parlament« und der Haidarchâna-Moschee.

Haidarchâna-Moschee, 1945

Selbst Hadsch Raûf verhehlte nie sein Erstaunen, wenn er mir eine der alten Geschichten erzählte. Immer wieder schüttelte er den Kopf, dann strich er die wenigen ihm noch verbliebenen Haare glatt, bewegte verwundert die Hand, die eine Zigarette mit länger werdender Asche hielt, und sagte mit seiner weichen Stimme und mit seinem Lächeln, das nie von seinen Lippen wich: »Alles nahm seinen Ausgang in diesen Gassen.« Er meinte Haidarchâna. Vielleicht meinte er sogar: Ohne die Sultanîja-Schule ganz in der Nähe, an der Arsîn Kîdûr Geschichte unterrichtete, hätte der Lebensweg eines elfjährigen Bagdader Jungen dort im Jahr 1914, dem Jahr des Ausbruchs des Ersten Weltkriegs, nicht denjenigen seines Lehrers gekreuzt, und dies unter brodelndsten Bedingungen. Glaubt man den Geschichten, die über den Jungen erzählt werden, und einige der Erzähler leben noch, wuchs der Junge zu einem der herausragenden Denker des zeitgenössischen Iraks heran. Es ist sicher nicht übertrieben, ihn den ersten Marxisten im Irak zu nennen.

Dieser Junge aus Bagdad, dem wir für die folgende intellektuelle Entwicklung im Irak viel verdanken, ist kein anderer als Hussain Rahhâl. Man kann über das zeitgenössische Bagdad, das Bagdad des 20. Jahrhunderts, nicht reden, auch nicht über die revolutionären Bewegungen und die Modernität, die folgte – von den Aufrufen zur Frauenemanzipation über die Gründung der irakischen KP bis hin zu den lokalen und internationalen Bewegungen des bewaffneten Kampfs, die Bagdad als Sitz wählten, zum Beispiel die Baader-Meinhof-Bewegung –, ohne zunächst auf das Leben dieses Mannes einzugehen, dessen Verlauf eher phantastisch als real erscheint.

Hussain Rahhâl hatte eine turkmenische Mutter aus der Familie Naftadschi, die sich schon Jahrzehnte des Monopols über die Erdölquellen in Kirkuk erfreute, und einen arabischstämmigen Vater von den Rahhâl der Region Dulaim, die im 19. Jahrhundert den Dschalabijîn angehörten, einer hoch angesehenen Händlerschicht. Damals hatte die Familie Rahhâl eine stattliche Flotte von Segelschiffen besessen, mit denen sie auf den Flüssen des Iraks und bis zum Golf und nach Indien Handel trieben. Doch dann gingen sie ihres Reichtums verlustig. Einer der Gründe dafür war, dass einige ihrer Schiffe, die im Verband segelten, in einen Sturm gerieten und zerstört wurden. So trat Hussain Rahhâls Vater dem türkischen Offizierskorps bei und stieg ins oberste Führungsgremium der Artillerie auf. Auf alle seine dadurch notwendig werdenden Reisen in zahlreiche Regionen des Iraks nahm er seinen Sohn Hussain mit, was diesem die Gelegenheit bot, die verschiedenen Lebensweisen und die unterschiedlichen Religionsgruppen, Ethnien und Klassen der Iraker aus der Nähe zu betrachten. Doch seltsamerweise trat der Junge nicht in die militärischen Fußstapfen seines Vaters, sondern wählte eine andere Front: die des Denkens.

Dabei spielten, so scheint es, zwei Aspekte eine große Rolle: zunächst sein Geschichtslehrer, später seine Erfahrungen in Berlin, als ihn die letzten Jahre des Ersten Weltkriegs nach Europa brachten, als Begleiter seines Vaters, der in militärischer Mission nach Deutschland reiste. Während seines Aufenthalts in der deutschen Hauptstadt konnte er es sich nicht versagen, Vergleiche zwischen den irakischen und den deutschen Verhältnissen anzustellen, wie er später erzählte. Und alles, was sein Lehrer Arsîn Kîdûr über ihn berichtete, bestätigt das. Zufällig, wie zuvor den Armenier Arsîn Kîdûr, lernte Rahhâl in Berlin den »Spartakusbund« kennen. Gegen Ende des Ersten Weltkriegs, Rahhâl befand sich noch immer in Berlin, wo er in die Oberschule ging, stieß er zu seiner Überraschung beim Verlassen einer Konditorei einmal auf die Kommunisten des »Spartakusbundes«, die alle Straßen der Stadt blockierten. Das war im Januar 1919, und er, so erzählt Rahhâl, habe einen von ihnen gefragt, was los sei. Die Arbeiter, so lautete die Antwort, wollten eine eigene Regierung haben. Das erstaunte Rahhâl gewaltig, und er fand es sehr merkwürdig. In den folgenden Wochen gab es heiße Debatten um diesen Vorfall, manchmal mit den Kindern von Teilnehmern an dieser Revolte, Schüler an seiner Schule, oder auf der Straße. Und was die Sozialistenzeitung *Die Freiheit* dazu sagte, erhöhte nur noch sein Interesse. Bald danach fuhr er zurück in seine Heimat, nach Bagdad, und fand dort seine Landsleute »versunken in einem Sumpf aus Unzufriedenheit und Unsicherheit«, wie er selbst schrieb. Das war im Jahr 1920, »dem Jahr der Katastrophe«, als die Engländer ihr Versprechen nicht hielten, den Untertanenvölkern der Osmanen Unabhängigkeit und Freiheit zu gewähren, weshalb »während einiger weniger Monate der irakische Kessel brodelte«.

Demonstration gegen den Portsmouth-Vertrag anlässlich der Beerdigung von Furât al-Dschawâhiri, Raschîd-Straße 1948

Hanna Batatu, der 1962 mit Rahhâl sprach und von dem wir einige Episoden über ihn weitergeben, die auch Hadsch Raûf nicht kannte, erwähnt noch etwas anderes, das einen Einfluss auf Rahhâls ideologische Entwicklung hatte: seine Reise nach Indien im Jahr 1921, zu der es ebenfalls zufällig kam. Er jedenfalls hatte sie nicht geplant. Tatsächlich hatte er seine Familie überredet, ihn zum Studium zurück nach Europa zu schicken. Doch war die Reise durch Syrien zu jener Zeit wegen der Unruhen, die die Machtübernahme durch die Franzosen dort ausgelöst hatte, nicht sicher. Diese Machtübernahme war auf der Grundlage des Sykes-Picot-Abkommens erfolgt, in dem die Franzosen und die Briten die Länder des ehemaligen Osmanenreichs unter sich aufgeteilt hatten. Deshalb verließ Rahhâl den Irak via Basra, und das Schiff nahm zunächst Kurs auf Karatschi. Da er sich unterwegs in ein jüdisches Mädchen verliebt hatte, beschloss er, an Land zu gehen, und blieb über ein Jahr in Indien. Was er dort trieb, nachdem ihn das Mädchen verlassen und geheiratet hatte, ist unklar. Es gibt jedoch im Roman *Dschalâl Châlid* von Machmûd Achmad al-Sajjid, seinem Freund und Gefährten bei den Zusammenkünften, die regelmäßig in der Bibliothek der Haidarchâna-Moschee stattfanden, wiederholt Hinweise auf die weltanschauliche und emotionale Veränderung des Helden in Indien, der weitgehende Ähnlichkeiten mit Hussain Rahhâl hat, und zwar im Zusammenhang mit den Gedanken und Eindrücken eines »revolutionären« indischen Journalisten. Jedenfalls begann Rahhâl kurz nach seiner Rückkehr nach Bagdad das Arbeiterblatt *The Labour Monthly* zu lesen, das damals von Balm Dât publiziert wurde, einem jungen Intellektuellen indischer Herkunft und Mitglied der britischen KP, wie Rahhâl in dem erwähnten Gespräch mit Hanna Batatu erklärte. Dieser Zeitschrift war er das erste Mal im Buchladen Mackenzie begegnet, und danach ließ er keine Nummern aus, bis die irakische Regierung beschloss, das Blatt nicht mehr ins Land zu lassen. Ihn habe an der Zeitschrift fasziniert, erzählte Rahhâl, dass sie, im Gegensatz zu anderen Journalen, den Imperialismus heftig attackiert habe. »Das entsprach der Stimmung jener Zeit.«

Es lässt sich heute nicht mehr feststellen, ob sich Rahhâls Lebensweg nochmals vor oder nach seiner Abreise mit demjenigen seines früheren Lehrers Arsîn Kîdûr kreuzte. Dieser nahm jedenfalls im Jahr 1917, nach der Rückkehr aus seinem Versteck in Nadschaf – zur Erinnerung: er war in die Verschwörung gegen Dschamâl, Talaat und Anwar verwickelt –, Kontakt mit den russisch-bolschewistischen Streitkräften auf, die die nahe der iranischen Grenze gelegenen irakischen Orte Chanikîn und Baakûba besetzt hielten, dies dank seiner Tätigkeit als Russischübersetzer in der britischen Armee. Danach verließ Kîdûr den Irak und ging mit der russischen Armee nach Armenien, von wo er 1920 nach Bagdad zurückkehrte, und zwar als Konsul der unabhängigen Republik Armenien, die 1918 ausgerufen worden war. Gleichzeitig nahm er weiterhin seine Aufgaben als Konsul der sowjetischen Republik wahr, die sich das unabhängige Armenien im Dezember 1920 angliederte. Außerdem betrieb er einen Weinhandel im Bagdader Christenviertel Raas al-Karja, wo er seinen ehemaligen Schüler, al-Rahhâl, wieder traf, aus dem ein erfahrener junger Mann geworden war, wenn auch nicht mit dem revolutionären Eifer seines Lehrers.

Es ist unerheblich, ob spätere Geschehnisse seiner persönlichen Initiative entstammten oder unter dem Einfluss Arsîn Kîdûrs oder des unbekannten indischen Revolutionärs entstanden. Sicher ist, dass Hussain Rahhâl, der zu jener Zeit sein Studium an der Rechtsschule in Bagdad aufnahm, im Jahr 1924 den ersten marxistischen Studienzirkel im Irak ins Leben rief, dass er, besser gesagt, die ersten marxistischen Samen ins Denken einer inoffiziellen Literatengruppe senkte, die schon zuvor existiert hatte. Möglicherweise haben die meisten jungen Männer, die damals mit Rahhâl in einem Hinterzimmer debattierten – und wo? Nirgends anders als in der Haidarchâna-Moschee! –, selbst nicht gewusst, dass sie Marxisten waren, und hätten auf die entsprechende Frage geantwortet, sie seien eine Gruppe, die sich für »neues Denken« interessierte. Rahhâl nannte sie einfach »meine Gruppe«. Doch schon ein flüchtiger Blick auf das Blatt *Die Presse*, das 1924 und 1925 und dann nochmals kurz 1927 erschien, genügt, um die eindeutig marxistische Ausrichtung zu erkennen.

Zu den Gründungsmitgliedern dieser Gruppe gehörten Muhammad Salîm Fattâch, Sohn des ehemaligen Verantwortlichen der osmanischen Regierung, Medizinstudent und als Ehemann von Rahhâls Schwester Amîna sein Schwager; Mustafa Ali, Sohn eines Schreiners, Lehrer, der später, unter Abdalkarîm Kâssim, Justizminister werden sollte; Abdallah Dschâdu, Sohn eines Kleiderhändlers und Beamter in der Post- und Telegrafenverwaltung; Auni Bakr Sidki, Sohn eines kleinen Angestellten, herausragender Zeitungsmann, der Ende der 1950er Jahre Chefredakteur der *Stimme der Liberalen* wurde, einer Zeitung mit kommunistischen Tendenzen; Machmûd Achmad al-Sajjid, Sohn des Imams an der Haidarchâna-Moschee und der bei weitem brillanteste Kopf in der Runde; dank seiner konnte die Gruppe sich dort treffen. Und all das gegenüber dem Café »Das Parlament« in der Haidarchâna-Moschee. Zufall? Nicht nur dass

NW, 1975

der erste marxistische Zirkel hier entstand, der den Samen für die Gründung der irakischen Kommunistischen Partei legte, in der Amîna Rahhâl, Hussains Schwester und die erste Frau, die im Irak den Hidschâb ablegte, zum ersten weiblichen Mitglied eines Zentralkomitees wurde, sondern auch dass von diesem selben Ort der erste Romanautor des Iraks stammte, Machmûd Achmad al-Sajjid.

Diese neue »marxistische« Gruppe manifestierte ihre Entstehung durch den Beginn der Publikation der Zeitung *Die Presse* am 28. Dezember 1924. Es war eine in ihrer Art neue Zeitung, qualitativ die erste im Irak der 1920er Jahre. Im Gegensatz zu den anderen irakischen Zeitungen ging es bei dieser nicht darum, Profit zu machen, sondern die Menschen zu verändern. Ihr Hauptinteresse waren nicht die Nachrichten an sich oder die Berichte über die Kunstschaffenden, sondern die Ideen. Sie konzentrierte sich auf soziale Probleme und behandelte rein politische Themen nur am Rande. Es scheint, dass Rahhâl und sein Zirkel die Bedeutung ihrer Gegner dadurch minimierten, dass sie über diese hinausgingen und zum Beispiel feststellten: »Die Zeit, als die Menschen noch glaubten, die Natur folge göttlichen Verordnungen, ist endgültig vorbei.« Oder: »Es ist nicht die Religion, die das gesellschaftliche Leben bewegt, es ist vielmehr das gesellschaftliche Leben, das die Religion bewegt.« Mit anderen Worten, hier wurde erklärt, man interessiere sich ausschließlich für menschliche Befindlichkeiten und menschliche Belange. Die wachsende Dreistigkeit rief auch die Traditionalisten auf den Plan, und rasch sah sich Rahhâls kleine Schar von einer unerwarteten Aufregung umgeben. Die Freitagsprediger in den Moscheen begannen, gegen sie zu geifern und ihnen die gesellschaftliche Akzeptanz abzusprechen: Sie seien Gottlose und Atheisten. So wurde die Stimme der Gruppe zum Schweigen gebracht. Aber sie kam zurück, und zwar klar und deutlich.

Tatsächlich gab die Gruppe nicht klein bei. Rahhâl selbst ergab sich nicht, als die Zeitung nicht mehr erscheinen konnte, sondern führte, nachdem ihm das Schreiben untersagt worden war, seinen Kampf auf anderen Wegen. Er spielte eine wesentliche Rolle bei der Gründung des »Klubs der Solidarität« Mitte 1926, ein Klub, der rasch einmal in Vorgänge verwickelt war, die auffallende Wendungen in der revolutionären Geschichte des Iraks einleiteten. Es gab damals zwei folgenschwere Ereignisse, bei denen Hussain Rahhâl und der Nationalist Jûssuf Sînal, mit dem er zusammenarbeitete, eine prominente Rolle spielten.

Erstens war da der Fall Anîs Nussûlis, eines Oberschullehrers in Bagdad. Dieser hatte im Januar 1927 ein Buch über die Geschichte der Umajjaden publiziert, in dem der Imam Ali, der Cousin des Propheten und Fundament der Schiiten, da und dort nicht vorteilhaft erscheint. Deshalb protestierten einige erzürnte Schiiten beim Erziehungsministerium, und der Verfasser wurde aufgefordert, die entsprechenden Passagen zu streichen. Als er sich weigerte, verfügte das Ministerium, die Texte, die an die Schüler verteilt worden waren, seien zurückzuziehen. Das wiederum genügte einigen Schiiten nicht, und sie drängten auf eine wirkliche Bestrafung Nussûlis. In Nadschaf und Kerbela gab es tumultuöse Debatten über das Buch und seinen Autor, doch als sich am 30. Januar 1927 das Gerücht verbreitete, der König habe beschlossen, Nussûli zu entlassen, präsentierten drei Lehrer der Oberschule und des Lehrerseminars dem Erziehungsministerium einen schriftlichen Protest gegen diese »Katastrophe für die Meinungsfreiheit«, die aus der reaktionären Position des Ministeriums resultiere. Die Antwort kam prompt: Die drei wurden entlassen. Am selben Tag noch begaben sich sechshundert Schüler, angeregt durch den »Klub der Solidarität«, in einer wütenden Demonstration, an der sowohl sunnitische als auch schiitische Schüler teilnahmen, auf die Straße. Es wurde eine Erklärung verabschiedet, in der man der Bevölkerung erläuterte, diese Demonstration ziele in keiner Weise darauf ab, die Gefühle der verschiedenen Konfessionsgruppen zu verletzen. Es gehe nur darum, das Recht auf Meinungsfreiheit zu erhalten. Das unmittelbare Ergebnis war die Schließung der Schule für zehn Tage und der Ausschluss einiger Schüler, die aber später wieder aufgenommen wurden; auch die drei Lehrer wurden wieder eingestellt. Die wirkliche Bedeutung dieses Vorgangs liegt darin, dass die Schüler eine ganz neue Haltung kennenlernten: die Kunst des Ungehorsams. Es war die erste Schülerdemo, die der Irak erlebte. Und es war der erste Schlag, den die neue Generation austeilte, um die Freiheit der Meinungsäußerung zu verteidigen. Außerdem war diese Demonstration eine Art Testlauf für die viel lautstärkeren Demonstrationen, die am 8. Februar 1928 in Bagdad gegen Sir Alfred Mond ausbrachen.

Mond war ein eifriger Protagonist der zionistischen Bewegung. Er besuchte Palästina und beschloss, auch den Irak zu bereisen, um, in seinen eigenen Worten damals, »dort die Lage der Landwirtschaft zu eruieren«. Am Abend vor seiner Ankunft organisierte der »Klub der Solidarität« hastig eine Versammlung, in deren Verlauf Hussain Rahhâl und Jûssuf Sînal ihre Kollegen davon überzeugten, dass Mond in Wahrheit beabsichtige, im Irak eine zionistische Kolonie aufzubauen. Die beiden schlugen vor, eine Demonstration zu organisieren, was sofort Zustimmung fand. Als am folgenden Tag die Studenten ihren Marsch durch die Stadt begannen, schlossen sich viele Menschen an, und als der Zug den Bahnhof erreichte, war er auf über zwanzigtausend Personen angeschwollen. Dort am Bahnhof wurden sie von der Polizei erwartet, die ihnen unter Androhung von Konsequenzen befahl, sich sofort zu zerstreuen. Als sich die Demonstranten weigerten, den Platz zu verlassen, kam es zum Zusammenstoß. Hussain Rahhâl wurde beobachtet, wie er auf der Straße der Wohltätigkeitsbrücke die Menge anfeuerte, worauf der Tumult seinen Höhepunkt erreichte. Das ist das letzte verfügbare Bild von Rahhâl als Revolutionär. Unmittelbar darauf wurde der »Klub der Solidarität« aufgelöst, und mit Ausnahme der Informationen, die seiner Korrespondenz mit der »Liga gegen Imperialismus und kolonialistische Repression« zu entnehmen ist, zeigte Rahhâl eine Neigung zur Ruhe und gab sich völlig einem Routineleben hin. Dies ganz im Gegensatz zu seiner Schwester Amîna. Diese Frau stellte den Kampf nicht ein, sondern war sogar zwischen 1941 und 1945 Mitglied des Zentralkomitees der irakischen KP.

Was ich mit alldem erzählen wollte: Revolution, Literatur und das Ablegen des Hidschâbs sind drei Säulen jener Modernität im Irak, die in den Räumen der Haidarchâna-Moschee ihren Ausgang nahm, zu einer Zeit, als Moscheen nicht in erster Linie religiöse Zentren waren, sondern vor allem auch Zentren zur Propagierung revolutionären, liberalen, aufklärerischen Denkens. An dem Ort uns gegenüber hatte ein Kreis junger Menschen in unserem Alter gesessen, die auch schon, zu ihrer Zeit, den Felsen mit einem Körper aus Glas bekämpfen wollten. Als ob sich die Geschichte wiederholte. Zur Zeit Hussain Rahhâls und seiner Gefährten gab es das Café noch nicht, ihnen dienten die Moschee und ihre abgeschlossene Bibliothek als Versammlungsort.

25

Die Villen der Reichen

Den Analysen Hanna Batatus kann man entnehmen, dass im Irak die Religion mehr ein trennender als ein verbindender Faktor ist und dass sie eine scharfe Spaltung zwischen schiitischen und sunnitischen Arabern bewirkt hat. Sogar in Städten mit gemischter Bevölkerung lebten die verschiedenen Gruppen in je eigenen Vierteln, und die Regierung jener Tage, also diejenige des osmanischen Sultans, von Sunniten geleitet, wurde von strengen Schiiten als usurpatorisch betrachtet. In ihren Augen war eine solche Regierung nicht einmal qualifiziert, die Gesetze des Islams anzuwenden, weswegen sie sich ausgeschlossen fühlten und nur wenige von ihnen auch nur daran dachten, in ihre Dienste zu treten oder ihre Schulen zu besuchen.

Diese Trennung zwischen Schiiten und Sunniten nahm noch schärfere Konturen an, wenn sich eine weitere Trennung hinzugesellte: die Klassentrennung. Unnötig, Hanna Batatus ausführliche Darlegungen zur Interaktion von Konfessions- und Klassenspaltungen zu wiederholen. Es genüge hier der Hinweis auf die sich verschärfenden antagonistischen Gefühle der beiden Gruppen gegeneinander, eine Entwicklung, die, in Klammer sei's hinzugefügt, offenbart, dass die gegenseitige Abneigung, auch wenn sie sich religiös artikuliert, ihrer Herkunft nach zumindest teilweise auch ökonomische und soziale Ursachen hat.

Laut Batatu zeigten sich diese bürgerlichen Spaltungen auch in einem anderen Phänomen, dem der *Mahalla* oder des Stadtviertels. Das heißt: In den Städten des Iraks gliederte sich die

Bevölkerung auf der Grundlage religiöser Bekenntnisse, Konfessionen, sozialer Klassen oder auch unterschiedlicher ethnischer (rassischer) oder tribaler Herkunft, und diese Gruppen neigten dazu, sich in je eigenen Stadtvierteln anzusiedeln. In solchen Vierteln konnten auch Personen aus anderen Gruppen wohnen, doch diese blieben immer Fremdkörper. Nehmen wir Bagdad als Beispiel. Auf der Hauptseite, der östlichen, lebten die Schiiten in Dahâna, jetzt Sababîgh, und in Kaschal, das teilweise auch von Juden bewohnt war; die Christen lebten in Ikd al-Nassâra und in Raas al-Karja, Vierteln, in denen nur wenige muslimische Familien wohnten, zum Beispiel die Badschidschis in Raas al-Karja. Ein Großteil der übrigen Viertel auf der Ostseite der Stadt war sunnitisch besiedelt, mit einer Unterteilung auf wiederum unterschiedlicher Basis: der Maidân war Wohngebiet der türkischen Militärs, Haidarchâna war Wohngebiet der kleinen Angestellten, der Zentralbereich von Bâb al-Schaich war Wohngebiet der Handwerker, unter denen eine Anzahl berühmter religiöser Familien lebte, beispielsweise die Kilânis; sie wohnten dort, weil der Kadirîja-Schrein, errichtet zum Gedenken an ihren Ahn Scheich Abdalkâdir al-Kilâni, dort stand. Die Randregionen von Bâb al-Schaich waren dagegen Wohngebiet der niedrigen Bagdader Offiziere bescheidener Herkunft und anderer, zum Beispiel nicht weniger Tagelöhner, die dort und in Dukkân Schanâwa und auch anderswo wohnten.

Dasselbe Phänomen war auch in den Stadtrandgebieten von Bagdad zu beobachten, wie Batatu erklärt. So war Kadhimîja, das die Grabstätten des siebten und des neunten schiitischen Imams beherbergt (Mûssa Dschaafar al-Kâdhim beziehungsweise Muhammad Ibn Ali al-Dschawwâd; und die Imame galten den Schiiten als die einzigen legitimen Herrscher und Inhaber höchster religiöser Stellung im Islam) ausschließlich von Schiiten bewohnt, darunter auch sehr viele Perser. Dagegen bestand die Bewohnerschaft von Aadhamîja, das seine Existenz dem Grab des großen sunnitischen Religions- und Gesetzesgelehrten Abu Hanîfa verdankt, ausschließlich aus Sunniten. Der Stadtteil liegt, und das hat durchaus symbolische Bedeutung, am anderen Ufer des Tigris. Die meisten dieser Bewohner gehören zum arabischen Clan der Ubaid, außerdem zu den Handwerkerberufen, die nicht sehr strikt in Berufsgemeinschaften und Gilden organisiert waren, aber auch die Tendenz hatten, nach Berufen zusammenzuwohnen. Manche Städte sehen aus, als ob sie ursprünglich die Erweiterung des Siedlungsraums einer einzigen oder des Zusammenschlusses einiger weniger Familien gewesen seien. Im Allgemeinen lebten die Menschen in einer *Mahalla* in einer eigenen Welt. Mit Ausnahme eines sehr kleinen Kreises von Gebildeten waren die Bewohner in einem engen Leben gefangen, und wenn überhaupt, so dachten sie nur sehr selten an eine größere Gemeinschaft oder gar an deren Vorteile, wenn ihnen der Begriff Gemeinschaft wirklich etwas sagte. Mehr noch, diejenigen, die, als Christen oder Juden, Teil einer *millet* bildeten (mit *millet* wurde unter den Osmanen eine offiziell anerkannte Religionsgemeinschaft bezeichnet), erfreuten sich im Privat- wie im Religionsrechtlichen einer weitgehenden Autonomie.

Diese Art Trennung gab es laut Batatu bis zur Gründung des irakischen Staates im Jahr 1921 und entwickelte sich sogar danach noch für lange Jahrzehnte weiter, während Bagdad wuchs und sich ausdehnte. Mit der neuen Bauweise in den 80er und 90er Jahren und unter dem Druck der Regierung Saddâm Hussains entstanden neue Stadtteile. Diese bekamen offiziell Namen jenseits konfessioneller oder religiöser Zuweisungen: Arztviertel, Presseviertel, Kulturerbeviertel und so weiter. Aber sie unterschieden sich nicht wesentlich von den Wohnvierteln in osmanischer Zeit. Die Klassen- und Konfessionstrennung blieb erhalten, und dahinter verbarg sich ein anderer Vorgang:

die Einkreisung Bagdads, dessen schiitischer Bevölkerungsanteil wuchs, durch sunnitische Gürtel – sogar im Zentrum der Stadt, als in der Schawâka- und Karimât-Gegend alte Viertel abgerissen wurden und man Mitte der 80er Jahre eine neue Straße baute, die Haifa-Straße, an der entlang moderne Wohnblocks entstanden, die meist arabische Bürger und baathistische Funktionäre bezogen. Stadtrandsiedlungen und einzelne Wohnviertel nahmen immer häufiger das Ausmaß ganzer Städte an und blieben doch an Bagdad angegliedert. Bewohnt wurden sie, wie *Madînat al-thaura* (Die Revolutionsstadt), *Madînat al-schaala* (Die Fackelstadt) oder *Madînat al-hurrîja* (Die Freiheitsstadt) von Millionen von Schiiten. Deshalb musste es weitere Neugründungen geben, die sich wiederum um diese Stadtteile legen und den sunnitischen Bevölkerungsanteil erhöhen konnten. Unter Saddâm Hussain durften sich nur Personen Grundstücke in Bagdad kaufen, deren Geburt vor 1957 registriert war. Warum 1957? Weil Tikrît, eine einfache Gegend, aber der Geburtsort Saddâms und seiner Entourage, verwaltungsmäßig zum Distrikt Samarra gehörte, der seinerseits verwaltungsmäßig Bagdad zugeordnet war. Bagdad füllte sich mit Tikrîtern, auch wenn die Regierung den Gebrauch dieses Namens untersagt hatte, oder vielleicht gerade deswegen. Es sollte nicht publik werden, obwohl die Eskalation mit den armen Bewohnern der Revolutionsstadt, inzwischen über zwei Millionen, ein von vornherein verlorenes Unterfangen war. Nicht einmal die Baathifizierung nützte etwas, auch nicht die Änderung des Namens in Saddâm-Stadt. Wegen dieser Umbenennung begannen die Service-Taxifahrer am Bâb al-Muadham, am Bab-al-Scharki, am Alâwi-Tor und am Nahda-Überlandbusbahnhof sogar, Saddâm zu verspotten, indem sie Fahrgäste mit dem Ruf »Saddâm, ein Dirham« anlockten, was heißen sollte, der Fahrpreis in die Saddâm-Stadt für eine Person belaufe sich auf einen Dirham.

Die Betuchteren hatten in osmanischen Zeiten und haben bis heute ihre eigenen Wohnviertel, egal welche Veränderungen über den Irak im Allgemeinen und seine Hauptstadt im Besonderen hereingebrochen sind. Die Aufteilung dieser Viertel änderte sich nur selten. Die Safîna-Gegend in Aadhamîja zum Beispiel blieb, wie andere Gegenden und Viertel, so Wasirîja, Karâdat Marjam oder Dschadirîja, während langer Jahrzehnte den Reichen vorbehalten. Diese Viertel waren berühmt für ihre »Villen« am Tigrisufer, denn für einen Bagdader war, so hält der erste Chronist Bagdads, Abbâs Baghdâdi, fest, nur ein großes Haus mit prächtiger Vorderfront auf den Tigris eine Villa. Ein noch so prächtiges Haus innerhalb der Stadt hieß nie Villa, sondern wurde »Darjâhi-Haus« genannt oder »Haus, dem auch Fürsten Respekt zollen«. Viele wohlhabende Familien erwarben prächtige Häuser, nur wenige besaßen Villen, von denen man in Bagdad bis heute redet. Die meisten dieser Villen sind Ende der 1920er Jahre entstanden, die ersten am Madschidîja-Ufer, wo die Regierung Grundstücke an Minister und hohe Funktionäre verteilte. Dasselbe geschah in der Wasirîja-Gegend, wo der königliche Hof seine Grundstücke an Höflinge vergab oder wo betuchte Höflinge sich am Ufer von Karâdat Marjam, der heutigen Grünen Zone, Villen errichteten: so Doktor Nadschîb Bâbak oder Abdalasîs Kassâb; auch die Villa, die König Ali mietete, gehörte dazu.

Um sich vom Ausmaß der Stadt und den Veränderungen der Lebensverhältnisse ein Bild zu machen, muss man sich nur, wie die Bevölkerung von Bagdad, daran erinnern, dass die Mehrzahl dieser Villen entlang dem Ufer von Bagdader Juden als Som-

Überreste von Wohnhäusern mit alten Balkonen (Schanaschîl)

merresidenz gemietet wurde. Es war die Zeit, als Aadhamîja, das Bagdader Viertel mit überwältigender sunnitischer Mehrheit, zur Sommerfrische der Juden wurde, bevor sie in den 30er Jahren die Flucht ergriffen, nachdem der Prediger Hadschi Nuumân Aadhami von der Kanzel gegen die Juden gegeifert hatte. Danach verkamen diese Villen ebenso wie die meisten anderen, oder ihre Eigentümer verließen den Irak. Die Villen dagegen, die noch immer existierten und die man anschauen konnte, weil kein Regierungsbeamter sie sich angeeignet hatte, sprachen für sich selbst. Ich weiß noch, wie ich mir während meiner ersten Studienjahre ein Vergnügen daraus machte, mit Kommilitoninnen oder Kommilitonen dort spazieren zu gehen und einige dieser Villen in Augenschein zu nehmen. Wir überlegten uns, welche wir nach dem Sieg der kommunistischen Revolution gerne übernähmen. Ich könnte eine lange Liste mit den Namen dieser Villen anfertigen.

Eine der wirklich eindrucksvollen Villen war zum Beispiel diejenige von Kâdhim Pascha in Karimât auf der Karch-Seite, einmal die größte und prächtigste in Bagdad und schließlich erst Sitz des britischen Generalbevollmächtigten, später, und zwar bis heute, britische Botschaft. Dieser Kâdhim Pascha hat, als Sunnit, und hier können wir den Einfluss der Religion kennenlernen, seinen Reichtum dadurch erworben, dass die Osmanen ihn zum Führer eines Armeekorps machten. Ohne die Macht, die ihm die Osmanen gewährten, hätte er sich keinen solchen Park mit wundervollen Bäumen in der Gegend von Fahâma neben Sulaich leisten können, eine Fläche, die später in kleine Gärten und Parzellen für mehrere Häuser aufgeteilt wurde. Die zweite prächtige Villa war die Nakîb'sche, die in Sanak gegenüber dem Post- und Telegrafenamt lag, direkt am Tigris. Charakteristisch für sie waren die weiten Terrassen und die großen Zimmer, die auf den Fluss hinausgingen. Darin wohnte der oberste Aristokrat, und zur Zeit der Monarchie organisierte er darin große inoffizielle Diners und Empfänge. Diese Villa stand nicht weit von einer anderen entfernt, deren Eigentümer beim Namen zu nennen in den 70er Jahren als gefährlich galt. Die Villa, moderner als die Nakîb'sche, ebenfalls mit Ausblick auf den Fluss und noch immer prächtig und großartig, obwohl seit ihrem Bau vier Jahrzehnte vergangen waren, ging auf einen der irakischen Staatsgründer im Jahr 1921 zurück: Sassûn Heskîl – ein berühmter Jude und Finanzminister in der ersten irakischen Regierung unter König Faissal, der er lange Zeit angehörte. Ihm gebührt das Verdienst, den Irak nach dem Ersten Weltkrieg von den osmanischen Schulden befreit zu haben, indem er von Jassîn Pascha Hâschimi Schuldscheine kaufte und die großen britischen Finanzexperten im Bering-Haus zusammenrief, um das irakische Budget zu erstellen und die Fundamente des Staatshaushalts zu legen. Sassûn Heskîl war Spross der reichen jüdischen Familie Dawûd Sassûn, er stand auch hinter der Schaffung der neuen irakischen Währung, dem Wechsel vom Fils zum Dinar. Seine Villa am Tigrisufer, elegant und mit weitläufiger Terrasse auf den Fluss hinaus, gebaut von Sajjid Kâdhim Ibn Ârif, einem der wichtigen Architekten von Bagdad, preisen die Leute bis heute, auch wenn sie den Namen des einstigen Eigentümers nicht mehr laut aussprechen.

Zu diesen Villen, die bis in die 70er Jahre dort standen, gehört auch diejenige von Ibn Schaaschûu an der Aadhamîja-Straße. Sie bestand eigentlich aus drei Villen. König Faissal soll sich den größten Teil davon als Palast gewählt und diesen auf der Südseite noch erweitert haben. Ibn Schaaschûu war ein betuchter Kaufmann in Bagdad und eine führende Persönlichkeit in der jüdischen Gemeinde. Das Haus seines Enkels Munschi Schaaschûu steht noch immer an der Abu-Nuwâs-Straße neben dem Hotel »Ambassadors«. Es war diese Villa die einzige, die ich von innen sah, zu einer Zeit, als meine Kenntnis dieser Villen noch recht vage war.

Ich betrat die Villa wegen eines christlichen Mädchens, die Schwester der Frau eines Freundes, den ich von Zeit zu Zeit in der mehrheitlich von Christen bewohnten Stadt Daura, in der Nähe der Erdölraffinerien, besuchte. Der Freund entstammte einer schiitischen Familie und schloss sein Studium der arabischen Sprache an der Literaturfakultät der Universität Bagdad ein Jahr vor mir ab. Danach leistete er Militärdienst in der Küche einer Fliegerabwehrraketeneinheit, die in der Nähe von Daura stationiert war. Ich weiß nicht, was die Jahre aus ihm gemacht haben. Damals war er mit einer Christin verheiratet, die bei der irakischen Zentralbank arbeitete. Sie hatte eine jüngere Schwester, die bei ihnen wohnte, vielleicht um ihnen mit ihrem gerade geborenen Töchterchen zu helfen. Immer wenn ich die Familie besuchte, wartete sie wach und lauschend in ihrem Zimmer, das neben dem meinen lag, bis ich herauskam, und wenn sie mich an ihrer Tür vorbeigehen sah, ergriff sie die Gelegenheit, zog mich zu sich und küsste mich.

Es war eine prächtige Villa mit hoher Mauer und einem gewaltigen Tor. Sie erklärte mir, um welche Zeit ich mich einfinden sollte. Sie würde hinter dem Tor auf mich warten. Ich tat, wie mir geheißen. Es muss ein Donnerstagabend gewesen sein, denn am nächsten Morgen war, meiner Erinnerung nach, niemand auf der Straße zu sehen. Es war auch niemand da, als ich in die Villa hineinging. Ich habe noch immer nicht vergessen, wie heftig mein Herz damals schlug. Bis zu jenem Augenblick konnte ich nicht glauben, was da geschah. Ich kam mir vor wie im Film, einem Streifen, der mit meiner Ankunft zum festgesetzten Zeitpunkt begann und mit so etwas wie dem Entschwinden endete. Ob ich in jenem Augenblick an Flucht gedacht habe? Egal, als sich hinter mir die Türe schloss, wusste ich, dass ich in eine Falle geraten war.

Es war in den 70er Jahren, soweit ich mich erinnere gegen Ende des Jahres 1977, die Zeit der Verfolgung und Einkerkerung von Oppositionellen. Das Mädchen arbeitete in jenem Haus. Sie ging dort einer alten Dame zur Hand. Ich weiß aber nicht, ob ich ihr nicht glaubte oder ob ich Angst vor ihrem Leichtsinn hatte. Als ich den Davidsstern am Hauseingang sah, wusste ich, dass die Katastrophe noch katastrophaler war. Ich war in ein jüdisches Haus geraten. Der Stern, den schon die Bewohner von Babylon kannten, zierte die Fassaden zahlreicher alter Bagdader Häuser, doch der siebenarmige Leuchter im Salon bestätigte meine Vermutung, dass ich mich in einem jüdischen Haus befand. Erst nachträglich erfuhr ich, dass die Villa Munschi Schaaschûu gehörte, einem Juden, der den Irak verlassen hatte. Aber mein Instinkt in jenem Augenblick sagte mir, dass ein jüdisches Haus gewiss unter der Beobachtung durch die Staatssicherheit stand. Ich weiß nicht, ob das Mädchen mich in Angst und Schrecken versetzen wollte oder ob das Ganze nur eine spontane Idee einer gerade einmal Sechzehnjährigen war. Ein Teenager wie sie denkt nicht an Konsequenzen.

Zunächst blieb ich auf dem Weg vom Tor zum Haus stehen. Ich betrachtete den großen, parkähnlichen Garten. Verschiedene Obstbäume standen da. Ein Zitronenbaum, ein Lotusbaum, ein oder zwei Palmen. Ich musste weitergehen. Ich rief mit gedämpfter Stimme ihren Namen. Eine ganze Weile lief ich automatisch auf das Haus zu, dann hinein, in den Salon, der unmittelbar vor mir lag und in dem Dunkelheit herrschte, bis auf einen schwachen Faden vom Licht der Abendsonne, die zwischen alten Vorhängen aus offensichtlich teurem Material, vielleicht sogar Seide, hindurchschien. Neben einem großen Sofa standen noch drei weitere, außerdem einige enorme Sessel. Und in einem Rollstuhl saß eine alte Dame. Sie machte einen äußerst gepflegten Eindruck, sogar ihr Haar schien frisch gekämmt. Das Schweigen, das für einige Augenblicke über uns lag, ließ sie mich genauer betrachten. Sie schien zu dösen, ihr Kopf hing nach vorn, der Unterleib war tief im Rollstuhl versunken.

Noch hatte ich nicht lange nachdenken können, als ich das Mädchen, mein Mädchen, eine Treppe herunterkommen sah, hinter der eine Tür ins Innere des Hauses führte. Sie kam rasch auf mich zu, ohne den Zeigefinger ihrer rechten Hand vom Mund zu nehmen, ein Zeichen für mich, still zu sein. Dann zog sie mich zur Treppe, die in den oberen Stock führte. Erst dort erklärte sie, die Dame schlafe zurzeit und werde erst spät in der Nacht wieder aufwachen, immer in Erwartung von Munschi, ihrem einzigen Sohn.

Bei alledem, was das Mädchen mir über die Villa und die Familie erzählte, die Bagdad verlassen musste (die unmittelbaren Gründe dafür erwähnte sie nicht: die zahlreichen Hinrichtungen von Juden und Schiiten Anfang der 1970er Jahre), konnte ich mich nicht konzentrieren. Die Angst war noch nicht ganz von mir gewichen. Zwar verbrachte ich in der Villa eine Nacht, die wirklich ans Märchenhafte grenzte: erst ein Rundgang durch das Obergeschoss, dann die Stunden neben dem Mädchen auf einem märchenhaften Bett. Doch als ich am späten Morgen aufwachte, war sie verschwunden. Ich stand rasch auf, zog mich an und ging hinunter in den Salon, ohne mir auch nur das Gesicht zu waschen. Als ich dort unten weder die alte Dame noch ihren Rollstuhl vorfand, wurde ich total verunsichert. Hatte ich das alles nur geträumt? Und der gestrige Abend, der Rundgang durch das Haus? Die Erinnerung daran hatte sich mir fest eingeprägt. Große Zimmer, hohe Decken, Sofas und Sessel im Stil der 50er Jahre, gewaltige, aber gefällige Lüster, seidene Vorhänge, mosaikverzierte Wände, hübsche, breite, wenn auch etwas verstaubte Betten. Allein das Bad nahm fast die Grundfläche des Hauses ein, und die Wasserhähne waren vergoldet. Im Salon im Innern des Hauses stand ein Steinway-Flügel. All das war völlig real. Dann dieses Mädchen. War das nun Traum oder Wirklichkeit? Was ich fand, war lediglich ein kleiner Zettel, dass ich zum Verlassen des Hauses nur einen Knopf rechts von der Tür drücken müsse. Die Tür schließe automatisch, wenn ich hindurchgegangen sei. Sie würde sich übrigens sehr freuen, mich im Haus ihrer Schwester in Daura einmal wiederzusehen.

Ich glaube nicht, dass ich mich beim Verlassen der Villa umgeschaut habe. Wahrscheinlich habe ich auch nicht daran gedacht, noch einmal dorthin zu kommen. Es war, soweit ich mich erinnere, zwischen halb elf und elf Uhr. Dass es auf der Abu-Nuwâs-Straße keine Menschen gab, erhöhte meine Beunruhigung. Natürlich ging ich nicht mehr zu ihrer Schwester in Daura, wobei mir nicht klar ist, ob ich Angst vor den Folgen jener Nacht hatte, dass zum Beispiel unser Verhalten bei einer nochmaligen Begegnung etwas verraten und die ganze Geschichte ihrer Schwester bekannt würde, was sie oder meinen Freund verärgern könnte; oder ob ich dachte, es sei nötig, erst einmal eine gewisse Zeit vergehen zu lassen. Als ich von der Verhaftung meines Freundes hörte und erfuhr, er werde im Gefängnis des militärischen Geheimdienstes im Verteidigungsministerium in Bagdad festgehalten, wurde mir klar, dass ein Besuch bei ihnen in Daura unmöglich geworden war. An die neun Monate hockte mein Freund in jenem Gefängnis, und als er herauskam, hatte ich mein Studium abgeschlossen und war zum Militärdienst eingezogen worden. Dieses Mädchen und ich, wir waren wie zwei Romanfiguren, die der Autor auf unterschiedliche Wege geschickt hatte. Ende der 70er Jahre war es für zwei Freunde, die oppositioneller Haltung bezichtigt wurden, ausgeschlossen, sich während des Militärdiensts zu treffen. Den Freund traf ich nie wieder, ebenso wenig die Schwester seiner Frau. Meine Begegnung mit ihr und mein Besuch in der Villa schienen eher etwas aus dem Märchen als aus der Wirklichkeit. Die Erinnerung daran wurde einfach zu einer fernen Erinnerung, wie die Erinnerung an jene Reichen, die in Bagdad ebenso in Vergessenheit gerieten wie alle die Villen, die sie dort am Tigrisufer einst besaßen.

26

Drei Schriftsteller

Wenn jemand über das Verschwinden jenes modernen Bagdads schrieb, und zwar kraftvoll, so diese drei Autoren. Ich hatte weder als junger Mann, als mein Interesse am Lesen und an Büchern begann, noch zu Beginn meines eigenen literarischen Lebens, als ich zu schreiben und zu publizieren begann, von ihnen gehört. Lange Jahre mussten vergehen, bis ich von der Existenz der drei jüdischen Romanciers erfuhr, die ihre Kindheit und Jugend in Bagdad verbrachten, bis sie vertrieben wurden oder sich gezwungen sahen, das Land zu verlassen, wie ich. Zwei von ihnen leben noch: Sami Michael, der bekannteste unter ihnen, und Shimon Ballas, der in Tel Aviv und Paris wohnt. Der dritte und jüngste, Samîr Nakkâsch, ist schon gestorben. Alle drei sind mit der Emigrations- oder Vertreibungswelle der Juden Anfang der 1950er Jahre weggezogen, um in Israel neu anzufangen. Aber egal, wie viele Jahre sie schon in ihrer neuen Heimat leben, wer ihre Bücher liest, entdeckt die Mühe, die sie haben, um sich an ihre neue Umgebung zu akklimatisieren. Ihre Themen und ihre Erzählformen schöpfen meistens noch aus dem Ort ihrer Geburt, Bagdad.

Dieses existenzielle Problem, das Hin und Her zwischen zwei Identitäten, der Wechsel zwischen zwei Seiten, dem Hier und dem Dort, all das lässt sich leicht in ihren Romanen finden. Man darf ohne Übertreibung behaupten, dass von allen jüdischen Autoren mit irakischen Wurzeln diese drei ein besonderes Bild von Bagdad bewahrt haben, der Stadt, die sie von sich aus oder gezwungenermaßen im Jahr 1951 verließen, ein Bild, an dem sie nicht nur in ihren literarischen Werken, sondern auch in Interviews festhalten. Das Seltsamste dabei ist, dass man in ihren neueren Werken feststellen kann, dass sie sich mit zunehmendem Alter sogar noch mehr an die Jahre ihrer verlorenen Kindheit annähern, sei es an sich selbst, sei es an das Bagdad von damals, bevor es seine ursprünglichen Einwohner vertrieb und zu einer Stadt wurde, in der das Militär, inländisches und ausländisches, sein Unwesen treibt. Irgendwann schienen sie aus der neuerworbenen Identität aufzuwachen, aus der Benommenheit des »neuen« Lebens, das sie gelebt hatten, als ob sie, alt werdend und unumkehrbar getrennt von ihrer Kindheit, entdeckten, dass die alte Identität, die sie eigentlich vergessen wollten, oder das doch glaubten, noch immer präsent war und sie nicht losließ, egal, ob sie nun in Haifa lebten wie Sami Michael, in Tel Aviv wie Shimon Ballas oder in Petach Tikva wie Samîr Nakkâsch. Das scheint in jeder Zeile auf, die sie schreiben, wie ein Licht, wie eine Fackel in der herbstlichen »Finsternis« ihres Lebens, das auf sein Ende zugeht.

Es gibt eine lange Liste von irakisch-jüdischen Autoren, die in Israel zu schreiben begannen und deren Schreiben sich um den Irak dreht. Einige seien erwähnt: Naîm Kattân, der auf Französisch über den Irak schrieb, zum Beispiel im Roman *Adieu, Babylone*; Ishâk Bar Mosche, der bis zu seinem Tode nur Arabisch schrieb und dessen Romanfiguren fast ausschließlich irakische Juden sind; Sasson Somekh, der zugegebenermaßen keine Romane, sondern akademische Studien und Übersetzungen verfasste, aber doch auch eine Autobiografie schrieb, deren größter Teil in Bagdad spielt; oder schließlich Eli Amîr, von dem der Roman *Der Taubenzüchter von Bagdad* stammt. Aber die meisten dieser Schriftsteller, die man der gleichen Generation zurechnen kann, auch wenn sie jeweils ein paar Jahre auseinander waren, weil sie alle im selben Jahr, 1951, dem Jahr des Weggangs der Juden aus dem Irak, auswanderten oder vertrieben wurden, die meisten von ihnen schrieben über Bagdad entweder in einem bestimmten Kontext, wie Sasson Somekh im Kontext seiner Autobiografie, oder um den Geschmack am orientalischen Kitsch zu bedienen, wie in einigen Erzählungen und Romanen, oder weil sie nicht in Bagdad geboren sind, wie zum Beispiel Eli Amîr.

Bagdader Schriftsteller im engeren Sinn bleiben die genannten drei: Sami Michael, Shimon Ballas und Samîr Nakkâsch. Dies nicht einfach, weil sie Romane schrieben, die in ihrer Herkunftsstadt Bagdad spielen, sondern weil sie mehr als ihre Kollegen in ihrem Leben und ihrem Schreiben diesen existenziellen Kampf verkörpern, diese Zerrissenheit zwischen zwei Identitäten. Bei ihnen geht es nicht bloß um Erinnerungen, um den Verlust eines Paradieses oder um eine verlorene Kultur. Bei ihnen geht es um mehr, um die größte Heimsuchung des Menschen, um die Fragen: Was heißt Zugehörigkeit? Was ist Identität? Was bedeutet Heimat?

»Der Dinge beraubt zu werden, zu denen man gehört, ist eine Tragödie, sich selbst zu plündern ist eine wahre Katastrophe.« Mit diesen Worten sprach Samîr Nakkâsch einmal über sein eigenes Erleben. Das sind, man muss sich das einmal vorstellen, die Worte Samîr Nakkâschs, geboren 1939 in Bagdad, obwohl er diese Stadt im Alter von nur zwölf Jahren verlassen hat. Was sollen da die beiden anderen sagen, die sich gezwungen sahen, Bagdad zu verlassen: Sami Michael, geboren 1926, der Mitte zwanzig war und als Kommunist vor der staatlichen Repression nach Iran floh, wo ihn die dortige Zionistische Emigrationsagentur überredete, nach Israel zu ziehen, und ihn illegal dorthin brachte, und Shimon Ballas, geboren 1930, der sich, ebenfalls Kommunist, einundzwanzigjährig zur Emigration nach Israel entschloss, da das Leben für Kommunisten im Irak immer gefährlicher wurde.

Al-Kifâch-Straße, Bagdad 1948

Die existenzielle Zerrissenheit dieser drei Schriftsteller wird auch darin sichtbar, dass sie immer wieder auf die ersten Etappen ihres Lebens zurückkamen, durch die Wahl der Sprache, in der sie schrieben: das Arabische, mit dem sie aufgewachsen sind, oder die neuerworbene Sprache, das Hebräische. Sami Michael entschied diese Frage schon früh für sich, indem er, im Gegensatz zu seinen beiden Kollegen, gleich auf Hebräisch schrieb. Shimon Ballas dagegen verfasste seinen ersten Roman, *Das Durchgangslager* (1964), noch auf Arabisch und beschloss danach, das Hebräische zur Sprache seiner künftigen Werke zu machen; und sogar den genannten Roman übertrug er selbst ins Hebräische. Samîr Nakkâsch ist die wirklich bedeutende Ausnahmeerscheinung in seiner Generation: Obwohl er den Irak mit zwölf verlassen hatte, hielt er leidenschaftlich am Arabischen als Literatursprache fest und zeigte außerdem eine erstaunliche Begabung für irakisches Erzählen, indem er zum Beispiel eine große Zahl irakischer Redensarten in seine Erzählungen, Romane oder Theaterstücke einarbeitete. Das ging so weit, dass manchmal Fußnoten oder Anmerkungen zur Erklärung gewisser Wörter oder Ausdrücke aus der Bagdader Umgangssprache nötig wurden.

Dieses sprachliche Hin und Her, diese Schizophrenie beschreibt Shimon Ballas in seiner Autobiografie *Die erste Person*, wenn er erzählt, wie er eines Abends spät von der Arbeit in der Druckerei zurückgekommen sei, unmittelbar nachdem er den Entschluss gefasst hatte, Hebräisch zu schreiben. Kurz vor dem Schlafengehen nahm er noch ein Buch von Taha Hussain in die Hand, um etwas nachzuschauen, was er vergessen hatte. Als er das Licht löschte, überfiel ihn eine Flut von Wörtern, Sätzen und Gedichtzeilen auf Arabisch, als wäre plötzlich ein Damm gebrochen, und der Schlaf kam bis zum Morgen nicht. Er verstand das als die Rache des Arabischen, wie er sich danach immer sagte, die offenbar verdiente Strafe dafür, dass er der heißgeliebten Muttersprache den Rücken gekehrt hatte. Doch während der sprachliche Bruch durch die Parteinahme für eine neue Literatursprache geheilt werden kann, wie geht das beim Bruch zwischen zwei Leben? Dem Leben, das in Bagdad begonnen hatte, und dem neuen Leben, dem sie sich als Jugendliche oder junge Männer stellen mussten.

Nicht dass sie sich für eines von zwei Leben entscheiden, das eine oder das andere für besser halten und das andere entsprechend einfach eliminieren mussten, war das Problem dieser drei Autoren. Ihr Problem bestand schlicht darin, dass sie diese vermaledeite Tätigkeit gewählt hatten, dass sie beschlossen hatten, Erzähler zu werden. Der Romancier kann nicht viel tun, er muss an erster Stelle erzählen. Der Erzähler lebt, um zu erzählen. Wieso schreiben so viele Schriftsteller über ihre Kindheit? Einfach weil sie kein anderes Leben haben. Wie sollten sie dieses Leben in Besitz nehmen, wenn sie den größten Teil davon mit Schreiben verbringen? Die Kindheit und die Jugend, die ersten Lebensjahre, das ist die einzige Zeit, in der sie gelebt haben, und es ist diese Zeit, und nur diese, die sich ihrer Zeit bemächtigt, denn das Schreiben verlangt die Zeit, wie das Weben den Faden. Und für den Erzähler gibt es nur einen einzigen Faden. Im Fall unserer drei Bagdader Schriftsteller ist dieser einzige Faden, aus dem sie ihre Geschichten weben, das Leben, das sie in Bagdad zurückgelassen haben. Vielleicht wurden sie sich dessen bewusst und haben versucht, sich aus der »Schlinge« des früheren Lebens zu befreien, um ihrer neuen Umgebung und vielleicht auch sich selbst zu beweisen, dass sie dazugehören, dass sie Landsleute geworden sind, die ihr Denken auf die neue Heimat richten. So haben Sami Michael und Shimon Ballas ihre Romane auch an anderen Orten als in Bagdad spielen lassen, Shimon

Ballas zum Beispiel in Kairo. Doch es war nur eine Frage der Zeit, bis sie herausfanden, dass das Geschriebene blutleer war, nichts als seelenloses Schreiberhandwerk, das nicht aus dem Herzen kam, und dieses Gefühl erschreckte sie und ließ sie schreibend zu dem einzigen Leben zurückkehren, das sie wirklich gelebt hatten, nach Bagdad. Aber wenn sie derart zerrissen waren, warum hat dann keiner von ihnen versucht, aus Israel wegzugehen, wie Samîr Nakkâsch, der als junger Mann nach Libanon flüchten wollte, jedoch an der Grenze festgenommen und ins Gefängnis geworfen wurde, oder Shimon Ballas, der die meisten Monate des Jahres in seiner kleinen Wohnung in Paris verbrachte.

»Was ich in Bagdad erlebt habe, ist mein ganzes Leben«, sagte Samîr Nakkâsch immer wieder im Interview. Und Shimon Ballas formulierte es so: »Zu sehen, was dort geschah, finde ich aufregend. Sehr viele sind durch diese Stadt, Bagdad, und durch dieses Land, den Irak, gezogen. Ich finde es aufregend, die Spuren der Vergangenheit zu sehen. Es gab da den Fluss, der im Sommer Inseln freigab. Bilder von Cafés, von Gassen, von Badekabinen am Ufer tauchen auf. Dort ließen wir unsere Kleider und schwammen zum anderen Ufer.« Und Sami Michael erinnert sich an den ersten Kuss, den ihm ein Mädchen auf die Lippen drückte, mit dem er auf einer der Bagdader Brücken über den Tigris spazierte.

Alle drei haben wir in »Forget Bagdad« gesehen, dem wunderbaren Film des irakisch-schweizerischen Regisseurs Samîr. Alle drei erzählten von ihrem Leben in einem Irak von einst. Die Anfänge der Bewusstwerdung zur Zeit der Monarchie und im Schatten des britischen Protektorats und der beginnenden Moderne. Wie sie als Juden harmonisch mit der übrigen Bevölkerung zusammenlebten, besonders auch mit der muslimischen Mehrheit, bis zu dem Augenblick, als einige das Judenviertel verließen, um in jenen durchmischten neuen Vierteln zu leben, wo es keine religiösen Unterschiede gab. »Denn die irakische Bevölkerung war niemals religiös eifernd«, bemerkte Sami Michael sehr hübsch. »Die Witze über die jüdischen Rabbiner waren die gleichen, die über die christlichen Priester und die islamischen Scheiche erzählt wurden.« In jener Zeit, von der die drei sprachen, wurden auch die Veränderungen weitergeführt, die mit dem Ende des Ersten Weltkriegs und der Niederlage der Türken samt der Besetzung des Iraks durch die Briten eingesetzt hatten. Danach folgte eine Umwälzung der irakischen Gesellschaft auf allen Ebenen und in allen Bereichen des Lebens, und die Religionsgemeinschaften verschmolzen in einem neuen irakischen Staat von Britanniens Gnaden, besonders nachdem die arabische Schriftsprache das offizielle Idiom dieses Staates geworden war. In dieser Periode veränderte sich auch die Gesellschaft, weil die Religionsgemeinschaften mehr zusammenkamen, vielfältige Blickwinkel möglich wurden. Es war für ein jüdisches Kind kein Problem mehr, in eine nichtjüdische Schule zu gehen. Und es war auch kein Problem mehr, wenn der Erzieher oder Lehrer in einer jüdischen Schule nicht Jude war. Das gilt auch für die Schulen der Religionsgemeinschaften oder die halb privaten Schulen, die der jüdischen Gemeinschaft in Bagdad gehörten, diejenigen der Alliance zum Beispiel, Ende des 19. Jahrhunderts gegründet, in der immer Lehrer aus anderen Religionsgemeinschaft zu finden waren. In der Schammâs-Schule unterrichteten zum Beispiel Muhammad Scharâra und Hussain Murûwa, zwei schiitische Lehrer aus Libanon. Und Samîr Nakkâschs Vater wurde beauftragt, die Kuppel über der Grabstätte des Imams Mûssa al-Kâdhim auszumalen. Heute ist das unvorstellbar! Ein Jude malt die Kuppel über dem Grab eines schiitischen Imams aus!

In dieser Bagdader Atmosphäre, real für die einen, phantastisch für die anderen, wuchsen unsere drei Schriftsteller auf. Jedenfalls bis die Pest des Rassismus Bagdad heimsuchte, bis zum

Farhûd-Pogrom im Jahr 1941, der ersten aktenkundigen Feindseligkeit gegen die Juden. Damals nutzte der Pöbel das Machtvakuum auf der Straße unmittelbar nach der Niederschlagung des nazistischen Militärputschs unter der Führung von Raschîd Âli Gailâni, der danach nach Berlin geflohen und von Hitler empfangen worden war. Danach erlebte Bagdad zwei blutige Tage, während der viele Juden ermordet, ihr Besitz und ihre Läden geplündert wurden. Auffallend dabei war, und die drei wiesen in ihren Gesprächen mit Nachdruck darauf hin, dass diese Vorfälle, trotz des Unheils, das sie anrichteten, keinen Einfluss auf das Verhältnis der Juden zu dem Land hatten, in dem sie wohnten. Auch ihre Bindung an die Gesellschaft, in der sie lebten, lockerte sich nicht. Ihr Leben entwickelte sich im Gegenteil mit großer Dynamik, als ob nichts geschehen wäre. Sie setzten ihre Handelstätigkeiten fort und gründeten neue Firmen. Bemerkenswerterweise waren einige dieser Firmen *joint ventures* mit muslimischen Geschäftsleuten. Eine der bekanntesten ist die »Neu-Bagdad-Gesellschaft«, die die Stadt Neu-Bagdad aufbaute. Sogar noch als die irakische Regierung unter der Leitung von Taufîk Suwaidi die freiwillige Ausreise gestattete, als 1951 das berühmte Auswanderungs- und Nationalitätenaberkennungsgesetz verabschiedet wurde, das den Juden die Auswanderung nach Israel erlaubte, wenn sie dafür ihre irakische Staatsbürgerschaft ablegten, zögerte die Mehrheit angesichts der Bedingung. Für sie war die ganze Auswanderungsgeschichte eine undurchsichtige Angelegenheit. Es stand nicht auf ihrer Agenda, besonders nicht derjenigen der jüdischen Mittelklasse, die zu jener Zeit fast ein Drittel der jüdischen Gemeinschaft ausmachte. Auswandern, das hieß für diese Menschen, das Leben aufzugeben, das sie sich nach jenen Jahren des mühseligen Kampfes aufgebaut hatten, und irgendwohin zu gehen, wo ein ungewisses Schicksal ihrer harrte. Am besten beschrieb Professor Sasson Somekh in seiner Autobiografie die immer schwieriger werdenden Verhältnisse, unter denen die jüdische Gemeinschaft damals im Irak lebte. »Manche hier in Israel und im Irak glauben, dass die Hetze, die von zahlreichen Kanzeln auf die Juden herniederprasselte, nicht der einzige Grund für die kollektive Emigrationsbewegung war, sondern dass die Belästigungen, die diese Bewegung antrieben, mitunter auch das Werk der Zionisten waren – mit dem Ziel, Angst und Schrecken zu verbreiten und den Zögernden weitere Motive für das Weggehen zu liefern und den Verzicht auf die Staatsangehörigkeit zu beschleunigen. Dieses Thema hat hier in Israel großes Interesse gefunden, sogar eine Debatte und eine Auseinandersetzung zwischen unterschiedlichen Ansichten ausgelöst. Ich persönlich finde es schwierig, hierüber eine feste Meinung zu haben. Ich stand außerhalb der Arena, und ich habe dafür nie Beweise oder auch nur Indizien in die Hand bekommen.«

Sicher ist nur, dass die Jahre 1947 bis 1951 eine der schwärzesten Epochen im Irak waren. Als die Juden, von denen ein großer Teil zur Elite des Iraks gehörte, aus Mesopotamien auszuwandern beschlossen, war dies ein schwerer Schlag auch für die anderen Religionsgemeinschaften, die aber bei der ganzen Sache nur zuschauten und nichts unternahmen, um die Auflösung und das Verschwinden der jüdischen Gemeinschaft in Bagdad oder, wenn man so will, der Gemeinschaft von Babylon aufzuhalten, der ältesten jüdischen Gemeinschaft weltweit. Anfang 1951, also zu Beginn des Jahres, in dem die organisierte kollektive Emigration begann, wanderten einhundertzwanzigtausend irakische Juden nach Israel aus. Mit ihnen verschwanden alle markanten Zeichen der städtischen Gemeinschaften im Irak. Diese Auswanderungswelle, genannt »Operation Esra und Nehemia« und organisiert und beaufsichtigt zunächst von der Hagana, dann vom Mossad, ließ in Bagdad gerade einmal zehntausend Juden zurück. Und auch diese verließen die Stadt während der folgenden drei Jahrzehnte in mehreren Wellen. Kurz zusammengefasst: Nach der Bekanntgabe des Nationalitätenaberkennungsgesetzes, das Juden im Irak erlaubte, das Land definitiv zu verlassen, fanden sich die meisten Juden zerrissen, verunsichert und verängstigt. Plötzlich waren sie gezwungen, ihr Schicksal, ihre Zukunft zu entscheiden. In den Jahren 1950 und 1951 wanderte die überwältigende Mehrheit der jüdischen Gemeinschaft nach Israel aus.

Das verschwundene Leben, die bis dahin solide Existenz, die erschüttert worden war, fand ihre minutiöse Darstellung in den Romanen der drei genannten Bagdader Schriftsteller. Ja, dieses einstige Leben wurde zum Material, zum Hintergrund, auf den sich alle ihre Werke stützten. Wer ihre Romane liest, die im Bagdad jener Zeit spielen, wird niemals leugnen können, dass es sich um spezifisch irakische Romane handelt, auch wenn sie auf Hebräisch abgefasst sind, wie diejenigen von Shimon Ballas und Sami Michael.

Bagdad zeigt eine starke Präsenz in zahlreichen Romanen und Erzählungen von Shimon Ballas, zum Beispiel in dem 1964 erschienenen Roman *Das Auffanglager* oder dem 1991 publizierten Roman *Der Geächtete*, der die Geschichte von Achmad Nassîm Sûssa erzählt, einem Juden, der in den 1930er Jahren zum Islam übertritt und zu einer zentralen Figur in den Institutionen der Macht wird. Das gilt auch für die beiden Romane, die er für Kinder schrieb, *Aschaab in Bagdad* und *Tanbûri*. In den Erzählungen und Romanen Samîr Nakkâschs ist Bagdad schon in Titeln präsent, die sich reinen Bagdader Dialekts bedienen, zum Beispiel sein Roman *Krapp, rot wie Blut*, der in Bagdad Ende der 1930er Jahre spielt und die Geschichte dreier einfacher Männer aus dem Volk erzählt, die eines Sonntagmorgens ein erschreckendes übernatürliches Erlebnis haben. Sie kommen in den Teeladen Chalîfs, um Sfâni, den Bruder des Inhabers, um Rat zu fragen. Dieser ist ein Revolutionär und Rebell gegen die Fehler des Seins, ihr größter Seher und großartigster Priester für alles, was sie sahen und was sie erlitten. Aber statt Sfâni zu treffen, finden sie auf dem Ladentisch eine blutige Hand, und an jenem Sonntag bleibt für sie die Zeit stehen. War auch für Nakkâsch an jenem Tag die Zeit in Bagdad stehen geblieben, als er als Junge die Stadt verließ? Der Titel des Romans ist eine Metapher, die auf den Ruf der Verkäufer von Krapp zurückgeht, einer rotstieligen Pflanze, die zum Färben verwendet wird. Blut ist eine Ware, die auf den Märkten ausgerufen und dabei mit jener roten Pflanze verglichen wird, um es attraktiver zu machen. Dann der Roman *Wohner und Satan*, wobei das Wort »Wohner« im Bagdader Dialekt Mieter heißt oder Nachbarn in den einfachen Vierteln, von denen die meisten ganz oder zum großen Teil verschwunden sind. Die Häuser dort waren im Stil orientalisch: jedes Haus hatte einen Hof, einen Iwân, einen Keller, eine Mansarde und Erkerfenster im Oberstock. Die jeweils zweistöckigen »Zimmer« waren um den Hof angeordnet. In jedem wohnte eine Familie, Betuchtere hatten manchmal zwei. In einem Domizil wohnten also mehrere Familien oder Individuen. Dabei war es nicht ungewöhnlich, wenn im selben Domizil muslimische und jüdische Familien zusammenwohnten, wie in jenem Roman. Und alle waren wie Brüder, eben »Wohner in einem Haus«. Die Spinnwebe ist der »Satansfaden«. Die Spinne provoziert den Menschen und webt ihr Netz. Wenn sie ihre Fäden webt, tut sie das, um Insekten zu fangen, aber unglücklicherweise entkommt auch der Mensch mitunter nicht dieser Jagd. Den Roman *Wohner und Satan* beschreibt Samîr Nakkâsch selbst als »Vorgänge, die eigentlich zeitlos, schließlich und endlich aber in den frühen 1950er Jahren verankert sind, der Zeit also, als die Juden von Bagdad zu emigrieren begannen«. Sami Michael, der bekannteste der drei, dessen Bücher in zahlreiche Sprachen übersetzt sind und den ich als Einzigen treffen durfte, interessiert mich am meisten. Ich erinnere mich noch genau an meine enorme Betroffenheit bei der Lektüre seines

Romans *Viktoria*, weshalb ich etwas länger bei diesem Roman verweilen möchte.

Bagdad ist in zahlreichen Romanen von Sami Michael präsent, zum Beispiel in *Aida*, seinem letzten, erschienen im Jahr 2010, wo es um einen Juden geht, der sich weigert, Bagdad zu verlassen und sogar Saddâm Hussains Fotograf wird. Trotzdem bleibt für mich *Viktoria* der stärkste Roman über das Bagdad jener Zeit. Er trug mich, ob ich es wollte oder nicht, zurück in die Stadt, aus der ich etwa dreißig Jahre nach Viktoria geflohen war, und ließ mich die Stadt wiedererkennen. Ich wanderte mit Viktoria Anfang des 20. Jahrhunderts durch die Straßen und Gassen, durch Batawîn und Bab Scharki, die Raschîd-Straße entlang und vorbei an Haidarchâna, dem Schûrdschi-Markt und dem Kaufhaus Orosdi-Back, durch die Viertel von Fadl und Abi Saifain, wo immer Viktoria hingehen wollte. Gemeinsam mit ihr entwarf ich einen neuen Stadtplan, der anders aussah als der mir bekannte, den ich zurückgelassen hatte, anders auch als derjenige, den ich mir als Kind sommers wie winters gewoben hatte, als ich mir den anderen Najem vorstellte, der seinen Vater auf seinen Spaziergängen durch die Straßen und Gassen von Bagdad begleitete, der schließlich auch anders war als derjenige, der sich unter meinen Füßen zeichnete, während ich durch Bagdad wanderte. Diesmal sah ich Bagdad mit den Augen einer Frau.

In alter Zeit, noch bevor die Griechen unsterbliche Frauenfiguren wie Medea, Elektra, Antigone oder Helena schufen, schenkten uns unsere babylonischen Ahnen die Wirtin im *Gilgamesch-Epos*, deren Bild all die Jahrhunderte überdauert hat. Auch Viktoria ist eine Frau, deren Bild durch alle Epochen weitergetragen wird seit ihrer Schaffung durch Sami Michael. Nicht weil sie eine irakische Frau besonderer Art ist, sondern weil ihr Leben das Leben der Stadt Bagdad ist mit all ihren Menschen und Gruppen, Sekten und Nationalitäten. Das ist ihre

Stärke. Der Roman *Viktoria* ist mehr als ein Familienepos, er ist ein Weltepos, das Epos einer Welt, die allen unbekannt bleiben wird, die bisher nicht das Privileg hatten, sie kennenzulernen. Äußerlich erzählt Sami Michael die Geschichte einiger irakischer Familien, die vor dem Ersten Weltkrieg in einem jüdischen Viertel Bagdads lebten. Aber im Kern, indem er Viktoria zur zentralen Figur macht, zur Achse, erzählt der Autor entferntere und jüngere Geschichte mit all ihren Auf und Abs. Und dank Viktorias entdeckt der Leser am Ende selbst seine persönliche Geschichte, und gleichzeitig nimmt vor ihm das Leben einer ganzen Stadt Gestalt an, das Bagdad jener Zeit und mit ihm ein ganzes Land.

»Noch niemals zuvor hatte sie sich ohne die Begleitung eines Mannes so weit von zu Hause fortgewagt.« Mit diesen Worten beginnt Sami Michael seinen Roman. Viktoria, die Tochter des Oberhaupts der Familie Aschûri, lebte zu einer Zeit, als es einer Frau noch nicht erlaubt war, hinaus auf die Straße zu gehen, alleine zu schlendern oder einen Spaziergang zu machen. Sie wird eine der tragischen Heldinnen, durch deren Einsatz der Kampf voranging, nicht nur, indem sie aus dem Haus tritt und sich in der Öffentlichkeit zeigt, wie auf der ersten Seite des Romans, sondern auch indem sie zu Hause sitzt. Das Bild, das Sami Michael uns vom Hof Bagdader Häuser vermittelt, ist der erste Knoten des Teppichs, den er uns gemeinsam mit Viktoria webt. Der Innenhof Bagdader Häuser ist der Schauplatz, wo sich das gesamte Leben einer vielköpfigen Familie abspielt. Dort kochen und waschen die Hausfrauen, dort sitzt die Familie zusammen und plaudert oder verbringt die klaren Sommernächte. Dort werden auch auf die älteste Art und Weise Nachrichten und Gerüchte weitergegeben: von Mund zu Mund, und von dort verbreiten sie sich in Windeseile. Dort können sich auch die Gemüter erhitzen und aufwallen. Jede Beleidigung, jede Geburt, jeder Zank, jeder verliebte Blick, jede Berührung erhält rasch Aufmerksamkeit. Dieser hübsche Bagdader Teppich, den Sami Michael vor uns ausgebreitet hat, ist zum Zauberteppich geworden, nicht nur seines schönen und authentischen Gewebes wegen, aus dem der Autor seine Geschichte flocht, sondern mehr noch all der kleinen Einzelheiten wegen, die er zusammenfügte. Hierin liegt die Kraft des Romans *Viktoria*.

Den Himmel erhellen auch die kleinen Sterne. Ich glaube, es war Bert Brecht, der es so oder ähnlich sagte. Den Himmel von Bagdad, den Sami Michael aufs feinste beschreibt, erleuchten viele kleine Details: das Leben der Familien, deren große und kleine Alltäglichkeiten Sami Michael bis ins Letzte darstellt, mit ihrer Sauberkeit und ihrem Schmutz, ihrem Aufstieg und ihrem Abstieg, ihrer Arroganz und ihrer Demut, und ohne die Einzelheiten der »Börse« des täglichen Lebens der Familien wäre uns das andere Licht nicht zugänglich, das sich damals über den Himmel von Bagdad ausbreitete, wir hätten auch nicht die großen Vorgänge kennengelernt, die sich außerhalb der traditionellen Bagdader Innenhöfe abspielten. Sami Michael erzählt die Geschichte Viktorias, während ihm das Panorama einer großen historischen Entwicklung vor Augen steht: der Niedergang des Osmanischen Reichs, das Eindringen und die Besetzung Bagdads durch die britische Armee und die Gründung des neuen irakischen Staates, danach die Gründung des Staates Israel. All das zeigt sich uns in seiner direkten und indirekten Beziehung zur großen Aufgabe, die Viktoria geschultert hat. Viktoria, die all das erlebte, ging es aber vor allem um eines, eine einzige ganz persönliche Angelegenheit: die Liebesgeschichte mit Ihrem Cousin Raphael. Dieser fühlt sich gewürgt von der engen Welt der Familie, rebelliert dagegen und beschließt, in eine neue Welt aufzubrechen. Das wird zu seinem und auch zu Viktorias Problem. Er verlangt von ihr, als Gefangene der engen Familienwelt, den Traditionen und Gepflogenheiten der Familie treu zu bleiben. Viktoria erklärt sich, wohl widerwillig, einverstanden in der anfänglichen Etappe ihres Lebens mit ihm, aus Liebe zu ihm oder mehr noch aus der Hoffnung heraus, das Leben werde sich ändern und er dann auch. Doch als Raphael auswandert und sie mit den Kindern im Kampf gegen Hunger und Elend zurücklässt, beginnt sie, um ihre Eigenheit, ihre Unabhängigkeit, ihre Identität zu kämpfen.

Die Auswanderung nach Israel, gemeinsam mit ihrer Familie, wird für Viktoria Ausgangspunkt zur Gründung ihrer eigenen Welt. Denn was immer über die Auswanderung der Juden nach Israel gesagt wird, eines ist sicher: Obwohl sie auf schicksalhaften, kollektiven Motiven gründete, hatte sie für viele einzelne Emigranten auch mit Freiheit zu tun, war eine Suche nach einer Zuflucht, die die Gründung einer eigenen Welt zuließ. Zu ihnen gehörte auch Viktoria: Die Welt um sie herum war beschäftigt mit großen Dingen, sie dagegen mit einer ihr ureigenen Frage. Gibt es etwas Wichtigeres als die Angelegenheiten des Herzens?

Während ich über diese drei Bagdader Schriftsteller schreibe, entdecke ich, wie viele Einsichten ich ihnen verdanke. Meine Bekanntschaft mit ihnen, ihren Werken und ihrem Leben, dem ersten, das sie in Bagdad, und dem zweiten, das sie in ihrem neuen Land verbrachten, ließ mich zahllose kleine, verschüttete Einzelheiten kennenlernen. Von diesen zu erfahren, war nicht einfach, wenn man, wie ich, in einem Land aufwuchs, das sich eifrig bemühte, jeglichen Hinweis auf diese Katastrophen von damals aus dem Gedächtnis zu tilgen. Sie zeigten mir Bagdad. Bagdad, wie es einmal war, und Bagdad, wie es nie werden sollte. Dabei ist es unerheblich, dass jeder von ihnen sich »sein« Bagdad geschaffen hat, auf seine Weise, realistisch nach seinem Geschmack. Tue ich das schließlich nicht auch? Bin ich etwa nicht wie sie, wenn ich mir »mein« ganz eigenes Bagdad erfinde? Das Bagdad, das ich mit mir herumtrage, wo immer ich bin.

27

John Dos Passos: Der Weg nach Bagdad

Als der amerikanische Schriftsteller John Dos Passos 1921 nach Bagdad kam, war er fünfundzwanzig Jahre alt und stand noch am Anfang seiner literarischen Karriere. Wirklich bekannt wurde er erst 1925 durch seinen Roman *Manhattan Transfer*. Sein Buch *Orient Express*, das die Erlebnisse seiner Reise in die Türkei, den Kaukasus und den Orient schildert, lässt bereits seine außerordentliche Begabung erkennen. Er schildert die Stadt als ein Zentrum der Geheimdienste aus aller Welt, wo die Zahl der Ausländer diejenige der Einheimischen übertroffen haben soll; er liefert außerdem Einzelheiten über die schiitische Lehre, von der er genügend wusste, um auch die Schlacht von Kerbela und die Geschichte des Mordes am Imam Hussain zu erzählen. Er hatte Verbindungen zu den schiitischen Pilgern aus Persien und anderen schiitischen Regionen und war zufällig mit einem Pilgerzug vom iranischen Hamadân bis zur Grabstätte des Imams Kâdhim in Bagdad gezogen.

Vielleicht hatte ihm sein erster Besuch – eine Reise durchs Niltal bis an die sudanesische Grenze, die er mit seiner Mutter im Alter von sechzehn Jahren unternommen hatte – ein wenig Erfahrung und Kenntnis über den Orient vermittelt. Jedenfalls hatte ihn sein freiwilliger Einsatz im Ersten Weltkrieg, der ihn für lange Zeit nach Spanien brachte, gelehrt, wie man Schwierigkeiten meistert. Anders kann man sich kaum vorstellen, woher dieser gebildete Amerikaner den Mut nahm, diesen gewundenen Weg für eine Reise zu wählen, die zu jener Zeit noch fast unmöglich schien. Sie begann in Istanbul und führte per Schiff übers Schwarze Meer nach Trabzon und Batum. Es folgte die Fahrt in einem alten Ford von Tiflis über Alexanderpol, Eriwan, Naschidschewan, Dschulfa, Tabris, Basmisch, Schibli, Minah, Sandchân, Kafîn, Teheran, Kas Schirîn und Chankîn bis nach Bagdad. Egal, wie viele Städte Bagdad vorausgingen, egal auch, wie viele Städte ihm folgten – wer das Tagebuch von John Dos Passos über seine »höllische« Reise liest, wird unter allen diesen Städtenamen einen einzigen finden, der über alle anderen hinausragt. Die Reise hatte nur ein Ziel: Bagdad.

Für John Dos Passos war das schon vor seinem Eintreffen in Bagdad klar. Als er eines Morgens auf dem Hof eines dieser Châne erwachte, die damals zwischen Iran und Bagdad berühmt waren als Übernachtungsmöglichkeiten für Pilger oder andere Reisende, war der Chân leer. Alle Pilger waren schon aufgebrochen. Er musste allein mit seinem Fahrer an jenem Tag einen gewaltigen Gebirgspass von 1300 Meter überwinden, um dann auf gewundenen Straßen nach Mesopotamien hinabzufahren. Unterwegs zur Passhöhe überfiel ihn zum ersten Mal auf seiner Reise ein ungutes Gefühl. »Ich war unruhig und bedrückt. Namen der Städte, die ich alle nicht gesehen hatte, summten wie Mücken um die Ohren: Kabul, Herat, Chorasan, Isfahan, Schiras. Bagdad kann das nicht aufwiegen. Es hatte auch so einen deutschen Klang, erinnerte an Artikel in der *Nation* über die Nahostfrage und an den ›Winter Garden‹. Ah, diese bonbonfarbenen arabischen Nächte.« Das notiert Dos Passos als Beschreibung von Bagdad. Dann zitiert er ein Stück aus einem Gedicht, dessen Quelle er nicht angibt: »*And the ladies of the harem / Knew exactly how to wear 'em / In Oriental Baghdad long ago*.«

Aber woher diese Kraft eines Ortes, »der so definitiv in Berlin und New York etabliert ist«? Warum diese Orientierung nach Bagdad? Warum nimmt jemand wie er die Strapazen einer solch

»höllischen« Reise auf sich, und das auch noch im August, wenn die Sonne gnadenlos vom Himmel brennt? Genügt es, um ein solches Abenteuer zu unternehmen, dass jemand eben schon in der Nähe von Bagdad ist, einige wenige Kilometer südlich an den Ufern der beiden Flüsse, des Euphrats und des Tigris, wo den Touristen die Trümmer des Gartens Eden gezeigt werden, und ebenso der Feigenbaum, von dessen Blättern sich Adam und Eva bedienten, um ihre Blöße zu bedecken?

Die Raschîd-Straße in alten Zeiten

Die Unruhe, von der John Dos Passos spricht, hatte vielleicht mit einer Dosis Zweifel zu tun. Er sah ein anderes Bagdad als dasjenige, dessen Bild er sich vor seinem Besuch geschaffen hatte. Die gesamte Region war im Umbruch. 1921, das Jahr seiner Reise, war auch das Jahr der Neugestaltung der Landkarte des Mittleren Ostens. Drei Jahre nach dem Ende des Ersten Weltkriegs war die Aufteilung des untergegangenen Osmanischen Reichs noch nicht abgeschlossen, der irakische Staat, dessen Hauptstadt Dos Passos besuchen sollte, gerade erst einmal formal gegründet. Der von den Engländern eingesetzte König Faissal I. war kein Iraker. Die Briten hatten ihn von der Arabischen Halbinsel geholt. Der eigentliche Machthaber in Bagdad war der Brite Sir Percy Cooks. Die gesamte Region brodelte: Hatten doch die Engländer den Arabern für ihre Hilfe bei der Vertreibung der Türken aus der arabischen Welt einen arabischen Staat in Aussicht gestellt, und nun ihr Versprechen gebrochen. Überall gab es Aufruhr. Die Iraker hatten sich schon im Jahr 1920 gegen die Engländer erhoben. Der Protest schlug fehl, doch die Opposition gegen die Engländer hielt an. Die gesamte Region, besonders aber das Zweistromland, kam nicht zur Ruhe. Während seiner ganzen Geschichte hatte es Unruhen und Umwälzungen durchlebt. All das wusste der junge John Dos Passos längst bevor er in Bagdad ankam.

Noch an der iranisch-irakischen Grenze notierte John Dos Passos: »Diese Straße von Hamedan, dem alten Ekbatana, nach Kermanschah und dem Pass Taqhe Gara, der nichts anderes ist als eine gigantische Treppe, die in den Irak hinunterführt, ist eine der Straßen, auf der alle großen Armeen der Geschichte marschiert sind. Die Steine sind abgenutzt und schief von den Schritten ungezählter Generationen von Soldaten und Tieren. Überall haben sich die Leute an Felswänden verewigt. Eine eigentümliche Geschichtsschwere liegt über diesen Tälern und Felsen, diesen steinigen Flussbetten. In den hallenden Schluchten meint man die Rufe der Elamiter und der Soldaten des großen Königs zu hören, durchsetzt mit den Flüchen der Tommys und dem Getrappel der russischen Kavallerie.« Doch nicht nur das: »In den letzten Jahren hat die Geschichte diese Region abermals heimgesucht in Gestalt dreier gnadenloser Armeen. Während des Krieges haben die Türken und Russen hier gegeneinander gekämpft. 1918 kamen die Briten in ihrem Feldzug um Öl hierher und bauten die Straßen, genauer, erneuerten sie.« Paradox scheint natürlich, wenn John Dos Passos behauptet, »dass hier kaum noch ein Chân oder Dorf steht, dass die Wüste, Schauplatz der großen Aufmärsche der Geschichte, das ganze Agrarland aufgefressen hat und dass man, während einer Tagesreise in einem klapprigen Ford, nichts zu essen findet, außer, mit viel Glück, eine Schale saure Milch im Zelt kurdischer Nomaden.«

Was für eine Fahrt! Doch der junge John Dos Passos hielt durch und ließ sich von den Strapazen nicht kleinkriegen. Seine anderen Fahrten waren im Vergleich dazu Fünf-Sterne-Touren gewesen. Er wäre sicher umgekehrt, wäre ihm das auf dem Weg in eine andere Stadt passiert. Doch hier, mit Bagdad als Ziel, kümmerten ihn die Gefahren nicht, auch nicht der Hunger und die Mühsal des Weges, ebenso wenig die glühende Augusthitze. »Ost und West und Nord und Süd waren starke und körperlose Präsenzen, wie das Wesen, das man sich hinter der Gardine phantasierte, als man noch ein kleines Kind war. Die vier Himmelsrichtungen waren Folterinstrumente, die sich in einen bohrten wie die Schwerter der Mater dolorosa. Warum ist der Osten so anders als der Westen, warum ist man im Süden glücklich und im Norden elend?« Alle diese Überlegungen und Gedanken kamen John Dos Passos auf dem Weg nach Bagdad, als wäre diese Stadt das Zentrum des Orients, von dem er zum ersten Mal spricht, oder als wäre der ganze Weg, den er zurücklegt, eine Variation des Weges, den die schiitischen Pilger zurücklegen. Die Scharen, die den Weg zu ihren heiligen Stätten zu Fuß zurücklegen, während er, John Dos Passos, mit seinem armenischen Fahrer in einem »klapprigen Ford« sitzt und seiner heiligen Stätte entgegenfährt: Bagdad.

John Dos Passos war glücklich. Sein Glück wurde nur noch überboten vom Glück all der Scharen, die mit ihm die Straße teilten, der schiitischen Pilger, die aus Persien und aus der gesamten schiitischen Welt heranströmten. Sie waren wie er. Wenn er sie beobachtete, wenn er in ihre Gesichter schaute, sah er sich selbst in ihnen. »Es ist eine gute Reisezeit«, schreibt er, und das bei 45 Grad Celsius. »Die Flüsse sind trocken, die Pässe noch nicht zugeschneit, und die irakische Tiefebene kühlt allmählich ab.« Sein armenischer Begleiter mochte unterwegs noch so sehr

Die Raschîd-Straße in Bagdad mit englischer Flagge und Soldaten, 1917

mit den Münzen klimpern, sie konnten von Glück sagen, wenn sie einmal am Tag etwas zu essen fanden. Massen von Pilgern begegneten ihnen auf ihrem Weg. »Diese Pilger sind unterwegs zu den heiligen Stätten des Iraks, Kazimain und Samarra und Nadschaf und Kerbela, zu den Gräbern von Imamen, Männern, die keinen Schatten werfen, deren Seele Gott gehört. Reiche auf Pferden und Maultieren, Frauen in Kamelsänften, Arme auf Eseln oder zu Fuß, Karawanen mit den weißen Särgen von Verstorbenen, die in heiliger Erde bestattet werden sollen. Den ganzen Tag fahren wir an ihnen vorbei, bespritzen sie, wenn die Straße matschig ist, geben ihnen Staub zu essen.« Doch niemand beschwerte sich. Sie waren glücklich, und ihr Anblick erinnerte ihn an sein eigenes Glück. Auch er war ja Pilger, unterwegs zu seiner heiligen Stätte: Bagdad. Er war wie sie. Das Ziel war entscheidend, nicht das, was sich daraus ergibt. Doch als er endlich Bagdad sieht, wird sein Stil knapp und ein wenig hastig. Was ist ihm dort wichtig?

Erstens: Die Bar, auf deren Terrasse er bei Pommes frites und kühlem japanischen Bier mit anderen Ausländern plauderte. Einer von ihnen war ein fetter amerikanischer Kaufmann aus Illinois, der hier Kaldaunen kaufte. Nur von Zeit zu Zeit wurde das Gespräch vom Kreischen eines Zuges oder vom Motor der Lastwagen am Fluss unterbrochen. Dann bejubelten sie die »Bagdad-Berlin-Bahn« und spotteten über das deutsche Projekt, das »Schah Mulay Wilhelm Khan Pascha« (wie sie Wilhelm II. spöttisch nannten) mit seinen orientalischen Territorien verbinden sollte und dann so kläglich scheiterte! »Noch heute schwebt die apokalyptische Vision flammender Räder, die Indien mit Konstantinopel, Wien, Zürich, Berlin und Ostende verbinden, wie ein gieriger und strafender Engel über unseren Köpfen, während wir in der Dunkelheit am Tigris sitzen und japanisches Bier trinken und Pommes frites essen, die ein Araber über einem Feuer aus Palmstielen brät.«

Zweitens: Eine Fahrt ins neunzig Kilometer südlich von Bagdad gelegene Babylon, wohin das deutsche Bier gelangt war, bevor die »Bagdad-Berlin-Bahn« dorthin kam, und wo John Dos Passos nach dem Genuss von zwei Flaschen bayrischen Biers, Marke »München Export«, spürte, wie die Grazien der Göttin Aschtarte gemeinsam unter der Palme »Deutschland, Deutschland über alles …« sangen. »Nun ja, wenn allein schon die Hoffnung der Bagdadbahn dafür sorgt, dass Münchner Bier über die Staubhügel von Babylon fließt … Aber das ging auf einen der hebräischen Propheten.« So bei John Dos Passos, der sich an mehreren Stellen seines Buches nicht scheut, sich über Deutschland lustig zu machen.

Drittens: Die geheime Begegnung mit »Scheich Soundso« in Bagdad, der Dos Passos etwas mitgibt, was wie eine Unabhängigkeitserklärung aussieht, die einem Lobpreis für den »Scheich Washiton« und die amerikanische Unabhängigkeit folgt. »Der große amerikanische Scheich Washiton … habe vor vielen Jahren ein Buch geschrieben, in dem er die Unabhängigkeit Amerikas von den Ingliz erklärt habe«, erzählte ihm der irakische Scheich und erinnerte an dieses Schriftstück. Er wünschte, dass auch die Araber, nicht allein der Irak, ihre Unabhängigkeit erhielten, denn schließlich habe »unser Mister Vilson, ebenfalls ein großer Scheich, in seinen Vierzehn Punkten erklärt, dass alle Nationen frei, gleich und unabhängig seien. … Die arabische Nation, die Gemeinschaft der Gläubigen in Bagdad und Damaskus, habe den Ingliz und Faransawi bereitwillig geholfen, die tyrannischen Osmanli zu verjagen, die nun, den Worten von Mister Vilson zufolge, mit aller Welt in Frieden leben wollten. Doch die Alliierten handelten nicht entsprechend den Worten von Mister Vilson und auch nicht entsprechend den Grundsätzen von Scheich Jurj Washiton. Das sei nicht gut. Die Faransawi hätten arabische Patrioten in Damaskus ins Gefängnis geworfen, und die Ingliz brächen ihr Wort und seien dabei, die Iraker zu versklaven. Die Ingliz glaubten, sie könnten die Araber von Bagdad und Basra und Damaskus wie das Volk von Hind behandeln. Sie würden erkennen, dass die Araber aus härterem Holz geschnitzt seien. Sie hätten versucht, durch die Errichtung von sogenannten Königreichen das Volk zu täuschen, wo doch der einfachste Lastenträger im Basar wisse, dass Feisal und Abdullah und selbst der König des Hedschas, obwohl ihm die heiligen Städte unterstehen, sich einzig auf die Gewehre der Ingliz stützten. Der Amerikai müsse seinen Landsleuten berichten, dass das Volk des Iraks weiterhin für seine Freiheit kämpfen werde und für die Prinzipien, die Scheich Washiton und Mister Vilson verkündet haben. Der letzte Aufstand sei gescheitert, weil schlecht vorbereitet. Das nächste Mal …« Und dann erwähnt John Dos Passos, wie die Stimme des Scheichs etwas lauter wurde.

Das Bagdad, das John Dos Passos als »Engel auf Rädern« bezeichnete, war nicht das Bagdad, das er während seiner ganzen Reise besungen hatte. Offenbar interessiert ihn in erster Linie der Weg dorthin. Bevor er Scheich Soundso in Bagdad traf, auf dem Weg zu ihm durch die engen alten Gassen, gähnend dem Führer folgend, einem Helfer des Scheichs, der an dem Besuch interessiert war, schrieb Dos Passos: »In Bagdad, genau wie im alten Rom, werden Besuche im Morgengrauen abgestattet.« Wie sagte man nicht früher? Alle Wege führen nach Rom. Für den jungen Amerikaner John Dos Passos führten sie nach Bagdad.

28

Annemarie Schwarzenbach: Zwischen Opium und Bagdad

Im Gegensatz zu anderen Reisenden hat die damals gerade einmal fünfundzwanzigjährige schweizerische Autorin und Fotografin Annemarie Schwarzenbach 1933 Bagdad nur als eine Zwischenstation erlebt, ganz anders als Teheran. Zugegeben, Reisen und Unterwegssein hat sie von ihrer frühesten Kindheit an fasziniert, doch der Orient insgesamt, vielleicht entlang der Seidenstraße (ihr Vater besaß eine der weltweit größten Seidenfabriken), war ihre erste Kibla, bevor sich dieser Orient bei ihr auf Teheran konzentrierte. Kaum war sie von einer Reise zurückgekehrt, drängte es sie auch schon wieder aufzubrechen.

Die erste Reise nach Kleinasien und Fars, wie Iran bis 1934 hieß, sollte eigentlich 1932 gemeinsam mit ihren Freunden Klaus und Erika Mann stattfinden, die sie aus Studententagen in Zürich kannte; außerdem mit dem Maler Ricki Hallgarten. Doch die Reise fand nicht statt, da Hallgarten sich einen Tag vor Aufbruch erschoss. Es musste einige Zeit vergehen, bevor die Freunde das Reiseprojekt wieder aufnahmen. Am 30. Januar 1933 kam Hitler an die Macht. Für die Geschwister Mann gab es nun drängendere Probleme als die Planung einer Orientreise. Allein Annemarie Schwarzenbach hielt an ihrer Idee fest. Alles deutete darauf hin, dass die Machtübernahme durch die Nationalsozialisten und die persönlichen Schwierigkeiten, die Annemarie

Schwarzenbach mit ihrer Mutter und ihrer begüterten Familie hatte, die Sympathien für die Nationalsozialisten zeigte, ihren Entschluss beschleunigten. Einiges Literarisches, das sie über den Orient gelesen hatte, und einige Museumsbesuche in Berlin halfen ihr bei der Vorbereitung auf eine Reise, die die erste von einer ganzen Serie werden sollte, die sie auch nach Afrika und nach Amerika führte. Hatte sie Sorge, dass in Europa oder in der Schweiz, wo ihre Familie wohnte, ihre Kreativität verkümmern würde? Vergessen wir auch nicht, dass ihre Mutter, Renée Schwarzenbach-Wille, eine Enkelin Bismarcks, und ihr Vater, ein Großindustrieller, sie von Anfang an blockierten und in ihrer Lebensweise, besonders ihrem Drogengenuss, einen Schandfleck für die Familie sahen, abgesehen davon, dass sie offene Sympathie mit den Nationalsozialisten zeigten. Annemarie Schwarzenbach hatte also an zwei Fronten zu kämpfen: auf der Straße gegen die Nazis und zu Hause gegen deren verlängerten Arm, die Familie. Das war damals eine große Herausforderung für eine gutaussehende und sensible junge Frau, die wegen ihrer lesbischen Neigungen auch noch andere Konfrontationen mit ihrer gesellschaftlichen Umgebung zu bestehen hatte, aber ebenso groß wie die Abenteuerlust und die Kühnheit, die sie auf ihren Reisen zeigte, war auch ihr Mut, sich öffentlich zu ihrer Homosexualität zu bekennen, was die Familie zutiefst erzürnte. Vielleicht sahen sie in Annemaries Aufbruch eine Lösung dieser Konflikte.

Etwa ein halbes Jahr dauerte ihre erste Reise, von Oktober 1933 bis April 1934. Ihr Weg führte sie durch die Türkei, Syrien, Libanon, Palästina und den Irak bis nach Fars. Von dort aus ging es in die aserbaidschanische Hauptstadt Baku und danach zurück nach Europa. Hier begann sie, ein Buch über diese Reise zu schreiben: *Winter in Vorderasien. Tagebuch einer Reise*, das im Herbst desselben Jahres im Schweizer Rascher Verlag erschien. Im August 1934 fuhr sie mit Klaus Mann zum sowjetischen Schriftstellerkongress und reiste von dort aus im September nach Teheran, wo sie sich mit dem französischen Diplomaten Claude-Achille Clarac verlobte, dem zweiten Sekretär am französischen Konsulat. Nach einer Beteiligung an Ausgrabungen einer amerikanischen Mission in der Nähe von Teheran kehrte sie im Dezember in die Schweiz zurück, nur um herauszufinden, dass ein Zusammenleben mit ihrer Familie unmöglich geworden war. Nach einem dreimonatigen Klinikaufenthalt zur Behandlung ihrer Drogensucht fand sie nicht die Ruhe, in der Schweiz zu bleiben. Sie musste fort! Aber wohin? Also eben Richtung Osten, in den Orient: nach Teheran.

Im April 1935 brach sie erneut nach Teheran auf und erreichte die Stadt am 21. Mai. Offizieller Grund der Reise war die Eheschließung mit Claude-Achille Clarac, obwohl beide von den homoerotischen Neigungen des anderen wussten. Man könnte also von einer Scheinehe sprechen, aber es war auch eine solidarische Geste seitens Claude-Achille Claracs, damit Annemarie Schwarzenbach in Teheran bleiben konnte, das sie mehr als jede andere Stadt liebte; vielleicht auch, damit sie ohne Schwierigkeiten in Iran mit Frauen zusammen sein konnte, die sie liebte. Oder ging es darum, dass sie quasi automatisch die französische Staatsbürgerschaft erhielt? Im Sommer jenes Jahres, während sie an einer archäologischen Mission zweieinhalbtausend Meter hoch im Gebirge unweit von Teheran teilnahm, schrieb sie eines ihrer wichtigsten und schönsten Bücher, *Das glückliche Tal*, in dem sie ihre Einsamkeit und die Schönheit der Natur in Iran preist.

Ende 1935 kehrte Annemarie Schwarzenbach in die Schweiz zurück. Alles war durcheinandergeraten, sie wusste nicht mehr recht, wo ihre Heimat war. Im Orient gab es Opium, in der Schweiz Betäubungsmittel. Gleich nach ihrer Rückkehr ging sie in eine Klinik, um ihre Sucht behandeln zu lassen. Und diesmal war die Behandlung fast erfolgreich, zumindest in den Augen ihrer Umgebung. Keine Drogen, kein Orient. Als ob bei ihr die Drogen mit dem Orient verbunden waren. Als ob sie nicht schon Anfang der 30er Jahre in Berlin damit begonnen hätte, wo sie bis zu ihrer Abreise in der Orient wohnte, auch wenn die Droge dort Morphin hieß, nicht Opium. Drei Jahre hielt sie sich dem Orient fern, drei Jahre reich an Reportagen, Artikeln und Büchern. Daneben immer neue Versuche, in Sanatorien ihre noch verbliebenen Drogenprobleme behandeln zu lassen. Als ob sie ihr Verlangen behandeln wollte, das sie zu einer weiteren Orientreise drängte, nach Teheran, zum Opium. In einer Klinik in Yverdon schloss sie ihren großartigen Roman *Tod in Persien* ab. Dort, in dieser Klinik, wurde sie neben anderen auch von der Reiseschriftstellerin Ella Maillart besucht, mit der ihr nie gelöschtes Verlangen wieder aufflammte, in den Orient zu reisen.

Mit einem neuen Auto, einem Ford Roadster mit Achtzehn-PS-Motor, brachen die beiden Frauen Anfang Juni 1939 in Genf auf und trafen Ende August in Kabul ein. Waren es die Meinungsverschiedenheiten und Streitereien mit ihrer Weggefährtin, die Annemarie Schwarzenbach rasch, schon Ende 1939, in die Schweiz zurückkehren ließen? Ella Maillart hat nie ihr Missfallen über die Drogensucht ihrer Freundin verhehlt. Die Reise wäre gar nicht zustande gekommen, hätte Annemarie Schwarzenbach ihrer Kameradin nicht versprochen, sie werde sich des Opiums ebenso wie anderer Drogen enthalten. Die beiden Frauen trennten sich im Oktober 1939 in Afghanistan. Annemarie Schwarzenbach schloss sich ein weiteres Mal einer archäo-

Die Raschîd-Straße (Bab al-Agha), 1937

logischen Mission an, diesmal unter der Leitung des Franzosen Joseph Hackin, an der afghanisch-turkmenischen Grenze. Eine wahrhaft reiche Zeit in ihrem Leben, in der zahlreiche Reportagen und Artikel entstanden. Ende Dezember verließ sie Afghanistan und traf in Indien erneut Ella Maillart, nun unter dem Eindruck des Zweiten Weltkriegs. Sie musste einen komplizierten und langwierigen Rückweg nehmen: von Afghanistan nach Indien, von dort mit dem Schiff nach Aden im südlichen Jemen. Dann kehrte sie durch den Sueskanal nach Europa zurück. In einem auf den 21. November 1939 datierten Brief an Arnold Kübler schrieb Annemarie Schwarzenbach, die Zeiten des Friedens, das unaufgeregte Leben, das sei nun vorbei. Sie möchte in die Schweiz zurückkehren. Nicht um sich dort zu vergraben, sondern um mit allem, was »unser Leben« genannt wird, ihren Beitrag zu leisten. Zugegeben, sie schrieb das, aber es fällt schwer zu glauben, dass die dramatischen Umwälzungen, die Europa nach Kriegsausbruch erlebte mit der Ausdehnung der nationalsozialistischen Kontrolle über einen großen Teil des Kontinents, der entscheidende Grund für ihre Rückkehr war. Sonst wäre sie nicht im Mai 1940 in die Vereinigten Staaten von Amerika gereist, wäre vielmehr in der Schweiz geblieben und hätte auf ihre Art den Kampf gegen den Faschismus unterstützt. Bis zu ihrem Tod im Jahr 1942 war sie in der ganzen Welt unterwegs, setzte den Fuß aber nicht mehr auf orientalischen Boden. Nun holte sie der Tod in ihrer kleinen Stadt Sils – nicht in Persien, nicht in Afghanistan, nicht in Bagdad. Genauer gesagt, war es ein simpler Unfall, an dem sie starb. Doch da alles in ihrem Leben eine Tendenz zum Dramatischen hatte, warf sie der Sturz mit dem Fahrrad am 6. September 1942 ins Koma. Der behandelnde Arzt trug noch das Seine zu diesem Drama bei: Statt sie aus ihrer Bewusstlosigkeit zu holen, behandelte er sie mit Elektroschocks, wegen eines alten, aber falschen Arztberichts aus ihrer Kindheit, wonach sie an Schizophrenie litt. Was für ein absurder Tod!

Annemarie Schwarzenbach starb nicht durch das Opium, die natürliche, magische Pflanze. Sie starb an der zivilisatorischen Errungenschaft des Elektroschocks, den ihr ein Arzt verabreichte. Teheran und das Opium bedeuteten das Leben, die Schweiz und der Elektroschock den Tod.

Annemarie Schwarzenbachs Leben gleicht einer Reise vom Orient in den Okzident. Zwar hat sie ab 1940 auch andere Reisen unternommen: in Europa, nach Afrika und nach Amerika. Es war, als wollte sie sich immer wieder aufs Neue davon überzeugen, dass sie dorthin gehörte, in den Orient, nach Teheran, ins »glückliche Tal«! Sie gehörte nicht nach Europa, erst recht nicht in die Schweiz. Bezeichnend dafür ist ihr Verhältnis zu Bagdad.

»Den nächsten Vormittag verbrachte ich in der Hebräischen Universität und im Museum. Ich erinnerte mich der Argumente, die die Rückkehr nach Palästina als eine romantische Schwärmerei der Zionisten ausgaben, die von keinem realen und praktischen Standpunkt aus haltbar und vernünftig sei. Aber welcher zivilisierte Mensch könnte sich ohne Bedenken in ein Land versetzen lassen, nennen wir es Brasilien, mit dem ihn keine Erinnerung verbindet, keine Herkunft, kein Kult, keine Historie und Legende, kein Zeichen des Namens und der Sprache?« Das notierte Annemarie Schwarzenbach während einer Reise nach Palästina mit Blick auf die jüdische Frage. Aber lässt sich das nicht auch auf sie anwenden? Spricht sie hier etwa über sich selbst? Ist ihre wiederholte Rückkehr in den Orient im Allgemeinen und nach Teheran im Besonderen etwas anderes als ihr permanenter Versuch, einen festen Punkt zu haben, auf den sie sich stützen konnte, Erinnerungen, Mythen, Märchen (auch über sich selbst), um das Gefühl haben zu können, dorthin zu gehören? Außerdem, glich dieses Schwanken zwischen dem Orient und Europa nicht ihrem Schwanken zwischen Teheran und Bagdad? Und was war mit ihrem ständigen Hin und Her zwischen Opium und Behandlung? Denn, von Teheran abgesehen, hielt sie sich in keiner Stadt so lange auf, schrieb sie über keine andere Stadt mit vergleichbarer Intensität wie über Bagdad. 1934 war sie vom 29. Januar bis Anfang März im Irak unterwegs, die meiste Zeit davon in Bagdad. In ihrer Erzählsammlung *Bei diesem Regen* erscheint Bagdad in fünf von zehn Geschichten, nämlich in »Ein Auswanderer«, »Beni Zainab«, »Auf der Heimreise«, »Sehr viel Geduld« und »Eine Frau allein«. Und nicht zu vergessen die Erwähnung der Stadt in *Das glückliche Tal*, während sie mit einer französischen Ausgrabungsequipe etwas außerhalb Teherans im Zelt sitzt. Im wirklichen Leben kehrte Annemarie Schwarzenbach immer wieder nach Teheran zurück, in ihren Texten aber nach Bagdad. Es war, als ob diese »Zwischenstation« Bagdad zu jenem Ziel führte, das ihr die Essenz des Orients bedeutete: Teheran. In jeder Erwähnung Bagdads erkennen wir die reale Stadt wieder, frei von Illusion oder Phantasie.

Wer Annemarie Schwarzenbachs Artikel und Reportagen über ihr Bagdad liest, wird entdecken, wie sehr sie sich bemühte, nicht einfach die Impression eines Tages zu vermitteln. Bagdad war ihr eine fixe Idee. Seltsam, dass wir bis heute keinen Reisenden kennen, keinen Liebhaber des Orients, dessen Träume sich nicht um Bagdad drehten. Schrieb doch John Dos Passos: »Namen der Städte, die ich alle nicht gesehen hatte, summten wie Mücken um die Ohren: Kabul, Herat, Chorasan, Isfahan, Schiras. Bagdad kann das nicht aufwiegen.« Und dann: »Ah, diese bonbonfarbenen arabischen Nächte. *And the ladies of the harem / Knew exactly how to wear 'em*.« Nichts dergleichen bei Annemarie Schwarzenbach. Für sie war Bagdad nur eine Zwischenstation, die sich in nichts von anderen orientalischen Städten unterschied. Und um diesen Eindruck zu vermitteln, um das »magische« Bagdad von sich fernzuhalten, flüchtete sie sich in einen Bagdad-»Realismus« und konzentrierte sich auf das Alltägliche der Stadt.

Pferdestraßenbahn in Bagdad, 1916

Nehmen wir ihre erste Reise. In einem Artikel in der schweizerischen *National-Zeitung* beschränkt sie sich darauf, die Raschîd-Straße und die Vororte zu beschreiben, nichts Privates, keine irgendwie persönlichen Eindrücke, keine Reflexionen. So spricht sie beispielsweise über die Geschichte der Raschîd-Straße und wie die Türken während des Ersten Weltkriegs den Grundstein dafür gelegt hätten und wie sie »heute sogar asphaltiert [ist] – vor wenigen Jahren wurde sie durch einen starken Regen ebenso in ein grundloses Schlammbett verwandelt wie die meisten Straßen Baghdads heute noch«. Dann gibt sie ein paar Kuriositäten zum Besten, wie sie sich die Leute über die Straße erzählten: »Man erzählt, dass einmal ein ganzer Wagen mit zwei Pferden in einer solchen Straße spurlos verschwunden sei.« Danach beschreibt sie die Läden und die Gassen in dieser Straße, welche für sie keinerlei Ähnlichkeit mit irgendeiner anderen Hauptstraße hatte. »Laden drängt sich an Laden, Bude an Bude, und an den Straßenecken sitzen Garköche, schüren sorgsam ein winziges Kohlenfeuer und verkaufen Fleischkuchen, harte Eier und rote Rüben an die Vorübergehenden. Die Polizisten tragen Helme mit Nackentüchern und stehen unter runden Schirmen, der Sonne wegen.« Eine Straßenbahn gibt es in Bagdad nicht, »aber unzählige Omnibusse, kleine klappernde Kisten aus Blech oder Holz.« Diese Busse verkehren auf festen Strecken, wenn aber jemand den Wunsch verspürt, an einen anderen Ort zu fahren, so kann der Fahrer »gut« sagen und seine Route ändern, selbst wenn jener Ort am anderen Ende der Stadt liegt. »Manchmal merken es die anderen Fahrgäste, springen von ihren Bänken und Sitzen und rufen: ›Was ist los? Wir wollen an das Südtor –‹«, aber nach einiger Zeit einigt man sich »auf einen ›kleinen Umweg‹ und die Leute beruhigen sich wieder. Sie haben ja den ganzen Tag Zeit.« Eine realistische Schilderung des einfachen Bagdader Lebens, von dem Annemarie Schwarzenbach erzählt. Um ihre Reportagen besonders wirklichkeitsnah zu machen, bediente sie sich auch einiger umgangssprachlicher irakischer Wörter. Wenn sie zum Beispiel über die kleinen zweispännigen Droschken spricht, die von morgens bis abends durch die Gassen gezogen werden, lässt sie einfach das Wort »Arabenas« stehen. Genauso benutzt sie das Wort »Hamals« für jene Personen, die auf dem Rücken Waren über den Markt schleppen. Lesen wir ihre Beschreibung des Basars: »Stillstand der Jahrhunderte herrscht natürlich vor allem in den Suks und im ganzen Bazarviertel. Die Suks sind dunkel und kühl, und man verirrt sich in ihnen wie in den Gängen des Labyrinths. Die Wollhändler, die Seidenhändler, die Pelzhändler sitzen mit gekreuzten Beinen in ihren Buden, die Pelzhändler bekommen ihre Ware aus Persien, wo man noch Panther und Leoparden jagt, die Seidenhändler preisen Stoffe aus Japan zu den billigsten Preisen an. An den Bazar grenzen die Gassen der Handwerker: eine Gasse der Schneider, eine der Lederhändler, eine der Silberschmiede. Die Schneider sind fast ausschließlich Inder, die Silberschmiede sind Juden oder Christen aus der Gegend von Mosul. … Das Geschrei in dieser Straße ist entsetzlich, und man rettet sich gern durch eine der schmalen Seitengassen an das Flussufer, wo die großen Lastkähne anlegen und Karawanen kleiner Esel die Karren aus der

Stadt bringen. Hier sitzen die Flussschiffer und die Hamals auf dem nassen Boden, um das Feuer eines Garkochs, der für sie Hammelfleisch an Spießen brät.«

Ein wirklichkeitsgetreues Bild des einfachen Bagdader Lebens damals. Nichts lockt zum Bleiben. Das gilt aber nicht nur für ihre Reportage, wir finden dasselbe Bild auch in *Winter in Vorderasien*, das Tagebuch einer ihrer Reisen in den Orient. Natürlich kannte sie die Geschichte Bagdads. »Die alte Stadt Baghdad, die der Kalif Mansur erbaute, war rund wie eine Festung, und in ihrer Mitte lag der Königspalast der Abbassiden.« Sie wusste auch, wie die Stadt im 13. Jahrhundert durch die Mongolen zerstört wurde und wie auch die auf den Trümmern wiedererstandene Stadt verbrannte »in einem zweiten Mongolensturm unter Timur Lenk«. Außerdem wurden »die Deiche und Dämme des damals sehr ausgedehnten Kanalsystems eingerissen – die ganze Umgebung der Stadt, ihre wunderbaren Gärten, Felder und Fruchthaine verwandelten sich in Wüste«. Das spätere Bagdad »war eine arme Stadt, und viele Kriege, Zerstörungen durch Türken und Perser und endlich der Weltkrieg haben dafür gesorgt, dass es sich niemals erholt hat und nie wieder den früheren Glanz erreichte«. Selbst als sie auf die Engländer zu sprechen kam, die Herren über die Stadt geworden waren, blieb ihre Enttäuschung. »Auch die Engländer haben Baghdad weniger verändert als man annehmen möchte. Zweifellos haben sie viel für die Stadt getan, aber sie haben ihr nichts von ihrem orientalischen Charakter genommen – und seit dem Tode Faisals treten sie noch weniger in den Vordergrund als bisher. Sie haben, natürlich, ihren ›Club‹, ihren Golfplatz und eine Meute – sie reiten Jagden und haben jeden Samstag ihr ›Dancing‹ – aber sie tun alles dies unter sich. Damaskus und Beyrouth sind voll von französischen Truppen – in Baghdad begegnet man keinem englischen Soldaten, außer den Assyrern, die vor dem Haus des Kommandanten der ›Airforce‹ Wache stehen. Das große englische Fliegerlager befindet sich draußen in Hinaidi, sechs Meilen von Baghdad – in kurzer Zeit solle es in die Wüste hinaus verlegt werden, wo es dann gewiss so wenig Aufsehen als möglich erregt.« Enttäuschung auf Enttäuschung, immer das gleiche Bild für Bagdad. Nur Verfall, überfüllte Straßenbahnen, schmutzige Randgebiete, elende Verhältnisse, eine arme, hässliche Stadt. Ja, sogar als sie auf die Bewohner zu sprechen kam, fand sie nichts Hoffnungsvolles zu sagen, besonders nicht über die Schiiten, die irakische Bevölkerungsmehrheit, die Feinde des Fortschritts seien und nicht nur alles Europäische hassten, sondern alles, was auf Veränderung oder Bewegung verweise. Ihre Religion verlange die ewige Rückkehr in die Vergangenheit, die fruchtlose Klage, die Feindseligkeit und die Abgeschlossenheit. Sie ging so weit zu behaupten: »Es gibt in der düsteren Religion der Schiiten kaum einen Tag der Freude, aber unendliche Bußfeste und den schrecklichen Monat Muharram mit seinen Passionsspielen und ekstatischen Prozessionen. Heute noch geißeln sich fromme Unglückliche und schlagen sich mit Ketten bis zum Verbluten.« Die Schiiten wirken als Feinde des Fortschritts nicht nur für sich selbst, sondern »heute ist Baghdad eine königliche Residenz, aber der Irakstaat hat nicht die Mittel, es in eine westliche Hauptstadt zu verwandeln, wie es die Türken mit Ankara getan haben. Man hat vielleicht auch nicht den Wunsch – die Zivilisationsgüter des Westens stehen hier nicht entfernt in so hohem Ansehen wie in der neuen Türkei, und einsichtige Männer glauben, dass eine allzu rasche Anpassung äußerlich sein und dem Volk nur Schaden bringen würde. Als man während der letzten Reise des Königs Faisal eine Zeitung zu sehen bekam, welche den König in einer europäischen Uniform und mit europäischer Kopfbedeckung zeigte, erzählte man im Bazar, er sei wieder unter den Einfluss der Engländer geraten ...« So schrieb Annemarie Schwarzenbach in ihren Reportagen für die *National-Zeitung*.

Diese und andere Beispiele sind zahlreich. Sie machen Annemarie Schwarzenbachs Blick auf den Irak und speziell auf Bagdad, deutlich, einen Blick, der in allen ihren Schriften auf das Leben zielt, auf die Natur und die Menschen darin. Sie scheint eine Bestätigung für das Leiden gesucht zu haben, dafür, was sie sich vorgenommen hatte: den Mythos aus Bagdad herauszunehmen. Deswegen jagte sie nur Momentaufnahmen, und wenn sie einmal in die Schlingen des »Zaubers« von Bagdad geriet, so geschah das nie für lange Zeit. Lesen wir, was sie einmal schrieb: »Wir hatten aber schon den schimmernden Euphrat erreicht, wir sprangen hinüber zu den trüben Fluten des Tigris, wir kreisten über Baghdad, das Flugzeug neigte sich seitwärts, da hingen die Minarette und goldenen Kuppeln von Kadimein im Morgenhimmel. Magische Namen, magische Anblicke, tausend Magien.«

Ein magischer Augenblick, eine Ausnahme, die sich in ihrer Beziehung zu Bagdad nicht wiederholt. Überraschend ist, dass die Stadt in ihr all diese Emotion weckt, vielleicht weil sie sie aus dem Flugzeug sah. Doch selbst da erwachte die »realistische« Annemarie Schwarzenbach und machte Sprünge, wie das Flugzeug vom Euphrat zum Tigris und von dort zu den iranischen Bergen. Gleich nach der Beschreibung der beiden in der Morgensonne leuchtenden Kuppeln der Kadhimîja-Moschee schreibt sie, sie habe »die Höhe des Peitak-Passes erklommen, ein düsteres und riesiges Gebirge, der Anfang Persiens«.

Eine Frage bleibt: Warum besuchte Annemarie Schwarzenbach Bagdad immer wieder, wenn die Stadt damals doch ihren Zauber verloren hatte? Suchte sie eine Bestätigung? Dreimal hat sie Bagdad besucht. Einmal blieb sie fünf Wochen. Sie kam im Januar an und zog, natürlich Richtung Teheran, am 4. März weiter. Aber selbst bei diesem Mal, als sie sich vielleicht sogar zu bleiben zwang, verließ sie die Stadt schließlich Richtung Teheran, als folgte sie einem unerbittlichen inneren Ruf. Einem inneren Ruf? Was könnte dieser anderes gewesen sein als der Ruf des Opiums? Annemarie Schwarzenbach suchte Utopia, aber sie fand es nicht in den Städten des Orients, dafür aber im Opium Teherans, dem später, wenn auch nur einmal, das Opium Afghanistans den Rang streitig machte. Bagdad war die Realität, der Mythos dagegen, das *Tausendundeine Nacht*, zog nach Teheran. Natürlich nicht nach der Stadt Teheran, sondern nach dem Teheran des Opiums!

29

Max Frisch: Wenn die Stadt zur Alternative für die Frauen wird

Bis jetzt waren für ihn die Frauen eine Zufluchtsstätte. Warum sollte er nicht einmal seinen Kompass verändern? Warum sollte er sich nicht einmal Richtung Bagdad orientieren? Ich glaube nicht, dass Max Frisch Dos Passos' *Orient Express* gelesen hat, um drei Jahrzehnte nach dem jungen Amerikaner eine ebenfalls lange und verschlungene Reise anzutreten, die ihn schließlich an das endgültige Ziel brachte: Bagdad. Der Schriftsteller ist ein Weltenbummler. Es sei das Schicksal seines Berufs, heimatlos zu sein, vermerkte Frisch auf einer Postkarte an seine Mutter.

Frisch war sechsundvierzig Jahre alt und hatte gerade *Homo Faber* abgeschlossen, als er beschloss, nach Bagdad zu reisen. Am 31. Juli 1957 schrieb er an Peter Suhrkamp, er habe zwei sehr mühselige Wochen hinter sich, um diesen Roman termingerecht abzuliefern, der ihm einen hohen Rang in der Weltliteratur einräumen sollte. Aber nicht darum ging es. Es ging ihm darum, seinem Freund mitzuteilen, dass ein österreichischer Arzt, der in Bagdad ein Kinderkrankenhaus betrieb, ihn aufgefordert habe, ihn nach Bagdad zu begleiten. »Ich habe sofort zugesagt. Flucht?«, fragte Frisch seinen Freund Suhrkamp.

Wer den Lebenslauf von Max Frisch verfolgt, den wird diese Frage nicht befremden. Sein ganzes Leben war eine Flucht. Zumindest bis zu diesem Zeitpunkt. Drei Jahre vor dieser Reise hatte er sich von seiner Frau und seinen drei Kindern getrennt. Weder während seiner Ehe noch in der Zeit danach kam Frisch in einer festen Beziehung zur Ruhe. Es gab flüchtige Beziehungen, doch aus jeder floh er, kaum hatte er sie begonnen, in die nächste. Berühmt ist der Satz, den er mit dreiundzwanzig Jahren an seine Freundin schrieb: »Ich glaube an die Kraft der Liebe und an das Fehlen der Treue.« Und es ist eben so, dass fehlende Treue Frauen gegenüber einhergeht mit fehlender Treue Plätzen gegenüber. Schließlich gibt es, glaube ich, außer seiner Landsmännin Annemarie Schwarzenbach keinen Schriftsteller, der so unstet war wie Max Frisch. Doch Orient und Bagdad? Das waren zwei Begriffe, die ganz plötzlich in Frischs Vokabular auftauchten: zum ersten Mal mit *Homo Faber*. Frisch ging also, im Gegensatz zu zahlreichen Schriftstellern der Welt, nicht als junger Mann in den Orient. Vergleichen wir: John Dos Passos war sechsundzwanzig Jahre alt, als er seine lange Reise durch den Orient und in den Kaukasus antrat, die ihn schließlich nach Bagdad führte. Annemarie Schwarzenbach war erst fünfundzwanzig, als sie sich zu ihrer ersten Orientreise aufmachte. Max Frisch dagegen ging auf die sechsundvierzig zu, als er zum ersten Mal nach Osten aufbrach.

Heute mag das unwichtig erscheinen, aber wir sprechen vom Jahr 1957, als der Orient noch eine rätselhafte Welt war, die die Europäer nur aus *Tausendundeine Nacht* kannten, ganz zu schweigen davon, dass eine Autofahrt dorthin, wie im Falle von Frisch, durchaus abenteuerlich war. Das erklärt die Reaktion von Peter Suhrkamp. Er sei befremdet und erschrocken, schrieb er ihm und verhehlte seine Sorge und seine Beunruhigung über Frischs Entschluss nicht. Hätte freilich Suhrkamp das Manuskript, das Frisch ihm geschickt hatte, schon gelesen, hätte er sich nicht über diese Reise gewundert. Walter oder Homo Faber, also der Held des Romans, flieht vor seiner Freundin Hanna ebenfalls nach Bagdad, und zwar unter dem Vorwand, die schweizerische Maschinen- und Motorenfirma Escher-Wyss habe ihn dorthin geschickt. Tatsächlich flieht Faber vor seiner Verantwortung für Hanna, die von ihm schwanger ist. Er wäre moralisch verpflichtet gewesen, sie zu heiraten, die als deutsche Halbjüdin auf der Flucht vor den Nazis nach Zürich gekommen war. Ihr späteres Schicksal bleibt unbekannt. Ohne Aufenthaltsbewilligung, ohne Arbeit und schwanger, da wäre zur Regelung der Situation die Heirat mit einem Schweizer wie ihm das Beste gewesen. Doch stattdessen verzieht er sich nach Bagdad. Warum sollte ihm da der fluchtsüchtige Max Frisch nicht folgen?

Natürlich konnte Peter Suhrkamp ihn nicht von seinem Vorhaben abbringen, genauso wenig wie Hanna ihren Freund Faber. Aber er stellte zumindest die Frage: Warum Bagdad? Er kannte das Bedürfnis seines Autors und Freundes, frei zu sein und andere Menschen kennenzulernen. Aber warum dieser plötzliche Entschluss und so nüchtern? Weshalb diese Gleichgültigkeit, dieser Mangel an Verantwortungsgefühl anderen gegenüber? Nicht seinem Freund und Verleger, aber zumindest seiner Mutter gegenüber, die ihre Sorge um ihn nicht verhehlte, seit dem frühen Tod des Vaters? Schon zuvor war er von Ort zu Ort gezogen, und alle diese Orte waren alternative, waren nur vorübergehende Aufenthalte. Aber eine solch abenteuerliche Reise wie die nach Bagdad hatte Frisch bis zu jenem Zeitpunkt noch nie unternommen: weder vorher noch nachher.

Am 22. August 1957 begann die Reise. Start war in Bellinzona, wo Frisch den Arzt und dessen Frau, seine beiden Reisegefährten, traf, von denen wir wissen, dass sie das Auto fahren sollten, weil Frisch selbst damals keinen Führerschein besaß. Frisch nennt nie ihre Namen, deutet nur einen, denjenigen des Ehemanns, mit dem Buchstaben B an. Der Weg, den die Reise nahm, die Eindrücke, die auf Max Frisch wirkten, und die Gespräche zwischen ihm und seinen Reisegefährten, von denen wir auch nicht wissen, was sie mit Frisch verband, außer dem Hinweis, dass der Mann Frischs Arzt war – all das finden wir mehrheitlich auf den Postkarten, die er von unterwegs an seine Mutter schickte, den Rest in einem kleinen Notizbuch mit dem Titel *Reise nach Bagdad*, das im Max-Frisch-Archiv in Zürich liegt.

Wir erfahren, dass sie Tausende von Kilometern auf schlechten Straßen hinter sich brachten, dass sie am Straßenrand schliefen, dass sie verschiedentlich Reifen wechseln oder das Auto reparieren mussten, dass die Stimmung unter den dreien auch mal schlecht war und B dann einfach schwieg, weshalb es zu Frischs Leidwesen zu nur wenigen Gesprächen kam. Und trotzdem fuhren sie weiter. Spätestens in Jugoslawien hätte Frisch seinem Freund B Lebewohl sagen und umkehren können, wenn ihn die Stimmung im Auto störte, besonders da ja noch einige Tausend Kilometer schlechter, ungemütlicher Strecke vor ihnen lag. Doch er tat es nicht. Offenbar musste er die Reise fortsetzen. Sie durchquerten das Balkangebirge und Mazedonien, dann lag vor ihnen Griechenland. Nach Saloniki, der Grenzstadt zur Türkei, und nach einem Bad im Meer ging es den drei Weggefährten besser. Die Spannung war verschwunden. Sie begannen sogar, sich zu duzen. Danach nahm die Reise einen anderen Rhythmus. Alles lief rasch ab. Sie waren im Orient und näherten sich ihrem Ziel, Bagdad. Seltsam jedoch, dass sie, statt direkt zur irakischen Grenze zu fahren, eine andere Route wählten, durch die südliche Türkei. Sie fuhren zur syrischen Grenze, aber auch in Syrien fuhren sie nicht nach Osten oder nach Südosten Richtung Bagdad, sondern wählten eine südwestliche Strecke Richtung Beirut, danach Damaskus und schließlich noch Amman. Von dort folgte ein Abstecher nach Jerusalem. Dann erst, nach einer Reparatur der Bremsen, ging es direkt nach Bagdad.

Wohl mit Ausnahme von Jerusalem, wo sie länger blieben als an den anderen Stationen, finden die meisten Städte, durch die ihr Weg sie führte, keine Erwähnung in Frischs Reisenotizen.

Peter Suhrkamp gegenüber gesteht er, dass Jerusalem bei ihm einen tiefen Eindruck hinterlassen hatte, anders als Beirut, das »Paris des Mittleren Ostens«, das auf ihn nur wenig Wirkung zeigte. Er erwähnt lediglich, dass sie nach einer schönen Fahrt entlang der Küste schließlich in Beirut angekommen seien, dass sie zum Abendessen Wein getrunken hätten und er am folgenden Tag Magenbeschwerden gehabt habe. Er schien sich selbst treu bleiben zu wollen, nicht seiner Mutter, die er auf ihre Anfrage nach seinem Befinden telegrafisch aus Jerusalem vertröstete, er werde ihr, einmal in Bagdad angekommen, ausführlich Bericht erstatten.

Alles werde anders, so war Max Frisch überzeugt, wenn sie erst einmal in Bagdad wären. Diese Überzeugung hatte er gewonnen, noch bevor sie die Grenze in den Irak überquerten. Achthundert Kilometer sind es von Amman nach Bagdad. Meistens lodernde Wüste, glühend heiße Luft, und im Auto war es ähnlich heiß wie draußen. In einer Pause am Straßenrand berührte Frisch das Auto. Das Metall brannte förmlich in der Sonne. Aber es war keine unangenehm brennende Hitze, kein Staub. Wie war das möglich? Die Straße zog sich vor ihnen hin und schien zu sagen: Hier seid ihr nun am Tor zum Zweistromland, nach Mesopotamien, dem Land zwischen Euphrat und Tigris. Dort endlich winkt Bagdad am Horizont, jenes Bagdad, einst die Stadt der Kalifen, die Stadt von *Tausendundeine Nacht*, das vorgesehene Ziel. Dort angekommen, waren sie erst einmal verwirrt. Hatten sie eine Zeitreise in die Geschichte unternommen? Alles musste rasch gehen: das Abendessen, das frühe Zubettgehen; und diesmal schlief man auf dem Dach des Hotels. Eine neue Erfahrung. Eine weitere, eindrucksvollere folgte: das frühe Aufstehen und der Gang durch die Straßen, Gassen und Märkte. Frisch selbst wollte gar nicht glauben, dass er nun doch noch dorthin gekommen war. Aber merkwürdigerweise schlenderte er schon am zweiten Tag nicht mehr durch

Bagdad, sondern fuhr mit seinen beiden Reisebegleitern neunzig Kilometer nach Südwesten, nach Babylon. Als ob er, schon in Bagdad, die wirkliche Begegnung mit der Stadt noch hinausschieben wollte, wie ein Verliebter, der einen Liebesbrief in der Tasche trägt, ihn aber nicht öffnen will, damit nicht das Gelesene zum Vergangenen wird.

Die goldenen Kuppeln von al-Kadhimîja

Nicht einmal Babylon fand in seinen Notizen Erwähnung. Die Stadt, von der der Herodot sagte, sie sei »weder die berühmteste noch die stärkste, dafür aber die schönste aller ihm bekannten Städte«; außerdem die Stadt, in der die Menschen einen Turm bauen wollten, der den Himmel berühren sollte, den »Turm zu Babel«, um zu sein wie Gott; und die Stadt, die in der Antike für Sünde und Hochmut stand; aber auch die Stadt, in der die hängenden Gärten angelegt waren, eines der sieben Weltwunder der Antike – diese Stadt hinterließ bei ihm keinen tiefen Eindruck. Wir erfahren lediglich: »Whisky am Euphratufer, Mond, Palmen, von Pferden betriebene Wasserräder, Fluss, Schiff, Oase.«

Doch was war mit Bagdad? Nach seiner Rückkehr aus Babylon gab es für Frisch kein Entrinnen mehr. Er musste sich dem Ort stellen, in den er »geflohen« war: Bagdad. Wir wissen nicht, ob die Ursache die große Hitze war, die in der Jahreszeit bis zu 50 Grad Celsius ansteigen kann, oder ob es die Enttäuschung war, die sich des »Flüchtlings« Frisch bemächtigte und die ihn fast lähmte. »Jeden Tag diese brüllende Hitze, diese lodernden Mittage. Schlaf, bis man schweißüberströmt ist …«, notierte er, ohne uns je zu verraten, warum er für seine Reise gerade den Sommer, ja, die heißesten Tage ausgewählt hatte. Denn Bagdad war ja nicht nur das Irakische Museum, das Frisch mit seinen Begleitern besuchen und wo er die »ältesten schriftlichen Dokumente menschlicher Geschichte« sehen sollte, außerdem Schmuckstücke und Siegel, wie er in seinen Reisenotizen vermerkte. Die Stadt war auch nicht nur die Kadhimîja-Moschee, die Frisch in seinem Reisebüchlein »die goldene Moschee« nennt, in des Wortes »golden« umfassender Bedeutung, deren Kuppel und Minarette golden blitzten. Zugegeben, das Nationalmuseum enthielt alles, was die Geschichte menschlicher Kultur überliefert, die in Mesopotamien ihren Ausgang nahm: Tontafeln, die auf das Jahr 3500 v.Chr. zurückgehen, und auf denen die ersten sprachlichen Zeugnisse schriftlich festgehalten sind, in Bild- und Zeichenform, dazu Siegel, in denen Max Frisch »ein antikes Bilderbuch« sah: Steinzylinder, in die mit großer Kunstfertigkeit Texte eingeritzt waren und die im amtlichen Verkehr oder im Handel als Siegel dienten – und dieses Nationalmuseum zog Frischs Aufmerksamkeit ebenso auf sich wie die Kadhimîja-Moschee. Doch das historische Bagdad – jenes Bagdad, das einst die Hauptstadt der islamischen Welt war, zur Zeit des Harûn al-Raschîd, der den Europäern aus *Tausendundeine Nacht* und wegen seiner vielfältigen Beziehungen bekannt ist, die ihn mit Karl dem Großen verbanden, dem er im Jahr 802 zum Ausdruck gegenseitiger Wertschätzung einen Elefanten zukommen ließ. »Der Kalif und der Kaiser sind die Stützen der Welt.« Dies alles trotz ihrer unterschiedlichen Religionen. Das historische Bagdad des 9. Jahrhunderts, in dem die Wissenschaften, die Philosophie und die Künste florierten, dieses Bagdad hat, so scheint es, Max Frisch nicht sehr interessiert, obwohl zu jener Zeit jede Menge antiker Ruinen zu sehen waren. In seinen Reisenotizen, auf die wir uns hier stützen, entdecken wir nirgends das Bedürfnis, jenes Bagdad kennenzulernen, in das ihn seine abenteuerliche Reise geführt hatte, nach Tausenden von Kilometern. Gut, der Besuch eines Krankenhauses für behinderte Kinder ist eine humanitäre Angelegenheit, die Frisch nicht unternommen hätte, wenn dieses Krankenhaus nicht das Projekt des österreichischen Arztes gewesen wäre, seines Reisebegleiters. Doch auch wenn Partys und Cocktailabende in Frischs Notizen den größten Raum beanspruchen, so dürfen wir kaum annehmen, dass er dafür all die Strapazen auf sich nahm. Halten wir also fest: Direkt nach dem Besuch der Kadhimîja-Moschee schreibt Frisch von einer Party bei Joyce bis spät in die Nacht mit Whisky und anderen alkoholischen Getränken.

Einer der ersten Romane, die ich nach meiner Ankunft in Hamburg auf Deutsch las, war Max Frischs *Stiller*. Das war im Jahr 1982, und soweit ich mich erinnere, war ich fasziniert. In erster Linie hat mich darin dieser seltsame Drang Stillers, des Helden, zur Flucht beeindruckt. Nicht nur zur Flucht von einem Ort, sondern vor sich selbst. Hätte ich damals schon *Homo Faber* gekannt, hätte mich diese Idee von der Flucht nicht in gleichem Maße beeindruckt. Denn die Flucht und danach die Angst sind die beiden Pfeiler, auf denen Max Frisch seine Romane und seine Theaterstücke aufbaut. Alles was in der Welt draußen geschieht, steht im Dienste dieser beiden, ist ein Versuch, sich diesen beiden zu stellen. Und je größer das Thema, um dessentwillen Frisch flieht, desto geringer wird die Angst, die er verspürt, wenn er nicht sogar das Gefühl bekommt, nur so leben zu können. Wer das Büchlein mit den Notizen über die »Reise nach Bagdad« liest, wird sicher enttäuscht, denn was Frisch darin festhielt, ist nicht auf dem Niveau dessen, was er erlebt hat. Noch seltsamer ist, dass er, im Gegensatz zu zahlreichen anderen Schriftstellern, die in den Orient gezogen sind, keine Publikation, kein Buch über diese Reise hinterließ.

In *Homo Faber* spricht Max Frisch von der Angst, die den Helden verfolgt. »Es trieb ihn von einem Ort zum anderen.« Homo Faber, der rationale Held in Frischs Roman, wird von irrationalen Vorgängen in seinem Leben zermalmt und bricht schließlich zusammen. Und Frisch? Hat er nicht auch vielfach die Flucht erlebt wie sein Held? Ist das nicht das einzige Mittel, dem Zusammenbruch auszuweichen? Vielleicht sogar der einzige Weg, dem Selbstmord auszuweichen? Bis zu diesem Zeitpunkt waren Frauen seine Zuflucht gewesen. Warum sollte er nicht einmal den Kompass verändert haben? Warum sollte nicht dieses Mal Bagdad zum Zufluchtsort geworden sein? Siebenmal ist Bagdad in *Homo Faber* erwähnt, zum letzten Mal auf der vorletzten Seite. Es ist, als ob der ehemalige Architekt und spätere Romancier Max Frisch, der ebenso wie sein Held aus Zürich kam, sich mit seinesgleichen, dem Maschinenbauingenieur Walter Faber, auf die Reise nach Bagdad vorbereiten wollte. Wahrlich, eine neue Illusion, die sich aber in nichts von der Illusion der Flucht zur Frau unterschied!

30

Bagdad, die Dichter und die Bilder

Bagdad, die Dichter und die Bilder. Damit ist nicht das Lied gemeint, das die libanesischen Brüder Rachbâni verfassten und ihre Landsmännin Fairûs im Jahr 1976 auf drei Veranstaltungen in der Halle der Ewigkeit sang. Dieses Lied, das mit den Worten »Bagdad, die Dichter und die Bilder« beginnt und dann fortfährt: »verschwunden ist die Zeit, die Wohlgeruch verbreitet. Tausend Nächte, Hochzeitsfeiern und ein klarer Mond«, und schließlich endet mit: »Deine Augen, Bagdad, sind ein Gesang, in dem das ganze Leben liegt.« Dieses Lied spricht, abgesehen von der Anfangs- und der Schlusszeile, eigentlich mehr von Fairûs als von Bagdad, aber mit seinen ersten Worten spricht es Bagdad an als Muse unzähliger Dichter im Verlauf der Geschichte, seit dem Entstehen der Stadt bis auf den heutigen Tag. Manche dieser Dichter sind in der Stadt geboren, und es spielt keine Rolle, ob sie ihr Leben bis zu ihrem Tod dort verbracht haben oder weggegangen sind, ins Exil oder auf die Suche nach dem täglichen Brot. Andere sind aus anderen Städten, manchmal bedeutenden, gekommen, haben sich aber für Bagdad entschieden.

Nehmen wir Abu Nuwâs zum Beispiel, geboren in Ahwâs, in Iran, im Jahr 762, dem Gründungsjahr Bagdads. Er lebte im Palast des mythischen Kalifen Harûn al-Raschîd, der ein Jahr nach ihm zur Welt kam. Abu Nuwâs war der Dichter der Sinne, der im Rausch und in der Lust bis an die äußersten Grenzen ging. Dieser Abu Nuwâs schuf das Bild einer Stadt, in der es nur Schamlosigkeit gibt. Er trank Wein und vergnügte sich mit Frauen und Knaben. Abu Nuwâs war unbestreitbar der Dichter der Ausschweifung. Sex und Wein sind die Hauptthemen seiner genialen Dichtung, die ihn über frühere und spätere Dichtung hebt. Besonders der Wein ist die ständig präsente Braut seiner Poesie, ohne die es keine Sinnlichkeit gibt:

Preise den Wein mit all seiner Wirkung — und nenn ihn bei seinen schönsten Namen

Lass nicht das Wasser ihn unterdrücken, — gib nicht diesem Gewalt über den Wein.

Oder:

Der Trunk im Haus eines Schankwirts, — das schafft Genuss, o Nachbar,

zumal bei einer Jüdin — mit Augen wie der wandelnde Mond.

Sie schenkt dir ein mit einer Hand, — die weich wie Palmenmark,

bis dich der Rausch durchzieht — und Allmacht über dich gewinnt.

Oder:

Lass die Moschee den Betern, die sie bewohnen, — vollzieh mit uns die Umkreisung um einen Schankwirt, der uns tränkt.

Gott sagte nicht: Weh über die Trunkenen, — Weh über die Beter, sagte Er.

Das sind ein paar einfache Beispiele aus seinem Schaffen, in dem er offenbar jener Zeit treu bleiben wollte, die die Stadt erlebte, eine Zeit, in der Vergnügen, Lust und Rausch, Wissen und Wissenschaft sich zu ergänzen schienen. In heutige Sprache übertragen, war Abu Nuwâs künstlerischer Leiter einer Werbefirma für Bagdad zur Zeit des Harûn al-Raschîd. Es gab einerseits den Kalifen, der Beziehungen zum Frankenherrscher Karl dem Großen pflegte, andererseits den Kalifen der Muslime, Harûn al-Raschîd, den Imperator, der mit der Vollmacht der Religionsgelehrten auf dem Thron des islamischen Staates saß. Der muslimische Kalif und der christliche Kaiser waren Führer zweier unterschiedlicher, koexistierender und miteinander konkurrierender Welten. Damit nun aber die Konkurrenz eine friedliche und eine ausgewogene sei, genügte es nicht, dass der muslimische Kalif dem fränkischen Kalifen einen Elefanten schickte, ebenso wenig, dass dieser sich mit einer Sanduhr revanchierte. Nein, der Dichter, die Stimme des Kalifen oder, wenn man so will, der Informationsminister, musste deutlich machen, dass sich die Gesellschaft der muslimischen Kalifen nicht von derjenigen des christlichen Kaisers unterschied. Weder Religion noch Wissenschaft haben die Bagdader von Vergnügen und Lebensfreude abgehalten. Wein, Weib und Gesang waren neben der Wissenschaft erlaubte Dinge. Interessanterweise sind die Gedichte des Abu Nuwâs zur selben Zeit entstanden wie diejenigen Erzählungen aus den tausendundeinen Nächten, in denen Schehresâd von Bagdad erzählt. Die Erfindung Bagdads »in Prosa«, die Schehresâd einleitete, läuft also genau parallel zur Erfindung Bagdads »in Poesie« durch die Hand des Abu Nuwâs.

Die Epoche des Abu Nuwâs war für Dichter eine florierende Zeit, besonders auch für diejenigen, die aus fernen Städten kamen. Von diesen wollten manche in den Dienst der abbassidischen Kalifen treten, zumal der Lobpreis des Herrschers damals gefragt war. Andere kamen auf der Suche nach Wissen nach Bagdad, wenn sie nicht schon dort geboren waren. Zur ersteren Kategorie, für uns weniger interessant, weil ihr Lobpreis mehr auf die Kalifen als auf die Stadt abzielte, gehört Abu Tamâm, geboren 803 in Dschâssim, einem Dorf im syrischen Distrikt

Harrân. Ihn rief der Kalif al-Muutassim nach Bagdad und zog ihn den anderen Dichtern jener Zeit vor. Er blieb im Irak, wurde Postmeister für Mossul und übte diese Funktion bis zu seinem Tod im Jahr 845 n.Chr. aus. Auch Buchturi gehört dazu, der, in einem Dorf namens Manbidsch im Distrikt von Aleppo geboren und vom Abbassidenkalifen al-Mutawakkil nach Bagdad geholt und zum Hofdichter gemacht, viele Lobgedichte verfasste, für die er reichlich belohnt wurde. Nach der Ermordung al-Mutawakkils und seines Wesirs Fath Ibn Chakân wurde er bei jedem folgenden Machthaber zum Bittsteller, bis er zurück nach Syrien reiste, wo er in Manbidsch seine letzten Tage verbrachte und im Jahr 897 starb. Buchturi war tatsächlich der am erfolgreichsten die Gunst der Herrscher nutzende arabische Dichter.

Die zweite Kategorie interessiert uns hier viel mehr, da die meisten ihr zugehörigen Dichter Bagdad besangen. Beispielsweise Ali Ibn al-Dschahm, der 803 geborene Dichter beduinischer Herkunft; seine Familie kam von der Arabischen Halbinsel, er selbst verbrachte seine sechzig Lebensjahre in Bagdad, was seine Gedichte unendlich zart und reizvoll machte. Er war ein Dichter, der aus der tiefsten Wüste kam und Hymnen auf Bagdad verfasste, das für ihn aus Karch und aus Russâfa bestand. Es war das Bagdad der hübschen jungen Mädchen, über die er schrieb:

Gazellenaugen zwischen Russâfa und der Brücke brachten die Leidenschaft von überall her.

Sie belebten alte Sehnsucht, und mir Trostlosem haben sie die Glut aufs Neue entfacht.

Das realistische Bagdad »in Poesie« finden wir auch bei einem Dichter, der das genaue Gegenteil von Abu Nuwâs war. Ibn Suraik Baghdâdi, geboren im Jahr 1029, der Autor des einzigartigen Gedichts »Tadle ihn nicht.« Ibn Suraik Baghdâdi oder

Abu l-Hassan Ali Abu Abdallah Ibn Suraik, wie er ursprünglich hieß, der Bagdader Schriftsteller während der beiden letzten Jahrhunderte der abbassidischen Ära, als das Kalifat sich dem Schutz der Buwaihiden-Sultane unterstellt hatte, die von den Höhen dailamitischer Berge südlich des Kaspischen Meers kamen, lebte in tiefer Armut in Bagdad, dessen Stern definitiv zu sinken begonnen hatte. Entsprechend der im Gedicht in Einzelheiten erzählten Geschichte, brach Ibn Suraik von seinem Geburtsort Bagdad nach Andalusien auf, in der Hoffnung, dort ein leichteres Leben und ein besseres Einkommen zu finden, das ihn aus seiner Misere befreite. Das sagte er der Frau, die er allein in Bagdad zurückließ, die ihn liebte und die er liebte. Für sie machte er sich auf und zog in die Fremde, um zu etwas Wohlstand zu kommen, der es ihm erlauben würde, für seine Liebste zu sorgen und mit ihr ein offeneres Haus zu führen. So heißt es im Gedicht:

Tadle ihn nicht, der Tadel entzündet ihn nur;
denn sie ist sein schmerzendes Herz.

Zu sehr hast du ihn getadelt, das traf ihn.
Beklemmung schufen ihm Schicksalsschläge.

Sei freundlich zu ihm, statt ihn zu tadeln,
und jeden Tag schreckte sie ihn.

Das Unheil, ihm aufgebürdet, war ihm vertraut.
Jede Heimkehr bedrückte ihn schwer,

Schmerzhaft genug war ihm die Trennung,
Zwischen ständigem Kommen und Gehen

Recht hast du gesprochen, doch er hört es nicht.
weil neuen Aufbruch sie bald verlangte.

Du hast den Rat für nützlich gehalten, doch dann:
war in Gottes weiter Welt er unterwegs.

Und so geht es immer weiter. Doch das Drama des Ibn Suraik war damit nicht zu Ende. Wir wissen – aus verstreuten Überlieferungen und Nachrichten –, dass das Glück dem Dichter nicht hold war. In Andalusien erkrankte er schwer, und der Tod ereilte ihn in der Fremde. Die Überlieferung ergänzt einen weiteren Aspekt. Das Gedicht ist, soweit bekannt, das einzige von ihm, und man habe es nach seinem Tod im Jahr 1029 n.Chr. unter seinem Kopfkissen gefunden, also zwei Jahrhunderte nach den Oden des Abu Nuwâs, aus denen Verweichlichung, Frivolität und Zügellosigkeit sprachen. Zwei Bilder Bagdads. Eines von einer Stadt des Reichtums und des Wohlstands, zu deren Leben das Vergnügen gehört. Und ein anderes von einer Stadt der Hoffnungslosigkeit, des Elends und des Todes, in der es keinen Raum für einen Dichter gibt. In jedem Fall aber eine Stadt der Liebe. Mit Ibn Suraik brach ein Liebender in die Ferne auf, um der Geliebten zu helfen, um den Traum eines gemeinsamen Lebens als Mann und Frau zu verwirklichen. In dem gesamten Gedicht von sechsundsechzig Zeilen schildert der Dichter in Kürze seine Erfahrung mit der Fremde und der Reise auf der Suche nach dem täglichen Brot und beschreibt, wie sehr ihn Pein und Kummer eines gebrochenen Herzens bereuen ließen, ohne Vertrauten, ohne Gefährten und ohne Helfer, nicht auf den Rat der Geliebten gehört zu haben und geblieben zu sein. An einer Stelle erscheint Bagdad in Verbindung mit der Frau, der er seine ewige Liebe erklärt hat:

Ich lege einen Mond, den ich in Bagdad habe, in Gottes Schutz,

in Karch steigt er aus den Bahnen der Gestirne empor.

Das Bagdad des Ibn Suraik existiert nur, weil von dort die Funken seiner Geliebten sprühen. Ohne diese gäbe es Bagdad nicht! Der Stern des noch immer abbassidischen Bagdads war im Untergehen begriffen. Einerseits weil das Schicksal der Stadt in die

Hand der Buwaihiden-Sultane gefallen war, über deren Abstammung bei den Chronisten keine Einigkeit besteht. Manche bringen sie mit Behram Dschor in Verbindung, einem König der Sassaniden, andere führen ihre Genealogie gar auf die Götter der Zoroastrier empor und noch andere auf den Pöbel hinab. Es gibt sogar welche, die eine verwandtschaftliche Beziehung zu den arabischen Bani Dabîja behaupten, und nochmals andere, die ihren Ausgangspunkt bei einer armen dailamitischen Familie sehen. Ihr Stammvater Buwaih jedenfalls lebte vom Fischfang. Außerdem waren die Abbassiden eine schwache Dynastie, beherrscht von Korruption und Gerangel um die Macht, und die damalige Zeit erlebte auch eine Ausdehnung des fatimidischen Einflusses von Tunis nach Ägypten und den Aufstieg des Umajjadensterns in Andalusien, wodurch die islamische Welt in drei gleichzeitige Kalifate aufgeteilt war: dasjenige in Córdoba, wo die spanischen Umajjaden, dasjenige in Kairo, wo die Fatimiden, und dasjenige, das schwächste, in Bagdad, wo die Abbassiden residierten! Probleme des täglichen Lebens, Armut, mangelnde Sicherheit und Unruhen, das waren die Merkmale, die das Leben im Bagdad jener Zeit kennzeichneten. Der Dichter liefert in seiner Beschreibung des bedrängten Lebens ein Muster für die Existenz der Menschen in seiner Zeit. Es ist also nicht befremdlich, dass ihm von Bagdad nur die Geliebte bleibt.

Ein weiterer Dichter, für den Bagdad nur Geliebte war, ist der in Basra geborene Dichter chorassanischen Ursprungs Abbâs Ibn al-Achnaf. Dies aus mindestens einem anderen Grund. Er sah, genau wie Abu Nuwâs, Bagdad in seinem glanzvollen Aufstieg, als kulturelle und wirtschaftliche Metropole der Welt, aber die Kraft des Tabus, die ihn davon abhielt, sich um die Gunst seiner Geliebten zu bemühen oder gar von einer Verbindung mit ihr zu träumen, ließ ihn an kein anderes Thema für die Poesie denken als die Liebe. Mehr noch: die Poesie der »höheren« Liebe, wie man sie zu seiner Zeit nannte, und die der keuschen Liebe nahekam. Abbâs Ibn al-Achnaf, der in Bagdad lebte und bekannt war für seine Beziehung zum mythischen Kalifen Harûn al-Raschîd, zu dessen engsten Gesellschaftern er gehörte und den er auf seinen Ausflügen und Reisen begleitete, bediente sich im Gegensatz zu anderen Dichtern der Poesie nicht, um Geld zu verdienen oder gar reich zu werden, indem er die Herrscher pries oder ihre Feinde verhöhnte, obwohl es für einen wie ihn, der im Umkreis des Palasts, der Herrscher und der wichtigen Männer im Staat lebte, nahegelegen hätte, solches zu tun. Vielleicht aus diesem Grunde konzentrierte sich seine Dichtung auf die Liebes- und Beschreibungspoesie und ließ andere Gedichtformen links liegen. Deswegen sagte einer seiner Dichterkollegen, der mit seiner eigenen Dichtung zu gutem Geld kam, Buchturi, von ihm, er sei der liebespoetischste Mensch. Und ein anderer Sohn seiner Heimatstadt Basra, Dschâhis, der Begründer der modernen arabischen Prosa, stellte fest: »Wäre Abbâs Ibn al-Achnaf nicht der kunstfertigste, poetischste und wort- und gedankenreichste Mensch, hätte er nicht so viel Poesie in einer einzigen Gattung verfassen können, die er nie verließ. Er schrieb keine Schmäh- und keine Lobgedichte und hegte nicht die Absicht, Geld mit seinen Gedichten zu verdienen oder reich damit zu werden. Wir kennen keinen anderen Dichter, der sich an nur eine Gedichtgattung hielt und darin so vieles und so Gutes schuf.« Er sprach natürlich von der Liebespoesie.

Die Liebespoesie des Abbâs Ibn al-Achnaf war behutsam und konzentrierte sich ganz auf die Darstellung seiner Gefühle einer einzigen Frau gegenüber, die bei ihm Faus, Erfolg oder Gewinn, hieß. Wenn man weiß, dass diese Frau keine andere war als Alîja Bint al-Mahdi, die Schwester des Kalifen Harûn al-Raschîd, wie die irakische Kritikerin Âtika al-Chasardschi mit Hinweisen, Belegen und Gedichtzitaten in ihrer Doktorarbeit zeigt, kann man verstehen, weshalb seine Dichtung derjenigen der Dichter der keuschen Liebe nahekommt, deren Gedichte über geliebte Frauen voll sind mit Hehrem und Reinem und fern von allem Anzüglichen. In dieser Poesie liegen aufrichtige Neigung und reiner Ausdruck, nicht weil die Geliebte eine Prinzessin ist und nicht dem einfachen Volk entstammt, eine Freie, nicht eine Palastsklavin, sondern weil sie die Schwester des Kalifen ist. Deshalb kann der Dichter sich nicht erlauben, auch nur einen Hauch von Sinnlichkeit in seine Poesie eindringen zu lassen. Denn wehe ihm, wenn die Sache dem Kalifen zu Ohren kommen sollte. Diese Konstellation hat Abbâs Ibn al-Achnaf auch bewogen, ihren Namen nicht zu nennen und sich auf Andeutungen und Symbole zu beschränken. Seine Gedichte sprechen häufig von Faus – ein Name als Maske, hinter der er die richtige Frau, die er liebte, verbarg, da er ihren wahren Namen nicht offenbaren konnte. Er beschränkte sich in seiner Dichtung auf Zeichen und Andeutungen, die keine klare Auskunft geben. In seinen eigenen Worten: »Ich habe ihren Namen verheimlicht, wie man jemanden verheimlicht, um seine Ehre zu schützen, / und auf der Hut ist, dass sich ein hässliches Gerücht verbreite. / Und ich habe sie Faus genannt. Würde ich ihren Namen aufdecken, / so wäre es einer, den zu erwähnen ungeheuerlich und schändlich ist.« Er meinte natürlich Gott. Und wenn er ihr einen Gruß zukommen lassen wollte, so wäre er an alle Bewohner von Bagdad gerichtet.

Übermittle, o Wind, bei meinem Vater den Menschen von Bagdad den Gruß

der Person, die, selbst tief schlafend, den Schlaf mir vertreibt.

So heißt es in seinem Gedicht »Die Leute von Bagdad«, dem einzigen Gedicht des Autors, das von Bagdad spricht, ohne Faus zu erwähnen.

Auch Abu l-Alâ al-Maarri (973–1057), der Bagdad in seiner außergewöhnlichen Dichtung mit keiner symbolischen Last belud, liebte die Stadt und entwickelte eine starke emotionale Beziehung zu ihr. Wer seine Gedichte über Bagdad liest, wird entdecken, dass er die Stadt nicht freiwillig verließ. Lieber wäre er dort geblieben, und wer seinen Geburtsort nicht kennt und nicht weiß, warum er nach Bagdad kam, könnte glauben, er sei ein Bagdader Dichter, der ins Exil zu gehen gezwungen war. Man muss den Dichter nur durch die Stationen seines Lebens begleiten: von seiner Geburt 973 in Maarrat al-Nuumân, einer syrischen Stadt unweit Aleppos, danach seine Reise als junger Mann nach Bagdad, bis zu dem Augenblick, da er die Stadt verließ, um jene Neugier zu spüren, die das Leben dieses Dichters bestimmte, und seinen Hunger nach Wissen, selbst wenn das von ihm verlangte, weiterzureisen und umherzuziehen. Dieser Dichter, der sich selbst »das Unterpfand zweier Gefängnisse« nannte: das erste der Verlust der Sicht, das zweite seine Bindung an sein Haus und die Isolation von den Menschen, erhielt schon als kleiner Junge von seinem Vater Unterricht, dann zog er nach Aleppo, um bei den dortigen Gelehrten, Schülern von Ibn Châlawaih, Sprache und Literatur zu hören und sunnitische Wissenschaften bei Jachja Ibn Massaar. Von Aleppo ging es nach Antakya mit seiner wohlbestückten Bibliothek voller kostbarer Folianten. Danach reiste al-Maarri via Lattakia nach Tripoli für christliche und jüdische Studien und von dort zurück nach Maarrat al-Nuumân. Dort blieb er jedoch nur für eine kurze Verschnaufpause, bevor er sich wieder aufmachte, diesmal nach Bagdad. Wer die Religionen in ihrem täglichen Zusammenleben kennenlernen möchte, oder wer beharrlich umherreist auf der Suche nach außergewöhnlichen Bibliotheken, endet unweigerlich in der Buchhändlerstraße in Bagdad oder im »Haus der Weisheit«.

Al-Maarris Intelligenz war bemerkenswert, seine wissenschaftlichen Fähigkeiten enorm. So zitiert der Chronist Thaâlibi den Dichter Abu l-Hassan al-Massîs: »In Maarrat al-Nuumân erlebte ich ein wahres Wunder. Ich traf dort einen geistreichen blinden Dichter, der Schach und Nerd spielte und in jeder Art Kunst zu Hause war, sei sie ernst oder spaßig. Er hieß Abu l-Alâ. Einmal hörte ich ihn sagen: ›Ich danke Gott ebenso für meine Blindheit, wie andere ihm für ihre Sehkraft danken. Er hat es bestens für mich eingerichtet, denn er hat es mir erspart, die Lästigen und die Verhassten zu sehen.‹ Wie lebensklug! Wie scharfsichtig! Er hatte keine Mühe, von Ernst zu Spaß zu wechseln. Er wird viele Feinde haben.« Genau das erlebte Abu l-Alâ al-Maarri in Bagdad. Damals hatte die Konkurrenz zwischen Poeten und Wissenschaftlern ihren Höhepunkt erreicht. Einige von ihnen sahen ganz sicher in ihm alles, was sie gern geworden wären, aber nicht schafften. Denn obwohl Abu l-Alâ arm war, versuchte er nicht, mit Poesie Geld zu verdienen, wie das Dutzende Dichter seiner Zeit taten. Seine untadelige Veranlagung und seine philosophischen Studien bewahrten ihn davor, abgedroschene Lobhudeleien auf die Prinzen zu produzieren. Die Lüge gelte ihm als etwas Schändliches und Hässliches, schrieb er in seinen *Lusumijât* und dann: »Geld, gewonnen durch Bittstellerei, ist verbotenes, zu Unrecht für erlaubt gehalten und zustehend dem alten Mann, der betagten Frau, der hilflosen Witwe und dem schutzlosen Kind.« Sogar auf das wenige, das er besaß – nicht mehr als dreißigtausend Dinare –, verzichtete er zur Hälfte zugunsten seines Dieners. Abu l-Alâ war asketisch. Wie sollten da seine Dichterkollegen nicht argwöhnisch werden, jene Kollegen, die im Preis der Sultane und der Prinzen einen Weg zum Reichtum gefunden hatten. Ihnen war unbegreiflich, dass in ihrer Zeit ein Dichter wie Abu l-Alâ nicht nach Bagdad kam, um der Bittstellerei zu frönen: »Lasst euch sagen, dass ich mir treu bleiben werde: nie mein Gesicht durch Bittstellerei zu verlieren. Als Ziel habe ich den Irak gewählt aus andren Gründen als die andern.« Auch nicht aus Ruhmsucht, ja, nicht einmal auf der Suche nach Wissen, wie er ja über sich selbst sagte:

»Seit ich die zwanzig hinter mich brachte, habe ich nie mehr etwas unternommen, einen Iraker oder eine Syrer um Wissen anzugehen. Mein Gesicht habe ich anders gewaschen als die Meute. Keinen Tropfen hab ich vergossen auf der Suche nach Bildung oder Geld.« Er ging nach Bagdad, ganz einfach um die dortige Bibliothek einzusehen, die er in seinen Briefen »Haus des Wissens« nennt.

Abu l-Alâ al-Maarri war sechsunddreißig, als er nach Bagdad kam. Nachdem es zur Konfrontation mit einigen Rechtsgelehrten gekommen war und diese ihn der Gottlosigkeit ziehen, sah er sein Leben bedroht und ging nach knapp einem Jahr zurück in seine Heimatstadt. Dort blieb er in seinem Haus, Gefangener seiner Zurückgezogenheit, der keinen Fuß mehr vor die Tür setzte. Er aß kein Fleisch, keine Eier und keine Milchprodukte mehr; und er hat nie geheiratet. Er begnügte sich mit dem, was der Erde entspross: Gemüse und Früchte, und das neunundvierzig Jahre lang, bis zu seinem Tod.

Iss niemals dem Wasser gewaltsam Entrissnes, verlange niemals geschlachtete Speis.

Zerstöre nicht, was ahnungslose Vögel legten. Gewalt ist das hässlichste Schlimme.

Lass die Bienen bei ihrer Arbeit in Ruhe und ihre Waben aus reinem Geblüt.

Abu l-Alâ al-Maarri ist der einzige Vegetarier in der Geschichte der arabischen Poesie. Auf dem Totenlager bat er um folgende Grabinschrift: »Das tat mir mein Vater an, ich tat es keinem an.«

Doch diese Zurückgezogenheit, die ihn hinderte, andere Leute zu sehen, hinderte ihn nicht, seine Gefühle Bagdad gegenüber zu äußern. In einem seiner berühmten Gedichte heißt es:

O Wanderer, der du gingst, geleitet von Lichtern,

nach Karch. Mögest du den Guss überleben und deine Haut retten.

In Bagdad haben wir einen, den zu grüßen wir uns wünschen.

Wenn du den Gruß überbringen willst, so tu's.

Sohn des Wohltäters, der nie eine Gefälligkeit vergaß,

erinnere dich an unsere Freundschaft, solltest du vergessen haben.

Schöpfe aus dem Tigris, die Welt ist voller Vielfalt.

Selbst die Einheit der Gestirne zersplittert.

In einem anderen Gedicht versteigt er sich in seiner Liebe zu Bagdad zu folgendem Satz:

Wenn Bagdad und seine Bewohner nach mir fragen,

dann frage auch ich nach den anderen Hauptstadtbewohnern.

Möglicherweise war Abu l-Alâ al-Maarri der letzte Dichter, der Elogen auf die Stadt vor ihrem Niedergang und der darauf folgenden Zerstörung durch die Mongolen verfasst hat. Damals fiel dann das »Haus der Weisheit«, oder eben das »Haus des Wissens«, wie al-Maarri es nannte, den Flammen zum Opfer. Viele Jahrhunderte mussten ins Land gehen, bis die Stadt ihre Lebenskraft zurückgewonnen hatte, bis auch der Fluss, an dem sie liegt, seine Lebenskraft zurückgewonnen hatte, so dass neue Dichter Stadt und Fluss besingen konnten.

Al-Sinag-Brücke, eine der sieben Brücken Bagdads über den Tigris

Die Liste der Dichter, die in Bagdad seit der Gründung des irakischen Staates im Jahr 1921 lebten, als Bagdad seinen Weg als neue Hauptstadt antrat, die ihren Platz unter anderen, modernen Hauptstädten suchte – diese Liste ist lang: von Muhammad Sidki Sahâwi über Muhammad Mahdi Dschawâhiri, Badr Schâkir al-Sajjâb, Nâsik Malâïka und Abdalwahhâb Bajjâti bis zu Maarûf Russâfi und schließlich Jûssuf Sâïgh und Saadi Jûssuf. In allen Gedichten, die diese Dichter schrieben, erscheinen Bagdad und der Fluss, an dessen beiden Ufern die Stadt liegt, als zwei politische Symbole: einmal als Geschenk und einmal als Revolution gegen die Tyrannen.

Muhammad Mahdi Dschawâhiri, der Dichter aus Nadschaf, der in Bagdad lebte und wirkte, bis er Ende der 1970er Jahre ins Exil ging und bis zu seinem Tod in Damaskus von Stadt zu Stadt zog, ist dafür wohl das beste Beispiel. Für ihn ist Bagdad einmal der Fluss, an dem es entstand, der Tigris oder »Der gute Tigris«, wie der Titel eines Gedichts lautet, in dem er den Fluss und seine Stadt aus dem Exil anredet:

Ich grüße deine Ufer von fern, grüß du auch mich,   o guter Tigris, du Nährer der Gärten!

Ich grüße deine Ufer, durstig suche ich dich,   wie die Tauben zwischen Wasser und Lehm. Oder es ist eine Stadt,

schwindlig wird, wer sich nach ihr sehnt,   und getroffen vom Schwindel, wer sie fürchtet?

Zwanzig Jahrhunderte schleppt sie sich hin,   mit blutigen Prozessionen von Freiheitskämpfern.

– wie es in seinem Gedicht »Bagdad« heißt. Oder es ist der Ort, für den er sich einsetzt – in seinem großartigen Gedicht »Fremder im Haus«, in dem er Bagdad direkt aus seinem Prager Exil anspricht:

O Fremder im Haus, dem keine Heimat ein Haus gewährte.

O Bagdad, aus der Geschichte erscheinen Spott und Verachtung,

wenn vom Unrecht der Vorhang sich hebt …

Bagdad, die Dichter und die Bilder. Es wurde viel über Bagdad geschrieben und gesagt. Und wenn ein Dichter nichts über die Stadt zu sagen fand – sei es aus Furcht, aus Feigheit, aus Unfähigkeit oder vielleicht sogar aus mangelnder poetischer Kraft und Aufrichtigkeit, um ein Klagelied auf sie anzustimmen –, so konnte er sich Zeilen von einem anderen borgen, selbst wenn es darin um einen anderen Ort ging. Ich erinnere mich, dass ich beim Besuch Saadi Jûssufs in seinem Büro im Folklore-Zentrum, wo er als Redaktionssekretär der Zeitschrift *Volkskultur* arbeitete, ein Zitat sah, das er sorgfältig gerahmt an der Wand so aufgehängt hatte, dass Besucher, die ihm gegenüber auf dem Sofa Platz nahmen, es ansehen mussten:

Wenn immer ich kam, woher ich auch kam, ich hielt seine Häuser für Gräber.

Ein Kuhdorf, wo auch ein kluger Mensch, auch al-Hutaia zum Bauern würde,

wo wohlpolierte Geister rosten und Weiber Männerdenken widersprechen.

Ein Flecken, der das Vergnügen ablegte, der jeglicher Freude endgültig entsagte.

Wer diese Zeilen, geschrieben in großen Lettern, sah, musste unwillkürlich schmunzeln. Das Gedicht stammt von Abu Tamâm, der es im 9. Jahrhundert zum Lobe von Mâlik Ibn Tauk verfasste, und gemeint ist Kabrâtha, ein Dorf in der Umgebung von Mossul. Saadi Jûssuf unterschlug die vorangehende Zeile, wo »die Friedhöfe der Lüste von Kabrâtha« erwähnt werden, um den Leser glauben zu machen, gemeint sei Bagdad. Ich erinnere mich, dass Fausi Karîm, der mich bei diesem Besuch, es war zur Zeit der Nationalen Front, begleitete, grinsend konstatierte: »Von allem, was Abu Tamâm geschrieben hat, musstest du gerade das wählen!« Von Saadi Jûssuf war bekannt, dass er Abu Tamâm nicht mochte, weil ihm seine Dichtung zu manieriert war. »Ja, genau«, erwiderte Saadi Jûssuf.

Bagdad, die Dichter und die Bilder. Die Dichter haben Bagdad häufig besungen: seine Pracht und den Niedergang seines Sterns; seinen Aufstieg und seine Vernichtung. Ich glaube nicht, dass Saadi Jûssuf, indem er das Gedicht mit Bagdad in Verbindung brachte, völlig danebenlag, zumal er damals auch persönlich einiges Unrecht seitens der Machthaber erfuhr, obwohl die Baathisten seine Verbündeten waren. Einige Zeit nach unserer Sitzung versetzte man ihn wegen der Abfassung des Gedichts über Fâïk Hassans Wandmosaik auf den Posten des Vizebibliotheksbevollmächtigten in einem Amt im Bewässerungsministerium. Dort in der Bibliothek des prächtigen Gebäudes, das auf die britische Besatzungszeit zurückgeht und einst den Osmanen als Pferdestall diente, war er damit beauftragt, die Lehmablagerungen in irakischen Flüssen und Bächen zu verfolgen und darüber offiziellen Instanzen offizielle Berichte vorzulegen. Ich möchte behaupten, dass ein Dichter wie Saadi Jûssuf, der nicht die Würdigung fand, die er erwarten konnte, sich sein Bagdad erfinden musste nach dem Bild der Stadt, deren Häuser Leichen gleichen, deren glänzende Geister rostigem Metall ähneln, deren nicht käufliche Denker, Wissenschaftler und Intellektuelle Äcker pflügen, wenn sie nicht von Seiten käuflicher »Intellektueller«, die kaum des Lesens und Schreibens kundig sind, vertrieben und verunglimpft werden. Einige von diesen riefen gar dazu auf, die Statue des Abu Nuwâs zu zerstören, des Schöpfers des ersten »poetischen« Bildes der Stadt, und zwar mit der Begründung, er, Abu Nuwâs, sei ein zoroastrischer Feueranbeter gewesen. Solches schrieb ein »schiitischer« Dichter der 1970er Jahre, also meiner Generation, in zahlreichen Artikeln in der baathistischen Zeitung *Die Revolution*, und Aufrufe dieser Art gibt es auch jetzt wieder. Einer solchen Stadt muss jegliche Freude endgültig entsagen, und die Zeilen an der Wand hinter Saadi Jûssufs Schreibtisch waren wie eine Prophezeiung einer über die Stadt hereinbrechenden Katastrophe: Pulverdampf am Himmel und Mörder und Räuber im Nacken der Bewohner.

Bagdad, die Dichter und die Bilder. Die Dichter haben Bagdad häufig besungen, und sie werden es weiter tun. Aber immer gab es die zwei Bilder von Bagdad: das »poetische«, etabliert von Abu Nuwâs und variiert von anderen wie Abbâs Ibn al-Achnaf oder Dschawâhiri, und das »realistische« mit vielen Variationen, wie es bei Abu l-Alâ al-Maarri erscheint, bei Ibn Suraik und bei einem geschmähten Dichter wie Saadi Jûssuf. Mal überwiegt die eine, mal die andere Seite, und manchmal halten sie sich die Waage. Es sieht so aus, als ob Bagdad nicht ohne diese beiden Bilder leben kann. Seit Mitte der 1970er Jahre, seit meinem Besuch bei Saadi Jûssuf weiß ich, das die Waagschale sich diesmal zum realistischen Bild Bagdads neigte und noch weiter als beim zornigen Saadi Jûssuf, der sich Abu Tamâms Formulierung borgte. Es war schwer, das zu ignorieren. Wir waren von Zerstörung umgeben. Gefängnis, Vertreibung und Tod klopften an die Tore. Aber wie sehr auch dieses »realistische« Bild die Oberhand gewann, wie groß auch die Zerstörung sein mochte, die dieses Bild mit sich brachte – es bleibt doch der Trost, dass das »poetische« Bild Bagdads ihm noch immer Paroli bietet. Abu Nuwâs wohnt noch immer in Bagdad. Er sitzt an den Ufern des Tigris, das Glas in der Hand, schlicht wie eine Statue.

31

Bronzebraun und einzigartig

Bagdad ist die Stadt der Militärputsche. Es ist aber auch der Ort der Lebensputsche. Das gilt besonders für mich selbst und die neue Liebesbeziehung, die ich in meinem letzten Studienjahr einging, mit einer Studentin der Biologie. Und da wir uns noch immer wie die alten, diskreten Liebhaber verhalten, darf der Name des Mädchens nicht genannt werden, obwohl es niemanden gab – weder unter meinen Freunden noch in meiner Generation, weder unter den Kunden des Cafés »Das Parlament« oder irgendeines anderen Cafés, noch unter den Besuchern der Schriftstellerunion, weder bei der Geheimpolizei noch bei den Studentenspitzeln, weder bei der Polizei noch bei den Herren der Baath-Partei und auch nicht unter den Kommunisten –, der sie nicht kannte und nicht von unserer Beziehung gewusst hätte, die, abenteuerlich und phantastisch, wie sie war, an Wahnsinn grenzte, zumal in jenen stürmischen Tagen.

Nennen wir sie also Farîda, Einzigartige, denn das war sie wirklich in ihrer Art: Sie war, als Kommunistin in jenen Tagen gegenüber ihrer Umgebung fremd, die Einzige, die Kommunistin geblieben war in einer Fakultät, an der inzwischen wie an der Akademie der Schönen Künste und der Sportfakultät nur noch Baathisten studieren konnten. Außerdem war sie einzigartig schön, als wollte sie sich des Namens würdig erweisen, den ich ihr fast vier Jahrzehnte später geben sollte. Auch ihr Name entsprach übrigens dem Benannten. Sie war nämlich nicht nur einzigartig in ihrer Hartnäckigkeit, Kommunistin zu bleiben, sie zog auch durch ihre wunderschöne bronzebraune leuchtende Haut und durch ihre Eleganz die Blicke auf sich. Der Panamahut, denn sie auf ihren kurzen schwarzen Haaren trug, und ihre runde Brille gaben ihr noch eine aparte Note.

Ich lernte Farîda zufällig in den Nachmittagsstunden am Eingang zur Literaturfakultät kennen. Sie kam aus ihrem Wohnheim, während ich mit zwei Freunden verabredet war. Die waren frisch verlobt, und ich wusste nicht, dass die drei, die aus derselben Stadt irgendwo zwischen Mitte und Süden des Iraks stammten, sich kannten. Bei dieser ersten Begegnung lud ich Farîda gleich ein, sich am Abend mit mir den Film »Anna Karenina« anzuschauen, den man im Park der Akademie der Schönen Künste zeigte. Zwar endete unsere Beziehung anders als die bei Anna Karenina, da sie sich nicht vor einen Zug warf und ich mich nicht wie Tolstoi aufmachte, um in einem Bahnwärterhäuschen in Astapowo zu sterben, hoch oben im Kaukasus, aber es war doch irgendwie recht dramatisch, kraftvoll genug als Stoff für Erzählungen und Romane. Die Kommunistin Farîda, konkurrenzlos ausgezeichnet, Farîda, die den Druck in der Fakultät und im Leben aushalten musste, wollte sich nicht der Routine des täglichen Lebens unterwerfen. Obwohl sie bis zu einem gewissen Grad Glück hatte, da sie eine kleine Stelle als Aufsicht in dem Studentinnenheim gefunden hatte, in dem sie wohnte und das neben dem Gebäude der Literaturfakultät lag, an der ich studierte, begehrte ihre rebellische Seite auf und ließ sie, anders als die Studentinnen, die in Wohnheimen lebten, nicht zur Ruhe kommen. Diese mussten um sechs Uhr abends in ihren Zimmern sein. Wer sich nicht daran hielt, wurde verwarnt, und nach dem dritten Mal bat man die Eltern zum Gespräch. Da unsere Abende aber, besonders im Frühling und im Sommer, erst um diese Zeit begannen, musste Farîda einen Weg finden, damit ihre Eltern nichts von ihrer Abwesenheit erfuhren. Hier half uns der Zufall. Ihr Vater kannte einen Cousin meiner Mutter, der in derselben Stadt wohnte und den ich einfach Onkel nannte, weil er etwa gleich alt war wie meine Mutter. Weil ihre Familie mir deswegen vertraute, überredete Farîda ihren Vater, mich als Familienmitglied einzutragen, das für sie die Verantwortung übernehmen konnte, wenn es im Wohnheim Probleme gab. Ich sollte also verantwortlich für sie sein bei den Leiterinnen im Wohnheim im Falle ihrer Abwesenheiten. Da wir uns aber nicht darauf beschränken wollten, jeden Abend bei irgendwelchen Freunden zu verbringen oder dort zu übernachten, und da wir überzeugt waren, anders zu sein als der Rest unserer Generation, beschlossen wir, gemeinsam eine Wohnung zu mieten. Doch um im Irak zusammenzuwohnen, mussten ein Mann und eine Frau verheiratet sein. Wie aber sollten wir heiraten, ohne dass unsere Eltern davon erführen? Sie würden sich einer solchen Ehe sicher widersetzen mit der Begründung, wir hätten unser Studium noch nicht abgeschlossen.

Einer der Romane, deren Lektüre mich in jener Zeit besonders faszinierte, war *Zeit zu leben und Zeit zu sterben* von Erich Maria Remarque, dessen Titel der ägyptische Übersetzer mit *Eine Zeit zu* lieben *und eine Zeit zu* leben wiedergab. Der Roman spielt in der letzten Phase des Zweiten Weltkriegs, wenige Tage vor dem Fall von Berlin. Die Rote Armee rückt auf Berlin vor, während der deutsche Rundfunk Marschmusik sendet und Hitler seine Jugend in den Kampf schickt. Nur der Soldat Ernst Graeber, der Held des Romans, auf Heimaturlaub denkt an anderes: die Hochzeit mit seiner geliebten Elisabeth. Ihn interessiert weder der Fall von Berlin noch die deutsche Niederlage. Er kennt nur eines: die Heirat mit Elisabeth und die Feier jener Nacht, selbst im zerstörten Haus. Gibt es etwas Größeres als die Belange des Herzens? Tausende von Abhandlungen und Tausende von Büchern wurden über die Befreiung Deutschlands vom Nazijoch verfasst. Wer erinnert sich noch daran? Aber könnte irgendjemand, der diesen Roman gelesen hat, die Figur des Ernst Graeber vergessen?

In Farîdas und meinem Wunsch zu heiraten, folgten wir ganz einfach dem Vorbild dieses »Herzenskämpfers«. Bagdad, wo wir lebten, wurde uns fremd. Bagdad war nicht weit genug für die Explosion in uns, wenn wir versuchten, es an uns zu ziehen. Die Gründung unseres Glücks, egal um welchen Preis. Warum sollten wir auch über den nächsten Schritt nachdenken? Hatte nicht der Held in Stefan Zweigs *Schachnovelle* aus diesem Grund verloren? Gemeinsam verfügten wir ja auch über ein nicht so übles Einkommen: sie von ihrer Arbeit als Aufseherin im Wohnheim, ich von meiner Tätigkeit als Nachtwächter. (Obwohl ich nur selten in der Schule schlief und dem Hausmeister jeden Monat fünf Dinar gab, damit er das nicht dem Rektor meldete.) Was wir tun wollten, war unerhört. Wichtig war nicht die Schwierigkeit bei der Umsetzung. Wichtig war allein, eine Lösung zu finden, damit wir uns unseren Wunsch, zusammenzuwohnen, erfüllen konnten, uns ohne Einmischung von Familie oder Verwandten verloben konnten. Not nun macht erfinderisch. Und in jenen Tagen, als Bagdad ein rasantes Wachstum erlebte, entstanden neue Viertel mit Apartments, deren Mieten nicht gerade billig waren. Doch für die Vermieter waren sie das Wichtigste. Das erfuhr ich gleich bei meinem ersten Treffen mit einem dieser Hauseigentümer.

Die Wohnung, in der wir wohnen sollten und die zum zentralen Liebestreffpunkt unserer Freunde werden sollte, so dass es für uns schließlich keinen Tag mehr ohne Besuch gab, lag in Madînat al-Schaab, im Aden-Viertel, einem wahren Paradies am äußersten nördlichen Stadtrand an der Straße nach Dijâla und Kirkuk. Heute mag das seltsam erscheinen, aber genau so war es. Bis Ende der 1970er Jahre endete Bagdad dort. Der Mann, der traditionelle irakische Kleidung trug – Dischdâscha, Ghutra und Ikâl –, war nicht am Ehevertrag interessiert, den ich aus meinem Samsonite-Diplomatenkoffer zu holen Anstalten traf. Wie hätte er mir auch nicht glauben können, wie ich da vor ihm saß im schicken Anzug, extra für die Gelegenheit, zum ersten (und letzten) Mal in meinem Leben mit Krawatte, und das in der Hoffnung, überzeugend als frisch vermählter und solide verdienender junger Mann zu wirken? Ihn interessierte nur die Vorauszahlung von drei Monatsmieten. So richteten wir uns in einer Wohnung von wahrscheinlich nicht mehr als fünfzig Quadratmetern ein: zwei kleine Zimmer, Küche und Bad und sogar ein geräumiger Balkon. Also nicht gerade eine Riesenwohnung, die aber für uns beide Heimat wurde, unsere befreite Region. Wie groß ist die Fläche des Iraks? 438 317 Quadratkilometer? Wie groß ist die Fläche Bagdads? Okay, das weiß niemand. Das echte Bagdad, das irdische Bagdad besitzt keine klar definierte Grundfläche. Die Fläche Bagdads ist immer imaginär, da die Stadt ja, wie bekannt, ständig nach allen Seiten die Arme ausbreitet. Sagen wir also auf jeden Fall, dass Bagdad auf dem Breitengrad 33.33333 und auf dem Längengrad 44.43333 liegt. Aber all das interessierte nicht. Farîda und ich, wir schufen uns unsere eigene Hauptstadt. Und fünfzig Quadratmeter sind wirklich genug, um sich frei zu fühlen. Und wie weit war erst der Himmel über uns, wenn wir auf dem Balkon saßen!

Ich weiß noch, wie wir am Abend des 19. Juli 1978 auf dem Balkon saßen. Saddâm Hussain hielt eine Pressekonferenz mit Journalisten aus allen Teilen der Welt, um den Terror zu rechtfertigen, der dabei war, zum täglichen Gesetz im Irak zu werden. Er begründete die Hinrichtung von einunddreißig irakischen Bürgern am 31. März mit dem Vorwurf, sie seien Kommunisten. Der Hinrichtungstag war der Gedenktag zur Gründung der irakischen KP gewesen. Saddâm Hussain sprach jenen fatalen Satz, der bis vor kurzem allen orientalischen Diktatoren als Rechtfertigung diente: »Unsere Regierung wird nicht durch eine einzige divergierende Stimme zu Fall gebracht. So wie unsere Regierung kam, so wird sie auch gehen«, sagte er, an die Journalisten gewandt und die Hand auf die Pistole am Gürtel gelegt. Es war die Art des Pistoleros, des Revolverhelden, der mit Hilfe dieser Andeutung uns und aller Welt Angst einjagen wollte. Bei uns gelang ihm das in jener Nacht nicht. Wir machten uns über ihn lustig. Er war in seinem Reich, wir in dem unseren. Wir schienen in einem anderen Land zu leben, in unserer befreiten Region in Madînat al-Schaab, der Stadt des Volkes, im Aden-Viertel. Soll ich sagen, dass diese Tage meine schönsten in Bagdad waren? Nicht wegen unseres erquicklichen gemeinsamen Lebens, sondern weil die befreite Region, unser kleines Reich, zum Zufluchtsort wurde, der unseren Freunden Sicherheit bot, solchen, die verliebt waren, und solchen, die vor der Macht der Herrschaft flohen. Egal wie heiß es wurde – und manchmal im Sommer stieg die Temperatur zwischen den Betonwänden auf über fünfzig Grad. Ebenso hatte ich die Schule, die ich eigentlich jede Nacht bewachen sollte, in ein Obdach für Personen verwandelt, die von der Staatsmacht gesucht oder gejagt wurden. Unsere Wohnung wurde zum Land, das Menschen Asyl gewährt, die vor dem Schrecken der Staatsmacht auf der Flucht waren. Dies zu einer Zeit, als die meisten, die sich zu uns flüchteten, noch keine anderen Zufluchtsländer kannten. Unsere Wohnung diente als erste Einübung in kommende Asyle. Die Ästhetik des Widerstands, die ich später in der Darstellung von Peter Weiss las, habe ich in Bagdad gelebt, wenn auch nicht für sehr lange Zeit, vielleicht für ein Jahr. Dann verließen wir dieses Reich. Wir mussten die Adresse ändern, das heißt umziehen.

Es war Anfang August 1978, Zeit, meinen Wehrdienst anzutreten. Für einen Soldaten wie mich, der mit einer Kommunistin zusammenlebte, konnte das Gefängnis oder gar Hinrichtung bedeuten. Anfangs dachte ich nicht daran. Zum ersten Mal machte ich mir das klar, als wir in eine neue Wohnung zogen, wo uns niemand kannte. Wichtig war für uns, zusammenzubleiben. Doch als die Verfolgungen heftiger wurden und der Druck auf Farîda zunahm, beschlossen wir, unsere Eltern in unser Geheimnis einzuweihen und in aller Form zu heiraten. Ein absurder Gedanke. Aber auch ein Gedanke, der etwas mit der Ästhetik des Widerstands zu tun hatte. So gälte Farîda im Fall einer Festnahme nicht als Hure, weil sie mit einem Mann ohne Wissen der Familie zusammenlebte. Ich kannte niemanden unter unseren Kommilitonen oder Freunden, der auf ähnliche Weise wie wir gelebt hätte. Ja, ich hatte überhaupt noch nie von jemandem gehört, der das getan, der sich auf ein solch irrwitziges Abenteuer eingelassen hätte. Besonders natürlich keine Frau, der sofort die übelsten Bezeichnungen angehängt worden wären, weil sie, aufgrund der allgemeingültigen gesellschaftlichen Norm, durch ein solches Verhalten die Ehre des Stammes oder des Clans besudelt hatte.

Haben wir unsere Eheschließung etwa zufällig vollzogen? Eines Tages schlenderten wir die Flussstraße entlang und kamen an dem dortigen Gericht für Familienangelegenheiten vorbei. Ich schlug Farîda vor, hineinzugehen und zu heiraten. Eine Eheschließung ist im Irak völlig unkompliziert, wenn sich die beiden einig sind. Alles was wir brauchten waren zwei Trauzeugen. Der eine wurde der Dichter Schâkir Luaibi, der sich zufällig gerade dort aufhielt. Uns erzählte er, er sei wenige Minuten zuvor am Gerichtsgebäude vorbeigekommen, und ein innerer Ruf habe ihm geraten hineinzugehen, vielleicht brauche ihn jemand als Trauzeuge. Der andere Trauzeuge war einer von denen, die sich genau dafür im Gericht aufhielten und gegen ein gewisses Entgelt diese Aufgabe wahrnahmen.

Doch was wir befürchtet hatten, trat tatsächlich ein. Farîda wurde aufgefordert, sich bei der allgemeinen Sicherheitsdirektion in Batawîn in Bagdad zu melden, einem riesigen, furchteinflößenden Gebäude, an dem wir schon viele Male vorbeigegangen waren, um den Doppelstockbus Nummer 3 oder 4 zum

Klub der Schriftstellerunion zu nehmen. Angesichts dieser Vorladung beschlossen wir, das Zimmer zu verlassen. Ein weiteres Mal kam uns mein Freund Achmad Chalaf oder genauer die Schwester seiner Frau Adîba, zu Hilfe, die in einem Büro der Rechts- und Politikfakultät arbeitete, wo zahlreiche Sicherheits- und Geheimdienstoffiziere studierten, Gefolgsleute Saddâm Hussains, seiner Brüder, seiner Söhne, seiner Stammesangehörigen. (Ist das nicht wirklich surrealistisch? Genau diejenigen studieren das Recht, die es täglich mit Füßen treten!) Achmads Schwägerin kannte einen dieser Offiziere persönlich, und dieser schlug vor, Farîda solle zum Informationsamt kommen und ohne die Vorladung vorzulegen gleich nach ihm fragen. Farîda ging und fand heraus, dass dieser Offizier der Verlobte einer Freundin war, mit der zusammen sie die Oberschule besucht hatte. Klingt nach indischem Film, mit all den Zufällen, zumal am Anfang. Denn das Ende war ausgesprochen irakisch. Ihr werde künftig nichts passieren, beruhigte der Mann sie und gab ihr seine Telefonnummer, damit sie ihn direkt anrufen könnte im Fall irgendwelcher Schwierigkeiten. Gleichzeitig überredete er sie, mit den Sicherheitsdiensten zusammenzuarbeiten. Danach war Farîda wie ausgewechselt. Nicht nur verließ sie mich und ging zurück zu einem früheren Verlobten aus Oberschultagen, der inzwischen in ihrer Stadt Bevollmächtigter der Baath-Partei geworden war, sie trat auch in die herrschende Partei ein. Diesmal traf es mich wirklich hart. Eine schiefgegangene Liebesgeschichte, die durch die Ehe zum Erfolg geführt werden sollte, dann aber ein dramatisches Ende fand, indem sich Politik, Verrat und Enttäuschung vermischten!

Im Gegensatz zu den früheren Malen musste diesmal ich die Konsequenzen tragen. Ich hatte nicht an den nächsten Schritt gedacht. Ohne meine Beziehung zu Farîda wäre ich nicht zum Militärdienst eingezogen worden, sondern hätte das Land rechtzeitig verlassen, wie Tausende von Oppositionellen, die ins Exil gingen, und alle auf die gleiche Art: Man stellte einen Antrag für einen Pass und ein Ausreisevisum für die Sommer- oder Frühlingsferien. Ein Staatsangestellter brauchte nicht, wie Personen in selbständigen Berufen, zur Staatssicherheit zu gehen, um die Erlaubnis zur Ausreise einzuholen. Man ging davon aus, dass jedes staatliche Amt ein Sicherheitsbüro war, jeder Angestellte ein Spitzel oder doch ein Kollaborateur. Unmittelbar nach meinem Studienabschluss im Jahr 1978 hätte ich ein Ausreisevisum bekommen können, da ich als staatlicher Nachtwächter arbeitete. Ich hätte nur um meinen Jahresurlaub bitten müssen. Doch meine Liebe zu Farîda ließ mich das Wagnis eingehen, trotz der miserablen Situation und trotz des drohenden Wehrdienstes im Irak zu bleiben. Die Hinrichtung jener einunddreißig angeblichen Kommunisten war immer noch frisch im Gedächtnis. Auch mir hätte leicht so etwas passieren können. Aber Farîda studierte noch; sie schloss erst 1979 ab. Ich wollte auf sie warten, damit wir gemeinsam das Land verlassen konnten. Deshalb legte ich auch den größeren Teil meines Lohns für unsere Reise beiseite, Erspartes, das Farîda gemeinsam mit den Büchern, die ich bei ihr deponiert hatte, an sich nahm. Das Traurigste aber war, dass ich kurz nach unserer Trennung verhaftet wurde.

Selbst in meinen wildesten Phantasien wäre mir nie in den Sinn gekommen, dass ich einmal in Bagdad im Gefängnis sitzen würde, völlig anonym: ohne Verwandte und ohne Freunde. Und dass ich nicht wusste, ob ich es tot oder lebendig wieder verlassen würde. Schlimmer noch war, dass ich mir nicht hatte vorstellen können, an einem Ort zu enden, an dem ich täglich auf dem Weg von der Universität ins Café »Das Parlament« vorbeigekommen war, ohne zu wissen, dass ich einmal dorthin gebracht würde. Ich glaube nicht, dass es mir als Einzigem so ging. Wer hätte denn ahnen sollen, dass die Moschee vor dem Verteidigungsministerium, eingequetscht zwischen dem Haupteingang des Gebäudes und dem Gebäude der Volkshalle, gegenüber den Bordellen des Maidân-Platzes und dem was später einmal die Nationalbibliothek werden sollte – dass diese historische Moschee, die vor der Gründung des irakischen Staates erbaute Asbak-Moschee, in ein Tarngebäude für die Folterkeller der Direktion der militärischen Geheimdienste umfunktioniert worden war? Schrecklicher noch, ich konnte mir nicht vorstellen, auf diese Weise alleingelassen zu werden, eingesperrt ohne Farîda. Welche Geheimnisse hat Bagdad von jetzt an vor dir?

32

Die Veränderungen der Stadt

Zu gewissen Zeiten verändert sich die Farbe der Stadt, ihr Anblick wird fremd. Die Vertrautheit, die ich mit ihr während all der Jahre, die ich dort wohnte, aufgebaut habe, wird zu einer fernen Erinnerung, die zur Vergangenheit gehört, irgendwie nicht mehr zu mir. Plötzlich ist mir die Stadt fremd. Sie wird eng, und ihre weiten Straßen werden zu Wänden, an die ich stoße, wohin ich mich auch wende. Ich weiß, dass ein junger Mann wie ich, gerade einmal zwanzig geworden, hin und wieder solche Anwandlungen haben muss. Ich meine das Gefühl der Schwermut, durchmischt mit einem starken Gefühl, zu verlieren und verloren zu sein. Es ist dabei unerheblich, dass ich kein junger Mann war, der nach den Sternen griff. Das weiß ich. Ich war schon immer realistisch. Ich bewege mich in den Grenzen des Möglichen. Daran braucht man mich nicht einmal zu erinnern, wie es mein verstorbener Freund tat, der Dichter Kamâl Sabti bei unserem ersten Wiedersehen nach Jahren im Exil, 1990, als ich in Madrid wohnte. »Du betrachtest die Dinge erst von allen Seiten, bevor du eine Entscheidung triffst.« So formulierte er es damals. Ich weiß das. Und ich erinnere mich noch genau, wie ich nach der Lektüre der *Schachnovelle* Stefan Zweig bewunderte. Er ließ seinen Helden die Schachpartie aus dem simplen Grund verlieren, dass er sich nicht auf das Spiel, das er gerade spielte, konzentrieren konnte, weil er sich schon mit einem anderen, späteren Spiel beschäftigte. Ich glaube nicht, dass ich als Einziger verabscheue zu verlieren. Bei allen meinen Altersgenossen, bis heute »Loser« genannt, ist das so. Trotzdem fand ich Gewinnen nie das Wichtigste, und schneller Erfolg hat mich nie fasziniert. Ich war, obwohl noch recht jung, wie ein weiser alter Mann. Ich ordnete meine Wünsche realistisch und konzentrierte mich auf den ersten Schritt, ohne schon an den zweiten zu denken. Ich wollte zum Beispiel an der Akademie der Schönen Künste Schauspiel studieren. Als ich abgelehnt wurde, weil ich nicht der Baath-Partei angehörte, schickte ich meine Unterlagen an andere Fachrichtungen, und als ich dem Studium der deutschen Literatur zugewiesen wurde, akzeptierte ich das, und zwar begeistert. Ich begann so ernsthaft zu studieren, als hätte ich von Anfang an deutsche Literatur studieren wollen.

Trotzdem dachte ich nicht, als Bester abzuschließen. Den Wunsch, der Klassenerste oder der »Klassenritter« zu sein, wie man das bei uns in der Grundschule nannte, hatte ich beim Eintritt in die zehnte Klasse hinter mir gelassen. Und mit der Entwicklung eines eigenen Denkens und eines eigenen Bewusstseins entdeckte ich, dass die Schule im Irak das Albernste und das Dümmste ist, was wir besitzen. Es genügte vollauf, akzeptable Noten zu bekommen. Wer an der Spitze war, handelte sich nur Neid und allerhand Probleme ein. Ebenso verhielt ich mich an der Universität. Aber weil ich Fremdsprachen rasch lernte, um die internationalen Literaturen möglichst bald in der Originalsprache lesen zu können und nicht in Übersetzungen, die selten das gewünschte Niveau erreichten, oder weil ich mich nach wie vor danach sehnte wegzugehen, befand ich mich 1977 im dritten Studienjahr, ohne es zu wollen, unter den zehn Besten im Studienfach deutsche Literatur. Diese zehn erhielten automatisch ein Stipendium, um in den Sommerferien in die DDR zu reisen. Dort sollten sie die Sprache praktizieren und drei Monate lang in einer Fabrik arbeiten. Um aber reisen zu dürfen, mussten sie Baathisten sein. Meine guten Leistungen wurden mir zum Problem. Glücklicherweise entdeckte ich das noch rechtzeitig vor Beginn der Jahresabschlussprüfungen. Ich hatte nämlich keine Lust, in die DDR zu gehen, da mir klar war, dass es sich um eine weitere Diktatur handelte. Um das zu vermeiden, gab es nur eine Lösung: durchzufallen. Nicht zu erscheinen und die Prüfung in einem der Teilgebiete nicht zu machen. So musste ich einen sogenannten »Schwanz« machen, das heißt, die Prüfung zu Beginn des Herbstsemesters nachholen.

Auch als ich 1975 bei Radio Bagdad arbeitete, dachte ich nicht an den zweiten Schritt, daran, wie ich weiterkommen könnte. Ich kam in eine renommierte Abteilung, deren Direktor nur etwa gleich alt war wie ich, oder vielleicht drei oder vier Jahre älter. Aber ich wusste, dass er, der sich damals für die Kurzgeschichte begeisterte, diesen wichtigen Posten, den Ausgangspunkt für eine Karriere, nicht wegen seiner akademischen oder professionellen Eignung bekommen hatte, sondern aus ganz anderen Gründen: Erstens war sein Onkel, der Bruder seiner Mutter, Schâdhil Tâka, damals irakischer Außenminister. Zweitens war er Sunnit aus Mossul. Drittens war er ein ranghoher Baathist. Viertens hatte er eine schöne Frau, die ihrerseits gutaussehende Schwestern hatte. Kurz gesagt, er besaß alle Qualitäten, die mir abgingen. Doch Dank sei Achmad Chalaf, der hinter dieser Anstellung beim Radio stand. Er sorgte für meine Beschäftigung als Redakteur in der Kulturabteilung, derselben Abteilung, in der auch er arbeitete. Aber nicht einmal die Tatsache, dass es Frauen in der Abteilung gab – sie waren sogar in der Mehrheit –, spornte mich an, mich befördern zu lassen. Es genügte, dass mich eine hübsche und begabte Radiosprecherin wie Amal Hussain, eine Kollegin in derselben Abteilung, hielt. Ich wusste sowieso, dass meine Tage dort gezählt waren. Beim Radio war für einen Nichtbaathisten kein Platz. Das Radio war das Tor zu jedem Militärputsch. Es genügte, dass irgendein

Militär dort hineinging, die »Erklärung Nummer eins« verlas und verkündete, er habe die Macht übernommen, und schon lag diese wirklich in seiner Hand. Alle Putschisten im Irak haben es so gemacht. Deshalb war es auch nicht so einfach, ins Rundfunkgebäude zu gelangen, besonders nach dem baathistischen Putsch vom 17. Juli 1968. Mit dem Aufstieg Saddâm Hussains an die Spitze der Machtpyramide wurde der Rundfunk zu einer regelrechten Festung, bewacht von Panzern und Luftabwehrkanonen. Über die Informationsarbeit wachten Sicherheitsbeamte, deren offensichtlich beduinische Physiognomie auf den Nordwesten des Landes als Herkunftsregion verwies. Sie stammten aus Tikrît. In die Festung zu gelangen, war wie im Märchen. Wie war das zu bewerkstelligen? Ich erinnere mich noch an das Entsetzen, das mich beim ersten Mal befiel. Unabhängige Kurden und Schiiten kamen in das Hochsicherheitsgebäude nicht hinein. Sie mussten auf jeden Fall Baathisten sein, und zwar ranghohe! Die Säuberungsmaßnahmen, die der Machtapparat im Bagdader Rundfunk vorgenommen hatte, waren noch nicht so lange her. Man hatte über zwei Drittel der Angestellten unter der Beschuldigung, Kommunisten zu sein, ausgesondert. Man konnte eine lange Liste von ihnen dort anfertigen. Sie waren einerseits Kommunisten, andererseits mehrheitlich auch keine sunnitischen Araber. Das sagten die Machthaber aber nicht, nur ihr Verhalten machte es deutlich. Zugegeben, es gab Ausnahmen. Manchen Intellektuellen schiitischer Herkunft gestattete man, weiterhin beim Rundfunk zu arbeiten, aber ihre Anzahl blieb gering. Und die Sicherheitsapparate beim Rundfunk, die Geheimdienste oder die Sondereinheiten, die direkt Saddâm Hussain unterstanden, behielten sie ganz gezielt, damit man sagen konnte, der Rundfunk sei nicht gleichgeschaltet, es würden darin nicht nur sunnitische Araber arbeiten. Außerdem hatten sie noch eine andere Funktion zu erfüllen: die anderen zu bespitzeln.

NW mit Kommilitoninnen und Kommilitonen, Bagdad, 1977

Drei Monate arbeitete ich beim Rundfunk, sozusagen die Probezeit, die der Abteilungsdirektor für mich festgelegt hatte, ohne dass ich davon wusste. Dann erklärte er mir, die drei Monate, meine Probezeit, seien vorbei und ich müsste den Rundfunk verlassen. Und wiederum sorgte dankenswerterweise Achmad Chalaf dafür, dass ich weiterarbeiten konnte: diesmal bei der Radio- und Fernsehzeitschrift, deren Chefredakteur ein fanatischer Baathist mit faschistischen Neigungen war, ein Schiit aus Nadschaf. Leute seiner Art waren, um ihre Loyalität zu beweisen, an der wegen ihrer schiitischen Herkunft gezweifelt wurde, schärfer als sunnitische Baathisten. Mindestens sechs Monate arbeitete ich dort, bevor dieser mich vorlud, um mir mitzuteilen, ich sei entlassen. Die Radio- und Fernsehzeitung sei kein Publikationsorgan für kommunistische Literaten. Er spielte auf die Reportage an, die ich in jener Woche über »Die ersten Fotografinnen im Irak« publiziert hatte

NW mit seiner Schwester Nawâl (rechts) und Hamida vor dem Denkmal Badr Schâkir al-Sajjâb, Schatt-al-Arab-Promenade in Basra, 12. November 1978, wo er gerade seinen Militärdienst als Rekrut und Dolmetscher für zwei DDR-Generäle bei der irakischen Marine in Basra absolvierte

NW im Garten der Abteilung für europäische Sprachen der Universität Bagdad, 1977

und die seinen Groll aus zwei Gründen wachgerufen hatte: Erstens, weil mein Bericht wie eine Antwort auf eine Pseudoreportage war, die die andere Regierungszeitschrift, *Alif Bâ*, unter dem Titel »Die ersten Fotografen im Irak« veröffentlicht hatte, der implizierte, dass die Fotografie eine reine Männer- und Baathistendomäne war! Zweitens, weil die Frauen, die ich für meine Reportage interviewt hatte, zufällig alle Kommunistinnen waren.

Nach diesem Hinauswurf wusste ich endgültig, dass für mich kein Platz im irakischen Medienwesen war. Die zugegeben sehr kurze Erfahrung an der Kulturabteilung beim Rundfunk und bei der Radio- und Fernsehzeitschrift hatte genügt, mir zu zeigen, wie notwendig es ist, als Schriftsteller im Irak unabhängig von der Regierung zu bleiben. Mehr noch, sie hatte mich das einfache Prinzip gelehrt: Wer ein Romancier werden will, muss dem Vorbild der internationalen Romanschriftsteller folgen. Er darf nur seinem eigenen Sensorium folgen, muss aus dem Herzen schreiben, nach seiner Vorstellung. Das zu tun war im Irak unmöglich, jedenfalls seit Anfang 1977, nachdem der Staatsapparat alles unter seine strenge Kontrolle gebracht hatte. Die baathistische Ideologie, dieser furchterregende Krebs, verteilte seine Geschwüre auf alle Lebensbereiche im Land.

Gewalt, Mord, Rassismus, Lüge, Ignoranz, Raub und Marginalisierung, alle kulturellen Äußerungen, die noch immer das Leben im Irak durchziehen, sind die Essenz von fünfunddreißig Jahren Herrschaft der baathistischen Ideologie. Um sich vor dieser Krankheit zu schützen, um ein freier Mensch zu sein oder ein Schriftsteller, dem nur das Schreiben am Herzen liegt, wie mir, musste man nach einem freien Beruf suchen, einem Beruf ohne Verbindung zur Presse oder zu den Medien. Also nahm ich eine Arbeit als Nachtwächter in einer Schule im Schûrdscha-Viertel an.

Alle Verluste, die ich erlebt habe, habe ich immer als vorübergehend angesehen, wenn ich darin nicht sogar etwas für mich Nützliches gesucht habe. Was hätte es mir also gebracht, in ein undemokratisches, ein diktatorisches Land wie die DDR zu gehen? Nur Kopfschmerzen! Mein Rausschmiss bei Rundfunk und Zeitschrift lehrte mich, jede Anstellung bei den offiziellen Medien zu vermeiden und die Möglichkeit zur Unabhängigkeit zu bewahren. Mein Studium der deutschen Literatur statt der Schauspielerei war ein Geschenk des Himmels, ohne das ich jetzt nicht hier in Berlin säße und die Worte schreiben könnte oder, noch weiter, ohne das ich nicht nach Deutschland gekommen und das geworden wäre, was ich heute bin.

Drei Studienjahre hatte ich in Bagdad verbracht. Drei Jahre lang hatte ich zahlreiche Enttäuschungen erlebt. Aber die Hindernisse auf meinem Weg, zum Beispiel die Publikationsschwierigkeiten, die finanziellen Probleme während der ersten beiden Jahre, die Fehlschläge in meinen Liebesbeziehungen, die Scheidung von der Frau, die ich liebte – all das ließ mich nicht die Hoffnung verlieren, dass die Zukunft besser werden würde und dass das Gefühl, nicht dazuzugehören, das sich meiner bemächtigt und mir die Stadt immer fremder gemacht hatte, nichts mit mir, sondern mit meiner Umgebung zu tun hatte. Wer lebte wie ich, ärmlich, bescheiden, unauffällig, musste ja schwermütig werden. Um mich zu trösten, sagte ich mir: Vielleicht ist es ja der Herbst, der die ganze Stadt fremd werden lässt. Vielleicht bringen ja die Winterglocken, die da läuten, all dieses Klagen herbei. Wer weiß? Obwohl ich wusste, dass dieses Gefühl mich sogar im Frühling begleitete, kannte ich doch das Gewicht des Herbstes. Als sich dann die deprimierende Jahreszeit mit der Enttäuschung und der schiefgegangenen Liebe mischte, wurde die Stadt eng. Keine Stadt wäre imstande gewesen, all das aufzufangen. Wie dann erst Bagdad? Bagdad, das allerschlimmste Zeiten erlebte, Zeiten der Verfolgungen, der Nachstellungen und der Verhaftungen. Dies sowohl im Land ganz allgemein, wo gerade einunddreißig Personen unter der Anschuldigung, Kommunisten zu sein, festgenommen worden waren, die meisten von ihnen Militärs, und kommunistische Umtriebe in der Armee bedeuteten unweigerlich die Todesstrafe; oder an der Universität, wo in den Fakultäten die verantwortlichen Baathisten nichtbaathistische Studenten kommen ließen, um sie hinter verschlossenen Türen zu verhören. Die Stadt wurde immer enger, ihre Schönheit verwandelte sich in Schmerz, die Schwermut wuchs und wuchs. Der Kampf zwischen Bleiben und Gehen wurde zum Training für den Abschied.

Was dann geschah, besonders in den drei folgenden Jahren, darf durchaus als Varianten dessen verstanden werden, was mit dem schönen Ausdruck von Peter Weiss die Ästhetik des Widerstands heißt. Gemeint sind hier alle Verhaltensweisen, alle Varianten des Widerstands gegen die Diktatur, auch ohne direkt ins Politische einzugreifen. Achtete man doch darauf, am Leben zu bleiben. Wer nach der alten rebellischen Clique suchte, die wie süchtig im Café »Das Parlament« zusammengesessen hatte, der wurde enttäuscht. Man musste sie an anderen Orten suchen und durfte nicht überrascht sein, wenn sie sich für andere Optionen entschieden hatten und Ideen nachhingen, die früher nicht die Ihren waren. Hatten sie nicht begonnen, nach den alten Gebetsketten zu suchen und sich in den einfachen Cafés zu treffen, wie früher einmal die alten Männer? Die Gebetskette in der Hand, die Wasserpfeife vor sich, und an den Füßen pendelten die alten Puschen, die sie eifrig bei einem jungen Mann kauften, der seinen Laden gegenüber der Mustansarîja-Schule hatte. Ja, sie hatten sich auf die Suche nach einfachen Cafés in den alten Gassen von Bagdad gemacht, und es war schwierig geworden, sie an den alten Orten zu finden: in der Bar »Scharîf & Haddâd«, in der Bar »Der stille Winkel«, in der Bar »Flussfront«, im Café »Wohlergehen«, im Café »Jassîn«, im Café »Die Vertrackten«, in der Bar »Sargon«, in der Bar »Safwân«, in der Bar »Klare Nächte«. Ich ging in Cafés, Bars, Straßen und Gassen.

Nun breiteten sich die Freunde wie süchtig in den Straßen von Kifâch, von Scheich-Umar, von Dschumhurîja und Batawîn aus, in den Bars von Bab al-Scharki, die für sie einst förmlich auf einem anderen Kontinent gelegen hatten. Und ihre Debatten, hatten sie sich nicht auch verändert? Nicht mehr um die Auseinandersetzung zwischen Existenzialismus und Marxismus ging es jetzt, nicht mehr um Rimbauds Erhabenheit und van Goghs Wahnsinn, sondern darum, welche Gebetskette schöner war, die aus Bernstein oder die aus Korallen, um die seltene Tonbandkassette mit Liedern darauf, die einer gefunden hatte, oder um eine neue Bar oder ein abgelegenes Café. Keiner sprach mehr über die Verpflichtung, die er einmal eingegangen war: sich jeglicher politischer Tätigkeit zu enthalten. Das schien auf einem anderen Kontinent und unter anderen Personen geschehen zu sein. Und ich, praktizierte ich nicht dieselben Rituale? Hatte ich nicht angefangen, alte Lieder zu sammeln: die Lieder von Hassan Itwirdschâwi, Massuûd Ammaratli, Sakîja Dschurdsch, Chudairi Abu Asîs oder Salîma Murâd? Ja, sogar die Melodien und Rhythmen von Trommlern, die mir einst in einsamen Nächten auf dem Dach des Hotels am Tachrîr-Platz oder genauer: beim Volkspark Trost spendeten. Gab es denn eine bessere Art, sich von der Verbaldiarrhö des Machtapparats und des Führers zu befreien, die den Luftraum über Bagdad monopolisierten?

Aber wo blieb da das Schreiben? In jenen Tagen, an einem jener Herbsttage, einem besonders silbergrauen Tag, schrieb ich, trotz aller Bedrücktheit, die dieser Tag mit sich brachte, die Erzählung »Abendliche Rituale oder Das Bedürfnis zu schlafen«. Die Ästhetik des Widerstands wurde in eine Kurzgeschichte gezwängt. Es sollte die letzte Geschichte über Bagdad werden, die ich in Bagdad, ja, im Irak schrieb. Eines Tages im Oktober, nach einem leichten Regen, nachdem wir, Muniim und ich, in seinem Renault von einer schiefgegangenen romantischen Reise nach Dschasîrat Umm al-Chanasîr zurückgekehrt waren, fühlte ich mich gedrängt, diese Geschichte zu Papier zu bringen. Ich verarbeitete darin zweierlei: Erstens das Erlebnis, das wir an jenem Tag mit bewaffneten Geheimdienstlern hatten, als wir gemeinsam mit Rabâb, Muniims Freundin und späterer Ehefrau, und einer anderen Kommilitonin aus der Spanisch-Abteilung dort spazieren gingen und uns, wie damals üblich, Gedichte vortrugen. Plötzlich standen sie vor uns und forderten uns auf zu verschwinden. Zweitens eine Episode, die mir Farîda erzählt hatte: Eines Abends habe sie wegen einer Gruppe Bewaffneter, die vor ihrem Fenster herumballerten, nicht schlafen können und, als sie hinausschaute, festgestellt, dass da ein paar Männer streunende Hunde abknallten.

»Abendliche Rituale oder Das Bedürfnis zu schlafen« erzählt von Wadschîha, einer Studentin aus dem Süden im ersten Studienjahr, die in einem Wohnheim lebt. Sie teilt ihr Zimmer mit zwei Biologiestudentinnen, die Vögel präparieren und ausstopfen. Wie alle Mädchen aus dem Süden zögert Wadschîha eines Abends auszugehen, um ihren Freund Mulhim zu treffen. Tief drinnen sehnt sie sich nach einer Beziehung, aber da ihr die Erfahrung fehlt, ungezwungen mit jemandem, den sie mag, spazieren zu gehen, und sie auch noch nicht lange in Bagdad ist, fühlt sie sich gehemmt. Bagdad ist eine große Stadt, und sie muss erst lernen, anderen zu trauen, ja, auch sich selbst zu vertrauen, ihrer Fähigkeit, sich normal zu verhalten, trotz all der Herausforderungen, die die neue Freiheit mit sich bringt. Aber wie soll das gehen, wo sie doch alles, was um sie herum geschieht, in Angst und Schrecken versetzt? Am Tag zuvor beispielsweise konnte sie nicht einschlafen wegen einer Gruppe Bewaffneter vor ihrem Fenster. Wirklich Angst machte ihr dabei das hysterische Geschrei der Studentinnen im Wohnheim: »Sie töten streunende Hunde«, als ob das Töten von Hunden auf diese Art ein erlaubter Vorgang wäre. Einer dieser Hunde drückte sich ans

Metallgitter des Fensters, bevor sie ihn erledigten. Er schaute sie richtig flehentlich an und erinnerte sie an die Blicke ihres Bruders, kurz bevor er im Krankenhaus seinen schrecklichen Verletzungen erlag, die er im Krieg im Norden davongetragen hatte. Die Schwermut lähmt sie und hindert sie, das Wohnheim zu verlassen, sogar nachdem sie sich eingeredet hat, dass sie mit Mulhim nicht ausgehen wolle, weil sie ihn mag, sondern einfach weil sie Lust hatte, durch die Gassen der Bagdader Altstadt, in Karch, zu spazieren. Sie hatte diese Häuser vom ersten Augenblick an liebgewonnen! Diese unerklärliche Angst und die Bemerkungen der beiden Kommilitoninnen, die in ihre Vogelpräparation vertieft waren, über den mittellosen Mulhim, machte sie noch schwermütiger. Sie fühlte sich erschöpft und hatte nur noch den Wunsch zu schlafen. Deshalb trägt die Geschichte den Untertitel: »Das Bedürfnis zu schlafen«.

Ich weiß nicht, ob ich damals auch ein Bedürfnis zu schlafen empfand. Ich erinnere mich aber, dass ich mich auf einen Eukalyptusstamm setzte. Muniim war damit beschäftigt, einen Brief an seine Schwester zu schreiben. Plötzlich, nach einigen Minuten, bat ich ihn um ein paar Blatt Papier und einen Stift: »Es war ein langweiliger Tag …« So beginnt die schnellste Geschichte, die ich je schrieb, aber auch in jeder Hinsicht die traurigste. Ich weiß noch, ich habe geheult. Als ich fertig war, wischte ich mir die Tränen ab und sagte zu Muniim, der mich noch nie in einem solchen Zustand gesehen hatte, das sei die letzte Geschichte, die ich in Bagdad schreiben würde. Und tatsächlich, es wurde die letzte. Im März 1978 habe ich sie veröffentlicht, fünf Monate nachdem ich sie geschrieben hatte, und zwar in der Zeitschrift *al-Adîb al-muâssir* (*Der zeitgenössische Literat*), und zufällig war es auch die letzte Nummer, die damals von der Schriftstellerunion herausgegeben wurde; die Zeitschrift kam erst wieder nach langen Jahren heraus, und dann unregelmäßig. Es war wie ein Abschied von Bagdad, wie eine Einübung auf die Stunde des Lebewohls. Das erklärt die Traurigkeit und den Schmerz, die sie zum Ausdruck bringt, den Zorn und den Aufschrei. Es ist also nicht überraschend, dass alle Mitglieder der Redaktion, Kommunisten und Baathisten gleichermaßen, die Veröffentlichung ablehnten. Wie dankbar bin ich deswegen bis heute dem größten Romancier Bagdads, dem inzwischen verstorbenen wahren Gentleman Fuâd Takarli, dem einzigen unabhängigen Redaktionsmitglied, der gegen alle anderen auf der Veröffentlichung dieser Geschichte bestand. Hat er darin ein Klagelied auf seine Stadt Bagdad gesehen, einen Nekrolog, den man publik machen müsse, damit er von allen gelesen wird?

33

Zeit zu leben und Zeit zu sterben

Der Herbst schien die Stadt 1977 nicht überstürzt verlassen zu wollen. Er haftete an den Wipfeln der Bäume und den Dächern der Häuser, im Rauch der Kamine und der Backöfen aus Lehm. Er schien sich, unbemerkt von uns allen, selbst krönen zu wollen, und borgte sich dafür, während einiger Zeit, einen anderen Herbst, der auf andere Weise in Deutschland begann. In jenen Tagen – die Presse und die Nachrichtenagenturen weltweit sprachen vom »Deutschen Herbst« – musste ich mir den Roman *Zeit zu leben und Zeit zu sterben* von Erich Maria Remarque in Erinnerung rufen, und zwar in aller Deutlichkeit. Orientierte sich mein Leben ein weiteres Mal Richtung Deutschland? Es war in der kurzen Zeitspanne zwischen dem Beginn meiner Beziehung mit Farîda und unserer Suche nach einem Dach überm Kopf. Die Stunden während des Tages reichten uns für unsere Begegnungen nicht mehr. Oft in den Stunden des Sonnenuntergangs, kaum dass sich die Sonne allmählich von der Welt zu verabschieden begann und noch bevor sie als großer leuchtender Ball verschwand, der sein Licht über den fernen Horizont sprühte, attackierte uns ein Gefühl des Verlorenseins, stärker als je zuvor.

An manchen dieser Abende trotteten wir Richtung Bab al-Muadham zum Studentinnenwohnheim und fügten uns ratlos dem Druck der Umstände. Widerwillig verabschiedete ich mich von Farîda, und es war nicht schwer, auf unseren Gesichtern die Deprimiertheit zu erkennen, natürlich noch stärker auf Farîdas

Gesicht. Das hasste sie wirklich an diesen Herbsttagen: in ihr Zimmer im Wohnheim gehen zu müssen, um dort auf Nacht und Schlaf zu warten, die Zeit monoton verrinnen zu sehen. Um dieser Monotonie der dahinschleichenden Stunden zu entkommen, um ihren lästigen Mitbewohnerinnen aus dem Weg zu gehen, verkroch sie sich schon früh ins Bett, vergrub den Kopf im Kissen oder deckte ihn mit einem leichten Leintuch zu, wie sie mir erzählte. Vor dem Schlafengehen säße sie so gern plaudernd mit mir zusammen, sagte sie. Und ich weiß, dass sie deshalb auch manchmal weinte, wenn wir auf dem großen Hof vor dem Wohnheim ankamen. Und ich? Mein einziger Trost war die Schriftstellerunion oder eine Bar in der Abu-Nuwâs-Straße. Keiner von uns wusste, ob wir uns am nächsten Tag wiedersehen würden. Wer konnte schon sicher sein, dass ich nicht unterwegs oder in einer Bar aufgegriffen und festgenommen würde? Oder dass sie festgenommen würde, dass man sie aus dem Wohnheim abholte. Niemand wusste, was die nächsten Stunden bringen würden. Wie sollte ich mich da nicht an den Deutschen Ernst Graeber und Elisabeth, seine Geliebte, denken.

Ernst Graeber ist dreiundzwanzig Jahre alt, als er einmal Heimaturlaub von der Ostfront bekommt, wo er während des Zweiten Weltkriegs in einer Einheit der sechsten deutschen Armee kämpft. Dieser junge Mann, der die Niederlage bei Stalingrad miterlebt und dort Tausende hat sterben sehen, weiß nicht, dass ihn ein weiterer Schlag erwartet: die Zerstörung seiner Heimatstadt Berlin. Die Bomben der alliierten Angriffe haben

Bagdad bei Sonnenuntergang, Ende der 1970er Jahre

schrecklich gewütet. Häuser sind zerstört, Straßen aufgerissen. Familien haben ihre Wohnungen verlassen, aus Furcht, unter den Trümmern verschüttet zu werden. Auch seine Familie ist an einen unbekannten Ort gegangen. Ernst Graeber beginnt, wie ein Fremder durch die Stadt zu irren, auf der Suche nach einem Obdach oder nach Bekannten oder Freunden. Freude kann er erst wieder empfinden, als er Elisabeth trifft, eine junge Frau, deren Vater aufgrund von Verleumdung in ein Konzentrationslager gebracht worden ist. Die beiden verlieben sich ineinander und beschließen zu heiraten, oder besser: Sie beginnen den Kampf für ihre Heirat. Die Bombardierung der Stadt geht weiter. Der irre Führer namens Hitler lässt bis zum letzten Atemzug nicht ab von seinem verbrecherischen Tun. Die Menschen fliehen, nichts anderes vor sich als den Tod unter Trümmern. Aber sie beide, Ernst und Elisabeth, wollen nicht weggehen. Wohin auch? Sie streifen durch Berlin, und wenn es Abend wird, suchen sie sich einen Unterschlupf. Zwei Fremde in ihrer eigenen Stadt, die um ihr Privatestes kämpfen, die Angelegenheit ihres Herzens, nicht des großen Ganzen. Dieser Kampf dreht sich einerseits um ihre Liebe, als sie zu heiraten beschließen, andererseits um den absurden und zerstörerischen Krieg, für den niemand in Deutschland und unter den Deutschen die Verantwortung übernehmen will. Wer trug die Schuld an diesem mörderischen Krieg? Sogar der alte Lehrer, Professor Pohlmann, den Ernst Graeber seit seiner Schulzeit kennt, hat keine tröstliche Antwort für ihn auf die Frage nach Schuld oder Mitschuld. »Wir sind keine Märtyrer. Aber wann begann die Mitschuld?«, fragte Graeber. »Wann wird zu Mord, was man sonst Heldentum nennt? Wenn man nicht mehr an seine Gründe glaubt? Oder an seinen Zweck? Wo ist die Grenze?« Dann am Schluss, als Ernst ihn fragt, ob er am Ende seines Urlaubs zurück an die Front gehen soll und ob er sich dadurch am Verbrechen mitschuldig macht, entgegnet der Lehrer: »Wie kann ich Ihnen das sagen? Es ist eine zu große Verantwortung. Ich kann es nicht für Sie entscheiden.« Und auf Ernst Graebers Frage: »Muss jeder es selber entscheiden?«, antwortet Pohlmann: »Ich glaube ja. Was sonst?«

Bagdad bei Nacht, Ende der 1970er Jahre

Auch wir beide trieben als Fremde durch eine Stadt, die, ohne es zu wissen, auf die Katastrophe zuzugehen schien. Vielleicht wusste sie es auch, aber es war ihr egal. »Wieweit werde ich zum Mitschuldigen, wenn ich weiß …?« Auch wir wussten das nicht, besonders da die am Verbrechen Beteiligten von allen Seiten kamen und die ideologischen, nationalen oder religiösen Unterschiede unerheblich wurden. Möglicherweise hätte ich nie mehr so intensiv an Ernst Graeber und Erich Maria Remarque gedacht, hätte ich nicht in jenen Tagen die am Verbrechen Beteiligten gesehen, eben die Deutschen.

An den Abenden, an denen wir zusammenzubleiben wagten, sagten wir uns: »Komme, was will!«, oder gar: »Nur der Wahnsinn kann uns retten!« Zunächst gingen wir ins Haus der Schriftstellerunion am Andalus-Platz. Dort saßen wir im Garten, besonders wenn die Temperatur nicht zurückging, aßen zu Abend und tranken, was uns behagte. Ich weiß, dass der Anblick einer Frau in der Schriftstellerunion noch ungewöhnlich war. Aber sogar diejenigen, die – als »Genies« mit einem Bedürfnis nach Ruhe und nach Distanz zur geschwätzigen Plebs – normalerweise lieber allein saßen, riefen mir, wenn sie uns hereinkommen sahen, zu, ob wir uns nicht an ihren Tisch setzen wollten, und dies mit einem Lächeln, das man sonst nicht auf ihrem Gesicht sah. Reine Scheinheiligkeit, das war klar, weshalb ich natürlich auch höflich abwinkte. Ganz anders bei Freunden. In diesem Fall fragte ich sie, ob wir nicht für diese Nacht bei ihnen unterkommen könnten. Es waren Menschen, denen ich traute.

Ich kannte ihre Ehefrauen oder ihre Familien. Beispiel: der Dichter Schâkir Luaibi. Problematisch wurde es nur an Abenden, wenn sie nicht kamen. Im Irak war es, zumal in jenen Tagen, nicht üblich, sich mit jemandem zu verabreden, und eine Telefonleitung und -nummer zu bekommen, grenzte an ein Wunder. Außerdem wusste jeder, wo er den anderen treffen konnte. Unsere Treffpunkte waren Fixpunkte, die man nicht änderte: die immer selben Cafés und die immer selben Bars. An jenen wenigen Abenden, an denen unser Abenteuer schiefging, half uns nur die Kreativität. Anfangs versuchten Farîda und ich in einem Hotel in der Saadûn-Straße ein »Familienzimmer« zu bekommen, was uns nur selten gelang, und dann nur mit großer Mühe und allerlei Finten. Denn wer ein Doppelzimmer mieten will, muss eine Heiratsurkunde vorlegen. Und wenn einem die Idee, in einem Hotel zu nächtigen, spontan kommt und man keine solche Urkunde dabeihat? Wie konnten wir jemanden überzeugen, dass wir verheiratet waren und aus einer anderen Stadt kamen, wo wir nicht einmal ein kleines Köfferchen dabeihatten? Hätten wir sagen sollen: Wir mussten überstürzt unsere Wohnung verlassen?

Ich erinnere mich: Einmal, als es uns nicht gelang, ein Hotelzimmer zu finden, nahmen wir ein Taxi und ließen uns in die Unteroffiziersgegend im Sektor achtundvierzig in Madînat al-Thaura fahren, einem für seine kleinen, niedrigen Häuser bekannten Stadtteil. Ich sah als letzte Möglichkeit nur die Wohnung von Schâkir Luaibi. Dieser hatte vor mir das Studium an der Mustansarîja-Universität abgeschlossen und leistete seinen Wehrdienst, soweit ich mich erinnere, in Baakûba. Aber ich kannte seine Familie gut, und diese wiederum kannte auch Farîda. Auf mein Klopfen gab es keine Reaktion, stattdessen kam ein Mann aus dem Nachbarhaus und teilte mir mit, die Familie sei ins Adan-Viertel umgezogen. So blieb uns nichts anderes übrig, als weiterhin durch die Straßen zu wandern, da wir nicht einmal mehr genügend Geld für ein Taxi hatten, um nach Hause zu fahren. Und selbst wenn wir das nötige Geld gehabt hätten, wohin hätten wir fahren sollen? Farîdas Wohnheim war geschlossen, und so spät nachts würde man sie nicht hereinlassen.

Der Mann, dieser Nachbar, kannte Schâkirs neue Adresse nicht. Es blieb uns also nichts anderes übrig, als durch die Stadt der Revolution zu wandern. Und Not macht erfinderisch. Wir suchten nach einer Backstube. Als wir eine fanden und die Bäcker sahen, die den Teig für den folgenden Tag vorbereiteten, setzten wir uns zu ihnen und stellten ihnen Fragen zu ihrer Arbeit. Wir gaben uns als Journalisten aus, die eine Reportage über die Nacht in der Stadt machten. Sie glaubten unsere Geschichte und wiesen uns am Ende den Weg zur nächsten Bäckerei. Doch an eine Nacht erinnere ich mich besonders deutlich, klarer als an andere Wandernächte. Es war die Nacht, in der ich drei Westdeutsche traf, die vielleicht eine Beziehung zur Rote-Armee-Fraktion oder Baader-Meinhoff-Gruppe, wie sie damals bei uns hieß, hatten – wer weiß? Ich hätte mir auf unseren nächtlichen Wanderungen eine Begegnung mit jedweder Person vorstellen können, sogar mit Saddâm Hussain, der, verrückt wie er danach war, alles nachzumachen, sicher auch gern in Harûn al-Raschîds Fußstapfen getreten wäre, der ja für seine Wanderungen durch die nächtlichen Gassen und Märkte Bagdads berühmt war, jede Person hätte ich erwartet, doch eine junge westdeutsche Frau und zwei westdeutsche junge Männer, die anscheinend umherirrten wie wir, dort zu vorgerückter Nachtstunde zu treffen und gleich darauf mit ihnen ein langes Gespräch über den heißen Herbst in Deutschland zu führen, das wäre mir doch nie in den Sinn gekommen.

In dieser seltsamen Nacht, die eher phantastisch als real schien, trotteten wir ohne viel Zuversicht in die Masbach-Gegend, ein feines Viertel, in dem sich die Gebäude der ausländischen Botschaften drängen, wo die irakische Regierung aber auch in großen modernen Apartmenthäusern arabische und nichtarabische Flüchtlinge unterbrachte. Damals gewährte die Regierung zum Beispiel dem jungen saudischen Literaten Abdallah Bachschuwîn Asyl, dem etwas später auch seine Frau mit ihrem kleinen Kind folgte. Wir wollten bei ihnen Obdach suchen. Es war gut möglich, dass er sich zu Hause aufhielt!

Zugegeben, in die neuen Apartmenthäuser zu gelangen, war nicht ganz einfach. Ein hoher Zaun mit einem gewaltigen Tor trennte die Gebäude mit ihren Vorgärten von der Straße. Aber wir ließen uns nicht entmutigen. Wir hatten Abdallah und seine Frau bereits zweimal besucht, und der Wächter hatte uns schon gesehen. Wir müssten ihn nur rufen und ihm den Namen der Person nennen, zu der wir wollten. Doch zu unserem Leidwesen war der Wächter nicht da. Gerade als wir kehrtmachen wollten, um nach einer Alternative zu suchen, sahen wir drei Personen, die uns gefolgt waren. Sie unterhielten sich in einer Sprache, die wir nicht gleich als Deutsch identifizieren konnten, die Sprache, die ich an der Universität studierte. Doch dann hörte ich das Wort »Blut«, da unter Farîdas kurzem Rock plötzlich das Menstruationsblut herabfloss. Farîda war das höchst peinlich, und sie schämte sich. Doch dann gab es für uns beide eine Überraschung. Die Frau, die die beiden Männer begleitete, zog ein paar Papiertaschentücher heraus und gab sie Farîda mit den Worten: »Nehmen Sie die!« Wir wussten nicht, was wir sagen sollten. Farîda lächelte nur. Mir war die Sache ebenfalls peinlich, es war meine erste persönliche Erfahrung mit Deutschen, und ich wusste noch nicht, dass ich für sie, die für mich ein Geschenk des Himmels waren, weil sie uns in den Wohnblock ließen, in jener Nacht ebenfalls ein Geschenk des Himmels war. Es war für sie das erste Mal, dass sie auf einen nichtoffiziellen Deutsch sprechenden Iraker trafen. Deshalb drängten sie uns, ihre Einladung zu einer Tasse Kaffee, einem Bier oder sonst etwas

Trinkbarem anzunehmen. Sie wollten nicht einmal wissen, ob wir auch im Haus wohnten oder nicht.

Die Wohnung, die wir dann betraten, war eher bescheiden und unterschied sich in der Konzeption nicht groß von derjenigen des Saudis Abdallah Bachschuwîn. Ein einfacher Salon mit zwei Sofas und ein paar schlichten Holzstühlen, eine kleine Küche und zwei Schlafzimmer. Ich erinnere mich nicht, ob es Bücher oder einen Balkon gab. Erst später erfuhr ich, dass natürlich keine der Wohnungen, in denen Flüchtlinge untergebracht waren, über einen Balkon verfügte, auch nicht Abdallahs Wohnung. Aber in jener Nacht war das nicht das Einzige, was mir nicht auffiel. Auch die unvermittelte Frage, was man denn im Irak, besonders bei Jüngeren und Studierenden, über die Vorgänge in Deutschland, den sogenannten »heißen Herbst«, dachte, ließ mich nicht aufhorchen. Nicht einmal der Eifer, mit der die Frage gestellt wurde, die wissbegierigen Blicke. Vielmehr fragte ich sie in aller Unschuld, was sie damit meinten. »Die Flugzeugentführung, beispielsweise«, erklärten sie und meinten damit die Entführung der Lufthansa-Maschine am 13. Oktober 1977, also knapp zwei Wochen zuvor, glaube ich. Die Entführer hatten die Freilassung der in Stammheim einsitzenden Rote-Armee-Fraktion-Häftlinge verlangt: Andreas Baader, Gudrun Ensslin, Jan-Carl Raspe und Irmgard Müller. Wir hatten die Meldungen über die Entführung dieses berühmten Flugzeugs verfolgt, seit seiner Landung in und danach seinem Abflug von Abu Dhabi bis zu seiner Erstürmung durch eine Sondereinheit des Bundesgrenzschutzes am 18. Oktober auf dem Flughafen der somalischen Hauptstadt Mogadischu. Noch in derselben Nacht begingen die vier Häftlinge Selbstmord, und in Köln wurde der schon am 5. September 1977 von den Terroristen entführte Hanns Martin Schleyer ermordet. Ob sie die Baader-Meinhof-Gruppe meinten, wollte ich wissen. »Nein, nein!«, korrigierten sie mich, möglicherweise mit einer leichten Verärgerung in der Stimme.

»Wir meinen die Rote-Armee-Fraktion und die revolutionären Vorgänge im kapitalistischen Deutschland.«

Nun wusste ich wirklich nicht mehr, was ich antworten sollte. Nicht weil mir damals das revolutionäre Bewusstsein gefehlt hätte und nicht weil ich nicht auf die Politik der Bewaffnung, die Westdeutschland verfolgte, wütend gewesen wäre, sondern weil ich nicht genügend über den »heißen Herbst« informiert war, wie die Ereignisse in Deutschland in jenen Tagen offiziell genannt wurden. Besonders wir Jungen verfügten nur über nebulöse Vorstellungen der Ereignisse. Das Ganze rief Erinnerungen an Dostojewskis Anarchisten wach, jene Nihilisten, die eine romantische Vorstellung von der Revolution entwickelten und die, wenn sie ihre Ideen auf der Erde umsetzten, auch bereit waren, sich die Hände blutig zu machen, auch mit dem Blut von Kindern. Heute weiß ich, dass die deutschen Vorgänge einige Parallelen zeigten. Aber auch, dass der Befehl zur Ermordung von Hanns Martin Schleyer – dem römisch-katholischen deutschen Arbeitgeberpräsidenten und ehemaligen Nazi – per Telefax genau aus Bagdad kam. »Letzte Ladung verdorben« war die letzte Botschaft, die von dort kam.

Ich weiß nicht, ob die drei, mit denen wir zusammensaßen, diese Botschaft abgesetzt hatten oder jemand anderer. Woher sollte ich es auch wissen, ich stellte ihnen ja keine Fragen, weder darüber, wie lange sie in Bagdad zu bleiben gedachten oder wann sie wieder abreisen wollten. Ich war einfach froh, Deutsche getroffen zu haben. Bis zu jenem Tag kannte ich nur Ostdeutsche, Leute wie unsere Dozenten an der Deutschabteilung der Sektion für europäische Sprachen in der Literaturfakultät: Rita zum Beispiel, die Frau des irakischen Professors Nasr. Jawohl, ich war froh, sie getroffen zu haben, und ich bat sie nicht einmal darum, Adressen auszutauschen, wie sonst immer, wenn ich in Bagdad ausländische Touristen traf. Was mich am meisten beschäftigte in jener Nacht, war die Frage, wie wir, Farîda und ich, die Zeit bis

Sonnenaufgang mit diesen drei verbringen konnten, die wie ein Geschenk auf uns herabgekommen waren, in einer Gegend voller ausländischer Botschaften und lokaler oder fremder Geheimdienste. Wie konnte ich die angeblichen westdeutschen Revolutionäre aus der Reserve locken? Welche wahren oder erfundenen Geschichten sollte ich ihnen auftischen, damit sie die Zeit vergaßen? Dies zumindest in Farîdas Interesse.

Ich könnte ihnen die Geschichte von Ernst Graeber und Elisabeth erzählen, dachte ich. Diese Geschichte, die mir, seit ich sie gelesen hatte, nicht mehr aus dem Kopf ging. Wo immer ich war, trug ich sie bei mir. Und es spielte dabei keine Rolle, dass die Bombardierung Bagdad noch nicht erreicht hatte. Sie sollte dreizehn Jahre, drei Monate und drei Tage nach unserem Treffen erfolgen. Aber die Zerstörung von Städten durch Diktatur und Repression war noch viel schlimmer. Ich fragte sie also, ob sie Erich Maria Remarques Roman *Zeit zu leben und Zeit zu sterben* gelesen hätten. Sie würden keine solche bourgeoise Literatur lesen, antwortete einer von ihnen. Es war derjenige, der nicht neben der Frau saß. Wie kämen sie dazu? Dieser Mann, Erich Maria Remarque, habe sein Leben in Hollywoods Champagner schwimmend verbracht. Ich kümmerte mich nicht um diese Antwort, ich gab nicht klein bei. Ich benahm mich wie Schehresâd, und kaum hatte ich angefangen, ihnen die Geschichte zu erzählen, da sah ich, wie sich ihre Mienen veränderten. Plötzlich schienen sie sich selbst in jenem liebenden Infanteristen wiederzuerkennen, schienen zu bemerken, dass es ein Fehler war, Remarque nicht zu lesen. Ich weiß nicht, was sie davon dachten, besonders die Frau und der Mann, der neben ihr saß, die beiden, die ich für ein Paar hielt. Ich konnte aber beobachten, wie sie sich bei den Händen fassten. Hätte ich gewusst, welche Verbrechen diese jungen Leute im Namen der Revolution und der Zukunft begangen hatten, hätte ich ihnen genau die Frage gestellt, die Ernst Graeber beschäftigte, wo immer er war, und auf die er keine Antwort fand, die Frage nach Schuld und Mitschuld, die Frage: Wer trägt die Verantwortung? Oder ich hätte gefragt: »Warum habt ihr diese Hauptstadt ausgesucht? Gibt es in Bagdad nicht schon genügend Mord und Totschlag?« Doch dann habe ich, eigentlich unbewusst, den wie mir schien passendsten Satz gesagt, nämlich: »Vielleicht solltet ihr ja einmal Erich Maria Remarque lesen, damit ihr vom Tod loskommt und eher an das Leben denkt.«

34

Die Neuerfindung der Stadt

Ich weiß nicht, ob Adam und Eva sich darüber im Klaren waren, dass sie nach dem Verzehr des Apfels (war es wirklich ein solcher?) aus dem Paradies vertrieben würden. Mir jedenfalls wäre nie in den Sinn gekommen, dass man aus dem Paradies der Kindheit vertrieben werden könnte, weil man Oppositioneller ist und anderen als den herrschenden Gedanken nachhängt. Ich habe zwar oft überlegt, das Land zu verlassen, dabei aber immer die Rückkehr in die verheißene Stadt, Bagdad, einkalkuliert. Am 14. Juli 1976 flog ich beispielsweise mit der irakischen Fluggesellschaft von Bagdad nach Paris. Zweihundert Dollar hatte ich in der Tasche, und meine Absicht war es, in Paris Filmregie zu studieren. Eine absurde Idee, wie ich heute weiß. Doch damals, in jener goldenen Zeit, kam mir der Gedanke durchaus realistisch vor, stärker als Bagdad und Paris zusammen. Der Wunsch, im Ausland zu studieren, ließ mich nicht los, doch er war immer an die Bedingung der Rückkehr geknüpft. Bedingung? Nein, Selbstverständlichkeit. Es war mir so selbstverständlich, dass ich nicht einmal darüber nachdachte. Und bei der Grenzkontrolle am Flughafen Orly fragte man nicht einmal, warum ich nur ein One-Way-Ticket besaß? Niemand wollte wissen, wie viel Geld ich bei mir hatte. Sie stempelten einfach meinen Pass, wünschten mir einen angenehmen Aufenthalt und schienen keinen Zweifel zu haben, dass ich eines Tages wieder nach Hause fahren würde. Heute ist das unvorstellbar! Es war eine wirklich existenzialistische Zeit, in des Wortes vielfacher Bedeutung. Nicht nur, was Grenzwacht und Zoll anging, sondern auch, was mich anging und die allgemeine Atmosphäre. Auch mir kam das alles ganz normal vor: das Studium der Filmregie mit gerade einmal zweihundert Dollar in der Tasche und danach die Heimreise. Es war jene Zeit, als ich Jean-Paul Sartre, Simone de Beauvoir und Albert Camus las und deren Bücher sogar nach Paris mitnahm, weshalb ich, als ich auf dem Landweg zurückfuhr, teils im Zug, teils per Anhalter, einen schweren Koffer schleppen musste.

Aus Bagdad war ich nicht länger als zwei Monate fort. Das Geld war rasch aufgebraucht. Die in Paris lebenden Iraker, deren Adresse ich bei mir hatte, zum Beispiel der kommunistische kurdische Maler Kaviân oder solche, die ich zufällig kennenlernte, wie den aus Basra stammenden Maler Faissal Luaibi, ebenfalls Kommunist, aber Araber, ermutigten mich nicht zu bleiben. Es war die Zeit der baathistisch-kommunistischen Koalition, der Nationalen Fortschrittsfront, wie sie genannt wurde, und die Kommunisten, auch diejenigen, die im Ausland lebten, redeten niemandem zu, das Land zu verlassen. Also schlug ich mir die Filmregie aus dem Sinn und kehrte zurück, »Sehnsucht im Herzen«, wie man so sagt, aber glücklich, weil ich nach Bagdad zurückkehrte, in mein Café, »Das Parlament«. Und ich besaß einen neuen Reichtum: Geschichten, die ich erzählen konnte: vom »Café des Fleurs«, von Jean-Paul Sartre und Simone de Beauvoir, die ich gesehen hatte, von dem Tisch in einer Ecke, wo sie täglich schreibend saßen, von der Pfeife, die nie Sartres Mund verließ, von der Art, wie sie ihre Freunde und Bewunderer begrüßten. Die meisten Geschichten, die ich erzählte, hatte ich erfunden oder musste sie für meine Freunde in Bagdad erfinden.

Ich weiß, dass der Künstler, der Schriftsteller, sein Land verlassen und reisen muss, um die Welt zu sehen, aber diese fehlgeschlagene Reise nach Paris lehrte mich die wichtigste Lektion: wie schwer es war, sich von Bagdad zu trennen. Sogar in Zeiten wachsender Verfolgungen und Verhaftungen dachte ich nicht daran, das Land zu verlassen, ins Exil zu gehen, wie die meisten nichtbaathistischen Intellektuellen meiner Generation.

Ich erinnere mich an den quälenden Schmerz, als ich das Gefängnis der militärischen Geheimdienst-Direktion im Gebäude des Verteidigungsministeriums am Maidân-Platz verließ. Obwohl entlassen, fiel es mir schwer, diese Gefängniserfahrung loszuwerden und die Folter zu vergessen, der man mich dort unterzogen hatte. Wie sollte ich je den Tag vergessen, an dem Feldwebel Dahhâm uns, sieben Soldaten, »die sieben Aufrechten«, wie wir uns selbst nannten, ins Gefängnis brachte. Er war fein und schick angezogen. Er sollte ja mit uns nach Bagdad reisen an jenem kalten Februartag im Jahr 1980. Bis zu jenem Augenblick wusste ich nicht, dass die kleine historische Asbak-Moschee, die sich unmittelbar an das Gebäude des Verteidigungsministeriums anschloss, direkt gegenüber der heutigen Nationalbibliothek, eine Geheimlokalität war, wie Dutzende andere Orte in Bagdad, an denen man vorbeigeht, ohne zu wissen, welchem Zweck sie dienten. Und glücklich der, der nicht, weil er dort vorübergeht, festgenommen wird. Man passiert ein Gebäude, beispielsweise eine Moschee, ohne zu wissen, dass es sich um ein Gefängnis handelt, und um was für eines! Das Gefängnis des militärischen Geheimdienstes, in dessen Gewölben die Schreie der Gequälten die »Allâhu-akbar«-Rufe überlagerten, die der Muezzin unermüdlich ausstieß. Aber was ist das für eine Stadt, wo man einen Raum betritt – Moschee, Theater, Tanz- oder Konzertsaal, wie im Fall des »Volkssaals« neben der Moschee –, sich hinsetzt, um dem nationalen Symphonieorchester zu lauschen oder eine Vorführung des nationalen Volkstanzensembles anzuschauen, und nicht weiß, dass sich hinter der Wand, die das Theater vom Verteidigungsministerium trennt, ein Folterkeller befindet? Zwischen dem Ruf des Muezzins und den Tänzen und Volksliedern, die dort von Zeit zu Zeit geprobt wurden, verbrachte ich die Zeit der Folter. Wahrlich, was ist das für eine Stadt, die einen zum Bleiben drängt, obwohl sie sich, wie das ganze Land, durch die Hand der Baathisten in ein großes Gefängnis verwandelte? Was ist das für eine Stadt, die einen zum Bleiben drängt, obwohl ihre Schönheit schmerzverzerrt wurde? Aber was bleibt einem Liebenden anderes, als an seiner Liebe festzuhalten? Was wäre er ohne seine Leidenschaft?

Ich weiß, es ist eine Art Masochismus, aber der Drang, in Bagdad zu bleiben, war eine Selbstverständlichkeit, die sich bei mir seit meiner Rückkehr aus Paris verfestigt hatte. Ich war außerstande, Bagdad zu verlassen. Ich war wie einer, der eine lange Liebesbeziehung zu beenden versucht, der aber, kaum weggegangen, die Kraft der Liebe entdeckt und mit Empfindungen zurückkehrt, die stärker sind als vor dem Trennungsversuch. Genau so erging es mir. Nichts konnte mich von der Stadt abbringen, nichts Hassgefühle gegen sie erzeugen: nicht die Schnüffelei in der Deutschabteilung durch die Partei beziehungsweise den neuen Abteilungsleiter und Chef der Parteiorganisation an der Fakultät, Doktor Imâd; nicht die Vorladung der Frau, die meine Ehefrau hatte werden sollen, durch das Sicherheitsbüro; auch nicht die Unannehmlichkeiten, denen ich während meines zweijährigen obligatorischen Militärdienstes in den verschiedenen Einheiten ausgesetzt war, in die man mich – wegen all meiner Äußerungen, wegen meiner Abfassung von Sexgeschichten für die Soldaten (die ersten Geschichten, mit denen ich etwas verdiente), wegen meines Interesses an Büchern, sogar solchen von Taha Hussain – versetzte: ins Lager Tâdschi, auf den Marinestützpunkt in Basra, ins Lager Mahawîl, in die Garnison Sindschâr; noch die anderen Unannehmlichkeiten in der Stadt, zum Beispiel damals, als ich mit Amîra, einer Freundin, die Sozialwissenschaften studierte, unterwegs war. Wir saßen nach einem Besuch im Kino »Granada« in einem kleinen Restaurant in der Gegend des Bab-al-Scharki-Platzes, als ein paar Männer der Staatssicherheit kamen, um mich zu warnen. Die, mit der ich da unterwegs sei, sei eine Nutte und habe ihnen tags zuvor die Geldbeutel geklaut. Von dem schmerzlichen Verlust von drei Kurzgeschichten will ich gar nicht reden. Schuld daran war ein baathistischer Schriftsteller namens Amdschad Taufîk, damals Chefredakteur der Literaturzeitschrift *al-Talîa*. Er hatte mich bei der Schriftstellerunion in Bagdad gesucht und erklärt, er wolle in seiner neuen Zeitschrift ein Dossier über mich veröffentlichen. Danach begann er, über die Publikation von drei Geschichten zu debattieren, die ich ihm zusammen mit einem Artikel über mich für das Dossier gegeben hatte. Sie könnten nur veröffentlicht werden, wenn ich der Baath-Partei beiträte, sonst müsste ich die ganze Sache vergessen. Ich vergaß das Dossier, aber den Verlust der drei Kurzgeschichten konnte ich nicht vergessen. Denn leider besaß ich keine Kopien davon.

Alle diese Unannehmlichkeiten, ja sogar die Folter im Gefängnis der Geheimdienste, brachten mich nicht dazu, die Stadt zu verlassen, meine Stadt Bagdad. Ich klammerte mich hartnäckig an sie, und das war genug, um dort zu leben. Meine Beharrlichkeit folgte jener Ästhetik des Widerstands, von der Peter Weiss spricht. Tief drinnen war ich froh – jedenfalls bis zum 22. September 1980, dem Tag, an dem der irakisch-iranische Krieg ausbrach. An diesem für uns alle überraschenden Tag, als am Himmel über Bagdad sechzig iranische Phantom-Bomber kreisten, wurde mir klar, dass ich nun die Stadt verlassen musste, weil ich das Land verlassen musste. Ich wusste, der Krieg würde sich sehr lange hinziehen und mein Jahrgang würde sicher mobilisiert, obwohl ich am 6. August 1980 entlassen worden war, fünfeinhalb Wochen vor Kriegsbeginn. Es war mir auch klar, dass dieser Krieg anders als die bisherigen ablaufen würde, die sich immer im Norden des Landes gegen die Kurden gerichtet hatten. Dieser Krieg würde blutiger und langwieriger, und Tausende, wenn nicht Millionen Menschen würden umkommen. Auch mir wäre, wenn ich bliebe, der Tod sicher, als Soldat an der Front oder auf der Flucht vor dem Militärdienst, wobei Letzteres bedeutet hätte, dass Familienmitglieder oder ich selbst, wenn man mich fasste, die Todesstrafe gewärtigen müssten. Da also dieser Krieg nicht der Meine war, ja, da kein Krieg je der Meine werden würden, musste ich mit dem geringstmöglichen Verlust von der Bühne verschwinden. Ich musste außer Landes gehen. Zwei Wochen, bis zur Einberufung meines Jahrgangs, blieb ich ratlos und unentschlossen, ob ich gehen oder bleiben sollte.

Natürlich stellte ich mich nicht, nachdem ich den Mobilisierungsbescheid erhalten hatte. Ich wusste, dass meine Einheit, der Radarzug der vierten Batterie des Beobachtungskorps, von ihrem Standort im Lager von Mahawîl in der Nähe der Ruinen von Babylon, etwa sechzig Kilometer südlich von Bagdad, in den ersten Kriegstagen an die Südfront verlegt worden war. Als ich nämlich immerhin in das für mich zuständige Rekrutierungsbüro in Amâra ging, sah ich Soldaten, die ich persönlich von Mahawîl her kannte, bei Sonnenuntergang vor unserem ehemaligen Haus im Machmudîja-Viertel vorbeifahren. Sie saßen auf einem Versorgungswagen und kamen, einen Wasserwagen angehängt, vom Schreinermarkt. Offenbar waren sie auf dem Weg zur Front. Sie freuten sich, mich zu sehen. Ich lud sie sogar ins Haus, und meine Mutter briet zwei große Fische für sie und ich stellte drei Flaschen Zahlé-Arrak hin und noch eine weitere als Bestechung für Hamîd Dschâdir, den etwas kurz geratenen Vizebatterieoffizier, den sie lachend die »Schwuchtel« nannten, damit er ihnen ihr Zuspätkommen nachsah. Sie schliefen ein paar Stunden im Hof unseres Hauses, das damals gerade renoviert wurde. Am frühen Morgen brachen sie auf, ohne sich zu verabschieden. Sie ließen mich schlafen und wünschten nicht, dass ich in meine ehemalige Einheit einträte. Ob sie noch am Leben sind, weiß ich nicht. Sie waren auf dem Weg in eine Kampfzone an der Front. Freiwillig gingen sie in den Tod, während ich die Stadt einige Tage später insgeheim verließ, ohne mich von meiner Familie zu verabschieden.

Von links nach rechts: NW, kurz bevor er ins Exil geht, der Schriftsteller Achmad Chalaf, der Journalist Sâmi Muhammad und der Dichter Âdil Abdallah, 28. Oktober 1980 in einer Bar in der Saadûn-Straße in Bagdad

Ich ging zurück nach Bagdad, und als ich vor dem Bus stand, mit dem ich die Stadt verlassen sollte, die je verlassen zu müssen ich nie geglaubt hatte, trug ich lediglich gefälschte Personalunterlagen bei mir. Ich hatte in meinen Wehrpass eine Formel eingetragen, wonach mein Einberufungstermin (nicht Einziehungstermin, wie es im Allgemeinen in den Wehrpässen steht) verschoben sei. Diese Formel hatte ich dem Wehrpass eines Soldaten entnommen, dessen Einberufung tatsächlich verschoben war, eines jungen Volksdichters, den ich in Bagdad kennengelernt hatte und der mit seiner Familie in Madînat al-thaura lebte, aber in Amâra geboren war. Als er gerade aus dem Rekrutierungsbüro im Sarâj-Viertel kam, verwickelte ich ihn in ein Gespräch und tat dabei, als kennten wir uns seit langem bestens. Ich lud ihn ins Café »Schanûn« ein in der Nähe der ehemaligen Maârif-Straße, die bis heute Erziehungsstraße heißt. Dort erzählte ich ihm einfach ein paar Geschichten, wahre und erfundene. Geschichten teils über genau diese Maârif-Straße, teils über Amâra, von der Veränderung der Leute und des Lebens. Alle diese Geschichten, die ich mir fleißig in einsamen Stunden während meines Militärdiensts von zwei Jahren und neun Tagen ausgedacht hatte, alle diese Geschichten, von denen ich wusste, dass er sie gern hörte, weil er von Amâra, seiner einstigen Geburtsstadt, nur noch den Namen als Stempel in seinen Papieren trug. Der junge Mann war so benommen von den Geschichten, dass er, als er das Café verließ, seinen Wehrpass vergaß, worauf ich von Anfang an spekuliert hatte: ihn seinen Wehrpass vergessen zu lassen. Ich hatte ihn gebeten, seinen Wehrpass sehen zu dürfen, ich wolle ihn mit meinem eigenen vergleichen. Dazu kam dann noch, dass Madschîd, ein Freund aus Kindheitstagen, der Polizist im Passamt geworden war, für mich Kopf und Kragen riskierte, als er das Reiseverbot, das im Jahr 1977 über mich verhängt worden war, »übersah« und mir bei der Beschaffung eines Ausreisevisums behilflich war.

Jede meiner Bewegungen, jedes meiner Worte drückte die Leere aus, die ich in jenen Tagen um mich herum empfand. Ich fühlte mich kraftlos, wie jemand, der ein Abenteuer auf sich nimmt, von dem er weiß, dass es auch tödlich ausgehen kann. Nicht einmal von meiner Mutter, die ahnte, dass ich weggehen wollte – als ich das Haus verließ, sah ich Tränen aus ihren Augen drängen mit einer Gewalt wie nie zuvor –, konnte ich mich angemessen verabschieden. Alles deutete auf die Leere. Ich war dabei, endlich doch die Stadt zu verlassen, die ich liebte. Die Stadt, das mir seit meiner Kindheit gelobte Land zu verlassen, diese Stadt, von der ich nach meinem Paris-Besuch geglaubt hatte, ich würde ihr nie wieder den Rücken kehren. Und bis zum letzten Augenblick schien ich nicht an meine Abreise zu glauben. Ich hatte keinen Koffer, wie ihn Menschen auf Reisen normalerweise haben, nur eine kleine Plastiktasche, mit der ich sonst Einkäufe gemacht und in der ich jetzt alles untergebracht hatte, was mir nach vierundzwanzig Jahren in diesem Land der Leere geblieben war, dem Land, das angeblich das Meine war: Drei Bücher waren meine ganze Ausbeute dieser Jahre, der Jahre der Lektüre, der Jahre des Lebens in Bagdad: *Uns nährt die Erde* von André Gide, *Vom großen Aufstand* von Henry Miller, *Hundert Jahre Einsamkeit* von Gabriel García Márquez.

Was für ein Zufall! Als kleiner Junge habe ich Bagdad zum ersten Mal über die Raschîd-Straße betreten. Warum sollte ich es nicht auf demselben Weg verlassen? Ist die Raschîd-Straße nicht Bagdad?

Am 28. Oktober 1980 bestieg ich den Bus, der mich von Salihîja auf der Karch-Seite wegbringen sollte. Ich erinnerte mich, dass ich auch als Kind über die Karch-Seite nach Bagdad gekommen war, damals als wir von Kadhimîja her über die Achrâr-Brücke in die Stadt fuhren. Und dieses Mal? Ging ich nicht denselben Weg wie damals? Tat ich das nicht wie jemand, der einen Lebensabschnitt abschließen will, der auf diese Weise zu Ende gehen musste? Bei meiner ersten Reise kam ich vom Bab-al-Scharki-Viertel und ging bei Dschakmadschis Plattengeschäft vorbei, dann bei Hissus Laden und danach bei der Buchhandlung MacKenzie. Und jetzt? Bei meinem letzten Rundgang, bevor ich den Bus bestieg, tauchte da nicht alles, was ich als Kind gesehen hatte, vor mir auf? Doch, plötzlich oder allmählich stand alles wieder vor mir. Alles was die Raschîd-Straße war. Und als ich, von Bab-al-Scharki kommend, nach Hâfis al-Kâdi gelangte, bog ich nach links ab, die Bar »Scharif & Haddâd« auf der rechten Seite, links das Haus, wo einmal Arschâks Fotostudio war, unmittelbar neben dem Kino »Central«, dem stilvollsten und prächtigsten Kino in Bagdad. Inzwischen gab es dort die Bar »Iwân«, daneben die Bar »Flussfront«. Auf der Brücke blieb ich ein Weilchen stehen und blickte in den Fluss hinunter, und plötzlich erinnerte ich mich an jene Postkarte mit den englischen Soldaten, und da wurde mir zum ersten Mal bewusst, dass die Stelle, wo sie gestanden hatten und die ich damals nicht kannte, genau vor mir lag: Dort auf der Terrasse der Bar »Flussfront«, die sich bis ans Wasser hinunter ersteckte. Als ich zum Ende der Brücke gelangt war, sah ich links den Klub, in dem einst Umm Kulthûm gesungen hatte. Einer jener Klubs, die vor langer Zeit der aus Amâra stammenden irakischen Sängerin Lamîa Taufîk gehörten. Ein Interview mit ihr fiel mir wieder ein, mit ihren klaren Aussagen, auch über ihre Liebe zum Kino. Auch ich liebte das Kino, und alles erschien vor mir wie in einem Film. Das Bagdad meiner Kindheit gab es nicht mehr, und schon da wurde mir wohl klar, dass ich, kaum in den Bus eingestiegen, der mich an die Grenze im Norden bringen sollte – in die Stadt Zaxo, von wo aus es weitergehen sollte in die türkische Stadt Istanbul –, schon am Stadtrand von Bagdad die Augen schließen würde, nicht weil ich müde oder erschöpft war, sondern weil ich jenes Bild im Kopf behalten wollte, das Bild des Bagdads meiner Kindheit. Weder Grenzwacht noch Zoll konnten mir das entreißen. Wo immer ich umherstreifte oder mich niederließ, wollte ich dieses Bild bei mir tragen, im Herzen und im Auge, wie bei einem Pilger, der über die Erde zieht, sollte es die Kibla werden, an der ich mich für immer orientiere, der Kompass, dem ich folge, egal wie viel Zeit vergangen ist, egal wo ich lebe. Dieses Bild wird mir bleiben. Ich werde es nicht vergessen oder verlieren. Wie könnte es mir auch verloren gehen, wo ich mich seit meiner Kindheit darin übe, die Stadt immer wieder aufs Neue zu erfinden? Ich werde die Erfindung der Stadt unverdrossen fortsetzen. Mein ganzes Leben, bis zum Grab, will ich dieser Erfindung weihen, der Erfindung Bagdads.

16. Oktober 2012 bis 4. November 2013

Dank

Ein spezieller Dank geht an Alane Mason, Vice President and Senior Editor im amerikanischen Verlag W. W. Norton & Company. Ohne ihr Drängen, ich sollte ein Buch über Bagdad schreiben, hätte ich mich sicher nicht hingesetzt und mit der Arbeit an *Bagdad* begonnen.

Ein spezieller Dank geht auch an alle die Personen, ohne deren Geschichten die Erfindung Bagdads nicht in der Weise erfolgt wäre, die ich gewollt hatte: an Hâdsch Raûf, der aus Bagdad, ja aus dem Haidarchâna-Viertel stammt, für seine interessanten Berichte im Café »Das Parlament«, an die ich mich noch bestens erinnere; an Abbâs Baghdâdi, den ersten Historiker Bagdads, der viel über Bagdad in den 1920er Jahren schrieb; an Hanna Batatu, der mit mehr Liebe als jeder andere Nicht-Iraker über Bagdad schrieb.

Anmerkungen

14 Ein Denkmal für einen Selbstmörder
Max Freiherr von Oppenheim: *Die Beduinen*. Band 3: Die Beduinenstämme in Nord- und Mittelarabien und im ʿIrāḳ (Wiesbaden, Otto Harrassowitz, 1952), S. 415.

15 Die Stadt mit den Augen Schehresâds
Die Zitate aus *Tausendundeine Nacht* entstammen der deutschen Übersetzung von Enno Littmann, erschienen im Insel Verlag.

17 In Reichweite der Stadt
Stefan Zweig: *Die Welt von Gestern*. Erinnerungen eines Europäers (Stuttgart/Hamburg, Deutscher Bücherbund, o. J.), S. 212

23 Im Café
Hanna Batatu: *The Old Social Classes and the Revolutionary Movements of Iraq*. A Study of Iraq's Old Landed and Commercial Classes and of its Communists, Ba'thists and Free Officers (Princeton, Princeton University Press, 1978; new edition: London, Saqi, 2004; ins Arabische übersetzt von Afîf al-Sâs, Beirut, Muassasat al-Abhâth, 1992)

26 Drei Schriftsteller
Sami Michael: *Viktoria* (aus dem Hebräischen von Inken Kraft; Berlin, Berlin Verlag, 1995), S. 5

27 John Dos Passos: Der Weg nach Bagdad
John Dos Passos: *Orient-Express* (aus dem Englischen von Matthias Fienbork; Zürich, Nagel & Kimche Verlag, 2013), S. 104 f., 113–115

28 Annemarie Schwarzenbach: Zwischen Opium und Bagdad
Annemarie Schwarzenbach: *Winter in Vorderasien*. Tagebuch einer Reise (Basel, Lenos, 2002), S. 82

»Baghdad«, in: Annemarie Schwarzenbach: Orientreisen. Reportagen aus der Fremde. Herausgegeben und mit einem Nachwort von Walter Fähnders (Berlin, edition ebersbach, 2010), S.78–83
Annemarie Schwarzenbach: *Winter in Vorderasien*. Tagebuch einer Reise (Basel, Lenos, 2008), S.115

30 Bagdad, die Dichter und die Bilder
Susanne Enderwitz: *Liebe als Beruf*. al-ʿAbbās Ibn al-Aḥnaf und das Ġazal. Beiruter Texte und Studien Bd.55 (Beirut [in Kommission bei Franz Steiner Verlag, Stuttgart], 1995), S.90

33 Zeit zu leben und Zeit zu sterben
Erich Maria Remarque: *Zeit zu leben und Zeit zu sterben* (Köln, Lingen Verlag, o.J.), S.169f.